AF540257

जम्मू-कश्मीर के जननायक

महाराजा हरि सिंह

जम्मू-कश्मीर के जननायक

महाराजा हरि सिंह

डॉ. कुलदीप चंद अग्निहोत्री

प्रकाशक • **प्रभात प्रकाशन प्रा. लि.**
4/19 आसफ अली रोड,
नई दिल्ली–110002
सर्वाधिकार • सुरक्षित
संस्करण • 2026
मूल्य • छह सौ रुपए
मुद्रक • आर–टेक ऑफसेट प्रिंटर्स, दिल्ली

JAMMU-KASHMIR KE JANNAYAK : MAHARAJA HARI SINGH
by Dr. Kuldeep Chand Agnihotri ₹ 600.00
Published by Prabhat Prakashan Pvt. Ltd., 4/19 Asaf Ali Road, New Delhi-2
e-mail: prabhatbooks@gmail.com ISBN 978-93-86231-61-1

ऊषा कुमारी, शशि प्रभा,
बृजमोहन, देवदत्त,
सुरेश कुमार, विजय कुमार
को समर्पित

प्रस्तावना

जम्मू-कश्मीर (तब सिर्फ कश्मीर के नाम से लोकप्रिय) रियासत के आखिरी शासक महाराजा हरि सिंह को नियति ने एक ऐसी परिस्थिति में डाला था, जो जटिल और कठिन थी। यह एक ऐसा युग था, जब द्वितीय विश्वयुद्ध की समाप्ति के बाद, शीत युद्ध अपने चरम पर था। सीमाओं की दृष्टि से हरि सिंह का राज्य अत्यंत महत्त्वपूर्ण था, जिसकी सीमा सोवियत संघ, अफगानिस्तान, तिब्बत और चीन के साथ लगती थी। 1947 के बाद, समान सीमा होने के कारण पाकिस्तान भी एक असहज पड़ोसी बन गया। इस कारण कोई आश्चर्य की बात नहीं कि अनेक पश्चिमी शक्तियाँ जम्मू-कश्मीर के भविष्य को लेकर चिंतित थीं। एक और मुद्‌दा था कि वह एक हिंदू थे, जो इस भू-रणनीतिक स्थिति के महत्त्व को बढ़ा रहा था। साथ ही, जिसने महाराजा हरि सिंह के बोझ को भी बढ़ा दिया। यह मुद्‌दा था कि वह एक हिंदू थे और एक ऐसे राज्य पर शासन कर रहे थे जिसकी आबादी में 75 प्रतिशत से अधिक हिस्सा मुसलमानों का था। एक हिंदू शासक द्वारा बहुसंख्यक मुसलिम आबादी पर शासन करने की विशिष्टता के साथ ही एक विषम परिस्थिति भी थी। ऐसी ही स्थिति के कारण भारत के राजनैतिक नेतृत्व ने 1946-47 में अंग्रेजों के साथ कुछ समझौते किए थे, जिनके तहत अंग्रेजों को भारत छोड़कर जाना पड़ा और इस प्रकार अंग्रेजी शासन का पटाक्षेप हो गया था। यह बात हम भी जानते हैं कि मजहब के आधार पर देश के बँटवारे को स्वीकार करने के फैसले ने आगे आनेवाले वर्षों में कई समस्याओं को जन्म दिया और देश आज भी उनसे जूझ रहा है।

सन् 1947 की गरमियों में जम्मू-कश्मीर में एक ऐसा संकट खड़ा हुआ, जिसने पत्रकारों, इतिहासकारों, अन्य टिप्पणीकारों आदि सभी प्रकार के लोगों का ध्यान अप्रत्याशित और अतुलनीय रूप से अपनी ओर खींचा। कई कारणों से हरि सिंह ऐसे अनेक विचारों के निशाने पर रहे हैं। लेखकों और विशेष रूप से पाकिस्तान तथा पश्चिम में बैठे लेखकों की ओर से हरि सिंह को लेकर एक बेहद आम सवाल उठाया जाता है। आखिर

एक हिंदू शासक को क्या अधिकार है कि वह एक ऐसे राज्य पर शासन करे, जहाँ मुसलमान प्रजा बहुमत में है? किंतु इस प्रकार की समीक्षा क्या उस ऐतिहासिक प्रक्रिया को अनदेखा करने की भूल नहीं करती, जिसके कारण कश्मीर का जन्म हुआ है। जैसा कि हम जानते हैं—सदियों तक चली प्रक्रिया के दौरान कश्मीर एक मुसलिम बहुल प्रांत बना। हमारे संदर्भ में इससे भी कहीं अधिक महत्त्वपूर्ण यह है कि यह राज्य भले ही मुसलिम बहुल हो गया हो, फिर भी इस क्षेत्र ने काफी हद तक हिंदू क्षेत्र के रूप में अपनी मौलिक प्रकृति और पहचान को बनाए रखा है। जैसा कि ऑर्गेनाइजर ने एक बार लिखा था। ऐतिहासिक रूप से कश्मीर भारत का एक हिस्सा रहा है, कश्मीर का हिंदू साम्राज्य इतिहास के प्राचीनतम सम्राज्यों में से एक है। यह हिंदू धर्म की आध्यात्मिक स्थली है। (15 जनवरी, 1948)

एक कहानी की सहायता से इन बातों को और भी अच्छी तरह से रखा जा सकता है। डॉ. एस.सी. चटर्जी उन 11,000 यात्रियों में शामिल थे, जिन्होंने 1960 में अमरनाथ यात्रा की थी। उन्होंने कश्मीर अफेयर्स (जुलाई-अगस्त 1961) पर एक लेख लिखा, जिसका एक खंड संयोगवश किसी अध्ययन के लिए शोध के दौरान मेरे हाथ लग गया। पहलगाम की चर्चा करते हुए, चटर्जी ने लिखा था: कश्मीर का यह प्रमुख हिल स्टेशन उस मध्य भाग में है, जिसे शिव भूमि यानि भगवान् शिव के प्रदेश के रूप में जाना जाता है। यहाँ की अधिकांश झीलों, मैदानों और पहाड़ियों के नाम भगवान् शिव के ही नाम पर हैं। करीब के गाँव में एक झरना उस चट्टान को पखारता है, जिस पर ऋषि भृगु की तसवीर है, जो भारतीय ज्योतिष के जनकों में से एक हैं···श्रीनगर से चार मील की दूरी पर पंद्रेनस्थान है, जो कश्मीर की पुरानी राजधानी थी, जिसकी स्थापना राजा अशोक ने की थी··· कुछ ही दूरी पर चट्टानों को काटकर बनाया गया एक मंदिर है, जिसे मेरू वर्धन स्वामी कहते हैं, इससे करीब दो मील आगे पत्थर की खदान है, जहाँ भगवान गणेश की एक भव्य प्रतिमा है।

कश्मीर की काशी के नाम से भी मशहूर बीजबेहड़ा से कुछ मील आगे, एक मंदिर हुआ करता था, जिसे 14वीं सदी में सिकंदर शाह ने ध्वस्त कर दिया। (अनंतनाग से) कुछ मील दूर भगवान् सूर्य का एक मंदिर है। इसका निर्माण 8वीं सदी में राजा ललितादित्य ने कराया था।

इस अर्थ में क्या कश्मीर भारत के अन्य राज्यों के जैसा ही नहीं था? यह हम भी जानते हैं कि जनसांख्यिकीय संरचना को बलपूर्वक परिवर्तित किया गया, किंतु क्या इसका मतलब यह है कि एक क्षेत्र को देश के अन्य हिस्सों से काट दिया जाए, क्या सिर्फ इस कारण वह उन सदियों पुराने संबंधों को तोड़ दे, जिन्हें बनने में सदियाँ लग गईं कि लोगों ने धर्म बदल लिया या उन्हें धर्म बदलने पर मजबूर किया गया।

इस खंड का महत्त्व यह है कि इसके लेखक प्रो. कुलदीप चंद अग्निहोत्री ने हरि सिंह का एक ऐसा पक्ष सामने रखा है, जिस पर पहले शायद ही किसी ने भी थोड़ा-बहुत लिखा था। जैसा कि उन्होंने लिखा है, संभव है कि बड़ी संख्या में हिंदुओं ने इसलाम को अपना लिया हो, लेकिन हरि सिंह के शासनकाल में ऐसा एक भी मामला सामने नहीं आता, जिसमें धर्म बदलकर मुसलमान बने एक भी व्यक्ति ने पुराने धर्म को फिर से अपनाया हो या घर वापसी की हो। ऐसी निष्ठा से हरि सिंह अपनी प्रजा के साथ समानता और निष्पक्षता का व्यवहार करते थे।

प्रो. अग्निहोत्री पाठकों से हरि सिंह का परिचय सामान्य मनुष्य के रूप में भी कराते हैं। ऐसे समय में जब भारत की रियासतों के राजकुमार, जोकि अपनी अनियंत्रित एवं पतित जीवन-शैली के लिए जाने जाते थे, जिनके भ्रष्ट आचरण और सड़ाँध की कहानियाँ हर तरफ सुनी-सुनाई जाती थीं, उनके बीच हरि सिंह एक उल्लेखनीय अपवाद के रूप में नजर आते हैं। किसी को भी यह नहीं भूलना चाहिए कि वह भारत के सबसे बड़े रियासत के महाराजा थे। इसके बावजूद उनके आलोचकों को भी उनकी व्यक्तिगत जीवन-शैली पर कहने को ज्यादा कुछ नहीं मिला। अग्निहोत्री, श्रमसाध्य शोध से ज्ञात अनेक उदाहरणों को सामने रखते हैं, जिनसे यह स्पष्ट रूप से स्थापित हो जाता है कि हरि सिंह हृदय से एकदम सरल व्यक्ति थे। एक ऐसे व्यक्ति थे, जिनमें छल-कपट नहीं था। वह उन सिद्धांतों और मानकों पर अटल रहे, जिन्हें उन्होंने अपने और अपने परिवार के लिए तय कर लिया था। उन्हें इनसे डिगाना असंभव था। वह खर्च को लेकर अत्यधिक सावधान रहते थे और विरले ही राज्य के खर्च के साथ अपने खर्चों को मिलाया। वह कुछ अधिक ही उदार थे। इस खंड में अनेक घटनाओं की ओर ध्यान आकृष्ट किया गया है, जिनसे पता चलता है कि वह कितने नम्र थे और उनकी जीवन-शैली कितनी सादगी भरी थी। ऐसी अनेक कहानियाँ हैं, जो बताती हैं कि कैसे महाराजा अपनी मोटर गाड़ियों को रोककर आम लोगों को लिफ्ट दे दिया करते थे या यह देखकर कि किसी ताँगेवाले का घोड़ा इतना बूढ़ा हो चुका है कि वह अपने पेट नहीं पाल सकता है तो उसे नया घोड़ा खरीदने में मदद कर दिया करते थे।

हरि सिंह के इस मानवीय और सादगी भरे जीवन की बातें सुनकर किसी को भी यह अचरज हो सकता है कि आखिर क्यों उस समय की सरकार में प्रभावशाली और शक्तिशाली लोगों ने उन्हें हाशिए पर रखा हुआ था। क्यों उन्हें अपने राज्य से दूर रहने की हिदायत दी गई, और एक प्रकार से सुदूर बॉम्बे (मुंबई) में निर्वासित कर दिया गया, जहाँ से वह कभी लौट ना सकें। प्रो. अग्निहोत्री ने नई दिल्ली के इंपीरियल होटल में हरि सिंह की आखिरी रात का जीवंत वर्णन किया है। उन्होंने बताया है कि कैसे महारानी ने उनके साथ बॉम्बे जाने से इनकार कर दिया, और उसकी जगह कसौली जाने

का फैसला किया। हमें उनके दयनीय आखिरी दिनों की भी जानकारी मिलती है, जब उन्होंने एक दस्तावेज तैयार करवाया और यह इच्छा जताई कि उनके अंतिम संस्कार में उनके परिवार के किसी भी व्यक्ति को शामिल न होने दिया जाए।

हरि सिंह की किस्मत भी कुछ ऐसी थी कि वह एक ऐसी स्थिति में फँस चुके थे, जिसमें भारत के दो सबसे शक्तिशाली और विख्यात नेता उनके बारे में अलग-अलग राय रखते थे। यदि इसे हल्के तौर पर रखें, तो प्रधानमंत्री जवाहरलाल नेहरू बस यह चाहते थे कि वह कश्मीर से बाहर रहें, क्योंकि सिर्फ यही रास्ता था, जिससे प्रधानमंत्री के पसंदीदा शेष मोहम्मद अब्दुल्लाह पूरी तरह कमान सँभाल सकते थे। दूसरी तरफ, गृहमंत्री सरदार पटेल ने ऐसा रुख अपनाया जिसका सार यह था कि ऐसा कोई निश्चित कारण नहीं था, जिससे कि भारत सरकार हरि सिंह की जगह शेख अब्दुल्लाह को चुन ले।

जैसे-जैसे समय बीता और परिस्थितियाँ सामने आईं तथा हम भी यह जानते हैं कि इसमें कोई संदेह नहीं रहा कि नेहरू गलती कर बैठे थे और शेख अब्दुल्लाह को समझने में उनसे भारी चूक हुई थी। इससे बड़ी विडंबना और क्या हो सकती है कि वही शेख अब्दुल्लाह जिन्हें भारत अपना सबसे भरोसेमंद मोहरा मान रहा था, उसे राज्य के प्रधानमंत्री पद से बेदखल कर सलाखों के पीछे डालना पड़ा। लगभग पाँच वर्षों के दौरान यह पूरी कहानी सामने आ गई। इसमें कोई शक नहीं कि नई दिल्ली में बैठकर नीति बनानेवालों से जम्मू-कश्मीर और विशेष रूप से हरि सिंह के मामले से निपटने में बहुत भारी गलती हुई।

अब्दुल्लाह ने हरि सिंह के जेल से रिहा होने के बाद जो बयान दिए उन पर सरसरी नजर भी डालें तो इस बात के संकेत मिल जाते हैं कि वह कह कुछ भी रहे हों, लेकिन उनके दिल और दिमाग में एक अलग ही योजना चल रही थी। कश्मीर से बाहर और नई दिल्ली में या देश के किसी भी अन्य हिस्से में, अब्दुल्लाह एक बहुत बड़े धर्मनिरपेक्ष व्यक्ति बन जाते थे। वह हमेशा पाकिस्तान प्रायोजित आक्रमण (1947) से कश्मीर की रक्षा करने के लिए भारत के प्रति गहरा आभार व्यक्त करते थे। इसके साथ ही, वह इस बात को जाहिर करने का एक भी मौका नहीं गवाते थे कि कश्मीर ने भारत के साथ मिलने का फैसला नेहरू और महात्मा गांधी को खुश करने के लिए नहीं, बल्कि अपनी आर्थिक जरूरतों के आधार पर किया। किंतु घाटी में लौटते ही, एक भी अवसर ऐसा नहीं होता था, जब वह लोगों को यह याद न दिलाते हों कि स्वतंत्रता ही कश्मीर के लोगों की स्पष्ट इच्छा और प्राथमिकता है। इस बात के संकेत पहले ही मिल गए थे कि अब्दुल्लाह कहाँ जाना चाहते थे। दुःख की बात है कि जिन लोगों को अब्दुल्लाह से निपटने की जिम्मेदारी सौंपी गई थी, वे उनकी मंशा को भाँपने और योजनाओं का अंदाजा लगाने में नाकाम रहे।

यहाँ तक कि हरि सिंह के आलोचकों के विषय में भी कहा जाता है कि वे यह मानते थे कि उनके जमाने में राज्य की नौकरी भी योग्यता के आधार पर मिलती थी। धर्म को ध्यान में रखकर निर्णय नहीं लिये जाते थे। इसमें कोई शक नहीं कि यह अल्पसंख्यकों के पक्ष में दिखता था, जहाँ अल्पसंख्यकों से मतलब हिंदुओं से है, और इसका कारण यह था कि उनके पास उच्च शिक्षा थी। अब्दुल्लाह के शासन से इसकी तुलना करें तो उनके शासन में स्थिति एकदम उलट थी।

अब्दुल्लाह की नेशनल कॉन्फ्रेंस ने जब पहली बार महाराजा हरि सिंह को कश्मीर छोड़ने और डोगरा शासन को समाप्त करने का दबाव बनाने के लिए आंदोलन शुरू किया, तो यह अनिवार्य रूप से राजनीतिक नियंत्रण प्राप्त करने की योजना का ही एक हिस्सा था। प्रो. अग्निहोत्री ने यहाँ तक कहा कि अब्दुल्लाह के मार्गदर्शन में शुरु किया गया कश्मीर छोड़ो आंदोलन वास्तव में अंग्रेज अधिकारियों के षड्यंत्र और उनकी सलाह का परिणाम था। उत्तर पश्चिमी सीमांत प्रांत में जिस प्रकार अब्दुल गफ्फार खान एक बड़ी योजना को लागू करने में आड़े आ रहे थे, उसी प्रकार हरि सिंह भी दीवार बनकर खड़े थे, जिस योजना का उद्देश्य इन दोनों ही राज्यों को पाकिस्तान का हिस्सा बनाना था। वर्ष 1948 के बाद के दिनों में, अब्दुल्लाह अकसर हरि सिंह पर उस गंभीर संकट के समय में अपने लोगों को छोड़कर भाग जाने का आरोप लगाते थे, जब 1947 की शरद ऋतु की शुरुआत के साथ ही पाकिस्तान प्रायोजित आक्रमण शुरु हो गया था। इत्तेफाक से अनेक मुद्दों में से यह भी एक मुद्दा था, जिसे प्रधानमंत्री नेहरू हरि सिंह के विरुद्ध उठाया करते थे। हालाँकि, प्रो. अग्निहोत्री ने इस खंड में जिन बातों को सामने रखा है, उनके अनुसार हरि सिंह पर लगाया गया यह आरोप तथ्यात्मक रूप से सही नहीं था। इन आरोपों के विपरीत, हरि सिंह चाहते थे कि वे अपनी फौज और भारतीय सेना के साथ मिलकर आक्रमणकारियों को मार भगाएँ। अग्निहोत्री कहते हैं कि यह नेहरू ही थे जो चाहते थे कि अब्दुल्लाह अग्रणी भूमिका निभाएँ, ताकि उन्हें कश्मीर के रक्षक के रूप में पेश किया जा सके।

सच है कि इतिहास में अगर-मगर के लिए कोई स्थान नहीं होता। फिर भी, हरि सिंह को अगर श्रीनगर में रहने दिया जाता और आक्रमणकारियों को बाहर निकालने में भारतीय सैनिकों की मदद दी जाती, तो क्या बाद में जो परिस्थितियाँ बनी, वह आश्चर्यजनक रूप से एकदम अलग नहीं होती। इसका जवाब हाँ हो सकता है। इस खंड ने जिस प्रकार यह भी बताया है कि सरदार पटेल चाहते थे कि हरि सिंह महारानी के साथ अपने राज्य का दौरा करें। पटेल जानते थे कि राज्य में उनकी अच्छी-खासी लोकप्रियता है। लेकिन शेख अब्दुल्लाह ने इसमें अड़ंगा डाल दिया और सच यह है कि यह झूठा प्रचार किया कि हरि सिंह और उनका परिवार आक्रमणकारियों से घाटी की

रक्षा करने की बजाय उसे छोड़कर भाग गया है। यह सब जानते हैं कि आक्रमणकारियों का मुकाबला करने में अब्दुल्लाह और उनके नेशनल कॉन्फ्रेंस ने अपनी भूमिका निभाई। इसमें शक नहीं कि श्रीनगर की रक्षा करना महत्त्वपूर्ण था, लेकिन यह भी सच है कि उन्होंने इसे एक बड़े मंच में बदल दिया जिसके आधार पर आगे चलकर अब्दुल्लाह ने जम्मू-कश्मीर पर शासन करने के अपने अधिकार का दावा कर दिया, पूरी तसवीर और इन दो प्रमुख हस्तियों के द्वारा निभाई गई भूमिका को समझने के लिए, 1947 के अंत में तेजी से बदलती परिस्थितियों पर गौर करना भी महत्त्वपूर्ण है। जैसा कि प्रो. अग्निहोत्री कहते हैं, हरि सिंह की लोकप्रियता का एक बड़ा कारण उनकी ओर से उठाए गए सामाजिक सुधार के कदम थे, जिनकी बड़े पैमाने पर प्रशंसा की गई थी। अगर अब्दुल्लाह को सत्ता पर कब्जा जमाना था, तो हरि सिंह की लोकप्रियता को कम करना आवश्यक था।

हरि सिंह पर यह आरोप लगाया गया था कि उन्होंने भारतीय संघ के साथ अपने राज्य के अधिमिलन (विलय) पर फैसला करने में देरी की। इस दृष्टि से अनेक अध्ययनों ने उन पर आरोप लगाए हैं कि उन्होंने भारत के लिए एक ऐसी समस्या खड़ी कर दी, जिसका हल भारत आज भी तलाश रहा है। हालाँकि, अग्निहोत्री जोर देकर कहते हैं कि ऐसा कोई महत्त्व रखनेवाला प्रमाण नहीं मिलता, जिससे यह कहा जा सके कि हरि सिंह ने कभी स्वतंत्रता या पाकिस्तान के साथ जाने पर विचार भी किया हो। उन्होंने निर्णय लेने में समय लिया, लेकिन उन्हें सदैव इस बात का भी एहसास था कि उनके पास भारत के साथ विलय का ही एकमात्र विकल्प है। वह जिन परिस्थितियों में फँसे थे, उन पर विचार करने के बाद उनकी मनोस्थिति को भी समझा जा सकता है। लगभग हर बड़ा ब्रिटिश अधिकारी चाहता था कि हरि सिंह पाकिस्तान के साथ विलय कर लें। पश्चिमी जगत् का प्रेस खुलकर भारत के विरुद्ध लिख रहा था। ऐसे में कोई भी कल्पना कर सकता है कि 1947 की गरमियों के दौरान हरि सिंह कितने दबाव का सामना कर रहे होंगे। अग्निहोत्री के मुताबिक, हरि सिंह से अंग्रेजों की नाराजगी वास्तव में गोलमेज सम्मेलन (1930) के बाद से ही बनी हुई थी। उस सम्मेलन में हरि सिंह ने अपने संबोधन में उल्लेखनीय रूप से कहा था कि अंग्रेजों को भारत की राजनैतिक माँगों पर अधिक उदार रवैया अपनाने की जरूरत है।

सन् 1953 की शुरुआत में, डॉ. श्यामा प्रसाद मुखर्जी और शेख अब्दुल्लाह के बीच हुए पत्रों के आदान-प्रदान की बातें सब जानते हैं। इस संवाद के दौरान डॉ. मुखर्जी को लिखी अब्दुल्लाह की एक चिट्ठी है, जिसमें उन्होंने हरि सिंह पर अनिर्णय तथा श्रीनगर पर हुए आक्रमण (1947-48) का सामना करने की जगह भाग जाने का आरोप लगाया था। अब्दुल्लाह को दिया गया डॉ. मुखर्जी का जवाब (दिनांक 23 फरवरी, 1953)

दिलचस्प है। अब्दुल्लाह की ओर से की गई हरि सिंह की आलोचना पर डॉ. मुखर्जी ने कहा—

हम जब किसी व्यक्ति की निंदा करते हैं, उस समय भी हमें उसकी अच्छी बातों को नहीं भूलना चाहिए, सिर्फ यही एक महाराजा थे, जिनमें 20 वर्ष पहले इतना साहस था कि लंदन में गोलमेज सम्मेलन के दौरान खड़े हो सके और कहा कि अंग्रेजों को भारत के राजनीतिक स्वतंत्रता के सपने के प्रति प्रगतिशील रुख अपनाना चाहिए। इतिहास इस बात का गवाह है कि अपने इसी कार्य के लिए वह भारत के ब्रिटिश प्रशासकों की आँखों में चुभने लगे···उनकी इस पहल से भारत सरकार और आप अपना मुख्य उद्‌देश्य प्राप्त करने में सफल रहे। आपने श्रीनगर से उनके भाग जाने का जिक्र किया है···यह आरोप सही और उचित नहीं है···मैंने दस्तावेजों को पढ़ा है···यह असत्य है। लॉर्ड माउंटबेटन तथा अन्य नेताओं की स्पष्ट इच्छा के कारण महाराजा को श्रीनगर छोड़ने के लिए कहा गया था, क्या आपने उन्हें सितंबर, 1947 में पत्र नहीं लिखा था, जब आपने उन्हें भरोसा दिलाया था कि आप और आपकी पार्टी कभी उनके खिलाफ द्रोह की भावना नहीं रखते हैं, क्या आपने मार्च 1948 में नहीं लिखा था, जब महाराजा के पूर्ण सहयोग का सम्मान किया था और इस भावना (उनके प्रस्ताव का) की प्रशंसा की थी, आप पूरी तरह से यह समझते थे कि लोगों के हित के अनुसार महाराजा को यह बलिदान देना ही होगा और अपने फायदे के लिए तथा जिसे आप जम्मू-कश्मीर के लोगों का हित मानते थे, उसके लिए उनका पूरी तरह से इस्तेमाल करने के बाद आपको यह शोभा नहीं देता कि पूरा दोष उन पर मढ़ दें।

स्थितियाँ आखिर इस मोड़ तक क्यों पहुँच गईं? संभवत: सबसे आसान और समझ में आनेवाला उत्तर एक बार फिर श्यामा प्रसाद मुखर्जी ने ही संसद् में अपने भाषण में दिया। भारत की विदेश नीति तथा पाकिस्तान के साथ संबंधों की दशा-दिशा निर्धारित करने की दृष्टि से साल 1950 की 6 और 7 दिसंबर की तारीख यादगार रहेगी। तिब्बत पर चीन के आक्रमण, कोरिया के संकट आदि के मुद्‌दे पर अनेक वक्ताओं ने अपनी बात रखी। वक्ताओं में, एच.एन. कुंजरू, एन जी रंगा, एम आर मसानी और डॉ. मुखर्जी प्रमुख थे।

जैसा कि हम जानते हैं जम्मू-कश्मीर में बढ़ते संकट से जिस प्रकार निपटा गया उसकी व्यापक आलोचना की जा रही थी। विशेष रूप से प्रधानमंत्री नेहरू को निशाना बनाया जा रहा था। चर्चा का एक प्रमुख मुद्‌दा प्रधानमंत्री की यह चिंता थी कि जम्मू-कश्मीर के संदर्भ में भारत की नीति को लेकर दुनिया के अन्य देश भारत के बारे में क्या सोचेंगे। अंतरराष्ट्रीयता के मुताबिक एक खास तरह की कार्रवाई की जानी चाहिए थी, लेकिन व्यावहारिकता और भारत के हित के अनुसार दूसरी कार्रवाई की आवश्यकता

थी। उस समय अधिकांश लोगों की राय यही थी कि अधिमिलन पर हस्ताक्षर हो जाने के बाद जनमत संग्रह का कोई औचित्य नहीं रह जाता है। भारत के साथ अधिमिलन में सबसे महत्त्वपूर्ण बात यह थी कि हरि सिंह ने उसी ढाँचे के तहत कार्रवाई की थी, जिसकी घोषणा ब्रिटिश सरकार ने की थी। ऐसे अन्य दस्तावेज भी हैं, जो बताते हैं कि नेहरू को भी यही महसूस हो रहा था। लेकिन अंतरराष्ट्रीयता को लेकर अपनी चिंता के कारण उन्होंने जनभावना के विरुद्ध फैसला कर लिया। नेहरू की योजना के अनुसार अब्दुल्लाह अधिक उपयुक्त, अधिक भरोसेमंद थे। लेकिन संसद् में डॉ. मुखर्जी ने क्या कहा था, उस पर लौटते हैं।

हमें भटकने की नीति से हर हाल में अपने आपको रोकना चाहिए, हमें निर्णय पर पहुँचना ही होगा। हमें सबको खुश करने की संभावना तलाशने से भी बचना होगा। यह एक खतरनाक खेल है। हमें अकसर उस बूढ़े चक्कीवाले की कहानी याद आती है, जो बेशक नैतिक सिद्धांतों पर चल रहा था, जिसने जर्जर पुल को अपने बेटे और अपने खच्चर के साथ पार करने की कोशिश की थी, कभी वह स्वयं खच्चर पर चढ़ जाता, तो लोगों के कहने पर बेटे को खच्चर पर बिठा देता, फिर अपने और बेटे के साथ खच्चर पर सवार हो गया, आखिर में खच्चर को कंधे पर उठा लिया, जिसका नतीजा यह हुआ कि वह खच्चर से हाथ धो बैठा।

प्रो. अग्निहोत्री के इस बेहतरीन शोध और मनोरंजक लेख का सबसे महत्त्वपूर्ण योगदान शायद यह है कि संभवत: पहली बार जम्मू-कश्मीर में संकट की कहानी को महाराजा हरि सिंह के परिप्रेक्ष्य और कोण से भी देखा गया है, जिनकी निसंदेह रूप से एक प्रमुख भूमिका थी। यह स्पष्ट होता है कि वह षड्यंत्रों, साजिशों और गलत फैसलों के कारण हार गए।

डॉ. मुखर्जी ने जब भारत सरकार द्वारा सबको खुश करने के प्रयासों की चर्चा की तो ऐसा लगता है कि वह लोगों के एक वर्ग के तुष्टिकरण की नीति की ओर संकेत कर रहे थे। हरि सिंह की जगह शेख अब्दुल्लाह को चुनते समय, नेहरू स्पष्ट रूप से अब्दुल्लाह द्वारा अपने आप को जम्मू-कश्मीर के मुसलिम आवाम के नेता के तौर पर पेश किए जाने से प्रभावित थे।

हरि सिंह ने जब भारत के साथ अधिमिलन के दस्तावेजों पर दस्तखत किए, तब उन्होंने तटस्थ रहते हुए निर्णय लिया। देरी अवश्य हुई, लेकिन शंका कभी नहीं थी। हरि सिंह के साथ जिस प्रकार का व्यवहार किया गया वह यही दिखाता है कि जो लोग कश्मीर के मामलों से निपट रहे थे, वे जमीनी हकीकत से कोसों दूर थे। अन्य राज्यों और रियासतों की तरह ही, जम्मू-कश्मीर का पूरा इलाका भी बरसों से भारत का अंग रहा है। इतिहास का हर लेखाजोखा और वर्णन इस तथ्य की पुष्टि करता है। हरि सिंह

ने इतिहास के साथ तालमेल बिठाते हुए कार्य किया और सिर्फ इस कारण भारत के साथ विलय का निर्णय लिया, क्योंकि उन्होंने किसी अन्य विकल्प पर विचार ही नहीं किया था। बेशक कोई और विकल्प था भी नहीं। इस दृष्टि से, नेहरू जिस जनमत-संग्रह की बात पर बार-बार जोर दे रहे थे, उसके पीछे की एक वजह यह थी कि हरि सिंह हिंदू थे और उनकी प्रजा मुसलमान बहुल थी। 1947 की राजनीतिक समस्याओं के प्रति इस प्रकार का रुख अपनाने के कारण भारत को एक बड़ी कीमत चुकानी पड़ी और वह संकट आज भी बना हुआ है।

—रघुवेंद्र तंवर
प्रोफेसर, एमेरिटस
कुरुक्षेत्र विश्वविद्यालय, कुरुक्षेत्र
एवं
निदेशक, हरियाणा इतिहास और संस्कृति अकादमी, कुरुक्षेत्र

भूमिका

जम्मू-कश्मीर को लेकर जितना लिखा गया है, शायद भारत की किसी भी रियासत को लेकर इतना न लिखा गया हो। जब किसी विषय पर जरूरत से ज्यादा लिखा, बोला या कहा जाए, स्वाभाविक ही संदेह होता है कि या तो सच्चाई को छिपाने का प्रयास किया जा रहा है, या फिर उसे इतना उलझाने का प्रयास किया जा रहा है कि बाद में सत्य तक पहुँचना ही मुश्किल हो जाए। कई बार अपने अपराध बोध से विचलित होकर इतना जोर से चिल्लाया जाता है कि उस शोर में सत्य दबकर रह जाए। अपराध बोध से मुक्ति का एक और तरीका भी होता है। अपने पक्ष में ही दूसरे लोग खड़े कर लिये जाएँ, ताकि भीड़ देखकर स्वयं को ही लगने लगे कि मेरा पक्ष और निर्णय ठीक था। यह अपनी अंतरात्मा को दबाने की कठिन तांत्रिक साधना ही कही जा सकती है।

जम्मू-कश्मीर को लेकर जब मैं पंडित जवाहर लाल नेहरू के भाषण, आलेख और स्पष्टीकरण पढ़ता हूँ तो वे मुझे एक साथ ये सभी तांत्रिक साधनाएँ करते दिखाई देते हैं, लेकिन सच्चाई ऐसी चीज है, जो इन सभी तांत्रिक साधनाओं के बावजूद पीछा नहीं छोड़ती। बीसवीं शताब्दी में जब जम्मू-कश्मीर को लेकर सक्रिय भूमिका निभानेवाले सभी पात्रों के पाप उन्हीं पर भारी पड़ने लगे तो उनके लिए जरूरी हो गया था कि उनके झूठ को ही सत्य का दरजा दे दिया जाए और उनके पाप को ही पुण्य मान लिया जाए। हर युग का इतिहास साक्षी है कि जब सत्य का सामना करना बहुत मुश्किल हो जाता है तो उससे बचने के लिए किसी-न-किसी को सलीब पर लटकाना अनिवार्य हो जाता है, ताकि भविष्य में इतिहास के प्रश्नों के उत्तर दिए जा सकें। 1947 में जम्मू-कश्मीर में जो कुछ हो रहा था, उसका उत्तरदायी ठहराने के लिए महाराजा हरि सिंह से आसान शिकार और कौन हो सकता था? हरि सिंह के अपने ही चिराग-ए-खानदान कर्ण सिंह जम्मू-कश्मीर के रीजेंट बन गए और हरि सिंह बंबई में निष्कासित जीवन जीने के लिए अभिशप्त हुए। जिस महाराजा हरि सिंह के हस्ताक्षर से जम्मू-कश्मीर रियासत ने देश की संघीय लोकतांत्रिक संवैधानिक व्यवस्था को स्वीकार किया, बाद में उन्हीं को

कठघरे में खड़ा कर दिया गया। दुर्भाग्य से महाराजा हरि सिंह के बारे में अभी तक जो कहा—सुना जा रहा है, वह न्याय के तमाम सिद्धांतों को ताक पर रखते हुए जारी फतवे मात्र हैं और उन्हीं फतवों को अब इतिहास मानने का आग्रह किया जा रहा है।

दुर्भाग्य से 1947 के बाद से जम्मू-कश्मीर रियासत के अंतिम दिनों में महाराजा हरि सिंह को लेकर जो भी शोध कार्य हुआ है, वह उन्हीं अधकचरी अवधारणाओं पर आधारित है, जो मीडिया ने और भारत सरकार के उस समय के अधिकारियों ने फैला रखी थीं। यह कार्य अभी तक भी जारी है।

महाराजा हरि सिंह के व्यक्तित्व व कृतित्व पर बहुत ही कम लिखा गया है, लगभग न के बराबर और जो लिखा भी गया है, वह उनकी मृत्यु के बाद लिखा गया है। इस विषय पर अब तक चार पुस्तकें अंग्रेजी भाषा में प्रकाशित हुई हैं। इनमें से प्रो. सोमनाथ वाखलु की Hari Singh – The Maharaja, The Man The Times को कुछ सीमा तक महाराजा हरि सिंह की जीवनी कहा जा सकता है।

दूसरी पुस्तक Maharaja Hari Singh (1895-1961) जम्मू विश्वविद्यालय के इतिहास विभाग के पूर्व विभागाध्यक्ष प्रो. मनोहर लाल कपूर की है। यह पुस्तक महाराजा हरि सिंह और उनके प्रशासन पर विभिन्न विद्वानों द्वारा लिखे गए निबंधों व संस्मरणों का संकलन है, जिसका प्रकाशन महाराजा की जन्म शती के अवसर पर किया गया था।

तीसरी पुस्तक Jammu under the reign of Maharaja Hari Singh प्रो. सुरजीत सिंह सूदन द्वारा महाराजा हरि सिंह की शासन व्यवस्था का किया गया विश्लेषणात्मक अध्ययन है, जिसे मोटे तौर पर जम्मू संभाग तक ही सीमित रखा गया है। चौथी पुस्तक प्रो. हरबंस सिंह की Maharaja Hari Singh-The Troubled Years प्रकाशित हुई है। यह पुस्तक मोटे तौर पर 1947-48 के संक्रमण काल में रियासत में महाराजा हरि सिंह की भूमिका और जम्मू-कश्मीर पर हुए पाकिस्तानी आक्रमण के समय रियासती सेना के शौर्य का वर्णन करती है।

इसके अतिरिक्त कुछ अन्य महत्त्वपूर्ण पुस्तकों की चर्चा करना जरूरी है, जिनमें महाराजा हरि सिंह के जीवन के कुछ पक्षों पर प्रकाश पड़ता है। इनमें महाराजा हरि सिंह के काल से संबंधित चार व्यक्तियों की आत्मकथा है।। इनमें से दो पुस्तकों का जिक्र प्राथमिकता से किया जाना चाहिए। पहली, महाराजा हरि सिंह के सुपुत्र डॉ. कर्ण सिंह की आत्मकथा, जो अंग्रेजी में दो खंडों में प्रकाशित हुई थी। बाद में इसका संपूर्ण खंड भी प्रकाशित हुआ। इस पुस्तक का हिंदी अनुवाद 'आत्मकथा' के नाम से ही प्रकाशित हुआ। दूसरी पुस्तक जम्मू-कश्मीर के पूर्व मुख्यमंत्री शेख मोहम्मद अब्दुल्ला की उर्दू भाषा में (जिसका अंग्रेजी अनुवाद भी प्रकाशित हो चुका है) लिखी आत्मकथा,

'आतिश-ए-चिनार' है। दोनों पुस्तकों में महाराजा हरि सिंह की छाया सर्वत्र दिखाई देती है। रियासत के पूर्व दीवान मेहरचंद महाजन की अंग्रेजी में लिखी आत्मकथा Looking Back भी इसी कोटि की है। राज्य के मुख्यमंत्री रह चुके मीर कासिम ने भी My life and times नाम से अपनी जीवनी लिखी है, जिसमें हरि सिंह के जीवन के कुछ पक्षों पर रोशनी पड़ती है। इसके अतिरिक्त मलिका पुखराज की आत्मकथा Song sung true के नाम से छपी है, जिसमें महाराजा हरि सिंह के जीवन के अनेक पहलुओं पर प्रकाश पड़ता है। प्रसिद्ध पत्रकार क्रिस्टोफर थामस की अंग्रेजी पुस्तक Faultline Kashmir में एक पूरा अध्याय Last Maharaja के नाम से मिलता है। इस लंबे अध्याय में महाराजा के जीवन और व्यक्तित्व पर महत्त्वपूर्ण सामग्री मिलती है। लेकिन दुर्भाग्य से अभी तक महाराजा हरि सिंह का समग्र अध्ययन नहीं किया गया है। मैंने अपने शोध कार्य में उपरोक्त सभी ग्रंथों का प्रयोग किया है, लेकिन जैसा कि डॉ. कर्ण सिंह लिखते हैं, ''मेरी पुस्तक पढ़े बिना आप जम्मू-कश्मीर का सही इतिहास नहीं लिख सकते।''(हरबंस सिंह की पुस्तक Maharaja Hari Singh-The Troubled Years के विमोचन के अवसर पर दिया गया भाषण) जाहिर है कि उनकी पुस्तक का अभिप्राय उनकी आत्मकथा से ही है। महाराजा हरि सिंह का मूल्यांकन करने के लिए मैंने उनकी इस पुस्तक को बार बार पढ़ा ही नहीं, बल्कि अपनी इस पुस्तक में उससे पर्याप्त सहायता भी ली है, लेकिन इतना तो वे भी मानेंगे कि हरि सिंह को लेकर उनके किए गए मूल्यांकन से सहमत होना तो अनिवार्य नहीं है। महाराजा हरि सिंह के विभिन्न समयों पर लिखे गए पत्र और शासनकाल में दिए गए कुछ भाषण अत्यंत महत्त्वपूर्ण हैं, जिनमें से कुछ किन्हीं किताबों के परिशिष्टों में स्थान प्राप्त कर चुके हैं, लेकिन सभी पत्रों को एक स्थान पर एकत्रित कर प्रकाशित करना जरूरी है, ताकि उनका समग्र मूल्यांकन हो सके।

वैसे तो जम्मू-कश्मीर पर कोई भी पुस्तक लिखी गई हो, उसमें हरि सिंह की छाया सर्वत्र दिखाई देगी ही। जम्मू-कश्मीर पर जो ग्रंथ लिखे गए हैं, उनमें तीन पक्ष प्रमुख हैं। पहला पक्ष तो अंग्रेज अधिकारियों का है, जिन्होंने महाराजा हरि सिंह के शासनकाल का वर्णन किया है। लेकिन ये विश्लेषण उस समय के अंग्रेज शासकों की रीति-नीति को ध्यान में रखकर ही लिखे गए हैं। यानी विश्लेषण उस उद्देश्य की पूर्ति के लिए सहायक हो, यही ध्यान रखा गया है। इसके अतिरिक्त दो पक्ष और हैं। भारतीय पक्ष और पाकिस्तानी पक्ष। पाकिस्तानी पक्ष मानता है कि महाराजा भारत में जाना चाहते थे। इसमें कोई संदेह नहीं कि जब मामला इतना संवेदनशील हो तो दोनों पक्षों के लिए निष्पक्ष रहना किसी सीमा तक संभव नहीं होगा, लेकिन ताज्जुब है एक बात से सभी सहमत दिखाई देते हैं कि महाराजा हरि सिंह जम्मू-कश्मीर को आजाद रखना चाहते थे,

जबकि इस धारणा को पुष्ट करने के लिए इक्का-दुक्का परिस्थितिजन्य कमजोर साक्ष्य के अतिरिक्त कोई ठोस प्रमाण उपलब्ध नहीं है। लेकिन फिर भी यह धारणा बिना जिरह के ही जम्मू-कश्मीर संबंधी विपुल साहित्य में स्थायी निवास बना चुकी है। मेरा यह शोध कार्य इसी पृष्ठभूमि में से उपजा है। मैंने अपने इस शोध कार्य में किसी अप्रयुक्त सामग्री का प्रयोग किया हो, ऐसा मेरा दावा नहीं है। अभी तक उपलब्ध सामग्री के आधार पर ही मैंने नए सिरे से उसकी व्याख्या की है। इस व्याख्या के कारण ही महाराजा हरि सिंह को लेकर मेरे निष्कर्ष, अब तक के स्थापित निष्कर्षों से भिन्न हैं। मुझे लगता है अब समय आ गया है कि महाराजा हरि सिंह को कठघरे से निकालकर इतिहास में उन्हें उनका सम्मानजनक स्थान दिया जाए।

अध्ययन की सुविधा के लिए इस प्रबंध को तीन खंडों में विभाजित किया गया है। तीनों खंडों को आगे अनेक अध्यायों में बाँटा गया है।

प्रथम खंड

प्रथम अध्याय : डोगरा राजवंश की जय यात्रा

द्वितीय अध्याय : महाराजा हरि सिंह / प्रारंभिक जीवन

तृतीय अध्याय : हरि सिंह का ब्रिटिश सत्ता से संघर्ष /राजतिलक से 1935 तक

चतुर्थ अध्याय : महाराजा हरि सिंह और ब्रिटिश सरकार—आमने-सामने (1935 से 1947)

द्वितीय खंड

पंचम अध्याय : महाराजा हरि सिंह का संघर्ष और अधिमिलन का प्रश्न

षष्टम अध्याय : सुरक्षा परिषद् में जम्मू-कश्मीर और महाराजा हरि सिंह की अवहेलना

सप्तम अध्याय : महाराजा हरि सिंह का निष्कासन

अष्टम अध्याय : महाराजा हरि सिंह /निष्कासन से पदमुक्ति तक

नवम अध्याय : राज्य प्रबंध और विकास कार्य

तृतीय खंड

दशम अध्याय : अंतिम यात्रा

एकादश अध्याय : व्यक्तित्व और मूल्यांकन

द्वादश अध्याय : उपसंहार

इस शोध कार्य में जिन विद्वानों का सहयोग प्राप्त हुआ, उनका धन्यवाद ज्ञापन करना अनिवार्य है। जम्मू-कश्मीर अध्ययन केंद्र के सक्रिय सहयोग के बिना यह कार्य पूरा हो ही नहीं सकता था। केंद्र के निदेशक आशुतोष भटनागर से अनेक बार लंबे संवाद हुए, जिससे मुझे सही निष्कर्षों पर पहुँचने में सहायता मिली। उनके पास जम्मू-कश्मीर को

लेकर जानकारियों का भंडार है। इसके अतिरिक्त इस पुस्तक की भाषा को संतुलित करने का कष्टसाध्य कार्य भी उन्होंने बड़ी लगन से किया। मुझे किसी भी पुस्तक की जरूरत होती थी तो रंजन चौहान उसको उपलब्ध करवाने का भरसक प्रयास करते थे। जम्मू-कश्मीर अध्ययन केंद्र की जम्मू शाखा के अशोकजी जम्मू प्रवास में मेरे मार्गदर्शक ही थे। जम्मू विश्वविद्यालय के इतिहास विभाग के अध्यक्ष प्रो. शैलेंद्र जामवाल स्वयं भी जम्मू-कश्मीर मसलों के विशेषज्ञ हैं, इसके अतिरिक्त उनके पास रियासत से ताल्लुक रखनेवाली सामग्री का भंडार है। वह भंडार उन्होंने मुझे सहज भाव से उपलब्ध करवाया। अंत में दिए गए प्रथम और द्वितीय परिशिष्ट इन्हीं की पुस्तक Jammu & Kashmir From Autocracy to Democracy से लिए गए हैं। कुरुक्षेत्र विश्वविद्यालय के इतिहास विभाग में विभागाध्यक्ष रहे प्रो. रघुवेंद्र तंवर ने जम्मू-कश्मीर के आधुनिक इतिहास को खँगाला है। उन्होंने भी इस संबंधी कुछ सामग्री मुझे उपलब्ध करवाई। इस विषय पर उनसे अनेक बार चर्चा भी हुई। कहा भी गया है—एक घड़ी, आधी घड़ी, आधी हूँ ते आध। संतन सेती गोसटी, जो कीने सो लाभ।

ये विद्वान् इतिहास के ऐसे ही संत हैं, जिनकी गोसटी से मुझे लाभ हुआ है। जम्मू-कश्मीर की ओर मेरी रुचि इंद्रेश कुमारजी ने जाग्रत् की थी। यह पुस्तक भी उसी का प्रतिफल कही जा सकती है। प्रसिद्ध इतिहासकार डॉ. सतीश मित्तलजी से समय-समय पर मैंने पुस्तक की विषयवस्तु के अनेक प्रसंगों पर चर्चा की। उससे मुझे अपने निष्कर्षों तक पहुँचने में सहायता मिली। मध्य एशिया के मनोविज्ञान को जानने के लिए पंजाब खादी व ग्रामोद्योग बोर्ड के अध्यक्ष हरजीत सिंह ग्रेवाल से घंटों वार्त्तालाप होता रहा। उन्होंने अपने जीवन के कुछ महत्त्वपूर्ण साल मध्य एशिया में बिताए हैं। उस वार्त्तालाप से कश्मीर के संदर्भ में ग्रेट गेम को समझने में सहायता मिली। जम्मू-कश्मीर की स्थिति पर हिमाचल प्रदेश केंद्रीय विश्वविद्यालय धर्मशाला के रजिस्ट्रार सेवा निवृत्त ब्रिगेडियर जगदीश रांगड़ा से भी चर्चा हुई। उन्होंने अपने सैनिक जीवन के कुछ साल जम्मू-कश्मीर में भी बिताए हैं। प्रसिद्ध अर्थशास्त्री डॉ. सुदेश गर्ग, हिन्दुस्थान समाचार के पत्रकार समन्वय नंद, पंजाब सरकार के अतिरिक्त महाधिवक्ता राम स्वरूप प्रिंसिपल डॉ. विवेक कुमार, अरविंद गर्ग, मेरा बेटा तपन और उसकी माँ रजनी पुस्तक की तैयारी में मेरा उत्साहवर्धन करते रहे। हिंद भूषण, संजय सिंह ने पुस्तक की तैयारी में तकनीकी सहायता प्रदान की। सभी का आभार।

—कुलदीप चंद अग्निहोत्री

कुलपति, हिमाचल प्रदेश केंद्रीय विश्वविद्यालय

धर्मशाला (हिमाचल प्रदेश) 176215

अनुक्रम

1

डोगरा राजवंश की जय यात्रा

1. डोगरा वंश के पुरखे

जिस डोगरा वंश की विजय यात्रा का हम उल्लेख कर रहे हैं, वह इस ग्रंथ के लिए मुख्य रूप से महाराजा गुलाब सिंह से प्रारंभ होती है।[1] इस वंश के संस्थापक शलाका पुरुष हरि देव थे। हरि देव के बाद गुज्जर सिंह हुए और उनके बाद हुए ध्रुव देव। ध्रुव देव से वंश की विस्तृत जानकारी उपलब्ध होने लगती है। ध्रुव देव के चार पुत्र थे। रणजीत देव, बलवंत देव, नसीरुद्दीन देव और सूरत सिंह। इनमें से रणजीत देव के आगे दो पुत्र हुए। ब्रज राज देव और दलेल सिंह। इसी प्रकार सूरत सिंह के चार पुत्र हुए। मियाँ मोता, जोरावर सिंह, मियाँ दुल्ला और दीवान सिंह। इनमें से आगे ब्रज राज देव के एक पुत्र था, संपूर्ण सिंह। दलेल सिंह का बेटा चेत सिंह था। जोरावर सिंह का बेटा किशोर सिंह था। चेत सिंह के दो बेटे थे। देवी सिंह और रघुवीर सिंह। किशोर सिंह के तीन बेटे हुए। गुलाब सिंह, ध्यान सिंह और सचेत सिंह। "जम्मू से लगभग बीस किलोमीटर पश्चिम दिशा में भारत-पाक सीमा पर स्थित है रामगढ़ का ऐतिहासिक गाँव। यह गाँव इन तीन भाइयों—गुलाब सिंह, ध्यान सिंह और सुचेत सिंह का पैतृक गाँव था, जो धूमकेतु की तरह पंजाब के राजनैतिक इतिहास में उभरे थे और जिन्होंने जम्मू-कश्मीर में एक सशक्त डोगरा राज्य स्थापित किया। इन तीन भाइयों का पिता मियाँ किशोर सिंह स्मैलपुर में अपनी पैतृक जागीर में जाकर बस गया था, लेकिन उसका बड़ा बेटा मियाँ गुलाब सिंह जम्मू के राजा के संरक्षक मियाँ मोटा को किसी कारण से नाराज कर रामगढ़ में जाकर बस गया था, जहाँ उसने अपने लिए एक हवेली का निर्माण किया था। यहीं पर दोनों भाइयों गुलाब सिंह और ध्यान सिंह की शादी रकवाल वंश की दो बहनों के साथ हुई, जो जागीरदार की बेटियाँ थीं। यहीं से दोनों भाइयों ने लाहौर प्रस्थान किया था, ताकि वहाँ जाकर वे महाराजा रणजीत सिंह की

प्रसिद्ध सैनिक टुकड़ी चारयारी यानी चार हजारी में प्रवेश पा सकें। यह चार हजार घुड़सवारों की टुकड़ी थी और इसे पंजाब राज्य का स्तंभ गिना जाता था।''[2] लेकिन किशोर सिंह के इन पुत्रों की जय यात्रा प्रारंभ करने के लिए भी जरूरी है, उससे पूर्व के इतिहास पर एक विहंगम दृष्टि डाली जाए।

इतिहास में दूर तक डुबकी लगानेवाले मानते हैं कि आज से तीन हजार साल पहले अयोध्या के सूर्यवंशी महाराजा सुदर्शन के वंशज जम्बूलोचन ने जम्मू को बसाया था। तारीख-ए-डुग्गर देश के लेखक दीवान नरसिंह दास नरगिस के अनुसार जम्मू में तीन हजार साल की निरंतरता में एक ही राजवंश शासक रहा है, लेकिन इसको लेकर डोगरी साहित्य और संस्कृति पर निरंतर लिखते रहनेवाले शिवनाथ अपनी आँखें बंद नहीं कर सकते। उनके अनुसार, ''यह कैसे संभव है कि एक ही राजवंश जम्मू में साढ़े तीन हजार वर्ष से आज तक निरंतर राज्य करता चला आ रहा हो?''[3] शिवनाथ के संशय अपनी जगह, लेकिन इसमें कोई संशय नहीं है कि उन्नीसवीं शताब्दी ने जब दस्तक दी, तब महाराजा रणजीत सिंह ने पूरे पंजाब में अपना राज्य स्थापित कर लिया था और उस समय के जम्मू नरेश जीत देव ने रणजीत सिंह को खिराज देना स्वीकार कर अपना राज्य बचा लिया था, लेकिन बकरे की माँ कब तक खैर मनाती। 1808 में एक बार फिर पंजाब की ओर से जम्मू पर हमला हुआ। इस बार इस आक्रमण का नेतृत्व भाई हुक्म सिंह कर रहे थे। हमले की बात सुनकर गुलाब सिंह भी दुश्मन का मुकाबला करने आ जुटे। उस समय उनकी उम्र मुश्किल से सत्रह साल थी। गुलाब सिंह की बहादुरी हुक्म सिंह से छिपी नहीं रह सकी, पर इससे भी जम्मू,पंजाब के साम्राज्य का हिस्सा होने से नहीं बच सका, लेकिन गुलाब सिंह इस युद्ध में अपना शौर्य दिखाने के बाद सत्रह साल की उम्र में नए अवसरों की तलाश में पंजाब के मैदानों की ओर निकल पड़े और अंततः 1809 में महाराजा रणजीत सिंह की सेना में उन्होंने अपना मुकाम हासिल किया। जे.डी. कनिंघम गुलाब सिंह की शुरुआत महाराजा रणजीत सिंह की सेना में एक प्यादे सैनिक से करते हैं, लेकिन दीवान किरपा राम सत्य के ज्यादा नजदीक ठहरते हैं। उनके अनुसार, ''गुलाब सिंह को 275 रुपए मासिक तनख्वाह पर रेजीमेंट कमांडर नियुक्त किया गया था।''[4] 1812 में महाराजा रणजीत सिंह ने जम्मू की जागीर अपने युवराज खड़क सिंह के नाम कर दी और 1816 में इसे अपने राज्य में मिला लिया। जम्मू से भागे राजा जीत देव ने ब्रिटिश इंडिया में पनाह ली। 1819 में कश्मीर को विदेशी अफगानों से मुक्त करवाकर रणजीत सिंह ने जम्मू राज्य का विस्तार किया, लेकिन इस कश्मीर विजय अभियान में गुलाब सिंह भी उनके साथ थे। 1820 में रणजीत सिंह ने किशोर सिंह को जम्मू राज्य का राज्यपाल नियुक्त कर दिया। 1822 में किशोर सिंह के देहांत के बाद महाराजा रणजीत सिंह ने गुलाब सिंह को नया राज्यपाल बनाया।

2. गुलाब सिंह का राजतिलक

16 जून, 1822 को महाराजा रणजीत सिंह ने स्वयं अपने हाथों से गुलाब सिंह को जम्मू का परवाना दिया, जिसके अनुसार, ''इस पावन अवसर पर मैं अत्यंत प्रसन्नता एवं स्नेहसिक्त हृदय से गुलाब सिंह को, उस द्वारा निष्ठा व चेतन मन से की गई सेवा के एवज में, चकला जम्मू का राज्य प्रदान करता हूँ। यह राज्य अंतराल से गुलाब सिंह के पूर्वजों के पास ही रहा है। गुलाब सिंह और उनके भाई ध्यान सिंह व सुचेत सिंह छोटी आयु में ही मेरे दरबार में आए थे और उन्होंने अत्यंत स्वामिभक्ति व निष्ठा से मेरी और राज्य की सेवा की। इनके पूर्वजों ने भी लंबे समय तक मेरे पिता श्री महां सिंह, जिनकी याद से ही मन प्रसन्न होता है, की अत्यंत विश्वास से सेवा की थी। इन तीनों भाइयों ने मुझे संतुष्ट करने में और समर्पण भाव से सेवा करने में कोई कोर कसर नहीं छोड़ी। वे सदा ही मेरे विश्वासपात्र और राज्य के प्रति निष्ठावान बने रहे। उन्होंने काबुल की सेना के साथ युद्धों में, सीमांत पर विद्रोह के दमन और उनको सजा देने में, मुल्तान के पतन और कश्मीर की विजय के अभियानों में अपना रक्त बहाया है। इनकी इन्हीं सेवाओं व अन्य सेवाओं को ध्यान में रखते हुए मैं चकला जम्मू का राज्य राजा गुलाब सिंह और उनके उत्तराधिकारियों को प्रदान करता हूँ। मैं अपने इस निष्ठावान एवं विश्वासपात्र सेवक का स्वयं, प्रभुसत्ता के प्रतीक रूप में मस्तक पर तिलक लगाते हुए राजतिलक कर रहा हूँ। प्रसन्न भाव से मैं इस अवसर पर राजा सुचेत सिंह एवं उसके उत्तराधिकारियों को भी उसकी सेवा के बदले रामनगर का राज्य प्रदान करता हूँ। वे स्वयं और उसके उत्तराधिकारी, इस राज्य की आय का अपने खाते में समावेश कर सकते हैं, लेकिन ये राज्य इनको इस शर्त पर ही प्रदान किए गए हैं कि ये भाई लाहौर दरबार के प्रति सदा उतने ही निष्ठावान रहेंगे, जितने अब तक रहे हैं। ये हमारे उत्तराधिकारियों के प्रति भी उतने ही समर्पित व निष्ठावान रहेंगे। इनके उत्तराधिकारी भी हमारे व हमारे उत्तराधिकारियों के प्रति निष्ठावान रहेंगे। साक्षी रूप में मैं स्वयं अपने हाथों से अपना यह परवाना केशर के साथ प्रदान करता हूँ। दिनांक 4 आषाढ़ 1879 विक्रमी संवत्।[5] इस प्रकार जम्मू, लाहौर दरबार की सहायक रियासत स्वीकार कर ली गई।

3. राजा जीत देव द्वारा गुलाब सिंह को मान्यता

लेकिन गुलाब सिंह जानते थे कि जम्मू राज्य के लोग अभी भी राजा जीत देव को राज्य का स्वाभाविक उत्तराधिकारी और शासक स्वीकार करते हैं। इसलिए उसने ब्रिटिश इंडिया में शरण लिए जीत देव से समझौता कर लिया और उसे अपने पक्ष में राज्य त्याग देने के लिए राजी कर लिया। राजा जीत देव ने स्वयं गुलाब सिंह के पक्ष में घोषणा की। फारसी में लिखी इस घोषणा के अनुसार, ''मैं राजा साहब रणजीत देवजी का पौत्र राजा

जीत सिंह अपने जीवन काल में ही इस अवसर पर आंतरिक प्रेम और स्नेह के कारण, अपने पूर्वजों द्वारा अर्जित और संरक्षित तमाम इलाके का स्वामित्व, धर्म और नियम के अनुसार अपने बरखुरदार राजा-ए-राजगान राजा गुलाब सिंहजी, राजा साहब ध्यान सिंहजी और राजा सुचेत सिंहजी के पक्ष में अपने पूर्वजों, ठाकुरों और गुरुओं की शपथ लेकर समर्पित करता हूँ।'' इस प्रकार गुलाब सिंह वंश परंपरा के हिसाब से भी जम्मू नरेश बने, लेकिन ध्यान रख़ना होगा जम्मू राज्य लाहौर दरबार के विशाल साम्राज्य का ही हिस्सा था और गुलाब सिंह उसके प्रतिनिधि के तौर पर ही वहाँ के शासक थे। ध्यान सिंह और सुचेत सिंह तो लाहौर में ही रहते थे, लेकिन गुलाब सिंह ज्यादा समय जम्मू के अपने राज्य में रहकर ही शासन व्यवस्था को सुधारने के काम में व्यस्त रहते थे। कभी कभार बुलाने पर ही लाहौर जाते थे, लेकिन गुलाब सिंह उस प्रकार के राजा नहीं थे, जो अपने राज्य की सीमाओं में ही खोकर रह जाते। वे राज्य विस्तार के लिए उत्सुक एक महत्त्वाकांक्षी नरेश थे। कश्मीर घाटी की ओर वे बढ़ नहीं सकते थे, क्योंकि वहाँ रणजीत सिंह ने अलग सूबेदार नियुक्त किया हुआ था। गुलाब सिंह के राज्य में उसको शामिल नहीं किया गया था। तब उन्होंने आसपास के दूसरे इलाकों की ओर ध्यान दिया।[6] इस प्रकार शुरू हुआ जम्मू राज्य के विस्तार का इतिहास।

4. राजा गुलाब सिंह द्वारा राज्य विस्तार

जिन दिनों पंजाब के शासक महाराजा रणजीत सिंह मुगलों की गुलामी से ज्यादा से ज्यादा क्षेत्र को आजाद करवाने की कोशिश कर रहे थे और कश्मीर तक में उन्होंने खालसा पंथ का केसरिया निशान झुला दिया था, उन्हीं दिनों महाराजा गुलाब सिंह भी जम्मू संभाग के छोटे-छोटे राज्यों को अपने राज्य में समाहित करके अफगानिस्तान तक की सीमा के क्षेत्र को आजाद करवाने में लगे हुए थे। ''अगले पंद्रह सालों में इन तीनों भाइयों ने आसपास के सभी छोटे-बड़े रजवाड़ों को जीत लिया। जोरावर सिंह के नेतृत्व में गुलाब सिंह की सेनाओं ने लद्दाख और बल्तीस्तान को पराजित किया और तिब्बत तक पर आक्रमण कर दिया।''[7] उन्होंने भारत की सीमाओं को उसके स्वाभाविक स्वरूप में पुनः स्थापित करने का निर्णय किया।

इसके लिए उन्होंने एक चतुर कूटनीतिज्ञ की तरह साम दाम दंड भेद—सभी तरीकों का इस्तेमाल किया। रावी और जेहलम के बीच का पूरा डुग्गर क्षेत्र जम्मू राज्य में समाहित हो चुका था। इन क्षेत्रों को मुक्त करवाने के बाद उन्होंने रूस, चीन और अफगानिस्तान की सीमा को छूते हुए विशाल जम्मू-लद्दाख राज्य की स्थापना की। गुलाब सिंह ने, ''जनरल जोरावर सिंह और दूसरे वीर डोगरा फौजी अफसरों और सिपाहियों की सहायता से लद्दाख, जंस्कार, बल्तीस्तान और इस्कर्दू को जीता और एक

विशाल साम्राज्य की स्थापना की। उसे स्वायत्त शासन देकर, उत्तर में भारत की सीमाओं का विस्तार किया।''[8] गुलाब सिंह पर रणजीत सिंह का बहुत विश्वास था और गुलाब सिंह भी रणजीत सिंह के प्रति निष्ठा रखते थे। अत रणजीत सिंह ने गुलाब सिंह के इन विजय अभियानों का विरोध नहीं किया, क्योंकि गुलाब सिंह यह सब लाहौर दरबार के नाम पर ही कर रहे थे। राज्य पर प्रभुसत्ता तो लाहौर दरबार की ही थी।

5. रणजीत सिंह का देहांत और प्रथम पंजाब युद्ध

लेकिन 27 जून, 1839 को महाराजा रणजीत सिंह का 59 वर्ष की आयु में देहांत हो गया। उसके बाद ईस्ट इंडिया कंपनी ने अपने राज्य विस्तार और व्यापारिक हितों के लिए पंजाब पर नजरें जमा दीं। महाराजा रणजीत सिंह की मौत के बाद पश्चिमोत्तर भारत में उनका विशाल साम्राज्य खंडित होने लगा। दरबार में उत्तराधिकार के लिए रणजीत सिंह के परिवार में ही घमासान मचा। षड्यंत्रों के घात-प्रतिघात होने लगे। महलों के इन षड्यंत्रों में गुलाब सिंह के भाई इन षड्यंत्रकारियों का शिकार होकर मारे गए। उनके परिवार के सदस्य मारे जा रहे थे। ध्यान सिंह का दिन-दिहाड़े कत्ल किया गया। गुलाब सिंह का बेटा मारा गया। इतना ही नहीं, रानी जिंदा ने गुलाब सिंह को भी बंदी बना लिया और उन्हें मारने की साजिश रची। यह तो उनकी अच्छी किस्मत थी कि वे अपनी कूटनीति से लाहौर से सही-सलामत वापस जम्मू पहुँच सके।[9] इधर लाहौर दरबार में विभिन्न सरदारों की आपसी कलह शांत नहीं हो रही थी। एक के बाद एक सभी को परस्पर विद्वेष के चलते मारा जा रहा था।

महाराजा सेना के हाथों की कठपुतली बनकर रह गए। अंत में महारानी जिंदा के भाई जवाहर सिंह भी कत्ल कर दिए गए। इस कत्ल ने महारानी जिंदा के मन में सरदारों को समाप्त करने और उनसे बदला लेने की भावना पैदा कर दी। उसे लगा कि यदि लाहौर रियासत की सेना को अंग्रेजों से भिड़ा दिया जाए तो दरबार में से इन सरदारों का दबदबा समाप्त हो जाएगा और वह अंग्रेज सरकार की सहायता से राज कर सकेगी। कंपनी बहादुर भी रणजीत सिंह के साम्राज्य की ओर ललचाई नजरों से देख रही थी। लाहौर दरबार के भाग्य विधाता या तो सतलुज के पार से देख रही ब्रिटिश गिद्ध नजरों को समझ नहीं पा रहे थे या फिर वे स्वयं ही आत्महत्या के रास्ते पर चल चुके थे। नवंबर, 1845 को रियासत-ए-लाहौर के प्रधानमंत्री लाल सिंह बन चुके थे और सेना का कमांडर इन चीफ तेजा सिंह था। दुर्भाग्य से ऐसा कहा जाता है कि ये दोनों अंग्रेजों को घर का भेद देनेवाले सिद्ध हुए। शाह मोहम्मद अपने जंगनामा में इसका संकेत करता है। महारानी जिंदा की साजिश का उल्लेख उसने इस तरह किया है[10]—

जिनां कोह के मारिया वीर मेरा,
मैं तां खोहांगी उनांह दियां जुंडियां नी।
धाकां पैण विलायतीं देस सारे,
पावां बकरे वांग चा वंडियां नी।
चूड़े लहिणगे बहुत सुहागनां दे,
नत्थ चौंक ते वालीयां डंडियाँ नी।
शाह मुहम्मदा पैणगे वैण डूंघे,
जदों होंण पंजाबणां रंडियां नी। 46।

× × ×

अरजी लिखी फिरंगी नूं कुंज गोशे,
पहिलां आपकी सुख अनंद वारी।
तेरे वल्ल मैं फौजां नूं तोरनी हां,
खट्टे करीं तूं इहनां दे दंद वारी।
पहिलां आपणा जोर तूं सभ्भ लांवी,
पिछों करांगी खरच मैं बंद वारी।
शाह मुहम्मदा फेर ना आऊण मुड़ के,
मैंनूं ऐतनी बात पसंद वारी। 47।

महारानी को लगता होगा कि जितने सरदार इस लड़ाई में झोंके जा सकते हैं, सभी झोंक दिए जाएँ, ताकि सभी का एक बारगी निपटारा हो सके। खालसा सेना को सतलुज पार करने का आदेश दे दिया गया और फिर वही हुआ, जिसकी आशंका दोनों पक्षों को थी। लाहौर दरबार की सेना ने सतलुज पार किया यानी ब्रिटिश इंडिया में प्रवेश, लेकिन दोनों पक्षों के लिए मुकाबला इतना आसान नहीं था। "इस संकट काल में सिखों को जिस उमदा नेतृत्व की जरूरत थी, वह गुलाब सिंह ही प्रदान कर सकता था; लेकिन दुर्भाग्य से उसके साथ और उसके पूरे परिवार के साथ लाहौर दरबार ने जो व्यवहार किया था, उसके चलते वह लाहौर आने की जल्दी में नहीं था, लेकिन लाहौर दरबार ने उसे तुरंत पेशावर के लिए कूच करने और वहाँ मोर्चा सँभालने का आदेश दिया।"[11] गुलाब सिंह का उत्तर उस समय की उनकी आंतरिक स्थिति का बयान करता है। उसने उत्तर भेजा, "ब्रिटिश अधिकारियों ने न तो समझौते का उल्लंघन किया है और न ही वचन भंग किया है। इसलिए बिना किसी कारण से उनसे भिड़ना उचित नहीं होगा। आपने मेरे भाइयों और भतीजों को बिना कारण के मार दिया, जबकि वे दिवंगत महाराजा की निष्ठावान प्रजा और विश्वासपात्र सेवक थे। महाराजा रणजीत सिंह के वर्तमान गद्दीनशीन के प्रति मैं अभी भी वैसी ही स्वामिभक्ति रखता हूँ। दिवंगत महाराजा के

नाम पर आपको अपने इलाके में कुछ भी करने का अधिकार है। मैं उस पर प्रश्नचिह्न नहीं लगाता, लेकिन मेरी गुजारिश है कि ब्रिटिश मामलों में आप दखलंदाजी न करें।''[12] लेकिन लाहौर दरबार में गुलाब सिंह की यह सलाह सुननेवाला कोई नहीं था। महल से लेकर दरबार तक एक-दूसरे को मार मिटाने की योजनाएँ ही बनती थीं। ईस्ट इंडिया कंपनी के सिपाहियों ने अंततः लाहौर के आपस में लड़ रहे शासकों को पराजित कर दिया। सभराओं में पंजाब की सेना और ईस्ट इंडिया कंपनी की सेना के बीच भयंकर युद्ध हुआ, जिसमें कंपनी जीत गई। उसकी सेना लाहौर में पहुँच गई। महाराजा रणजीत सिंह का विशाल साम्राज्य ईस्ट इंडिया कंपनी के कब्जे में आ गया था। जम्मू और कश्मीर समेत सभी क्षेत्रों की मालिक कंपनी हुई। गुलाब सिंह की आँखों के सामने ही बहुत मेहनत से मुगलों एवं ईरानियों से मुक्त करवाया पंजाब विदेशी गोरों के हाथ में चले जानेवाला था। लाहौर रीजेंसी ने गुलाब सिंह को रियासत के प्रधानमंत्री का पद सँभालने का प्रस्ताव भेजा, लेकिन गुलाब सिंह ने यह प्रस्ताव स्वीकार नहीं किया। उनका मानना था कि यह प्रस्ताव महारानी की ओर से आना चाहिए था। सब ओर से गुलाब सिंह को बुला लेने की माँग उठने लगी। अंततः गुलाब सिंह लाहौर पहुँचे और 27 जनवरी, 1846 को उन्होंने लाहौर दरबार के प्रधानमंत्री का पद सँभाला। गुलाब सिंह इस मत के थे कि यदि अंग्रेजों से मोर्चा लेना अनिवार्य ही था तो पहले घर के सब मतभेदों को भुलाकर आंतरिक एकता स्थापित करना जरूरी था, लेकिन अब तो बीती ताहि बिसार दे, आगे की सुधि लेहू के अनुसार पराजय की छाया में गुलाब सिंह ने ईस्ट इंडिया कंपनी से बातचीत शुरू की।

6. अमृतसर संधि

पराजित लाहौर दरबार के साथ कंपनी ने 9 मार्च, 1846 को एक संधि की, जिसे पंजाब के इतिहास में लाहौर संधि के नाम से जाना जाता है। इस संधि में दिलीप सिंह को पंजाब का महाराजा स्वीकार किया गया। इन लड़ाइयों में हुए खर्च का ईस्ट इंडिया कंपनी ने हिसाब-किताब लगाया और लाहौर दरबार को नुकसान की भरपाई में एक करोड़ रुपया देने का फरमान जारी कर दिया। आंतरिक कलह और इन लड़ाइयों से लाहौर दरबार का खजाना खाली हो चुका था। युद्ध की क्षतिपूर्ति न हो सकने की स्थिति में लाहौर दरबार ने लाहौर संधि के अनुच्छेद 4 के अनुसार सिंधु नदी की पूर्व दिशा में और रावी नदी की पश्चिम दिशा के बीच में लाहुल को छोड़कर चंबा समेत स्थित सभी पर्वतीय राज्य और उन पर आश्रित इलाके, ब्रिटिश सरकार को हस्तांतरित कर दिए। महाराजा गुलाब सिंह ने विशाल जम्मू साम्राज्य बहुत परिश्रम से निर्माण किया था। भारत की सीमाओं को उसके परंपरागत क्षेत्रों तक पहुँचाया था। उसकी सीमा अफगानिस्तान

तक स्वतंत्र हो गई थी। कश्मीर को विदेशी अपमानों से मुक्त करवाकर वहाँ भारत का केसरिया ध्वज लहराया था, लेकिन अब वह ब्रिटिश साम्राज्य का हिस्सा हो जानेवाला था। महाराजा गुलाब सिंह ने कंपनी के आगे युद्ध की क्षतिपूर्ति का प्रस्ताव रखा, जिसे कंपनी ने स्वीकार कर लिया, लेकिन गुलाब सिंह क्षतिपूर्ति का पचहत्तर लाख ही अदा करने की स्थिति में थे। इसलिए कंपनी ने लाहौर दरबार से प्राप्त किए इलाकों में से कुल्लू व मंडी इत्यादि को अपने पास रखकर शेष इलाका गुलाब सिंह के हवाले कर दिया। इस प्रकार पहली बार कश्मीर घाटी भी जम्मू के राज्य में शामिल कर ली गई। जम्मू का राज्य तो व्यावहारिक रूप से पहले ही गुलाब सिंह के पास था। इस नई व्यवस्था को लेकर लाहौर संधि के सात दिन बाद ही 16 मार्च, 1846 को कंपनी व गुलाब सिंह के बीच संधि हुई, जो अमृतसर संधि के नाम से जानी जाती है। इस प्रकार जम्मू साम्राज्य का विस्तार हुआ और रियासत जम्मू-कश्मीर के नाम से जानी जाने लगी।

7. प्रथम पंजाब युद्ध में गुलाब सिंह की भूमिका

रणजीत सिंह की मौत के बाद के कालखंड में गुलाब सिंह पर आरोप लगाया जाता है कि वे लाहौर दरबार की बजाय ईस्ट इंडिया के साथ हो गए थे, लेकिन यह आरोप परिस्थितिजन्य साक्ष्य की कसौटी पर खरा नहीं उतरता। गुलाब सिंह के जीवनीकार के.एम. पणिक्कर के शब्दों में ही, ''लाहौर दरबार के प्रति वे दिल से वफादार रहे। लाहौर दरबार के प्रति अपनी उदासीनता के स्पष्टीकरण में वे चाहते तो अनेक कारण गिना सकते थे, लेकिन जब लाहौर दरबार अंग्रेजों के साथ युद्धभूमि में आमने-सामने हो गया तो गुलाब सिंह दरबार के साथ खड़े थे। यह तो कनिंघम भी मानते हैं कि युद्ध के अंत में गुलाब सिंह स्वतंत्र राज्य के स्वामी होने की बजाय दिलीप सिंह के उप-रीजेंट रहने को ही अधिमान देते। यह तो,जब लाल सिंह के षड्यंत्रों ने इस विकल्प को बिल्कुल असंभव बना दिया तो वे आजादी के दूसरे विकल्प की ओर मुड़े।''[13] इतना ही नहीं, महाराजा रणजीत सिंह की मौत के बाद ''लाहौर दरबार ने हर संभव प्रयास किया कि जम्मू परिवार को समाप्त कर दिया जाए। उसकी इस रक्त पिपासा से जम्मू परिवार में से मात्र गुलाब सिंह ही बच निकले और वह भी अपने अच्छे भाग्य के कारण। रानी जिंदा और खालसा सरदारों ने स्पष्ट कर दिया कि गुलाब सिंह को लेकर उनकी नीयत साफ नहीं थी।''[14] गुलाब सिंह का पूरा परिवार तो दरबार की साजिशों का शिकार हो गया, यहाँ तक कि 1845 में जवाहर सिंह ने जम्मू पर धावा बोलकर गुलाब सिंह को लाहौर ले आने के आदेश जारी कर दिए। गुलाब सिंह को बंदी बनाकर लाहौर लाया गया। उनका सार्वजनिक अपमान किया गया। उन मारक षड्यंत्रों के बावजूद उन्होंने अपने हितों की रक्षा के प्रयास तो किए, लेकिन लाहौर दरबार को सक्रिय रूप से

नुकसान पहुँचाने की कोशिश नहीं की, जबकि लाहौर दरबार कई साल से उनके और उनके परिवार के प्रति आक्रामक रुख अपनाए हुए था। उन्होंने पूरा प्रयास किया कि लाहौर संधि में महाराजा दिलीप सिंह के लिए सर्वाधिक लाभकारी शर्तें मनवाई जाएँ।''[15] लाहौर दरबार से संधि करनेवाले उस समय के गवर्नर जनरल हेनरी हार्डिंग ने अपनी पत्नी को एक चिट्ठी में कहा था, ''जिस गुलाब सिंह से मेरा वास्ता पड़ा है, वह एशिया का सबसे बड़ा (रास्कल) बदमाश है।''[16] शायद यही मानसिकता थी, जिसके चलते बहुत से अंग्रेज इतिहासकारों ने गुलाब सिंह का चरित्र हनन करने का प्रयास किया है। इसकी शुरुआत जे.डे. कनिंघम ने ही कर दी थी।

आमतौर पर कहा जाता है कि गुलाब सिंह को कश्मीर अंग्रेजों की कृपा से मिला और कंपनी ने गुलाब सिंह के अहसान को उतारने के लिए उसे महज एक लाख में कश्मीर बेच दिया। कुछ अंग्रेज विद्वान् भी ऐसा मानते हैं कि कंपनी को कश्मीर अपने साम्राज्य में मिला लेना चाहिए था। लेकिन कश्मीर न तो कंपनी की गुलाब सिंह पर कृपा थी और न ही कंपनी कश्मीर को अपने साम्राज्य में मिला लेने की स्थिति में थी। लार्ड हार्डिंग ने लार्ड एलनबोरो को सारी स्थिति स्पष्ट करते हुए जो पत्र लिखा था, वह उल्लेखनीय है। उसके अनुसार, ''उस समय यदि कंपनी चाहती तो भी कश्मीर को जीत नहीं सकती थी। यह ध्यान रखना चाहिए की 1845 में ब्रिटिश राज्य की सीमा सतलुज तक थी। लाहौर के राज्य पर कब्जा नहीं किया गया था और न ही उस समय बिना एक-दूसरे जोरदार आक्रमण के कब्जा करना संभव था। यद्यपि लाहौर दरबार की सराओं में पराजय हो गई थी, लेकिन खालसा का उत्साह भंग नहीं हुआ था। पंजाब पर कब्जा करने के लिए एक और अभियान दरकार था और कंपनी उसके लिए तैयार नहीं थी। अपने फिरोजपुर बेस के बलबूते, जिसकी सीमाओं पर आक्रामक पंजाब और बदला लेने को उतारू सिख थे, ब्रिटिश सेना के लिए 1845 में अव्वल तो कश्मीर को जीत पाना ही मुश्किल था, यदि किसी तरह से जीत भी लेते तो उसे बचाए रखना मुश्किल था। इसलिए यह कहना कि कंपनी द्वारा अपना खजाना भरने के लिए गुलाब सिंह को कश्मीर दे देना अदूरदर्शितावाली नीति थी, समय बीत जाने पर फालतू रोने धोने के सिवा कुछ नहीं है।''[17]

उस समय के गवर्नर जनरल ने सीक्रेट कमेटी को लाहौर संधि व अमृतसर संधि के वक्त एक पत्र लिखा था, जिसमें गुलाब सिंह को जम्मू-कश्मीर रियासत सौंपने के अनेक कारण दिए थे। उसके अनुसार, ''इस सारे इलाके पर कब्जा करने की मेरी मंशा नहीं है। यदि हमने इस पर कब्जा किया तो अनेक कारणों से हमारा यह कदम बहुत हानिकारक होगा। कब्जा करने से हमारी अनेक स्थानीय शक्तिशाली सरदारों से निश्चय ही भिड़ंत होगी। यह इलाका ब्रिटिश शासित क्षेत्रों से बहुत दूर है, लेकिन इन सरदारों

को दबाने के लिए हमें इन दूरस्थ क्षेत्रों में विशाल सैनिक संरचना और संसाधन निर्माण करने होंगे। जिन इलाकों पर हमारा शासन है, उसकी सीमाएँ जिन देशों से लगती हैं, इन नए क्षेत्रों को शामिल करने से हमारी सीमाएँ दो गुणा से भी ज्यादा हो जाएगी। इतने विशाल क्षेत्र की रक्षा करना तो मुश्किल होगा ही, उससे कोई लाभ होनेवाला भी नहीं है। पंजाब के इन क्षेत्रों को अपने इलाकों में शामिल करने से हमारे लिए इन दूरस्थ क्षेत्रों में परस्पर विरोधी हितों की स्थितियाँ निर्मित हो जाएँगी। ऐसी जनजातियाँ, जिनसे अभी तक हमारा कोई वास्ता नहीं रहा, हमारे अधीन आ जाएँगीं। इनमें से कश्मीर को छोड़कर शेष सभी क्षेत्र आर्थिक लिहाज से अलाभकारी हैं और उनके शासन और व्यवस्था पर जो व्यय होगा, उसकी भरपाई होने का सवाल ही नहीं पैदा होता।''[18]

गुलाब सिंह को रियासत सौंप देने का कारण जो भी रहा हो, लाहौर दरबार की ईस्ट इंडिया कंपनी से लड़ाई का परिणाम यह हुआ कि महाराजा रणजीत सिंह की मौत के महज सात साल बाद 1846 में पंजाब के विशाल राज्य में से दो रियासतें उभर आईं। पहली लाहौर रियासत, जिसके महाराजा दिलीप सिंह हुए और दूसरी जम्मू-कश्मीर, जिसके महाराजा गुलाब सिंह हुए। लेकिन गुलाब सिंह को अमृतसर संधि की धाराओं से ही कश्मीर घाटी मिल गई हो, ऐसा नहीं है। उसके लिए उन्हें बाकायदा संघर्ष करना पड़ा। वहाँ अभी भी लाहौर दरबार का सूबेदार शेख इमाम-उ-दीन तैनात था, जिसने गुलाब सिंह को सत्ता सौंपने से इनकार कर दिया। गुलाब सिंह ने सेना की जो टुकड़ी इस काम के लिए भेजी थी, उसे सफलता हाथ नहीं लगी। अंततः लाहौर से ही सेना की एक टुकड़ी लाल सिंह के नेतृत्व में सूबेदार से घाटी खाली करवाने के लिए पहुँची। यह अलग बात है कि इसी लाल सिंह ने सूबेदार को घाटी खाली न करने की लिखित हिदायत दे रखी थी। कालांतर में लाहौर रियासत को तो कुछ साल बाद ही 30 मार्च, 1849 को ईस्ट इंडिया कंपनी ने ब्रिटिश साम्राज्य में मिला लिया, लेकिन जम्मू-कश्मीर रियासत 1947 तक विद्यमान रही और देश की अन्य रियासतों की तरह अक्तूबर, 1947 में देश की संघीय संवैधानिक व्यवस्था का हिस्सा बनीं। जीवन के अंतिम दिनों में गुलाब सिंह बीमार रहने लगे थे। अत उन्होंने अपने जीते जी ही 8 फरवरी, 1856 को राजगद्दी अपने बेटे रणवीर सिंह को सौंप दी और स्वयं कश्मीर के राज्यपाल का पद ग्रहण करते हुए श्रीनगर चले गए। महाराजा गुलाब सिंह ने इक्कीस वर्ष राज्य किया और 2 अगस्त, 1857[19] में अंतिम श्वास लिया। रणवीर सिंह जम्मू-कश्मीर रियासत के महाराजा तो पहले ही बन चुके थे, लेकिन अब उनको वास्तविक रूप से भी सत्ता प्राप्त हो गई थी। रणवीर सिंह के बाद उनके सुपुत्र प्रताप सिंह गद्दीनशीन हुए। प्रताप सिंह के भी कोई संतान नहीं थी और उनके जीवनकाल में ही उनका छोटा भाई अमर सिंह मर गया था। इसलिए प्रताप सिंह की मौत के बाद 1925 में अमर सिंह का बेटा हरि सिंह गद्दी पर बैठा।

8. अमृतसर संधि का दूरगामी परिणाम

महाराजा हरि सिंह की कथा अगले अध्यायों में कहीं जाएगी, लेकिन उससे पहले 1846 की अमृतसर की संधि पर चर्चा करना जरूरी है; क्योंकि इसी संधि ने जम्मू-कश्मीर रियासत को जन्म दिया था। महाराजा रणजीत सिंह ने पश्चिमोत्तर भारत में एक विशाल राज्य खड़ा किया था, जिसकी सीमाएँ अफगानिस्तान, चीन, रूस तथा तिब्बत के साथ लगती थीं। महाराजा के जीते जी ईस्ट इंडिया कंपनी की हिम्मत उनके साथ छेड़छाड़ करने की नहीं हुई; लेकिन उनकी मृत्यु के बाद प्रथम पंजाब युद्ध से द्वितीय पंजाब युद्ध (1848-49) तक यह सारा राज्य कंपनी ने हस्तगत कर लिया और उसे अपने राज्य में शामिल कर लिया। रणजीत सिंह के उत्तराधिकारियों में जो मारकाट मची और सेना निरंकुश हो गई, उससे सहज ही अंदाजा लगाया जा सकता है कि रणजीत सिंह के राज्य के बचे रहने की संभावना कम होती जा रही थी। इस राज्य के बचने की कल्पना कैसे की जा सकती है, जब महारानी जिंदा खुद ही अंग्रेजों के हाथों खालसा सेना को परास्त करवाने की खिचड़ी पका रही हो। शायद डोगरा नरेश इस राज्य को बचाने में कुछ सहायता कर पाते, लेकिन गुलाब सिंह को छोड़कर इस परिवार के सभी सदस्य महलों की राजनीति का शिकार हो गए थे। राजा ध्यान सिंह का संधावालियों ने बेरहमी से कत्ल कर दिया। उसका बेटा हीरा सिंह कत्ल हो गया। सुचेत सिंह आंतरिक लड़ाई में प्राण गँवा बैठा। गुलाब सिंह का बेटा मारा गया। अंत में लाहौर दरबार ने गुलाब सिंह को अपमानितकर नजरबंद करने का प्रयास किया और अब बचे थे अकेले गुलाब सिंह। महारानी जिंदा उन्हें भी किनारे करने की रणनीति बना रही थीं। महाराजा गुलाब सिंह के पास ऐसी परिस्थिति में क्या विकल्प बचता था? वह भी ऐसे समय, जब लाहौर दरबार के लोग ही अंदरखाने ब्रिटिश सत्ता से मिल चुके थे। ऐसी परिस्थिति में गुलाब सिंह के पास एक ही विकल्प था। अंग्रेजों के पास जाने से पंजाब का जितना हिस्सा बचाया जा सकता था, उतना बचाया जाए। जम्मू-कश्मीर रियासत महाराजा गुलाब सिंह के इन्हीं प्रयासों का सुफल कही जा सकती है।

लेकिन हम कल्पना करें कि महाराजा गुलाब सिंह यह प्रयास न करते या फिर उन्हें इस प्रयास में सफलता न मिलती, तब जम्मू-कश्मीर रियासत ब्रिटिश इंडिया का हिस्सा बन जाती। 1941 में पंजाब और पंजाब की रियासतों की कुल जनसंख्या साढ़े तीन करोड़ थी। इसमें 53 प्रतिशत मुसलमान थे। अब यदि इसमें 1941 की जम्मू-कश्मीर की जनसंख्या को भी जोड़ दिया जाए, जो उस समय तीस लाख थी और उसमें मुसलमानों की संख्या 75 प्रतिशत थी, तो यह जनसंख्या तीन करोड़ अस्सी लाख हो जाती और उसमें मुसलिम जनसंख्या 55 प्रतिशत हो जाती। जम्मू-कश्मीर और पंजाब की जनसंख्या मिलाकर, पंजाब स्पष्ट मुसलिम बहुमतवाला प्रदेश हो जाता। 1947 में

ब्रिटिश इंडिया के उन क्षेत्रों को, जहाँ मुसलमानों का बहुमत था, भारत स्वतंत्रता अधिनियम 1947 के तहत पाकिस्तान में शामिल करने का निर्णय हुआ था। इस कारक के आधार पर पूरा पंजाब और जम्मू-कश्मीर आसानी से पाकिस्तान को दे दिए जाते, क्योंकि वहाँ बहुमत इसलाम मजहबवालों का होता और ब्रिटिश सरकार की मंशा भी उसे पाकिस्तान में शामिल करवाने की थी। लेकिन अंग्रेजों के दुर्भाग्य से जम्मू-कश्मीर 1846 की अमृतसर संधि के कारण ब्रिटिश इंडिया का हिस्सा न होकर इंडियन स्टेट्स की सूची में शामिल था। इंडियन स्टेट्स के बारे में निर्णय लेने का अधिकार उनके शासकों को था, इंग्लैंड सरकार को नहीं। 1846 में अमृतसर संधि करते समय महाराजा गुलाब सिंह ने तो शायद इतनी दूर की नहीं सोची होगी, लेकिन उसका अच्छा परिणाम भारत विभाजन के समय अनुभव किया गया। आज पूर्वी पंजाब और जम्मू-कश्मीर संघीय संवैधानिक व्यवस्था का हिस्सा अमृसर की संधि के कारण ही है और इसका श्रेय महाराजा गुलाब सिंह को ही जाता है।

संदर्भ—

1. गुलाब सिंह के जीवनीकार बावा सतिंद्र सिंह ने बहुत ही परिश्रम से कई पुस्तकों The Jammu Fox भूमिका 17, ए जरनी टू काश्मीर, राज दर्शनी, गुलाबनामा, जे.डे. कनिंघम, पणिक्कर और कान्ह सिंह के आधार पर इस वंश का कुरसीनामा तैयार किया है।
2. हमारा साहित्य 2008-09, पृ. 9
3. शिवनाथ, गए दिनों की धूप-छाँव 86
4. K.M.Panikkar, Gulab Singh, 1792-1858: Founder of Kashmir, p. 19
5. K.M.Panikkar, Gulab Singh, 1792-1858: Founder of Kashmir, p. 32-34
6. लद्दाख, गिलगित और बल्तीस्तान गुलाब सिंह ने ही रियासत में शामिल किया था।
7. Francis Younghusband, Kashmir as it was, p. 156
8. शिवनाथ, गए दिनों की धूप-छाँव, पृ. 95
9. K.M.Panikkar, Gulab Singh, 1792-1858: Founder of Kashmir, p. 70-72
10. शाह मोहम्मद, जंगनामा,पद 46-47
11. K.M.Panikkar, Gulab Singh, 1792-1858: Founder of Kashmir, p. 91
12. K.M.Panikkar, Gulab Singh, 1792-1858: Founder of Kashmir, p. 91
13. K.M.Panikkar, Gulab Singh, 1792-1858: Founder of Kashmir, p. 155

14. K.M.Panikkar, Gulab Singh, 1792-1858: Founder of Kashmir, p. 73
15. K.M.Panikkar, Gulab Singh, 1792-1858: Founder of Kashmir, p. 110
16. Page 103
17. K.M.Panikkar, Gulab Singh, 1792-1858: Founder of Kashmir, p. 105
18. K.M.Panikkar, Gulab Singh, 1792-1858: Founder of Kashmir, p. 161-62
19. के.एम. पणिक्कर मृत्यु का साल 1858 बताते हैं।

□

2

महाराजा हरि सिंह प्रारंभिक जीवन

1. राजवंश में चौथी पीढ़ी

जम्मू में डोगरा राजवंश के संस्थापक महाराजा गुलाब सिंह थे। गुलाब सिंह का राजा के तौर पर राजतिलक महाराजा रणजीत सिंह ने स्वयं किया था। गुलाब सिंह ने अपने राज्य का विस्तार लद्दाख, गिलगित और बल्तीस्तान तक किया। 1846 में कश्मीर घाटी भी इसमें शामिल हो गई। इस प्रकार चर्चित जम्मू–कश्मीर रियासत ने मानचित्र पर अपना स्थान ग्रहण किया, जिसकी सीमाएँ एक ओर तिब्बत और दूसरी ओर अफगानिस्तान व रूस से मिलती थीं। गुलाब सिंह ने अगस्त, 1857 में अंतिम श्वास लिया और उसके सैंतीस साल बाद इसी राजवंश में 23 सितंबर, 1895 को हरि सिंह का जन्म हुआ और दैवयोग से वे इस राजवंश के अंतिम महाराजा हुए, लेकिन इससे पहले गुलाब सिंह के बारे में। गुलाब सिंह अपने जीवन के अंतिम दिनों में जलोदर रोग का शिकार हो गए, जिसका प्रभाव उनके स्वास्थ्य पर प्रत्यक्ष दिखाई देने लगा। 1856 तक आते–आते उनका स्वास्थ्य बहुत बिगड़ गया। इसलिए उन्होंने अपने इकलौते जीवित पुत्र रणवीर सिंह को फरवरी, 1856 में राजगद्दी सौंपकर अपने लिए कश्मीर के राज्यपाल का पद रख लिया और सांसारिक झंझटों से मुक्त होकर शांत जीवन व्यतीत करने के लिए श्रीनगर चले गए।''[1] वहाँ दो साल बाद उन्होंने अपने प्राण त्याग दिए। अब महाराजा रणवीर सिंह की चर्चा। महाराजा रणवीर सिंह का जन्म 1830 में हुआ था और वे जिस समय राजगद्दी पर बैठे, उस समय उनकी उम्र मात्र 26 साल की थी।

रणवीर सिंह के चार पुत्र थे। सबसे बड़े प्रताप सिंह थे। उसके बाद के राम सिंह, अमर सिंह और लछमण सिंह थे। लछमण सिंह की मृत्यु तो पाँच साल की अल्प आयु में ही हो गई। राम सिंह की मृत्यु भी, जब वे 45 साल के थे, हो गई थी। लगभग तीस साल राज्य करने के बाद 55 साल की उम्र में 12 सितंबर, 1885 को रणवीर सिंह की

मृत्यु हो गई और परंपरानुसार उनके बड़े सुपुत्र प्रताप सिंह का राजतिलक हुआ, लेकिन प्रताप सिंह के कोई संतान नहीं थी। प्रताप सिंह के राजगद्दी पर बैठने के दस साल बाद उनके छोटे भाई अमर सिंह के घर हरि सिंह का जन्म हुआ। कुल मिलाकर 1895 में गुलाब सिंह के परिवार में केवल तीन प्राणी जीवित थे। प्रताप सिंह, जो रियासत के महाराजा थे। उनके भाई अमर सिंह, जो राजा थे और हरि सिंह, जिनकी उम्र केवल कुछ दिनों की थी और वे ही इस राजवंश के अकेले वारिस थे।

हरि सिंह के जन्म पर सारी रियासत में खुशियाँ मनाई गईं। "उस दिन सभी महलों में और पूरे जम्मू नगर में दीपमालिका की गई। पूरे राज्य में सभी मजहबों और जातियों के लोग खुशियों से झूम रहे थे। उन दिनों देश की रियासतों में राजपरिवार के घर राजकुमार का जन्म लेना आम जनता के लिए खुशियाँ मनाने का अवसर माना जाता था। मछलियाँ पकड़ने, शिकार खेलने और किसी भी प्रकार की जीव-हत्या पर कुछ दिनों के लिए प्रतिबंध लगा दिया गया। मंदिरों-मसजिदों को दान दिया गया। विद्यालयों में मिठाई बाँटी गई। कैदियों की सजा मुआफ कर दी गई और गरीबों में खैरात बाँटी गई।"[2]

2. हरि सिंह की प्रारंभिक शिक्षा

1908 में तेरह साल की उम्र में हरि सिंह को पढ़ने के लिए अजमेर के मेयो कॉलेज में भेजा गया। इस संस्थान की स्थापना 1885 में लॉर्ड मेयो ने उस समय की रियासतों के शासकों के राजकुमारों को पढ़ाने के लिए की थी। उद्देश्य रियासतों के भावी शासकों को अंग्रेजी संस्कृति में रँगना और उन्हें ब्रिटिश शासन का पक्षधर बनाना था, लेकिन काल परिवर्तन के अनुसार इस शिक्षा संस्थान को भी थोड़ी-बहुत राष्ट्रीय ब्यार लगनी शुरू हो गई थी। 1908 में जब हरि सिंह वहाँ पढ़ने के लिए गए तो उस समय वहाँ के प्रिंसिपल सी.ड्ब्लयू. बाडिंगटन थे। राजपूत राजाओं की ओर से यह माँग आनी शुरू हो गई थी कि उनके बच्चों को भारतीय संस्कृति से जोड़े रखने के लिए कॉलेज में व्यवस्था की जानी चाहिए। प्रिंसिपल को न चाहते हुए भी कॉलेज में संस्कृत के ज्ञाता एक शास्त्री की नियुक्ति करनी पड़ी।

लेकिन विधि को शायद कुछ और ही मंजूर था। मेयो कॉलेज में प्रवेश लेने के एक साल बाद ही 1909 में हरि सिंह के पिता अमर सिंह का निधन हो गया। हरि सिंह की आयु उस समय 14 साल की थी। "ब्रिटिश सरकार ने मेजर एच.के. बराड को उनका अभिभावक नियुक्त कर दिया। उनके अवकाश ग्रहण कर लेने पर उनके स्थान पर एक अन्य अंग्रेज अधिकारी कैप्टन बरगे को यह उत्तरदायित्व दिया गया। मेयो कॉलेज की शिक्षा पूरी हो जाने के बाद उन्होंने देहरादून स्थित इम्पीरियल कैडट कोर्प्स में सैन्य प्रशिक्षण प्राप्त किया। यह प्रशिक्षण पूरा होने पर 1915 में तीस साल की उम्र में उन्हें रियासती सेना

का कमांडर-इन-चीफ नियुक्त किया गया।''[3] 1918 में हरि सिंह को राजा घोषित कर दिया गया, जिसका परोक्ष रूप से अर्थ था कि वे महाराजा प्रताप सिंह के उत्तराधिकारी होंगे। इसी साल ब्रिटिश सरकार ने उन्हें सेना के कैप्टन का दरजा दिया। ''1922 में जब महाराजा प्रताप सिंह को शासन के पूरे अधिकार फिर प्राप्त हो गए तो उन्होंने हरि सिंह को राज्य परिषद् का वरिष्ठ सदस्य मनोनीत किया।''[4] सितंबर, 1925 में महाराजा प्रताप सिंह की मृत्यु हो गई और हरि सिंह गद्दीनशीन हुए, लेकिन उनका राजतिलक फरवरी, 1926 में जम्मू में हुआ। राजतिलक के बाद 1926 में महाराजा हरि सिंह को भारतीय सेना में कर्नल का मानद पद दे दिया गया।

3. हरि सिंह का पारिवारिक जीवन

हरि सिंह के युग में राजा कई-कई शादियाँ तो करते ही थे, साथ ही अपने महलों में अनेक रखैलें भी रखते थे। आचार्य चतुरसेन शास्त्री का उपन्यास गोली और दीवान जर्मनी दास के ग्रंथ महाराजा, महारानी इसके उदाहरण हैं। लेकिन हरि सिंह ने रखैलों की इस परंपरा को समाप्त कर दिया, इसके पर्याप्त संकेत पद्मा सचदेवा के औपन्यासिक ग्रंथ 'इक ही सुग्गी'[5] में मिलते हैं। हरि सिंह ने चार शादियाँ की थीं।

महाराजा हरि सिंह की पहली शादी अठारह साल की उम्र में 7 मई, 1913 को सौराष्ट्र के राजकोट में हुई थी। ''शादी के दस महीने बाद ही प्राकृतिक कारणों से उनकी पत्नी की मृत्यु हो गई।''[6] पहली पत्नी श्री लाल कुँवरेवा साहिबा के नाम से जानी जाती थी। 1914 की फरवरी में पहली पत्नी की मौत के कुछ महीने बाद ही हरि सिंह की दूसरी शादी हुई। उनकी दूसरी शादी चंबा में 8 नबंवर, 1915 को हुई। दूसरी पत्नी चंबा रानी साहिबा के नाम से जानी जाती थी। राजमहल में बह बिल्लौरन (काँच की तरह पारदर्शी) कहलाती थी। उसकी मृत्यु शादी के कुछ साल बाद 31 जनवरी, 1920 में हो गई थी। मृत्यु के समय वह गर्भवती थी। हरि सिंह अपनी इस पत्नी को अथाह प्यार करते थे। उनके अपने शब्दों में ही, ''मेरी पत्नी गर्भवती थी। उसके गर्भाधान के बाद (मेरी ताई) महारानी चडक ने मुझे कभी उससे मिलने नहीं दिया। इस माहौल से तंग आकर मैंने इंग्लैंड जाने का निर्णय किया।...मैंने महारानी से प्रार्थना की कि जाने से पहले एक बार तो मुझे अपनी पत्नी से मिलने दिया जाए। मैं उससे मिलने के लिए महल में गया, लेकिन जब मेरी पत्नी आई तो चडक भी उसके साथ ही थी। उसने हमें एक क्षण के लिए भी अकेला नहीं छोड़ा। दरअसल सारा समय वह स्वयं ही बातें करती रही। उसने मुझे कहा कि जब तुम वापस आओगे तो तुम्हारा प्यारा बेटा तुम्हारी प्रतीक्षा में होगा।''[7] लेकिन उसकी नौबत नहीं आई। 31 जनवरी, 1920 को चंबा रानी की मौत हो गई। हरि सिंह इंग्लैंड में थे। उन्हीं के शब्दों में, ''मैं कितना दुर्भाग्यवान रहा कि

अपनी पत्नी बिल्लौरन को, फिर कभी देख नहीं पाया। प्रसव के दौरान महारानी चडक ने उसे जहर दे दिया, जिससे बच्चे समेत उसकी मौत हो गई। पैदा होनेवाला बच्चा लड़का था।''[8] उस समय हरि सिंह की मानसिक स्थिति का अंदाजा उन्हीं के शब्दों में लगाया जा सकता है। ''जम्मू में मेरी पत्नी का आकर्षण ही मुझे बाँधे हुए था अन्यथा तो वहाँ मैं संशय और तनाव से ही घिरा रहता था। मुझे खाते-पीते समय भी चौकन्ना रहना पड़ता था। सोते समय भी मुझे अपनी सुरक्षा की चिंता रहती थी। मैं इस जीवन से तंग आ गया था, जहाँ मुझे अपने हर कर्मचारी को शक की नजर से देखना पड़ता था। कई बार तो मुझे लगता कि मैं सभी कुछ छोड़-छाड़कर साधु बन जाऊँ।''[9] हरि सिंह अंत तक अपनी इस पत्नी की मौत के सदमे को भूल नहीं पाए और ''उसकी स्मृति से उनकी आँखें भर आती थीं।''[10]

मलिका पुखराज ने बिल्लौरन को हरि सिंह की पहली पत्नी लिखा हैं, जबकि वह उनकी दूसरी पत्नी थी। कैप्टन दीवान सिंह के अनुसार इसकी मौत के समय हरि सिंह इंग्लैंड में नहीं, बल्कि कोलकाता में थे, लेकिन बिल्लौरन को जहर देकर मारा गया था, इसकी पुष्टि कैप्टन दीवान सिंह ने भी की है। ''हरि सिंह कोलकाता पोलो खेलने के लिए जा रहे थे। यह उनके महाराजा बनने से पहले की बात है। उनकी पत्नी ने उन्हें न जाने के लिए आग्रह किया, क्योंकि उसे शंका थी कि कुछ गलत होनेवाला है। हरि सिंह ने उसे कहा कि तुम चिंता मत करो। कुछ नहीं होगा और मैं दस दिन में वापस आ ही जाऊँगा। सब ठीक हो जाएगा, लेकिन जब वे कोलकाता पहुँचे तो उन्हें तार मिला कि उनकी पत्नी की मृत्यु हो गई है।''[11]

4. राजगद्दी के षड्यंत्र

महाराजा हरि सिंह का लालन-पालन राजकीय षड्यंत्रों के बीच हुआ था। उनके पिता राजा अमर सिंह की अपने भाई महाराजा प्रताप सिंह से नहीं बनती थी। अंग्रेजों ने महाराजा प्रताप सिंह से सभी अधिकार छीन लिये और उसके स्थान पर जिस परिषद् का गठन किया गया था, उसके मुखिया भी हरि सिंह के पिता अमर सिंह ही बनाए गए थे। जब हरि सिंह अभी चौदह साल के ही थे, तभी उनके पिता अमर सिंह की 1909 में मृत्यु हो गई थी। इस प्रकार वंश परंपरा में केवल हरि सिंह ही बचे थे। महाराजा प्रताप सिंह हरि सिंह से बहुत प्यार करते थे, लेकिन उनकी पत्नी महारानी चडक हरि सिंह के प्रति बहुत ही शत्रुतापूर्ण रवैया रखती थी। महाराजा हरि सिंह के ही शब्दों में, ''वह मुझसे बहुत घृणा करती थी और यदि उसका बस चलता तो वह मुझे मरवा ही देती। उसकी एक ही इच्छा रहती थी कि मैं किसी प्रकार भी उसके पति की राजगद्दी का उत्तराधिकारी न बन पाऊँ। इसलिए वह सदा महाराजा प्रताप सिंह के मन में मेरे प्रति जहर भरती रहती

थी। वह हर रोज कोई-न-कोई नई चाल निकालती थी, ताकि मैं गद्दी पर न बैठ सकूँ। उसने पुंछ के राजा, जो जम्मू राज के अधीनस्थ ही था, के बेटे को गोद ले लिया था। ताऊजी उसकी इन सब चालों को जानते थे, लेकिन उसका ताऊजी पर ऐसा नियंत्रण था कि वे उसके सामने विवश थे और उसका सामना नहीं कर सकते थे। वे किसी भी कीमत पर उसे नाराज नहीं कर सकते थे। वे उसके कहने पर दिन को रात और रात को दिन कहते थे। महाराज प्रताप सिंह जानते थे कि महारानी मेरे बहुत खिलाफ थी, लेकिन वे इस पर चुप ही रहते थे। महारानी चडक प्रयास करती रहती थी कि महाराजा सार्वजनिक रूप से दत्तक पुत्र के पक्ष में व्यवहार करें, लेकिन उन्होंने इसके बारे में कभी एक शब्द तक नहीं कहा। चडक, रियासत के दीवान को भी मेरे खिलाफ गुमनाम पत्र लिखाती रहती थीं।...वह ब्रिटिश रेजीडेंट को भी उपहार भेजती रहती थी, ताकि उससे अपने दत्तक पुत्र को उत्तराधिकारी घोषित करवाने में सहायता ले सके।...वह दिल से तो मेरी मौत ही देखना चाहती थी। इसके लिए वह कोई भी घटिया से घटिया तरकीब अपना सकती थी। यदि मेरी मौत हो जाती तो उसकी इच्छा पूर्ति के रास्ते की बाधा दूर हो जाती। महाराजा के एक मंत्री शोभा सिंह मेरे शुभचिंतक थे। वे निरंतर मुझे सावधान करते रहते थे कि मैं महारानी के हाथ से लेकर कोई भी चीज न खाऊँ। वह तो मुझे यहाँ तक आगाह करते थे कि मैं अपने महल में भी कोई चीज खाने से पहले, किसी और को खिलाकर जाँच कर लूँ कि कहीं उसमें जहर तो नहीं मिला हुआ? इन्हीं षड्यंत्रों के कारण मैं ज्यादातर राज्य से बाहर ही रहना चाहता था।''[12] परिवार में इस कलह और षड्यंत्रों के कारण वातावरण कैसा रहा होगा, इसका सहज ही अंदाजा लगाया जा सकता है। इन्हीं षड्यंत्रों के चलते हरि सिंह की पत्नी को जहर देकर मार दिया गया था और उन्हें अपना जीवन हर पल हर क्षण खतरे में लगता था।

5. हरि सिंह की यूरोप यात्रा

महाराजा प्रताप सिंह ने हरि सिंह को 1918 के आसपास यूरोप भेजा, ताकि विश्व भर में हो रही घटनाओं को वे स्वयं देख सकें और उनका ज्ञानवर्धन हो। अपनी इस यात्रा में वे मुख्य तौर पर इंग्लैंड और फ्रांस में रहे। यूरोप यात्रा से वे 1921 में वापस भारत पहुँचे। यूरोप में भारतीय राजाओं/ महाराजाओं के प्रति आम जनता का व्यवहार उत्सुकता का होता था, शातिराना लोग उन्हें लूटना भी चाहते थे और ब्रिटिश सरकार की यह कोशिश रहती थी कि कुछ ऐसा घटित हो, जिसके कारण उन्हें भविष्य में ब्लैकमेल किया जा सके या फिर यूरोप में वे पश्चिमी संस्कृति से इतने प्रभावित हो जाएँ कि भारत और भारतीयता को भूल जाएँ। पंजाब के अंतिम शासक महाराजा दिलीप सिंह के साथ उन्नीसवीं शताब्दी में यही हुआ था। उन्होंने तो ईसाई मजहब को ही स्वीकार कर लिया

था।[13] ऐसी ही दो घटनाएँ हरि सिंह के साथ इंग्लैंड में घटित हुईं।

हरि सिंह स्कॉटलैंड में थे और एक दिन वे इंग्लैंड और फ्रांस के दो जाने-माने मुक्केबाजों के बीच मैच देखने के लिए स्टेडियम गए। मैच की समाप्ति के बाद की भीड़ में कुछ बदमाशों ने उन्हें लूटने की योजना बना रखी थी। पुलिस को सही समय पर सूचना मिल गई और वह हरि सिंह को भीड़ में से निकाल कर ले गई और उन्हें उनके निवास तक छोड़कर आई। जाहिर है, इससे युवक हरि सिंह के मानस पर गोरे समाज का अच्छा बिंब तो नहीं बना होगा। ऐसी ही एक अन्य घटना 1921 में हरि सिंह के साथ यूरोप में ही घटित हुई, लेकिन यह घटना सामान्य न होकर गहरे षड्यंत्र का हिस्सा थी। हरि सिंह के साथ उनके ए.डी.सी. कैप्टन आर्थर, जो ब्रिटिश नागरिक थे, यूरोप प्रवास पर गए हुए थे। लंदन में कुछ दिन रहकर हरि सिंह पेरिस चले गए। पेरिस में जहाँ वे ठहरे थे, उनके कमरे में एक औरत आई और उसके कुछ समय बाद एक और शख्स आया, जिसने अपने आपको उस औरत का पति बताया। उस तथाकथित पति ने तुरंत हरि सिंह से पैसे कि माँग की। न देने की हालत में शोर मचा देने का पुराना तरीका था ही। हरि सिंह ने स्वयं को विदेश में इस अनचाही स्थिति में पाकर उस दंपती को मिडलैंड बैंक की लंदन शाखा के नाम दो चैक दे दिए, लेकिन कुछ समय बाद उन्होंने बैंक को चैक निरस्त कर दिए जाने की सूचना दे दी। इस सूचना के पहुँचने से पहले ही षड्यंत्रकारी एक चैक कैश करवा चुके थे, लेकिन दूसरे चैक की अदायगी बैंक ने रोक दी, लेकिन बाद में षड्यंत्रकारियों में ही इस धनराशि की बाँट को लेकर लंदन की अदालत में मुकदमेबाजी शुरू हो गई, जिसमें साबित हुआ कि हरि सिंह का ए.डी.सी. भी इस साजिश में शामिल था। कुछ साल बाद अमेरिका के समाचार-पत्र 'टाइम' ने 1924 में इस पूरे षड्यंत्र का परदाफाश किया।[14] लेकिन इस किस्से को और इसकी सच्चाई को लेकर सभी एकमत नहीं हैं। महाराजा हरि सिंह के ए.डी.सी. कैप्टन दीवान सिंह के अनुसार किस्सा दूसरी तरह है। "दक्षिणी इंग्लैंड के किसी भाग में हरि सिंह एक हाउसबोट में घूम रहे थे। उस बोट में एक दूसरी औरत भी थी। तभी अचानक दो बदमाश उस बोट में घुस आए और उन्होंने पिस्तौल की नोंक पर हरि सिंह से दो चैक लिये। उन्होंने एक चैक तो कैश करवा लिया, लेकिन दूसरे चैक की अदायगी से पहले ही बैंक को पैसे न देने की हिदायत कर दी गई।"[15] हरि सिंह के साथ किए गए इस व्यवहार का महाराजा प्रताप सिंह ने बहुत बुरा मनाया। "उनके अनुसार ब्रिटिश अधिकारियों की हरि सिंह को बदनाम करने की यह सोची-समझी चाल थी। ब्रिटिश अधिकारी कश्मीर के राजवंश को बदनाम करना चाहते हैं, ताकि उसकी आड़ में वे रियासत के मामलों में अपने हस्तक्षेप को बढ़ा सकें। यही नहीं महाराजा प्रताप सिंह ने ब्रिटिश सरकार को लिखा कि हम अपने बच्चों को लंदन में प्रशिक्षण के लिए भेजते हैं और आप लोग उनसे इस प्रकार का व्यवहार करते हो। स्पष्ट था कि हरि सिंह एक गहरे

ब्रिटिश षड्यंत्र के शिकार हुए थे।''[16] इन घटनाओं से गोरे लोगों के प्रति हरि सिंह की राय और भी नकारात्मक हो गई। कैप्टन आर्थर का इस षड्यंत्र में मुख्य भूमिका निभाना ज्यादा हताश करनेवाला था। यह तो एक प्रकार से विश्वासघात था। यूरोप के अपने इस अनुभव के बाद हरि सिंह 1921 के अंत में वापस भारत लौट आए। यह ठीक है अपने इस व्यवहार से यूरोप ने हरि सिंह को निराश ही किया, लेकिन कुल मिलाकर हरि सिंह को यूरोपीय समाज से बहुत कुछ सीखने को मिला। विश्व राजनीति के रंगमंच को उन्होंने काफी समीप से देखा। अंग्रेजी समाज के तौर-तरीकों को समीप से देखने का अवसर मिला। उनके वैचारिक अनुष्ठान को पुष्ट करने में इस यूरोप प्रवास ने मुख्य भूमिका निबाही। यूरोप से वापसी पर महाराजा प्रताप सिंह ने 1922 में हरि सिंह को राज्य परिषद् का वरिष्ठ सदस्य नियुक्त कर दिया। सेनापति का दायित्व वे सँभाल ही रहे थे।

6. राजवंश परंपरा की चिंता

लेकिन राजपरिवार निस्संतान था, इसको लेकर चिंता तो राजवंश में थी ही। महाराजा प्रताप सिंह बूढ़े हो रहे थे और वंश में औलाद नहीं थी। उधर उनके भतीजे हरि सिंह ने बिल्लौरन की मौत के बाद ही सोच लिया था कि अब किसी और से शादी नहीं करूँगा, लेकिन इस समय सबसे बड़ा सवाल किसी भी तरह वंश परंपरा को चलाए रखने का था। महारानी चडक ने एक रास्ता और निकाल लिया था। दत्तक पुत्र ले लेने का, लेकिन महाराजा समेत सभी दरबारी जानते थे कि इसके पीछे वंश परंपरा को चलाए रखने की इतनी चिंता नहीं है, जितनी हरि सिंह को भविष्य में राज सिंहासन से महरूम कर देने की। इसलिए हरि सिंह पर शादी कर लेने के लिए सभी ओर से दबाव पड़ रहा था। अंततः हरि सिंह ने तीसरी शादी सौराष्ट्र की रियासत धर्मकोट के महाराजा की बेटी से 30 अप्रैल, 1923 को की। ''इस शादी के लिए उन पर महाराजा प्रताप सिंह ने दबाव डाला था, ताकि पुत्र प्राप्ति से वंश परंपरा चलती रहे।''[17] नई रानी महारानी धनवंत कुँवेरी बाईजी साहिबा के नाम से जानी गई। अभी तक रियासत के राजवंश की जितनी शादियाँ हुई थीं, वह धनाढ्य भूपतियों के परिवारों में हुई थीं। यह पहली शादी थी, जो किसी राजवंश की लड़की से हो रही थी। इस शादी में धर्मकोट नरेश ने इतना दहेज दिया कि जम्मू स्तब्ध रह गया। महारानी के साथ ही उनके नौकर-चाकर इत्यादि दहेज में आए, इसलिए उनको वेतन भी धर्मकोट से ही मिलता था। ''महारानी दयालु, निश्छल और दैवी गुणोंवाली थीं।''[18] लेकिन दुर्भाग्य से नई रानी से महाराजा का मन नहीं मिल पाया। ''जब हरि सिंह की यह तीसरी शादी हुई थी तो वे राजकुमार थे और उनकी पत्नी राजकुमारी, लेकिन राजगद्दी मिलने पर, जब हरि सिंह महाराजा हो गए तो उनकी पत्नी भी महारानी बन गईं, लेकिन महाराजा का नई रानी से मन नहीं मिल पाया।

महाराजा किसी उत्सव या किसी अन्य विशेष अवसर पर उससे मिलने राजमहल में जाते थे। उन दिनों राजवंशों में परंपरा थी कि जब किसी राजकुमारी की शादी हो जाती थी तो उसकी अर्थी ही वहाँ से निकलती थी। धर्मकोट महारानी सारा समय मंडी मुबारक में ही रहीं। कभी कभार वह कार में बाहर घूमने के लिए निकलती थीं। वह आधा साल जम्मू और आधा कश्मीर में रहती थीं।''[19] हरि सिंह के ही शब्दों में, ''न मुझे उसकी भाषा समझ में आती थी और न ही उसे मेरी। जब भी वह मिलती थी तो अपनी भाषा में केवल एक बात ही कहती थी कि मैं आपके सिर की मालिश कर दूँ?''[20] लेकिन धर्मकोट महारानी से भी महाराजा को कोई संतान प्राप्त नहीं हुई। कैप्टन दीवान सिंह के ही शब्दों में, ''वह शुरू से ही बीमार रहती थी। वह संतान प्राप्ति के लिए भी अक्षम थी। हरि सिंह के सिवा वह किसी के भी सामने नहीं आती थी, यहाँ तक कि जब वह कार में भी बैठती थी तो परदे किए जाते थे।''[21] धर्मपुर महारानी ने हरि सिंह को कोई संतान चाहे न दी हो, लेकिन इस शादी के दो साल के भीतर ही उन्हें राज गद्दी अवश्य मिल गई। इस राजगद्दी के रास्ते में भी उनकी ताई महारानी चडक ने अनेक रुकावटें खड़ी कर दी थीं।

7. प्रताप सिंह का देहांत

महाराजा प्रताप सिंह के अंतिम दिनों में ही महारानी चडक ने अपना ताना-बाना बुनना शुरू कर दिया था कि हरि सिंह उत्तराधिकारी न बन सके, लेकिन प्रताप सिंह की अपनी कोई औलाद नहीं थी, इसलिए स्वाभाविक उत्तराधिकारी राजा हरि सिंह ही बन सकते थे। प्रताप सिंह ने परोक्ष रूप से उन्हें इस काम के लिए प्रशिक्षित भी किया था, लेकिन महारानी चडक ने इसकी काट के लिए पुंछ के राजा के बेटे जगत देव सिंह को गोद ले लिया था। चडक की योजना थी कि प्रताप सिंह अपनी मौत से पहले उस दत्तक पुत्र का राजतिलक कर दें। यद्यपि प्रताप सिंह महारानी चडक के आगे बोल पाने की हिम्मत तो नहीं रखते थे, लेकिन वे किसी भी हालत में पुंछ के राजा के इस बेटे को अपना उत्तराधिकारी बनाने को तैयार नहीं थे, पर महारानी चडक ने दरबार में अपने आदमी भर रखे थे। प्रताप सिंह बिस्तर पर थे। आगे की कहानी मलिका पुखराज के ही शब्दों में, ''जब महाराजा प्रताप सिंह मरणासन्न थे, उस समय हरि सिंह गुलमर्ग में थे। उन्हें जान-बूझकर प्रताप सिंह के स्वास्थ्य के बारे में कोई सूचना नहीं दी जा रही थी। अपने अंतिम दिनों में प्रताप सिंह (महारानी चडक के षड्यंत्रों को लेकर) काफी चिंतित थे। उन्होंने सभी को कह रखा था कि हरि सिंह को तुरंत बुलाया जाए, लेकिन महारानी ने महाराजा के आस-पास के सभी लोगों को ईनाम-इकराम का लालच देकर अपने पक्ष में कर रखा था। इसलिए ऐसे सभी व्यक्ति महाराजा प्रताप सिंह को तो ये

कहते रहते थे कि हरि सिंह रास्ते में हैं और किसी क्षण भी पहुँच सकते हैं, लेकिन उनमें से किसी ने भी हरि सिंह को प्रताप सिंह का संदेश नहीं भिजवाया था। यदि महारानी चडक अपने षड्यंत्रों में कामयाब हो जाती तो प्रताप सिंह के बाद उत्तराधिकारी को लेकर निश्चय ही एक विवाद खड़ा हो जाता। तब मामला निर्णय के लिए इंग्लैंड पहुँच जाता। महारानी चडक के नियंत्रण में पूरे हालात थे, इसलिए विवाद में वह यह तर्क दे देती कि महाराजा प्रताप सिंह की अंतिम इच्छा का सम्मान किया जाना चाहिए। अंतिम इच्छा क्या थी, यह बतानेवाली भी महारानी चडक ही थी। महाराजा के आसपास के लोग तो पहले ही महारानी से मिले हुए थे। ऐसी स्थिति में यह संभव था कि वह ब्रिटिश अधिकारियों को घूस देकर अपने दत्तक पुत्र को उत्तराधिकारी नियुक्त करवाने में सफल हो जाती, लेकिन महाराजा के एक मंत्री शोभा सिंह ने प्रयास किया कि महारानी अपनी चालों में सफल न हों। उन्होंने अपनी कार देकर अपने एक विश्वस्त व्यक्ति को गुलमर्ग से हरि सिंह को लाने भेजा। इस प्रकार प्रताप सिंह की मृत्यु से पहले हरि सिंह उनसे मिलने में कामयाब हो गए और महाराजा ने उन्हें अपना उत्तराधिकारी नियुक्त कर दिया। इक्कीस तोपों की सलामी दी गई। सब जगह खबर फैल गई की मरने से पहले महाराजा ने अपने भतीजे के माथे पर तिलक लगा दिया था। शोभा सिंह के इन प्रयासों में जनक सिंह और कर्तार सिंह ने भी उनका साथ दिया था।''[22]

8. हरि सिंह का राजतिलक

उनके ताया महाराजा प्रताप सिंह के राज्यकाल में ब्रिटिश सरकार ने रियासत को, खासकर कश्मीर घाटी और सीमांत क्षेत्रों को, ब्रिटिश साम्राज्य में मिला लेने की कोशिश की थी, लेकिन उसमें पूरी सफलता नहीं मिली थी। अलबत्ता इतना जरूर हुआ कि रेजीडेंट के माध्यम से वे व्यावहारिक रूप से शासक की नाक में नकेल डालने में जरूर सफल हो गए थे। इसलिए अंग्रेजों ने जरूरी समझा कि हरि सिंह के राजतिलक से पूर्व ही उनकी नकेल खींचकर उनको अपनी ताकत का भी एहसास करवा दिया जाए। ''इसके लिए उन्होंने भारतीय शासकों को अपमानित करने का अपना आजमाया हुआ नुस्खा ही इस्तेमाल किया।'''वायसराय ने हरि सिंह को रियासत का वैध शासक स्वीकारने से पूर्व उत्तराधिकार की प्रक्रिया का प्रश्न उठा दिया। आपत्ति यह थी कि महाराजा प्रताप सिंह का उत्तराधिकारी उनका बेटा ही बन सकता था, जबकि हरि सिंह, प्रताप सिंह का भतीजा था। हरि सिंह जानते थे कि उत्तराधिकार के मामले में उस वक्त की स्थिति में बेटे में और भतीजे में कोई अंतर नहीं था, लेकिन वे जानते थे कि ब्रिटिश सरकार अड़ंगेबाजी लगा सकती है। उन्होंने ब्रिटिश सरकार को इसका उत्तर उन्हीं की अमृतसर संधि की विभिन्न धाराओं से दिया। दोनों पक्षों के अधिकारी शिमला में यह गुत्थी सुलझाते रहे। लंदन से तारों और संदेशों का

आदान-प्रदान होता रहा और वकील कानून खँगालते रहे, लेकिन यह सब ब्रिटिश ड्रामा ही था। इसका असली मकसद केवल हरि सिंह को यह संदेश देना था कि रियासत में सत्ता के असली सूत्र किसके पास हैं, साथ ही यह चेतावनी भी थी कि महाराजा सीमा रेखा का उल्लंघन न करें।''[23] 14 अक्तूबर, 1925 को जम्मू-कश्मीर में ब्रिटिश पोलिटिकल एजेंट ने औपचारिक रूप से हरि सिंह के महाराजा होने की घोषणा की, लेकिन इसके बाद अपने बाईस साल के शासनकाल में हरि सिंह ने यदि किसी चेतावनी की दिल-दिमाग से अवहेलना की तो वह यही चेतावनी थी।

भारत में राजा का राजतिलक भी प्रजा को संदेश देने या उसे प्रभावित करने का एक सशक्त माध्यम रहा है। राजतिलक समारोह की भव्यता उसको प्रभावोत्पादक बनाती है। भारत के लोगों को ब्रिटिश शक्ति का परिचय देने के लिए और उन के दिलों में अपनी शक्ति की धाक जमाने के लिए ही दिसंबर, 1911 में ब्रिटिश सरकार ने जॉर्ज पंचम के राजतिलक के अवसर पर दिल्ली में भी दरबार का आयोजन किया था। जॉर्ज पंचम के इस दिल्ली दरबार में भारतीय रियासतों के सभी राजा-महाराजा सिजदा करने के लिए हाजिर हुए थे। देश के लोगों को संदेश साफ था। रियासतों के शासक चाहे भारतीय राजा हैं, लेकिन उन राजाओं के भी शासक गोरे अंग्रेज हैं। युवा हरि सिंह भी इस समारोह में उपस्थित थे। उस समय उनकी आयु सोलह वर्ष थी। यह ठीक है कि इस दिल्ली दरबार में भी वडोदरा रियासत के तत्कालीन शासक महाराजा सैयाजी गायकवाड ने बिना आभूषण पहनकर जॉर्ज पंचम को सलाम किया और उसके बाद उनकी ओर पीठकर चले आए। उस समय विद्रोह की भावना व्यक्त करने की यह भी एक शैली थी। वडोदरा के महाराजा की तरह हरि सिंह भी विद्रोही प्रकृति के ही माने जाते थे। ब्रिटिश विरोध और भारत भक्ति उनकी अंत:प्रेरणा थी, जिसके कई उदाहरण उनके बाद के जीवन में मिलते हैं। हरि सिंह को, इस दिल्ली दरबार का उत्तर देने का सही अवसर ठीक चौदह साल बाद 1926 में ही मिला। दरअसल भारत के लोग अभी भी कुछ सीमा तक रियासती शासकों को राजवंशीय परंपरा के बाबजूद, स्वतंत्र भारत के प्रतीक के रूप में देखते थे। देखते-देखते भारत का अधिकांश क्षेत्र विदेशी अंग्रेजों के कब्जे में आ गया था। आम लोगों की नजर में जिस हिस्से पर अंग्रेजों का सीधा नियंत्रण नहीं था, वह भारत का आजाद हिस्सा था। इसलिए जम्मू-कश्मीर के महाराजा के राजतिलक उत्सव ने एक लोक उत्सव का रूप धारण कर लिया था। इसमें भाग लेने के लिए स्यालकोट से लोकनाट्यों की प्रस्तुति करनेवाली संस्थाएँ तो थी हीं, कोलकाता और बंबई तक से पारसी थिएटर दिखानेवाली कंपनियाँ भी आईं थीं।

राजतिलक के लिए जम्मू में एक भव्य समारोह का आयोजन किया गया। देश भर की भारतीय रियासतों के शासक इस राजतिलक उत्सव में शामिल हुए। इसका विस्तृत

वर्णन मलिका पुखराज ने अपने संस्मरणों में किया है। ''सौ से डेढ़ सौ के बीच अन्य रियासतों के महाराजा इस अवसर पर पहुँचे।...जम्मू के सभी घरों में मेहमान आए हुए थे। जिस किसी का भी कोई सगा-संबंधी लाहौर, स्यालकोट या कश्मीर में था, उसने उनको राजतिलक का उत्सव देखने के लिए आमंत्रित किया हुआ था। बहुत से ऐसे उत्साही भी थे, जिनके पास जम्मू में रहने की कोई व्यवस्था नहीं थी, वे रात्रि को खुले में ही रातें गुजारने लगे।''[24] दिल्ली दरबार की तरह यह भीड़ राजाज्ञा से एकत्रित नहीं की गई थी, बल्कि स्वतः स्फूर्त थी। 1911 में दिल्ली का राज दरबार ब्रिटिश शासन की ताकत का प्रदर्शन था तो 1926 में देवालयों के शहर जम्मू में भारतीय ताकत का प्रदर्शन था। यह ठीक है कि उस समय की परिस्थितियों में रियासती राजाओं की ताकत का ब्रिटिश ताकत से कोई मुकाबला नहीं था, लेकिन प्रश्न भारत की स्वतंत्रता के लिए भीतरी छटपटाहट का सार्वजनिक संकेत देने का था।

1911 में वडोदरा के महाराजा द्वारा जॉर्ज पंचम की ओर पीठ दिखाकर चलने से ब्रिटिश सत्ता पर कोई व्यावहारिक प्रभाव तो नहीं पड़नेवाला था, लेकिन यह एक छोटा सा संकेत ही भारत के जन-जन की आशाओं को सींचने के लिए पर्याप्त था। वही संकेत अब महाराजा हरि सिंह जम्मू में दे रहे थे। ऐसा नहीं कि अंग्रेज इन संकेतों को समझते न हों। यही कारण था कि महाराजा हरि सिंह के राजतिलक उत्सव की ब्रिटिश मीडिया ने जमकर आलोचना की, लेकिन आलोचना के लिए आधार बड़ी चतुराई से यह चुना कि गरीब लोगों का पैसा उत्सव में व्यय किया गया है। ब्रिटिश मीडिया शायद यह भूल गया था कि ब्रिटिश सरकार ने अकाल का प्रकोप सह रहे भारत के गाढ़े खून-पसीने की कमाई के पैसे से भारतीयों को भयाक्रांत करने के लिए ही तीन दिल्ली दरबार आयोजित किए थे।

महाराजा हरि सिंह ने जब राज्य का कार्यभार सँभाला, उस समय उनकी आयु तीस वर्ष थी, लेकिन अभी तक उनके कोई संतान नहीं थी। उनकी पहली दो पत्नियों का देहांत हो चुका था। तीसरी पत्नी जो धर्मकोट रानी के नाम से जानी जाती थी, जिंदा थी लेकिन वह निस्संतान थी। इसलिए राज्य सत्ता सँभालते ही सभी को एक बार फिर राजवंश परंपरा की चिंता सताने लगी। महाराजा हरि सिंह पर एक और विवाह कर लेने के लिए दबाव पड़ने लगा। ''महाराजा के सभी प्रमुख सलाहकार शोभा सिंह,जनक सिंह और ठाकुर सिंह, रियासत के उत्तराधिकारी के प्रश्न को लेकर उन पर दबाव बनाते रहते थे।''[25] यहाँ तक कि उनकी अपनी पत्नी ने भी हरि सिंह पर दूसरा विवाह कर लेने के लिए दबाव डाला, ताकि वंश परंपरा चलती रहे।[26] हरि सिंह शुरू में तो इनकार करते रहे, लेकिन शुभचिंतकों के दबाव की ज्यादा देर तक अवहेलना नहीं कर सके और शादी करने के लिए तैयार हो गए।

9. रेजीडेंसी में झंडे का विवाद

लेकिन इस शादी से पहले महाराजा हरि सिंह को एक और काम निपटाना था। अंग्रेजों द्वारा किए गए अपमान का बदला लेना था। श्रीनगर में रेजीडेंसी कार्यालय का भव्य भवन था। भवन के आँगन में एक ऊँचे खंभे पर ब्रिटिश सरकार का यूनियन जैक लहराता रहता था। हरि सिंह की आँखों में यही चुभता था। वैसे तो उन दिनों देश भर में यही यूनियन जैक लहराता था और इसे उतारने के लिए देश की जनता जूझ रही थी। भारतीय राष्ट्रीय कांग्रेस अपने तरीके से और क्रांतिकारी अपने तरीके से। महाराजा हरि सिंह भी इसमें अपना योगदान डालना चाहते थे। वे अच्छी तरह जानते थे कि रियासत की रेजीडेंसी में फहरा रहे इस झंडे को हटाना उनके सामर्थ्य में नहीं है, लेकिन चुप भी तो नहीं बैठा जा सकता था। हरि सिंह ने एक तर्क तलाश लिया। देश की बाकी रियासतों में यूनियन जैक रेजीडेंसी भवन के उपर लगाया जाता है, आँगन में खंभे गाड़कर नहीं। इसलिए श्रीनगर की रेजीडेंसी के आँगन में फहरा रहा यूनियन जैक उतारा जाए और इसे भवन पर ही लगाना चाहिए। यह सुझाव रेजीडेंट कमिश्नर को महाराजा साहब बहादुर की ओर से भेज दिया गया, लेकिन रेजीडेंट कमिश्नर भला अपने देश के ध्वज का यह अपमान कैसे सहन कर सकते थे। वे नहीं माने।

हरि सिंह उचित समय की प्रतीक्षा करने लगे। उन्हें ज्यादा प्रतीक्षा नहीं करनी पड़ी। कुछ दिनों बाद रेजीडेंट कमिश्नर आधिकारिक प्रवास पर निकले और तुरंत महाराजा ने सिपाही भेजकर रेजीडेंसी भवन के आँगन में गड़ा खंभा उखाड़ दिया और उस पर लगे यूनियन जैक को उतारकर छत पर लगा दिया। कमिश्नर वापस आया तो उसने देखा फ्लैग पोल और यूनियन जैक दोनों गायब है। यूनियन जैक भवन के ऊपर लटक तो रहा है, लेकिन फ्लैग पोल हटाया जा चुका है। हंगामा बरपा गया। लंदन तक चिट्ठियाँ लिखीं गईं। वायसराय ने इसे सल्तनत-ए-इंगलिशिया का अपमान घोषित कर दिया, लेकिन असली प्रश्न था, महाराजा को फ्लैग पोल के लिए कैसे मनाया जाए? "तब ब्रिटिश सरकार ने महाराजा को लिखा कि बाकी भारतीय रियासतों के रेजीडेंसी भवनों के आँगन में भी फ्लैग पोल होता है।"[27] फ्लैग पोल तो वापस आ गया, लेकिन हरि सिंह जो संदेश देना चाहते थे, वह बखूबी दे दिया गया।

10. हरि सिंह की हिमाचल प्रदेश में शादी

ब्रिटिश सरकार से इस प्रतीकात्मक मुठभेड़ के बाद ही महाराजा हरि सिंह ने शादी की। इस बार उन्होंने हिमाचल प्रदेश के काँगड़ा जिला के एक साधारण परिवार की लड़की से 1928 में शादी की, जो जम्मू-कश्मीर के इतिहास में महारानी तारा के नाम से जानी जाती है। भारतीय सेना में ब्रिगेडियर रहे फ्रांसिस इंगल ने इस विवाह के बारे में

एक दिलचस्प घटना का उल्लेख करते हैं, जिसका वर्णन एस.के. सिन्हा ने किया है। उनके अनुसार, ''इंगल 1930 में स्यालकोट में स्थित अपने रेजीमेंट में कैप्टन थे। एक दिन मैस हवलदार उनसे मिलने आया और सेना से सेवानिवृत्त किए जाने का अनुरोध किया, क्योंकि उसकी बेटी की शादी होनेवाली थी। इंगल ने उसे सलाह दी कि वह छुट्टी ले ले और बेटी की शादी के बाद रेजीमेंट वापस आ जाए। हवलदार ने उन्हें बताया कि उनकी बेटी की शादी कश्मीर के महाराजा हरि सिंह से हो रही है। महाराजा की दो पत्नियाँ थीं, लेकिन कोई बच्चा नहीं था। भविष्यवक्ताओं ने उन्हें कहा था कि यदि महाराजा खास ग्रह-नक्षत्रों के प्रभाव में जनमी लड़की से शादी करें तो उन्हें पुत्र रत्न प्राप्त हो सकता है। महाराजा को उत्तराधिकारी की बहुत जरूरत थी। ऐसी लड़की को ढूँढ़ने के लिए तलाशी टीमों को पूरे डोगरा क्षेत्र में भेजा गया। चंबा के निकट एक गाँव में एक लड़की मिली और वह मेस हवलदार की लड़की थी। विवाह काफी धूम-धाम से हुआ। नई महारानी के लिए एक नया महल बनाया गया।''[28]

सिन्हा ने इंगल की कहानी का काल 1930 लिखा है, जबकि हरि सिंह की तारा देवी की शादी 1928 में हुई थी। इसी प्रकार यह लड़की तारा देवी चंबा की नहीं, बल्कि काँगड़ा जिला के विजयपुर गाँव की थी। मलिका पुखराज के अनुसार किसी ज्योतिषी ने कहा कि महाराजा के संतान पाँचवीं शादी से होगी। ''तब महाराजा ने तीसरी और चौथी शादी प्रतीक रूप से एक वृक्ष और एक तलवार के साथ की।''[29] पुखराज के इस विवरण के अनुसार तारा देवी से शादी से पहले महाराजा हरि सिंह की दो शादियाँ हुई थीं। पहली पत्नी की मौत हो चुकी थी और दूसरी अभी जिंदा थी। इसलिए वह पाँचवीं शादी तक पहुँचने के लिए वृक्ष और तलवार के साथ की गई शादी को तीसरी और चौथी मानती है, जबकि असल में तारा देवी से पहले उनकी तीन शादियाँ हो चुकी थीं, जिनमें से पहली दो पत्नियों की मौत हो चुकी थीं और तीसरी पत्नी जिंदा थी, लेकिन यह चौथी शादी डोगरा राजवंश के लिए शुभ सिद्ध हुई। तारा देवी से महाराजा हरि सिंह को 1931 में एक पुत्र की प्राप्ति हुई, जिसका नाम कर्ण सिंह रखा गया। कर्ण सिंह के जन्म के कुछ समय बाद ही महाराजा हरि सिंह की पहली पत्नी महारानी धनवंत कुँवेरी बाईजी साहिबा को इलाज के लिए बंबई लाया गया। वहीं उनकी मृत्यु हो गई। वह शायद राजवंश में संतान को ही देखने के लिए जीवित थी, क्योंकि तारा देवी से विवाह कर लेने के लिए उसने भी महाराजा पर दबाव डाला था। लेकिन कर्ण सिंह के जन्म के साथ ही जम्मू-कश्मीर के इतिहास में एक नए अध्याय का प्रारंभ हुआ, जिसका विवेचन अगले अध्याय में किया जाएगा।

संदर्भ—

1. K.M.Panikkar, Gulab Singh, 1792-1858: Founder of Kashmir, p. 149-150

2. Somnath Wakhlu,Hari Singh: The Maharaja, the Man, the Times, p. 31
3. Somnath Wakhlu,Hari Singh: The Maharaja, the Man, the Times, p. 32
4. Somnath Wakhlu,Hari Singh: The Maharaja, the Man, the Times, p. 33
5. पद्मा सचदेवा, इक ही सुग्गी, जम्मू,
6. Christopher Thomas, Faultline kashmir, p 96
7. Malka Pukhraj, Song sung true, p. 194
8. Malka Pukhraj, Song sung true, p. 194
9. Malka Pukhraj, Song sung true, p. 193
10. Malka Pukhraj, Song sung true, p. 195
11. Christopher Thomas, Faultline kashmir, p. 96
12. Malka Pukhraj, Song sung true, p. 192-93
13. अंतिम दिनों में वे पुनः अपने पूर्वजों के मजहब में लौट आए थे।
14. इस पूरे किस्से को जम्मू-कश्मीर पर लिखी गई अनेक पुस्तकों में लिखा जाता रहा है, लेकिन इसके अनेक रूपांतरण प्रचलित हैं।
15. Christopher Thomas, Faultline kashmir, p. 101
16. Christopher Thomas, Faultline kashmir, p. 102
17. Christopher Thomas, Faultline kashmir, p. 96
18. Malka Pukhraj, Song sung true, p. 114
19. Malka Pukhraj, Song sung true, p. 113
20. Malka Pukhraj, Song sung true, p. 195
21. Christopher Thomas, Faultline kashmir, p. 96
22. Malka Pukhraj, Song sung true, p. 91
23. Christopher Thomas, Faultline kashmir, p 82-83
24. Malka Pukhraj, Song sung true, p. 71
25. Malka Pukhraj, Song sung true, p. 197
26. Christopher Thomas, Faultline kashmir, p. 96
27. Christopher Thomas, Faultline kashmir, p. 85
28. एस.के. सिन्हा, मिशन कश्मीर, पृ. 17-18
29. Malka Pukhraj, Song sung true, p. 197

□

3

हरि सिंह का ब्रिटिश सत्ता से संघर्ष/ राजतिलक से 1935 तक

1. हरि सिंह के संघर्ष की भूमिका

महाराज हरि सिंह को अपने ताया प्रताप सिंह की मृत्यु के बाद 23 सितंबर, 1925 को राजगद्दी प्राप्त हुई और 26 अक्तूबर, 1947 को उन्होंने रियासत की प्रशासकीय संवैधानिक व्यवस्था का देश की नई संघीय संवैधानिक व्यवस्था में विलय कर दिया। इस प्रकार कुल मिलाकर उन्होंने बाईस वर्ष राज्य किया। महाराज हरि सिंह को एक प्रगतिशील शासक के तौर पर याद किया जाता है, जिन्होंने अपनी प्रजा की स्थिति सुधारने के लिए अनेक कदम उठाए। राज्य सँभालते समय उन्होंने घोषणा की थी कि न्याय ही मेरा धर्म है। उन्होंने अपने राज्यकाल में अपनी इस घोषणा के पालन का भरसक प्रयास किया, लेकिन सत्ता सँभालते ही हरि सिंह का ब्रिटिश सत्ता से प्रत्यक्ष-परोक्ष संघर्ष शुरू हो गया था। महाराजा अपनी रियासत को हर प्रकार के ब्रिटिश नियंत्रण व प्रभाव से मुक्त करवाना चाहते थे, जबकि ब्रिटिश सरकार जम्मू-कश्मीर पर अपना शिकंजा और भी कसना चाहती थी, लेकिन इस संघर्ष काल में दो कारकों ने ऐसी उथल-पुथल मचाई, जिसके प्रवाह को हरि सिंह चाहते हुए भी रोक नहीं सकते थे। वैसे भी ये कारक उनके अधिकार क्षेत्र से बाहर थे। पहला कारक था उत्तर प्रदेश के अलीगढ़ में सैयद अहमद खान द्वारा स्थापित अलीगढ़ मुसलिम विश्वविद्यालय और दूसरा कारक था, ब्रिटेन व सोवियत रूस में उन दिनों लड़ा जा रहा ग्रेट गेम, जिसमें गिलगित का भू सामरिक महत्त्व सर्वोपरि था और वह गिलगित जम्मू-कश्मीर रियासत का हिस्सा था, लेकिन सबसे पहले अलीगढ़ मुसलिम विश्वविद्यालय की बात।

2. जम्मू-कश्मीर में अलीगढ़ मुसलिम विश्वविद्यालय की वैचारिक भूमिका

सर सैयद अहमद खान ने 1875 में मदरसातुल ऊलूम मुसलमान-ए-हिंद के नाम से अलीगढ़ में एक शिक्षा संस्थान खोला, जो कालांतर में अलीगढ़ मुसलिम विश्वविद्यालय के नाम से प्रसिद्ध हुआ। अरब संस्कृति की पहचान का प्रतीक खजूर का पौधा विश्वविद्यालय के प्रतीक चिह्न के रूप में इस्तेमाल किया गया। 1857 के प्रथम स्वतंत्रता संग्राम के बाद सल्तनत-ए-इंगलिशिया भी चाहने लगी थी कि भारत के मुसलमान भारत की मुख्य सांस्कृतिक धारा से टूटकर अपनी अलग पहचान विकसित करें, ताकि बाद में वक्त-बेवक्त उनका अंग्रेजों के हितों के लिए उपयोग किया जा सके। मतांतरित मुसलमानों में यह भावना भरी जाए कि उनका भारतीय राष्ट्र से कोई भावात्मक संबंध नहीं है, बल्कि वे एक अलग राष्ट्र हैं। इस प्रकार का मुसलिम नेतृत्व तैयार करने में अलीगढ़ मुसलिम विश्वविद्यालय बेहतरीन माध्यम हो सकता था। इस पृष्ठभूमि में अलीगढ़ विश्वविद्यालय धीरे-धीरे द्विराष्ट्र सिद्धांत का बहुत बड़ा केंद्र बन गया। इसने मतांतरित भारतीय मुसलमानों को मानसिक रूप से अरब मूल के सैयदों का बौद्धिक नेतृत्व स्वीकारने के लिए तैयार किया। कश्मीर घाटी से भी बहुत से नौजवान, जिनकी पढ़ने में रुचि थी, नजदीक के पंजाब विश्वविद्यालय लाहौर को छोड़कर अलीगढ़ की ओर भागने लगे। कश्मीरी युवकों का एक बहुत बड़ा केंद्र अलीगढ़ विश्वविद्यालय के परिसर में पनपने लगा। उन दिनों जब सारा देश अंग्रेज सल्तनत से मुक्ति के लिए लड़ रहा था तो अलीगढ़ की फिजाओं में एक अलग प्रकार की चिंता पसरी रहती थी। यदि भविष्य में कभी लाल किले से यूनियन जैक उतरने की नौबत आई तो क्या वहाँ मुगलकाल का झंडा फहराया जा सकता है, यदि ऐसा संभव न हो तो क्या हिंदुस्तान को ही काटकर नया पाक मुल्क बनाया जा सकता है? राष्ट्र के भीतर एक अलग राष्ट्र का भ्रूण स्थापित करने के वैचारिक प्रयास हो रहे थे। विश्वविद्यालय के इसी वातावरण में बहुत से कश्मीरी मुसलमान युवक, भारतीय मुसलमानों की अलग राष्ट्रीय पहचान के सिद्धांत के पक्षधर बने। "अलीगढ़ मुसलिम विश्वविद्यालय से प्रशिक्षण प्राप्त करके आए ये नौजवान घाटी में नई पीढ़ी के राजनैतिक नेतृत्व के केंद्र बिंदु बने।"[1] उन बहुत से नौजवानों में श्रीनगर से कुछ दूर स्थित सौरा गाँव के मोहम्मद अब्दुल्ला भी थे, जो घाटी से अलीगढ़ में रसायनशास्त्र की पढ़ाई करने गए थे। अलीगढ़ से लौटे हुए ऐसे अनेक नौजवानों ने श्रीनगर में गपशप के लिए नियमित उठना-बैठना शुरू किया। बाद में गपशप का यही अड्डा फतहकदल रीडिंग रूम पार्टी के नाम से प्रसिद्ध हुआ।

अब तक कश्मीर में इसलाम के आगमन और मतांतरण के बावजूद वहाँ के सांस्कृतिक प्रवाह में बहुत ज्यादा बाधा नहीं पड़ी थी। मंदिरों में जाने के आदी उन कश्मीरियों ने, जिन्होंने इसलाम में रुचि दिखाई थी, जियारतखानों में जाना शुरू कर दिया। यह अलग बात है कि

इसलाम जियारतखानों की अनुमति नहीं देता। ऋषि परंपरा को थोड़े-बहुत हेरफेर से वे स्वीकारते रहे। लल्लेश्वरी को मान्यता देने में उन्हें किसी किस्म की तकलीफ नहीं हुई, लेकिन अलीगढ़ मुसलिम विश्वविद्यालय से जो रोशनी घाटी में पहुँचने लगी थी, उससे धीरे-धीरे कुछ सीमा तक घाटी की फिजा भी संक्रमित होने लगी थी। उधर बहाबियों का भी रियासत में आना-जाना काफी बढ़ गया था, लेकिन इस पर चर्चा करने से पहले कश्मीर घाटी की जनसंख्या की कुछ विशेषताओं को जान लेना भी लाभकारी होगा।

आम तौर पर कश्मीर घाटी की जनसंख्या को हिंदू और मुसलमान के दो सुविधाजनक खानों में बाँटकर निष्कर्ष निकाल लिये जाते हैं, लेकिन घाटी की जनसंख्या इन दो खानों में रहते हुए भी इतनी एकसार नहीं है। कश्मीरी भाषी मुसलमानों के अतिरिक्त वहाँ गोजरी भाषा बोलनेवाले गुज्जर बहुत बड़ी संख्या में हैं। गोजरी बोलनेवाले गुज्जर/बक्करवाल अपना संबंध राजस्थान-गुजरात से जोड़ते हैं। पहाड़ी राजपूत भी हैं। उनका कश्मीरी मुसलमानों से कोई संबंध नहीं है। वे अपनी जड़ें राजपूतों में तलाशते हैं। इन गुज्जरों और राजपूतों ने कुछ तौर-तरीके इसलाम के भी अपना लिये हैं, लेकिन अपनी बहुत सी परंपरागत मान्यताओं और रीति-रिवाजों को भी उन्होंने अभी तक नहीं छोड़ा। उनका लोक साहित्य अत्यंत समृद्ध है। उनके विवाह-शादी घाटी के कश्मीरियों से नहीं होते। इसके विपरीत वे हिमाचल, पंजाब और जम्मू तक के गुज्जरों से विवाह शादी करते हैं। कश्मीरी भाषा बोलनेवाले मुसलमानों में भी आगे तीन अलग-अलग श्रेणियाँ हैं। पहला वर्ग उन कश्मीरी मुसलमानों का है, जिनके पूर्वज कुछ अरसा पहले पंडितों से मतांतरित होकर मुसलमान बने हैं। ब्राह्मणों में से मतांतरित ये मुसलमान स्वयं को शेख कहलाना ज्यादा पसंद करते हैं। ये देशी कश्मीरी मुसलमान कहे जा सकते हैं। दूसरा समूह विदेशी मुसलमानों का है, जो अब कश्मीरी बोलते हैं। इनमें सैयद, मुगल और पठान आते हैं।

सैयदों का मूल अरबस्तान हैं, जहाँ से वे ईरान होते हुए कश्मीर घाटी में आए। मुगल कभी अरसा पहले मध्य एशिया से आक्रमणकारी के रूप में भारत में आए थे। इसी प्रकार पठान या अफगान वे लोग हैं, जो कभी अफगानिस्तान से आकर घाटी में बस गए। ये तीनों विदेशी समूह अब कश्मीरी भाषा बोलते हैं और इनके विवाह-शादी भी देशी कश्मीरी मुसलमानों के साथ होते रहते हैं, लेकिन ये समूह अपने आपको मनोवैज्ञानिक रूप से देशी कश्मीरी मुसलमानों से ऊँचे दरजे का मानते हैं और मानसिक रूप से स्वयं को शासक वर्ग के रूप में देखते हैं। देशी कश्मीरियों में एक समूह शिया समाज का है। चाहे घाटी में इनकी संख्या थोड़ी है, लेकिन यह समाज सुसंगठित है। शिया समाज सदियों पहले कर्बला में हुए नर संहार की याद में ताजिए निकालता है, जिसके कारण कश्मीरी मुसलमान, चाहे वह देशी हो या विदेशी, इन्हें मूर्तिपूजक मानता

है। यही कारण है कि जब वे साल में एक बार ताजिया निकालते हैं तो उनका मुसलमानों से झगड़ा भी हो जाता है। जम्मू-कश्मीर रियासत के शेष चार हिस्सों में से बल्तीस्तान और गिलगित में बहुसंख्यक शिया समाज रहता है, लद्दाख में महात्मा बुद्ध के अनुयायी हैं और जम्मू में हिंदुओं के अतिरिक्त राजपूत मुसलमान और गुज्जर हैं।

अलीगढ़ मुसलिम विश्वविद्यालय ने कश्मीर के इन देशी मुसलमानों की कश्मीरी पहचान के स्थान पर इसलामी मजहबी पहचान को सुदृढ करने में महत्त्वपूर्ण भूमिका निभाई। इस समय अंग्रेज सरकार को भी जरूरत थी कि जम्मू-कश्मीर में मुसलमानों को मजहबी आधार पर संगठित किया जाए, ताकि रियासती सरकार पर ब्रिटिश हितों की रक्षा के लिए ज्यादा-से-ज्यादा दबाव डाला जा सके। ब्रिटिश सरकार किसी भी हालत में गिलगित हथियाना चाहती थी, लेकिन महाराजा हरि सिंह का अंग्रेज विरोध जग, जाहिर था। सीधी उँगली से घी न निकलता देख ब्रिटिश सरकार ने हरि सिंह के विरोध में मुसलिम नेतृत्व उभारना शुरू कर दिया था, लेकिन यह पूरी कथा जान लेने से पहले यह जान लेना और भी जरूरी है कि आखिर अंग्रेजों को गिलगित क्यों चाहिए था? जैसा ऊपर संकेत भी किया गया है कि महाराजा हरि सिंह की पूरी संघर्ष गाथा में गिलगित सर्वाधिक दूसरा महत्त्वपूर्ण कारक रहा। गिलगित ब्रिटिश साम्राज्य की पूरी पटकथा में इतना महत्त्वपूर्ण था कि उसे प्राप्त करने के लिए ब्रिटिश सरकार को कश्मीर घाटी में इसलामी सांप्रदायिक आंदोलन खड़ा करना पड़ा। गिलगित एक प्रकार से पश्चिमोत्तर भारत की सीमा सुरक्षा का सिंह द्वार है।

3. अथ गिलगित गाथा

गिलगित की चर्चा करने से पहले उसकी पृष्ठभूमि को जान लेना आवश्यक है।

लार्ड पालमरस्टोन ने लिखा है, ''यदि जनमत सच्चाई एवं न्याय पर आधारित हो तो वह सशक्ततम सेनाओं से भी टक्कर ले सकता है।'' लेकिन 'टूर्नामेंट ऑफ शैडोज' के लेखक कार्ल ई मीयर ने इसमें एक संशोधन किया, ''यदि अवधारणा काल्पनिक आशंकाओं पर भी आधारित हो, तब भी वह दो देशों को एक-दूसरे के आमने-सामने लाकर खड़ा कर सकती है।''[2] उन्नीसवीं शताब्दी में ब्रिटेन के मन में रूस की विस्तारवादी महत्त्वाकांक्षाओं को लेकर ऐसी ही काल्पनिक एवं अर्धसत्य आशंकाएँ भरी हुई थीं। ब्रिटेन को लगता था कि मध्य एशिया को पचा लेने के बाद रूस, ब्रिटेन के भारत साम्राज्य पर आँख लगाए बैठा है। इसे रोकने के लिए ब्रिटेन ने रूस की नाकाबंदी की जो योजनाएँ बनाई, उन्हें ब्रिटेन के सैन्य इतिहासकार सर जॉन कोई ने सबसे पहले ग्रेट गेम कहा। ग्रेट गेम यानी बड़ा शिकार। उपन्यासकार रुडयार्ड किपलिंग ने 1901 में लिखे अपने उपन्यास किम में इस नामकरण को अमर कर दिया। इस उपन्यास का

अंग्रेज नायक ब्रिटिश भारत में रूस के षड्यंत्रों को विफल करता है। किपलिंग का यह उपन्यास तो काल्पनिक था, लेकिन इंग्लैंड ने उस काल्पनिक अंग्रेज नायक की भूमिका में स्वयं को रखकर अरसा पहले, भारत की पश्चिमोत्तर सीमा पर सचमुच नाकाबंदी शुरू कर दी थी। इस नाकाबंदी को पूरा करने के लिए गिलगित अति आवश्यक था। रूस और इंग्लैंड के बीच लंबे अरसे तक खेले गए इस ग्रेट गेम से दोनों का कितना नफा-नुकसान हुआ, यह तो वे दोनों ही जानते होंगे, लेकिन इस ग्रेट गेम ने भारत के पश्चिमोत्तर का इतिहास बदलकर रख दिया। इसी ग्रेट गेम के कारण पाकिस्तान बना और इसी के कारण अभी तक जम्मू-कश्मीर सुलग रहा है।

4. उन्नीसवीं शताब्दी का ग्रेट गेम

ब्रिटेन यह मानकर चल रहा था कि साम्यवाद की विचारधारा को लेकर मध्य एशिया में आगे बढ़ता रूस कभी अफगानिस्तान की सीमा तक आ जाएगा। "रूस ने 1864 में चेमकुंड, 1865 में ताशकंद, 1866 में खोजंद, 1868 में समरकंद, 1873 में खीवा को जीत लिया था"[3] जाहिर है, तब रूस की सीमा जम्मू-कश्मीर रियासत से लगनी शुरू हो जाएगी। ब्रिटिश सरकार को पूर्वोत्तर दिशा से तिब्बत में, पश्चिमोत्तर दिशा से अफगानिस्तान में और उसके बाद कश्मीर के रास्ते से भारत में रूसी घुसपैठ की आशंका थी। 1863 में अफगानिस्तान के शासक दोस्त मोहम्मद की मौत हो गई थी और ब्रिटिश सरकार को, "ऐसा आभास होने लगा था कि वहाँ का नया शासक रूस की ओर झुकाव रखता है।"[4] उन्नीसवीं शताब्दी के पूर्वार्ध तक रूस ने मध्य एशिया के अधिकांश हिस्से पर कब्जा कर लिया था और अब वह अफगानिस्तान की सीमा पर पहुँच आया था। ब्रिटिश साम्राज्यवादियों को आशंका थी कि इसके बाद वह भारत में भी घुस सकता था।

जम्मू-कश्मीर का गिलगित क्षेत्र अफगानिस्तान के साथ लगता था और यह भारत के लिए मध्य एशिया का सिंह द्वार था। उस समय अंग्रेजों को इसी सिंह द्वार से रूसी प्रभाव के भारत में घुस आने की आशंका थी। 1873 में ब्रिटिश सरकार ने सर डगलस फोरसाईथी को काशगर मिशन पर भेजा था। डगलस ने सरकार को जो अपनी रपट दी, उसमें लिखा, "जब तक हमारे मन में यह गलत विश्वास बना हुआ था कि पामीर दुनिया की छत्त है और किसी के भी सैनिकों के लिए इसे पार करना नामुमकिन है, तब तक इस बात का कोई महत्त्व ही नहीं था कि इस दिशा से कश्मीर में कौन घुस आता है और कहाँ तक घुस आता है या फिर हिंदुकुश की छोटी-छोटी रियासतों पर किसका शासन है, लेकिन अब जैसे-जैसे पामीर को लेकर बने इस अज्ञान की धुँध छँट गई है, वैसे-वैसे कटु यथार्थ हमारे सामने आ रहा है। इन क्षेत्रों में हमें उन्हीं लोगों से खतरा है, जिनसे हम स्वामिभक्ति की आशा लगाए बैठे थे, यह स्वीकार कर लेने में हमें संकोच नहीं होना

चाहिए।···मेरा सुझाव है कि इन क्षेत्रों के लिए अब तक अपनाई गई नीति के स्थान पर समयानुकूल अलग नीति का अनुसरण करना अनिवार्य हो गया है।···इसकी शुरुआत गिलगित में एक एजेंट नियुक्त करने से होनी चाहिए।''[5] लेकिन ब्रिटिश सरकार के दुर्भाग्य से गिलगित भारतीय रियासत जम्मू-कश्मीर का हिस्सा था, न कि ब्रिटिश भारत का। सामरिक लिहाज से जम्मू-कश्मीर रियासत की महत्ता शेष रियासतों से कहीं ज्यादा थी। जम्मू-कश्मीर पश्चिमोत्तर भारत का सीमांत ही नहीं था, उसका गिलगित, लद्दाख संभाग तो तिब्बत, रूस और अफगानिस्तान की सीमा से लगता था। ''गिलगित की कूटनीतिक और सामरिक महत्ता होने की वजह से ही भारत के अंग्रेज अधिकारी उस पर हमेशा दाँत गड़ाए रहे और इस इलाके को कश्मीर के महाराजा की डोगरा सरकार की मातहती से निकाल लेने की कोशिश में अनेक राजनैतिक दाँव-पेच चलते रहे, ताकि किसी तरह यह महत्त्वपूर्ण क्षेत्र सीमा प्रांत की समस्याओं से संबंधित होने के कारण ब्रिटिश हुकूमत में आ जाए।''[6]

5. रियासतों के प्रति ब्रिटिश नीति

इस प्रसंग पर आगे बढ़ने से पहले भारतीय रियासतों के प्रति ब्रिटिश सरकार की नीति को जान लेना लाभकारी होगा। 1857 के प्रथम स्वतंत्रता संग्राम के बाद ब्रिटिश सरकार की भारतीय रियासतों के प्रति नीति बदली थी। इस स्वतंत्रता संग्राम के पहले ब्रिटिश सरकार साम, दाम, दंड, भेद—किसी भी तरीके से भारतीय रियासतों को अपने हस्तगत इलाके यानी ब्रिटिश इंडिया में मिलाने का प्रयास करती रहती थी। लार्ड डलहौजी तक यह सिलसिला चलता रहा था, लेकिन अब उसकी कूटनीति यह थी कि बाहरी तौर पर ये रियासतें ब्रिटेन द्वारा हथियाए गए भारतीय भू-भाग का हिस्सा न बनें। वहाँ स्थानीय राजाओं-महाराजाओं का ही शासन बना रहे, लेकिन व्यावहारिक रूप से ये रियासतें और उनके शासक ब्रिटिश सरकार के मोहरे बनकर रहें। जाहिर है ब्रिटिश सरकार पर आश्रित हो जाने के बाद ये शासक ब्रिटिश सरकार के समर्थक बनकर ही रह सकते थे। वैसे तो सर जान मेलकाम ने 1857 से भी कहीं पहले इस नीति की वकालत की थी। उसने लिखा था, ''यदि हमने सारे भारतवर्ष को स्वयं हस्तगत कर प्रत्यक्ष शासन का प्रयास किया, तो जैसे हालात हैं, उनमें ब्रिटिश साम्राज्य इस देश में पचास साल से ज्यादा नहीं टिक पाएगा, लेकिन यदि हम भारतीय रियासतों को इस प्रकार से बचाए रखते हैं कि उनके पास व्यावहारिक रूप से कोई राजनैतिक शक्ति न रहे और वे हमारे निष्ठावान सेवक बनें रहें तो भारत में हम तब तक टिक सकते हैं, जब तक सागर में हमारी जल सेना की सर्वोच्चता बनी रहेगी।''[7] अब 1857 के प्रथम स्वतंत्रता संग्राम के बाद लार्ड कैनिंग ने मेलकाम की उसी नीति का स्मरण किया था। इस नीति के

अंतर्गत ब्रिटिश सरकार ने इन रियासतों से अनेक प्रकार की संधियाँ कीं, जिनके अंतर्गत इनकी संप्रभुता व्यावहारिक रूप से ब्रिटिश सरकार के पास आ गई, यहाँ तक कि शासक की मृत्यु के बाद उत्तराधिकारी को मान्यता देने की बात भी ब्रिटिश अधिकार में ही आ गई थी। अपनी इसी नीति के कारण ब्रिटिश सरकार ने भारतीय रियासतों में रेजीडेंट कमिश्नर तैनात करने की परंपरा शुरू की। प्रत्यक्ष तौर पर तो ये शासक को सलाह देने के लिए ही थे, लेकिन परोक्ष रूप से ब्रिटिश सरकार की ओर से ये रियासती शासकों पर नियंत्रण रखते थे। ब्रिटिश सरकार रियासतों में अपने निहित स्वार्थों की पूर्ति के लिए इन्हीं रेजीडेंटों का प्रयोग करती थी। रेजीडेंट का रुतबा कितना बड़ा होता था, इसका एक उदाहरण, जिसका उल्लेख ब्रिटिश सरकार और भारतीय रियासतों में अनेक प्रशासनिक पदों पर काम कर चुके के.एम. पणिक्कर ने दिया है, पर्याप्त होगा। कोचीन रियासत के राजा को वहाँ के रेजीडेंट कमिश्नर ने एक दफा निम्न आदेश भेजा था, ''जब मैं कोचीन के समीप पहुँच जाऊँ तो आप मेरी आगवानी के लिए वहाँ प्रतीक्षा करते हुए मिलें। आप आगवानी के लिए आ रहे हैं, इसकी सूचना पाकर मुझे खुशी होगी।''[8] रियासतों के अधिकांश शासकों ने रेजीडेंट की इस सर्वोच्च स्थिति को और अपनी व्यावहारिक स्थिति को स्वीकार कर लिया था और उनका अधिकांश समय रेजीडेंट को खुश करने में ही व्यतीत होता था।

दरअसल रियासतों में ब्रिटिश रेजीडेंटों की तैनाती का दोहरा उद्देश्य होता था। राजा-महाराजा पर नजर रखना तो था ही, साथ ही यह ध्यान भी रखा जाता था कि शासक अपने राज्य में ज्यादा उदार और जनहितकारी नीतियाँ लागू न करें। यदि कोई राजा ऐसा करने का प्रयास करता था तो उसको परोक्ष तौर पर रोका जाता था। उसका मुख्य कारण यह था कि यदि किसी रियासत का प्रशासन लोक कल्याणकारी हो गया तो उसकी तुलना साथ लगते ब्रिटिश शासनाधीन प्रांतों से होने लगेगी और उससे ब्रिटिश शासन की किरकिरी होगी। अलबत्ता इसके उलट ब्रिटिश रेजीडेंट का प्रयास रहता था कि शासक के खिलाफ शिकायत लेकर लोग उसके पास आएँ, ताकि जनता में यह प्रभाव उत्पन्न हो कि राजा तो जन विरोधी है, लेकिन जनता का पक्ष सुनने के लिए ब्रिटिश रेजीडेंट मौजूद है, लेकिन जम्मू-कश्मीर में रेजीडेंट की भूमिका का एक तीसरा पक्ष भी था। ग्रेट गेम के चलते किसी भी तरीके से जम्मू-कश्मीर के सीमांत क्षेत्रों में ब्रिटिश सरकार का व्यावहारिक नियंत्रण स्थापित करना। वैसे तो ब्रिटिश सरकार ने ये प्रयास 1846 में रियासत की स्थापना के तुरंत बाद ही शुरू कर दिए थे।

6. जम्मू-कश्मीर के प्रति ब्रिटिश नीति

जम्मू-कश्मीर रियासत में भी अपना प्रतिनिधि बिठाने के प्रयासों में ब्रिटिश सरकार

महाराजा गुलाब सिंह के वक्त से ही लगी हुई थी। दरअसल 1846 में कश्मीर को लेकर महाराजा गुलाब सिंह से संधि करने के बाद ही ब्रिटिश सरकार में कुछ नीति निर्धारकों ने इसे महान् गलती बताना शुरू कर दिया था। उनका मानना था कि पंजाब की पराजय के बाद जम्मू-कश्मीर को ब्रिटिश इंडिया का हिस्सा बना लेना चाहिए था। मेजर स्मिथ ने तो स्पष्ट ही कहा, ''हमने उन लाखों निर्दोष लोगों का, जिन्हें भाग्य ने हमारी झोली में डाल दिया था, चाँदी के चंद सिक्कों की खातिर सौदा कर लिया।''[9] स्पष्ट है, तभी से ब्रिटिश सरकार कश्मीर पर आँख गड़ाए हुए थी। महाराजा गुलाब सिंह के नेतृत्व में जम्मू-कश्मीर रियासत ब्रिटिश सरकार पर आश्रित नहीं थी, बल्कि उसका मित्र राज्य का ही दरजा था। 1846 की संधि में चाहे ब्रिटिश सरकार के लिए दखलंदाजी के अनेक दरवाजे थे, लेकिन वहाँ स्थायी अंग्रेज अधिकारी की तैनाती के लिए कोई चोर दरवाजा नहीं था। सोवियत रूस के भय और ग्रेट गेम के दबाव के कारण ब्रिटिश सरकार संधि के तुरंत बाद इसी चोर दरवाजे को स्थापित करने के प्रयास कर रही थी।

7. गिलगित में ब्रिटिश अधिकारी की तैनाती

1852 में ब्रिटिश सरकार, कश्मीर में आनेवाले यूरोपीय पर्यटकों पर ध्यान रखने के नाम पर, ऑफिसर ऑन स्पेशल ड्यूटी के पदनाम से एक अंग्रेज अधिकारी ही तैनात कर सकी थी, परंतु रणवीर सिंह (1858–1885) के शासनकाल में वह किसी सीमा तक अपनी इस राजनीति में सफल हो गई। उस समय के गवर्नर जनरल लिटन ने गिलगित में एक ब्रिटिश अधिकारी नियुक्त करने के लिए दबाव बढ़ना शुरू कर दिया था। महाराजा की आशंकाओं को शांत करने के लिए इस अधिकारी की तैनाती के समय भी ब्रिटिश सरकार द्वारा भारत में नियुक्त गवर्नर जनरल ने महाराजा रणवीर सिंह को आश्वस्त किया, ''गिलगित में ब्रिटिश अधिकारी की तैनाती के प्रस्ताव का एक मात्र उद्देश्य सीमांत पर आपके (महाराजा के) शासन को सशक्त करना और उसका प्रभाव बढ़ाना ही है। आपके (महाराजा के) सम्मान और अधिकार का समर्थन करना और उसे बनाए रखने में ब्रिटिश सरकार का भी हित है। इस नई व्यवस्था के माध्यम से, इस समय श्रीनगर में जो ऑफिसर ऑन स्पेशल ड्यूटी तैनात है, उस व्यवस्था को बदलने या फिर उसके अधिकारों को बढ़ाने की ब्रिटिश सरकार की कोई मंशा नहीं है।''[10]

महाराजा गवर्नर जनरल की इन बातों से कितना आश्वस्त थे, यह तो नहीं कहा जा सकता; लेकिन इतना वे शायद समझ गए थे अब इस चक्रव्यूह से निकलने का कोई रास्ता नहीं है। उन्होंने कुछ शर्तों पर ब्रिटिश सरकार को गिलगित में, 'ऑफिसर ऑन स्पेशल ड्यूटी इन गिलगित' नियुक्त करने की अनुमति दे दी। इस पद पर तैनात मेजर जाहन बिड्डुलफ ने दिसंबर, 1877 को अपनी ड्यूटी ज्वॉइन की।

लेकिन गिलगित में अपना प्रतिनिधि तैनात करने का ब्रिटिश सरकार का यह प्रयोग बहुत ज्यादा सफल नहीं हो पाया। सीमांत के जनजातीय शासकों को नियंत्रित करने या फिर उनसे दोस्ताना संबंध बनाने में मेजर जाहन सफल नहीं हुआ। डोगरा राज्य को विवशता में गिलगित में ब्रिटिश प्रतिनिधि की तैनाती तो करनी पड़ी, लेकिन रियासत में ब्रिटिश सरकार की दखलंदाजी न हो, इसके लिए कुछ-न-कुछ उठापटक दरबार में होती रहती होगी। इसकी भनक अपने स्रोतों से मेजर जाहन को भी लगती रहती होगी। ''इसलिए वह अपना पद छोड़ने की ओर ही बढ़ रहा था। उसके लिए भी समस्या कश्मीरी डोगरे ही थे, जिसे अपने समय में हेयवार्ड ने भी अनुभव कर लिया था। बाहरी लोगों की दखलंदाजी के प्रति निष्ठुर, गिलगित के कमांडर उसके विरुद्ध साजिशें रच रहे हैं, ऐसा पक्का विश्वास मेजर को हो चुका था। आखिर वह पश्चिमी हिमालय के बाहरी क्षेत्रों में बैठा एक मात्र गोरा था, इसलिए कुछ सीमा तक वह भय का शिकार भी हो गया लगता था। जब उसने यह संदेह व्यक्त किया कि कश्मीरी डोगरे गिलगित में उसकी हत्या का षड्यंत्र रच रहे हैं, तब पंजाब व कोलकाता के सरकारी भवनों में हेयवार्ड की हत्या की प्रतिध्वनियाँ पहले ही गूँज रही थीं।''[11] इसलिए 20 जुलाई, 1881 में गिलगित से ऑफिसर ऑन स्पेशल ड्यूटी का पद समाप्त कर दिया गया और मेजर जॉन बिड्डुलफ को वापस बुला लिया गया।

गिलगित एजेंसी की जिम्मेदारी कुछ सीमा तक रियासत के प्रशासन को ही दे दी गई, लेकिन कहीं गिलगित एजेंसी से ब्रिटिश प्रतिनिधि वापस बुलाने का अर्थ महाराजा यह न समझ लें कि यह व्यवस्था स्थायी तौर पर समाप्त कर दी गई है, ''इसलिए ब्रिटिश सरकार ने आवश्यकता पड़ने पर गिलगित में अपना एजेंट भेजने का अपना अधिकार सुरक्षित रखा। कश्मीर सरकार से यह आशा भी की जाती थी कि उसकी उत्तरी सीमाओं पर क्या हो रहा है, इसकी सूचना ब्रिटिश सरकार को भेजी जानी चाहिए। कश्मीर रियासत को यह भी स्पष्ट कर दिया गया कि अपने पड़ोसी राज्यों से संबंधों के बारे में कोई भी निर्णय करने से पहले, श्रीनगर में तैनात अंग्रेजी सरकार के ऑफिसर ऑन स्पेशल ड्यूटी से सलाह-मशवरा करना जरूरी है।''[12] लेकिन फिर भी कुल मिलाकर इतना कहा जा सकता है कि महाराजा रणवीर सिंह के शासनकाल में ब्रिटिश सरकार जम्मू-कश्मीर में अपनी दखलंदाजी को बहुत सीमा तक नहीं बढ़ा सकी। ब्रिटिश सरकार कश्मीर में तैनात ऑफिसर ऑन स्पेशल ड्यूटी का दरजा रेजीडेंट का करने की इच्छा रखती थी, लेकिन उनकी यह इच्छा पूरी नहीं हो सकी, लेकिन 1885 में रणवीर सिंह की मौत के बाद महाराजा प्रताप सिंह (1885-1925) के शासनकाल में ब्रिटिश सरकार ने रियासत में एक बार फिर अपनी सक्रिय भूमिका के लिए प्रयास आरंभ कर दिए, लेकिन अबकी बार शायद प्रयासों की जरूरत ही नहीं थी। प्रताप सिंह को सीधे-सीधे सूचना ही दी गई कि श्रीनगर में रेजीडेंट कमिश्नर का कार्यालय खोल दिया गया है।

8. महाराजा प्रताप सिंह और ब्रिटिश शासन

लेकिन अंग्रेज सरकार का इतने से ही संतोष नहीं हुआ। अबकी उसकी योजना महाराजा प्रताप सिंह को ही अधिकारमुक्त करके रियासत पर सीधे-सीधे नियंत्रण स्थापित कर लेने की थी। जम्मू-कश्मीर के इतिहास में ब्रिटिश सरकार का यह प्रकरण भारत में ही नहीं, लंदन में भी काफी चर्चित हुआ। अंग्रेज सरकार ने महाराजा प्रताप सिंह को गद्दी से हटाने के लिए अजीब हास्यस्पद कहानी बुनी। सरकार ने प्रताप सिंह पर आरोप लगाया कि उन्होंने रूस के शासकों को कुछ चिट्ठियाँ लिखी थीं। ये चिट्ठियाँ इस बात को साबित करती हैं कि महाराजा ब्रिटिश सरकार से विश्वासघात कर रहे हैं और उसके दुश्मन रूस से जा मिले हैं। इसलिए उसके पद पर बने रहने से ब्रिटिश हितों को आघात पहुँचता है। यह अलग बात है कि ब्रिटिश सरकार कभी यह सिद्ध नहीं कर सकी कि डोगरी भाषा में लिखी गई ये चिट्ठियाँ सचमुच महाराजा प्रताप सिंह ने ही लिखी थीं, लेकिन ब्रिटिश सरकार को अपनी ध्येय सिद्धि के लिए बहाना चाहिए था, प्रमाण नहीं। नए नियुक्त किए गए रेजीडेंट कमिश्नर की रपटों को आधार बनाकर महाराजा प्रताप सिंह को प्रत्यक्ष शासन कार्य से हटाकर उनके स्थान पर राज्य परिषद् का गठन तो कर ही दिया गया।

डॉ. कर्ण सिंह लिखते हैं, 'दरअसल ब्रिटेन के कूटनीतिज्ञों ने महाराजा प्रताप सिंह के शासनकाल में ही उन्हें गद्दी से हटाने का षड्यंत्र बुन लिया था। इस गुप्त योजना के तहत महाराजा पर विदेशी शासन से साँठ-गाँठ का आरोप लगाकर उनकी सत्ता एक कौंसिल ऑफ रीजेंसी को सौंप देने की बात थी। महाराजा सचमुच ही गद्दी से हटा दिए जाते, लेकिन कोलकाता से प्रकाशित होनेवाले समाचार-पत्र 'अमृत बाजार' पत्रिका ने 'कंडैम्ड अनहर्ड' शीर्षक से एक लेख के जरिए अंग्रेजों के इस कुचक्र का परदाफाश कर दिया। इस रहस्योद्घाटन से ब्रिटिश संसद् में इतना बवाल मचा कि लंदन को अपनी यह योजना रद्द करनी पड़ी।[13] कंडैम्ड अनहर्ड नाम का यह पत्र सर विलियम डिग्बी ने ब्रिटिश सांसदों को लिखा था। इस पत्र से यह लाभ हुआ कि प्रताप सिंह को स्थायी तौर पर पद मुक्त नहीं किया जा सका। इसमें कोई संशय नहीं कि प्रताप सिंह के कार्यकाल में ब्रिटिश प्रभाव सर्वाधिक था और शासक के अधिकार न्यूनतम रह गए थे। महाराजा प्रताप सिंह के स्थान पर रीजेंसी कौंसिल की स्थापना का एक गुप्त उद्देश्य भी था। पुनः गिलगित एजेंसी के लिए ब्रिटिश अधिकारी नियुक्त करना।

लंदन में रूस की मध्य एशिया में हो रही गतिविधियों को लेकर आशंकाएँ बढ़ रहीं थीं। ''जब रूसी गिलगित के पिछले दरवाजे तक पहुँच गए हों तो क्या कश्मीर के दरवाजे पर लगे ताले की कुंजी, जिसके हाथ में हो, उस कश्मीर के महाराजा पर विश्वास किया जा सकता था?''[14] ब्रिटिश सरकार के पास इसका उत्तर नहीं में ही था।

इसलिए ब्रिटिश सरकार एक बार फिर गिलगित एजेंसी में अपना एजेंट नियुक्त करने की योजना बना रही थी। महाराजा प्रताप सिंह को वैसे भी रास्ते से हटा ही दिया गया था। जब 1881 में गिलगित एजेंसी से ब्रिटिश प्रतिनिधि वापस बुला लिया गया था, तब भी तत्कालीन महाराजा को स्पष्ट कर दिया गया था कि ऐसा अस्थायी तौर पर ही किया जा रहा है, लेकिन अबकी बार ब्रिटिश सरकार गिलगित में पक्के तौर पर पैर जमाना चाहती थी। इसलिए उसे यह बहाना बनाने की जरूरत नहीं थी कि गिलगित में ब्रिटिश प्रतिनिधि जम्मू-कश्मीर रियासत के हितों की रक्षा के लिए भेजा जाना जरूरी है। मेजर जॉन बिड्डुलफ को गिलगित से वापस बुलाने के चार साल बाद ही 1885 में एक बार फिर गोरे गिलगित में पहुँच गए थे। "इस बार इसका नेतृत्व विलियम लोकार्हट कर रहे थे और उनके पास भारी भरकम वैज्ञानिक उपकरण थे। लोकार्हट यहाँ एजेंसी खोलने के लिए नहीं आए थे, बल्कि इस इलाके के चप्पे-चप्पे को नापने के साथ-साथ यहाँ के पर्वतीय शिखरों के राजनैतिक तापमान को मापने आए थे। उन्होंने अपने नाप तोल के बाद निष्कर्ष निकाला, दर्दस्तान का नियंत्रण किसी भी हालत में कश्मीर सरकार के पास नहीं रहने दिया जा सकता।"[15] इसी के अनुरूप लंदन ने फिर से गिलगित एजेंसी पर कब्जा किया और 1889 में वहाँ कर्नल डूरंड को अपना प्रतिनिधि बनाकर भेजा।

डूरंड के साथ कुछ और अफसर भी तैनात किए गए। डूरंड ने एजेंसी का प्रशासन पूरी तरह सँभाल लिया और वहाँ अन्य अनेक अधिकारी नियुक्त करने शुरू कर दिए। इतना ही नहीं, एजेंसी पर होनेवाले खर्च का आधा हिस्सा कश्मीर दरबार के खाते में भी डाला गया। इस प्रकार जम्मू-कश्मीर में ब्रिटिश सरकार के दो-दो एजेंट हुए। एक श्रीनगर में और दूसरा गिलगित में। उधर रियासत के असली शासक महाराजा प्रताप सिंह काफी प्रयासों के बाद अपनी मौत के कुछ साल पहले 1921 में ही सत्ता पर पूरा नियंत्रण अपने हाथों में ले सके थे। प्रताप सिंह के बाद 1925 में हरि सिंह उनके उत्तराधिकारी बने। अब महाराजा हरि सिंह के शासनकाल में ब्रिटिश सरकार किसी भी तरह गिलगित एजेंसी पर ही नहीं, बल्कि गिलगित वजारत पर भी अपना पूरा नियंत्रण स्थापित कर लेना चाहती थी।

9. महाराजा हरि सिंह और ब्रिटिश सरकार

महाराजा हरि सिंह की योग्यता के बारे में ब्रिटिश सरकार को भी कोई संदेह नहीं था। हरि सिंह द्वारा सत्ता सँभाल लेने के कुछ महीने बाद ही श्रीनगर स्थित ब्रिटिश रेजीडेंट जे.बी. वुड द्वारा भारत के लिए ब्रिटिश सरकार के विदेश व राजनैतिक सचिव, को 22 जनवरी, 1926 को भेजी रपट के अनुसार, "हाल के इतिहास में पहली बार हुआ है कि कश्मीर अब एक सुसंगठित रियासत के तौर पर दिखाई दे रहा है और उस

पर ऐसे महाराजा का शासन है, जिसके पास पूरी शक्तियाँ भी हैं।...रियासत का प्रशासन अन्य अधिकांश रियासतों से कहीं बेहतर है। इसमें कोई संदेह नहीं कि महाराजा बुद्धिमान है और उसमें कार्य करने की क्षमता है। वह लोकमत को प्रभावित करने की क्षमता रखता है और उसमें इस महत्त्वपूर्ण सीमांत राज्य के भविष्य का रास्ता निर्धारित करने की योग्यता है।''[16] बुड की यह रपट लंदन स्थित ब्रिटिश लाइब्रेरी की फाइलों में दर्ज है। इसके पंद्रह दिन बाद एक बार फिर जे.बी. वुड ने राजनैतिक सचिव को हरि सिंह के बारे में लिखा, ''एक शासक के नाते हरि सिंह के बारे में अभी कोई निश्चित धारणा बना लेना उचित नहीं होगा, लेकिन इसमें तो रत्ती भर भी संदेह नहीं है कि महाराजा प्रताप सिंह की मृत्यु से तीन-चार साल पहले रियासत की राज्य परिषद् के विदेशी मामलों के वरिष्ठ सदस्य के नाते उन्होंने अपनी प्रशासनिक योग्यताओं की स्थायी छाप छोड़ी थी। अभी हरि सिंह की आयु तीस साल है और राज्य का प्रशासन चलाने के लिए, योग्यता और अनुभव की दृष्टि से वे पूरी तरह सक्षम हैं।''[17] लेकिन ब्रिटिश सरकार के लिए प्रश्न महज हरि सिंह की योग्यता का नहीं था। महाराजा हरि सिंह की योग्यता और क्षमता के बारे में तो ब्रिटिश सरकार को कोई भ्रम नहीं था। अलबत्ता महाराजा की इस योग्यता और क्षमता ने ही अंग्रेज अधिकारियों की चिंता बढ़ा रखी थी, क्योंकि उनको डर था कि अन्य शासकों की तरह हरि सिंह ब्रिटिश हितों के साथ चलेंगे या उनके विरोधी बनकर रहेंगे? हरि सिंह की इसी योग्यता से आशंकित ब्रिटिश सरकार के राजनैतिक अधिकारी ने महाराजा के राजगद्दी सँभालने के छह दिन बाद ही श्रीनगर स्थित ब्रिटिश रेजीडेंट को पत्र लिखा, ''सीमांत राज्य कश्मीर की अहमियत को देखते हुए सुझाव दिया जाता है कि नए शासक से यह आश्वासन ले लिया जाए कि वे भी पुराने शासक की तरह रियासत के सीमांत के बारे में ब्रिटिश रेजीडेंट की सलाह लेते रहेंगे।''[18] मुख्य प्रश्न तो यह था कि महाराजा से यह आश्वासन कैसे लिया जाए? यही प्रश्न चिंता पैदा कर रहा था। गिलगित अब ब्रिटिश सरकार के लिए और भी महत्त्वपूर्ण हो गया था। लंदन में यह विश्वास पक्का हो गया था कि सोवियत रूस भारत की ओर अग्रसर होगा ही।

10. हरि सिंह की अंग्रेजों के प्रति नीति

नए शासक ने ब्रिटिश रेजीडेंट से सलाह की बात तो दूर, एक प्रकार से ब्रिटिश मुक्ति आंदोलन ही छेड़ दिया था। उन्होंने तो ब्रिटिश रेजीडेंट के पर कतरने शुरू कर दिए। दरबार मूव के समय रेजीडेंट भी श्रीनगर से जम्मू चला जाता था, लेकिन महाराजा ने उस पर आपत्ति की और कहा कि यदि रेजीडेंट शीतकाल में श्रीनगर की बर्फबारी सहन नहीं कर सकता तो वह पड़ोसी राज्य पंजाब के स्यालकोट में जा सकता है, जम्मू

नहीं। ''रेजीडेंट ने एक बार अपने अतिथियों के लिए महाराजा की शिकारगाहों का उपयोग करने की अनुमति माँगी तो उसे मना कर दिया गया कि ये शिकारगाहें महाराजा और उनके अतिथियों के लिए है, न कि रेजीडेंट और उनके अतिथियों के लिए। रेजीडेंट ने राज्य के परिवहन विभाग से कुछ कारों के लिए प्रार्थना की, जिसे ठुकरा दिया गया।''[19] ''महाराजा हरि सिंह ने ब्रिटिश सरकार के राजनैतिक विभाग द्वारा अपने गुर्गों और अन्य अंग्रेजों को रियासत में नौकरियाँ दिलवाने और कश्मीर को अपना उपनिवेश बना लेने के षड्यंत्रों को विफल करने के लिए सख्त कदम उठाने शुरू कर दिए।''[20] इतना ही नहीं, उन्होंने गिलगित एजेंसी समाप्त करने की भी माँग करनी शुरू कर दी। अब ब्रिटिश सरकार किसी भी तरह साम, दाम, दंड, भेद से महाराजा हरि सिंह को काबू करने के षड्यंत्रों में जुट गई।

महाराजा हरि सिंह के सामने भी दो ही रास्ते थे। प्रथम तो व्यक्तिगत सुख-सुविधा की खातिर, अंग्रेजों के पिट्ठू बनकर राजकाज चलाते रहते या फिर अंग्रेजों से लोहा लेते हुए, पुराने अधिकारों को पुनः प्राप्त करने के लिए संघर्ष करते और भविष्य में अधिकार क्षरण को रोकने का प्रयास करते। दूसरा रास्ता कंटकाकीर्ण था, लेकिन देश के हित में था। महाराजा हरि सिंह ने इसी को चुना। इससे भी आगे बढ़कर वे भारतीय स्वतंत्रता संग्राम में राष्ट्रीय हितों से जुड़ गए। लंदन के गोलमेज सम्मेलन में दिया गया उनका भाषण इसकी पुष्टि करता है।[21] स्वाभाविक ही वे ब्रिटिश सरकार की आँख की किरकिरी बन गए। महाराजा हरि सिंह ब्रिटिश सरकार की बजाय देश के स्वतंत्रता आंदोलन के कहीं ज्यादा समीप थे। उनकी सहानुभूति जन आकांक्षाओं के साथ थी, इसीलिए वे स्वयं को आजादी के लिए किए जा रहे प्रयासों के ज्यादा नजदीक पाते थे। शिक्षा ने उन्हें विश्व भर में हो रही घटनाओं का राष्ट्रीय संदर्भों में विश्लेषण करने के योग्य बना दिया था। वे चमड़ी के रंग मात्र से आतंकित नहीं थे। ''

आधुनिक शिक्षा और विदेश प्रवासों से हरि सिंह को इतना ज्ञान तो हो ही गया था कि भारत के कुछ भू-भाग पर कब्जा जमा लेने के बाद हवा में उड़ रहे अंग्रेजों की असलियत कुछ और ही है। चमड़ी के गोरे रंग के सिवा उनमें कोई अतिरिक्त योग्यता नहीं है। ब्रिटिश बोझ को ढोना भारतीय स्वाभिमान पर गहरी चोट है। उन्होंने अपने ताया महाराजा प्रताप सिंह को ब्रिटिश रेजीडेंट से अपमानित होते देखा था। इसलिए उन्होंने अपने राज्य में ब्रिटिश अधिकारियों की उपेक्षा करने व उन्हें उनके स्वनिर्मित ऊँचे आसन से नीचे उतारने का मन बना लिया था। हरि सिंह का तर्क था कि भारतीय रियासतों के शासकों की संधियाँ ब्रिटिश क्राउन से हैं। इसलिए ब्रिटिश रेजीडेंट का अपने आपको शासक से भी ऊपर मान लेना और रियासत के आंतरिक मामलों में दखलंदाजी करते रहना न केवल अवैध है, बल्कि भारतीय शासकों के पद की गरिमा

को ठेस पहुँचानेवाला भी है।''[22] ''हरि सिंह स्वतंत्रता, न्याय और लोकतंत्र के पक्षधर ही नहीं थे, बल्कि वे लोकमत की शक्ति और महत्ता से भी परिचित थे।''[23]

11. हरि सिंह को नियंत्रित करने की रणनीति

हरि सिंह की विचारधारा और उनके व्यक्तित्व को पहचानने में तो ब्रिटिश सरकार को ज्यादा देर नहीं लगी, लेकिन यक्ष प्रश्न तो यह था कि युवा महाराजा को नकेल कैसे डाली जाए? अंग्रेजों को समझ में आ गया कि हरि सिंह के राज्य में अस्थिरता पैदा करके ही उन्हें काबू करने का प्रयोग किया जा सकता है। इसका एक ही तरीका ब्रिटिश सरकार के पास था। महाराजा हरि सिंह को मुसलिम विरोधी चित्रित किया जाए और उनके खिलाफ मुसलिम सांप्रदायिक आंदोलन चलाया जाए।

12. गलैंसी की पत्रकार वार्त्ता

ब्रिटिश सरकार ने अपने ये प्रयास 1925 में हरि सिंह द्वारा सत्ता सँभालने के तुरंत बाद ही व्यवस्थित रूप से शुरू कर दिए थे। इसका उल्लेख राज्य के वरिष्ठ पत्रकार मुल्क राज सराफ ने किया है। उनके अनुसार, ''रियासत के वित्त व गृहमंत्री बी.जे. गलैंसी आम तौर पर सप्ताह के अंत में लाहौर जाया करते थे। एक बार भारत के केंद्रीय विधान मंडल के प्रमुख सदस्य शेख सादिक हुसैन के नेतृत्व में एक प्रतिनिधिमंडल उन्हें लाहौर में मिला और उन्हें जम्मू-कश्मीर के मुसलमानों की शिकायतों व माँगों से संबंधित एक ज्ञापन दिया। इस भेंट की विस्तृत रपट लाहौर के सिविल एंड मिलिटरी गजट के 6 जून, 1925 के अंक में प्रकाशित हुई। लाहौर के इस दैनिक में छपी खबर में गलैंसी ने प्रतिनिधिमंडल से बातचीत में जो कहा था, उससे आभास हो रहा था कि रियासत में मुसलमानों की शिकायतों और माँगों के प्रतिनिधिमंडल का यह सारा नाटक स्वयं गलैंसी के कहने पर ही तैयार किया गया था।

रियासत के मुसलमानों की तरफ से जब लाहौर का यह प्रतिनिधिमंडल प्रश्न पूछ रहा था तो गलैंसी इस भाव से उत्तर दे रहे थे मानो वे स्वयं ही रियासत के मुसलमानों के हितों के सबसे बड़े प्रवक्ता हों। वे वहाँ जम्मू-कश्मीर के शासक की तरह ही व्यवहार कर रहे थे। कुछ प्रश्नों के उत्तर, जो स्पष्ट ही सुझाए गए लगते थे, गलैंसी बड़े ही घमंड भरे लहजे में दे रहे थे। मैं हैरान था कि गलैंसी जैसा अनुभवी प्रशासक इस प्रकार का व्यवहार कैसे कर सकता था? मैं सप्ताह भर प्रतीक्षा करता रहा कि गलैंसी को लेकर जो छपा है, वे शायद उसका खंडन करें, लेकिन वह खंडन नहीं आया। तब मैंने मैदान में आने का निर्णय लिया और गलैंसी के लाहौर में छपे बयान को चुनौती दी और इसकी सख्त आलोचना की। गलैंसी का यह बयान महाराजा के प्रति तो अपमानजनक था ही,

साथ ही रियासत में सांप्रदायिक भावनाएँ भड़काने वाला भी था। मैंने लिखा कि गलैंसी का यह एकांगी कृत्य रियासत के लोगों के हितों को क्षति पहुँचाने वाला है।''[24] गलैंसी का यह व्यवहार व कृत्य तो मात्र एक उदाहरण है। ब्रिटिश नीति इसको आगे बढ़ाने की थी। अलीगढ़ी रीडिंग रूम पार्टी भी इसी व्यापक योजना का हिस्सा थी।

13. पंजाब से हरि सिंह के बारे में दुष्प्रचार

महाराजा हरि सिंह के खिलाफ ब्रिटिश सरकार का यह अभियान कभी बंद नहीं हुआ, बल्कि किसी-न-किसी रूप में चलता ही रहा। महाराजा 1928 को भारतीय रियासतों के आयोग के काम के सिलसिले में इंग्लैंड गए थे। ''ब्रिटिश सरकार के राजनैतिक विभाग ने महाराजा की अनुपस्थिति का लाभ उठाते हुए रियासत में अपने मित्रों की सहायता से मुसलमान आंदोलन को बल देना शुरू किया। पंजाब की राजधानी लाहौर से हरि सिंह के खिलाफ उर्दू समाचार-पत्रों के माध्यम से जबरदस्त आंदोलन चलाया गया। मुसलिम आउटलुक और सियासत नामक समाचार-पत्रों में हरि सिंह के खिलाफ विषाक्त प्रचार हुआ। यह सुझाव दिया गया कि जम्मू-कश्मीर रियासत का शासन ब्रिटिश सरकार को स्वयं सँभाल लेना चाहिए। महाराजा पर मुसलिम विरोधी होने के आरोप लगाए जाते थे। जाहिर है इस सारे प्रचार के पीछे ब्रिटिश सरकार के राजनैतिक विभाग का हाथ था।''[25] सांप्रदायिक लिहाज से वातावरण को उत्तेजित करने की इन्हीं दिनों एक और घटना हुई। 1928 में एक नाबालिग कश्मीरी हिंदू लड़की दुर्गा देवी की बलात्कार के बाद हत्या करके लाश श्रीनगर में कर्ण नगर के एक नाले में फेंक दी गई। नगर में गौ हत्या की कुछ वारदातें भी हुईं। स्वाभाविक है कि ऐसे वातावरण में दोनों समुदायों में अविश्वास बढ़ता।

14. एलबियन बनर्जी का त्यागपत्र

इस प्रकार के उत्तेजित वातावरण में जून, 1929 में जम्मू-कश्मीर मंत्रिमंडल के एक सदस्य सर एलबियन बैनर्जी का त्यागपत्र आया। महाराजा को मुसलिम विरोधी सिद्ध करने का जो अभियान चलाया जा रहा था, यह त्यागपत्र उस अभियान का ही हिस्सा लगता था। बंगाल के रहनेवाले सर एलबियन बैनर्जी एंग्लो इंडियन थे और महाराजा हरि सिंह के मंत्रिमंडल में मंत्री थे। बैनर्जी ने त्यागपत्र देने के बाद लाहौर में जाकर एक बयान जारी किया, जिसकी देश-विदेश में बहुत चर्चा हुई। ''अपने बयान में उन्होंने कहा कि जम्मू-कश्मीर वर्तमान में अत्यंत शोचनीय अवस्था से गुजर रहा है। बहुसंख्यक मुसलिम जनसंख्या, जो निरक्षर हैं, गाँवों में अत्यंत दयनीय आर्थिक हालत और निर्धनता में गुजर-बसर कर रही है। उनके साथ गूँगे पशुओं जैसा व्यवहार किया जा रहा है। सरकार और

प्रजा में कोई सीधा संवाद नहीं है। प्रजा की शिकायतें सुनने का कोई प्रावधान नहीं है। प्रशासनिक ढाँचे में ऊपर से लेकर नीचे तक बदलाव की जरूरत है, ताकि आधुनिक मानदंडों के अनुसार उसे चुस्त-दुरुस्त किया जा सके। वर्तमान में प्रशासन में और लोगों की जरूरतों और शिकायतों में कोई तालमेल नहीं है।''[26] बनर्जी का कहना था कि मुसलमानों की दयनीय दशा के खिलाफ विरोध प्रदर्शित करने के लिए उन्होंने यह त्यागपत्र दिया है। ''लेकिन लगता है कि वे मुसलमानों की दयनीय दशा से इतने द्रवित नहीं थे, जितना महाराजा हरि सिंह के साथ अपने व्यक्तिगत मनमुटावों से व्यथित थे। हरि सिंह के साथ उनके संबंध अच्छे नहीं रहे थे। यह भी हो सकता है कि यह सबकुछ उन्होंने ब्रिटिश अधिकारियों के साथ मिलकर ही किया हो, क्योंकि वह उनके बहुत नजदीक थे। वैसे भी ब्रिटिश अधिकारी महाराजा हरि सिंह के नाम को किसी भी रूप में बदनाम होते देख बहुत प्रसन्न होते थे।''[27] बैनर्जी बाबू ने यह आरोप भी लगाया था कि राज्य में लोकमत जानने के लिए प्रेस नाम की कोई चीज नहीं है।[28] आश्चर्य की बात है कि जब बैनर्जी यह आरोप लगा रहे थे, तब भी रियासत में लोकप्रिय उर्दू दैनिक रणवीर प्रकाशित होता था और जो खुले रूप में अनेक मुद्दों पर राज्य सरकार की आलोचना भी करता था। इस समाचार-पत्र को, जो 24 जून, 1924 से प्रकाशित हो रहा था और सरकार के पक्ष में लिखने के लिए विख्यात नहीं था, हरि सिंह ने भी वित्तीय सहायता प्रदान की थी।[29] वैसे भी बैनर्जी बाबू दो साल से रियासत में मंत्रीपद पर थे। इस अरसे में उन्होंने कभी एक बार भी मुसलमानों की तथाकथित शोचनीय स्थिति का प्रश्न नहीं उठाया। लेकिन बैनर्जी बाबू द्वारा लगाए गए आरोपों को आधार बनाकर ही ब्रिटिश भारत में आल इंडिया कश्मीर कमेटी का गठन किया गया, जिसने देश भर में, खासकर पंजाब में हरि सिंह के खिलाफ मुसलिम विरोधी होने का अभियान छेड़ दिया। ब्रिटिश सहायता से किए जा रहे ये प्रयोग एक प्रकार से महाराजा हरि सिंह को अपने पाले में खींचने के प्रयास थे। 1925 से लेकर 1929 तक का यह सारा घटनाक्रम परोक्ष रूप से महाराजा हरि सिंह को सही रास्ते पर आ जाने के संकेत दे रहा था, लेकिन महाराजा हरि सिंह ने ब्रिटिश शासकों द्वारा निर्मित राजभक्ति मार्ग पर चलने से इनकार कर दिया।

15. लंदन के गोलमेज सम्मेलन में हरि सिंह

1930 में ब्रिटिश सरकार ने भारतीयों से बात करने के लिए लंदन में गोलमेज कॉन्फ्रेंस बुलाई थी। इसमें भाग लेने के लिए ब्रिटिश सरकार की ओर से भारतीय नरेश मंडल के प्रतिनिधि के तौर पर महाराजा हरि सिंह को भी आमंत्रित किया गया था। उस समय उनकी पत्नी तारा देवी गर्भवती थी। प्रसव हेतु वे उसे भी साथ ले गए और फ्रांस के एक हस्पताल में भरती करवा दिया। वहीं से वे लंदन में होनेवाले गोलमेज सम्मेलन

में भाग लेने पहुँचे। यूरोप जाते समय महाराजा रियासत का कामकाज चलाने के लिए एक मंत्रिमंडल का गठन कर गए थे, जिसमें चार सदस्य थे।

1. मेजर जनरल राय बहादुर जनक सिंह।
2. जी.ई.सी. वेकफील्ड (1929 से 1931 तक प्रधानमंत्री रहे। इससे पहले एलबियन बनर्जी थे और बाद में हरि कृष्ण कौल)
3. पी.के. वातल
4. ठाकुर कर्तार सिंह

भारतीय राष्ट्रीय कांग्रेस ने इस गोलमेज सम्मेलन का बहिष्कार कर दिया था। हिंदू महासभा और मुसलिम लीग इसमें भाग ले रहे थे। भीम राव आंबेडकर भी गोलमेज कॉन्फ्रेंस के लिए लंदन पहुँचे थे। अंग्रेज सरकार को आशा नहीं थी कि कांग्रेस इस सम्मेलन का बहिष्कार कर देगी, पर उसकी आशा के विपरीत कांग्रेस ने लंदन जाने से इनकार कर दिया। महात्मा गांधी भी इस पहले सम्मेलन में नहीं गए, लेकिन ब्रिटिश सरकार ने दोनों परिस्थितियों में अपनी कार्यनीति बना ली थी। यदि सम्मेलन में भारत को स्वतंत्र करवाने की बात आगे बढ़ गई, तब महाराजाओं का प्रयोग इसके विपरीत बोलने के लिए किया जा सकता है। यह गोलमेज कॉन्फ्रेंस 12 नवंबर, 1930 से लेकर 19 जनवरी, 1931 तक चली। 12 नवंबर की घटना है। इंग्लैंड सरकार के भारत के लिए सेक्रेटरी ऑफ स्टेट (जिसे आज की भाषा में लंदन सरकार के भारत मंत्रालय के मंत्री कहा जा सकता है) सर सैम्युल होरे एक दिन बहस के दौरान खड़े हुए और भारत की स्वतंत्रता की माँग का पुरजोर विरोध किया। इसमें कोई आश्चर्य की बात नहीं थी, क्योंकि यह इंग्लैंड सरकार की उस समय की भारत नीति की गोलमेज सम्मेलन में भाग लेने आए भारतीयों के सामने पुष्टि ही थी, लेकिन इस विरोध के लिए उन्होंने जो तर्क दिया, वह मजेदार था। उन्होंने कहा कि इंग्लैंड की सरकार ने भारतीय राजाओं को यह वचन दिया हुआ है कि साम्राज्ञी की सरकार हर हालत में उनकी सत्ता की रक्षा करेगी। दरअसल सैम्युल होरे यह संदेश देना चाहते थे कि अंग्रेजों का भारत में बने रहने का अपना कोई स्वार्थ नहीं है, बल्कि यह तो भारतीय राजाओं की ही मंशा है कि वे भारत में रहें, क्योंकि अंग्रेजों के चले जाने के बाद इन राजाओं की सत्ता व स्थिति में परिवर्तन हो जाएगा। ब्रिटिश चाल का परदाफाश भारत मंत्री ने स्वयं ही कर दिया था। इंग्लैंड भारतीय राजाओं को देश के आजादी के आंदोलन के खिलाफ एक हथियार के रूप में प्रयोग करना चाहता था, साथ ही दुनिया को यह संदेश भी देना चाहता था कि भारतीय शासक ही देश की आजादी का विरोध कर रहे हैं। शायद इंग्लैंड सरकार ने अपनी इसी लंबी रणनीति के तहत ही इस गोलमेज कॉन्फ्रेंस में भारतीय राजाओं को एक पक्ष के रूप में निमंत्रित किया था। अब वह भारतीय राजाओं से अपनी इस नीति पर मोहर लगवा लेना चाहती थी।

सम्मेलन में भारतीय राजाओं महाराजाओं के प्रतिनिधि महाराजा हरि सिंह ने सैम्युल होरे की यह तकरीर सुनी तो वे सारे षड्यंत्र को समझ गए। वे उठे और उन्होंने सैम्युल होरे को उत्तर दिया, "ब्रिटिश सरकार के मित्र के नाते हम आपके साथ हैं, लेकिन भारतीय होने के नाते हम सभी अपनी मातृभूमि, जिसने हमें जन्म दिया और हमारा पालन-पोषण किया, के प्रति निष्ठावान हैं। हम अपने समस्त देशवासियों के साथ, ब्रिटिश राष्ट्रमंडल में अपने देश की सम्मानजनक एवं समान स्थिति की माँग के पक्ष में मजबूती से खड़े हैं।"[30] गोलमेज सम्मेलन के इस ऐतिहासिक प्रसंग का जिक्र 27 सितंबर, 1954 को लोकसभा में अपने भाषण के दौरान सांसद लक्ष्मण दास चडक ने भी किया है। भाषण के अंत में चडक ने जोड़ा, "यह वह समय था, जब शायद ही कोई इक्का-दुक्का रियासती शासक भारत की स्वतंत्रता के पक्ष में बोलने का साहस रखता हो। कर्ण सिंह ने भी अपनी आत्मकथा में उनके इस भाषण का जिक्र किया है। इस भाषण में उन्होंने कहा, "हम सबने भारत की धरती पर जन्म लिया है और इसकी मिट्टी में पले-बढ़े हैं। अत भारतीय होने के नाते हम सभी युवराज/शासक ब्रिटिश कॉमनवेल्थ ऑफ नेशंज में भारत की सम्मानजनक स्थिति और समानता के अधिकार के लिए पूरी निष्ठा के साथ देशवासियों के साथ हैं।"[31]

महाराजा के इस विषय पर लिए गए रुख ने ब्रिटिश सरकार को चौकन्ना कर दिया था। सम्मेलन में दिए गए भाषण से ब्रिटिश सरकार नाराज ही नहीं हुई, बल्कि हरि सिंह को लेकर अतिरिक्त चौकन्नी भी हो गई। इस सम्मेलन में ब्रिटिश इंडिया और रियासतों का एक संघ बनाने की भी चर्चा थी। इसी चर्चा पर उन्होंने दूसरा भाषण 15 जनवरी, 1931 को दिया। इसमें हरि सिंह ने कहा, " हमारी मातृभूमि निराशाजनक तरीके से दो अलग-अलग राजनैतिक व्यवस्थाओं में विभक्त है। दोनों इकाइयाँ एक-दूसरे से अलग रहकर काम करती हैं। प्रस्तावित फेडरेशन से हमारे देश की एकता सुनिश्चित हो जाएगी।"[32] दरअसल अपने इन दो भाषणों में ही महाराजा ने भारतीय स्वतंत्रता संग्राम के प्रति अपने दृष्टिकोण एवं भविष्य की नीति की घोषणा कर दी थी। इससे पूरे देश में खुशी की लहर दौड़ गई। यही कारण था कि जब वे इस कॉन्फ्रेंस में भाग लेकर वापस बंबई पहुँचे तो उनका स्वागत करनेवालों में भारतीय राष्ट्रीय कांग्रेस की सरोजिनी नायडू भी थीं, लेकिन उनके इन भाषणों ने जम्मू-कश्मीर में ब्रिटिश षड्यंत्रों को और तीखा कर दिया।

16. श्रीनगर में रीडिंग रूम पार्टी की स्थापना

महाराजा हरि सिंह के यूरोप जाने से कुछ मास पहले ही 12 अप्रैल, 1930 को मोहम्मद अब्दुल्ला अलीगढ़ मुसलिम विश्वविद्यालय से अपनी पढ़ाई पूरी करके साथियों समेत वापस श्रीनगर पहुँचा। उसके तीन अन्य साथी थे, मोहम्मद राजब, काजी सैफुद्दीन

कारी और गुलाम अहमद मुख्तार। इन सभी ने अपने कुछ अन्य साथियों के साथ मिलकर मुसलमानों को महाराजा के खिलाफ संगठित करने के उद्देश्य से रीडिंग रूम पार्टी का गठन किया। इस प्रकार का अटपटा नाम रखने का एक कारण यह भी था कि शासन को रीडिंग रूम की असली गतिविधियों की भनक न पड़े। पार्टी ने पंजाब से प्रकाशित होनेवाले मुसलिम अखबारों से संपर्क साधा और महाराजा के खिलाफ धुआँधार लिखना शुरू कर दिया। पंजाब में मुसलिम सांप्रदायिकता फैलानेवाले इन अखबारों को ब्रिटिश सरकार का प्रश्रय प्राप्त था, क्योंकि ये अखबार कांग्रेस के विरोध में और ब्रिटिश सरकार के पक्ष में लिखते थे। इसी दौरान शेख मोहम्मद अब्दुल्ला को एक प्राइवेट संस्थान इस्लामिया हाई स्कूल में नौकरी मिल गई। शेख अब्दुल्ला की सरकार विरोधी गतिविधियाँ शहर में चर्चा का विषय बनने लगी थीं। इसी दौरान सरकारी स्कूलों में अध्यापकों के पदों के लिए भरती हुई। शेख अब्दुल्ला को श्रीनगर के सरकारी हाई स्कूल में अध्यापक नियुक्त कर दिया गया, लेकिन रीडिंग रूम पार्टी की महाराजा हरि सिंह विरोधी गतिविधियों में तेजी आने लगी और धीरे-धीरे शेख मोहम्मद अब्दुल्ला उनके केंद्र बिंदु बनने लगे।

उधर लंदन में महाराजा हरि सिंह भारतीय एकता और अखंडता का ताना-बाना बुन रहे थे, इधर ब्रिटिश सरकार ने राज्य में मुसलिम नेतृत्व खड़ा करके उनके खिलाफ वातावरण बनाना शुरू कर दिया था। ऐसा माना जाता है कि शेख अब्दुल्ला और उसकी रीडिंग रूम पार्टी द्वारा चलाया जानेवाला यह आंदोलन परोक्ष रूप में इस दूरगामी ब्रिटिश नीति का ही अंग था। महाराजा हरि सिंह के यूरोप प्रवास के दौरान रियासत के प्रशासन का व्यावहारिक तौर पर मुखिया जी.ई.सी. वेकफील्ड था। "वेकफील्ड ने श्रीनगर में पढ़े-लिखे युवा मुसलमानों, जो फतहकदल की रीडिंग रूम पार्टी के तौर पर जाने जाते थे, को राज्य सरकार की नौकरियों में मुसलमानों को ज्यादा हिस्सा देने की माँग करने के लिए प्रोत्साहित किया। उसी समय वेकफील्ड और ब्रिटिश रेजीडेंट, दोनों की प्रेरणा से ऐसा ही एक आंदोलन जम्मू में भी शुरू किया गया। शेख अब्दुल्ला कश्मीर में मुसलिम सांप्रदायिकता के नेता बन गए। उधर जम्मू में चौधरी गुलाम अब्बास मुसलिम सांप्रदायिकता के नेता स्थापित किए गए।"[33] जम्मू संभाग में पंजाब से फैल रही मुसलिम सांप्रदायिकता का बहुत प्रभाव था। इसका प्रभाव भी स्पष्ट दिखाई देने लगा था। जम्मू में 19 अप्रैल, 1931 को ईद के दिन जब लोग नमाज पढ़ चुके थे तो मौलवी ने वहाँ राजनैतिक भाषण देना शुरू किया। पुलिस ने उसे ऐसा करने से रोक दिया। इसके विरोध में जम्मू की यंग मुसलिम एसोसिएशन ने लोगों की सांप्रदायिक भावनाएँ भड़काना शुरू कर दिया।

17. महाराजा हरि सिंह की यूरोप से वापसी

जब 3 मई, 1931 को हरि सिंह अपने यूरोप प्रवास से वापस आए, तब तक ब्रिटिश अधिकारियों की सहायता से रियासत में, खासकर कश्मीर घाटी में, मुसलिम सांप्रदायिकता के बीज अच्छी तरह बो दिए गए थे। उनके आने के कुछ दिन बाद ही जम्मू में हैड कांस्टेबल लाभ राम की घटना हुई। लाभ राम ने अपने एक अधीनस्थ सिपाही को चारपाई से उठाने की कोशिश की, लेकिन उसके न उठने पर उसकी चारपाई पलट दी। दुर्योग से सिपाही मुसलमान था। उसने शोर मचाना शुरू कर दिया कि कुरान शरीफ चारपाई से नीचे गिर गया है, जिससे उसका अपमान हुआ है। 'डोगरा राज मुर्दाबाद' के नारे फिर जम्मू से श्रीनगर तक गूँजने लगे। शेख अब्दुल्ला इस काम में सक्रिय हो गए। सरकार ने शेख मोहम्मद अब्दुल्ला का श्रीनगर से बाहर स्थानांतरण कर दिया। वे वेकफील्ड से जाकर मिले। वेकफील्ड ने स्थानांतरण को लागू नहीं होने दिया और उसे किसी तरह रोके रखा। अरसा बाद जब सरकार को पता चला कि शेख के स्थानांतरण आदेश का क्रियान्वयन रोका जा रहा है तो उसके क्रियान्वयन के सख्त आदेश जारी किए गए। शेख अब्दुल्ला ने श्रीनगर का स्कूल छोड़ने की बजाय एक जनसभा में नौकरी से त्यागपत्र की घोषणा कर दी। जाहिर है शेख को लंबी रणनीति के तहत मैदान में उतारा गया था।

रियासत में अफवाह आम थी कि रियासत में मुसलिम सांप्रदायिकता के उछाल में वेकफील्ड की महत्त्वपूर्ण थी। इसलिए महाराजा हरि सिंह ने वेकफील्ड की छुट्टी कर दी, लेकिन अब तक बहुत देर हो चुकी थी। वेकफील्ड जम्मू में और कश्मीर घाटी में मुसलिम आंदोलन के बीज अच्छा तरह बो चुके थे। जून, 1931 के शुरू में ही आश्चर्यजनक ढंग ये राज्य में अनेक प्रकार की झूठी-सच्ची अफवाहें फैलने लगीं। उनमें से कुछ का जिक्र करना जरूरी है। "रियासी में महाराजा की अनुमति से हिंदुओं ने मुसलमानों की एक मसजिद गिरा दी है। जम्मू में एक स्थान पर मुसलमानों को नमाज पढ़ने से रोका गया। जम्मू में ही जुम्मे की नमाज के दिन मसजिद के मौलवी को खुतबा पढ़ने से रोका गया। जम्मू में ही कुरान शरीफ के पन्ने फाड़कर शौचालय में फेंक दिए गए।"[34] जाहिर है ये अफवाहें जम्मू से चलकर पीर पंजाल की पहाड़ियों को पार करती हुई कश्मीर घाटी में पहुँचतीं। इसकी प्रतिक्रिया भी शुरू हुई। मसजिदों से इसलाम खतरे में है, के संदेश दिए जाने लगे। श्रीनगर की मसजिद खानगाह-ए-मौला में ऐसी ही एक तकरीरबाजी 21 जून, 1931 को हो रही थी। महाराजा हरि सिंह ने मुसलमानों की माँगों पर विचार करने के लिए प्रतिनिधिमंडल को आमंत्रित किया था। प्रतिनिधियों के नामों की घोषणा हो गई तो एक अनजान व्यक्ति अचानक उठकर खड़ा हो गया। उसने तकरीरें करनेवालों पर लानत भेजी। उसके बाद उसने दीन के पक्के मुसलमानों से कहा कि केवल तकरीरें

करने से काम नहीं बनेगा। अब वक्त आ गया है कि इस हिंदू महाराजा के खिलाफ मोमिनों को जिहाद छेड़ देना चाहिए और ताकत के जोर से महाराजा का सिंहासन उखाड़कर दीन के पक्के लोगों का राज स्थापित करना चाहिए। खानगाह में कादिर गरजा, ''जो हाकिम जुल्म करे, उसको सफाए हस्ती से मिटाना होगा।''[35] जम्मू-कश्मीर में काफिरों के खिलाफ जिहाद के लिए ललकारनेवाला यह अज्ञात व्यक्ति अब्दुल कादिर पठान था। अब्दुल कादिर पठान कौन था, इसको लेकर अभी भी विवाद चलता रहता है। एम.जे. अकबर उसे पंजाब का बताते हैं।[36] जबकि लैंब उसे उत्तर-पश्चिम सीमांत प्रांत का पठान लिखते हैं।[37] बहुत बाद में चंद्रकांता ने अपने उपन्यास कथा सतीसर में लिखा, ''मगर हवा में सरगर्मियाँ हैं। बदलाव की बेचैनगी! लोक राज्य यानी अपना राज्य। यह अपना राज्य क्यों और कैसे होगा, इसे मजहबी रंग देकर समझा रहे हैं अब्दुल कादिर पठान खानकाए मौला में।''[38] इस पठान के लिए माकूल माहौल पहले ही अलीगढ़ी पार्टी ने तैयार कर रखा था। आगे फिर चंद्रकांता के कथा सतीसर से, ''लोकराज्य के नाम पर हुई भाषणबाजियों ने जो बौखलाहट पैदा की, अंधाधुँध बदले का तर्कहीन जज्बा उभारा, उसकी बलि चढ़े थे सोना के पति माधव।''[39] यानी घाटी से अफगानों का राज्य समाप्त हो जाने के बाद, पहली बार मजहब के नाम पर हिंदुओं की हत्या, फिर शुरू हुई। अब्दुल कादिर की इस हरकत के कारण पुलिस ने उसे गिरफ्तार कर लिया। उस पर श्रीनगर के केंद्रीय कारागार में मुकदमा चलने लगा।

31 जुलाई, 1931 को श्रीनगर जेल में कादिर के मामले की सुनवाई हो रही थी। बाहर एकत्रित भीड़ ने जेल के दरवाजे तोड़कर उसे छुड़ाने की कोशिश की। कश्मीर की उत्सवप्रेमी जनता किसी भी मामले में तमाशबीन की तरह हजारों-हजारों की संख्या में एकत्रित हो जाती है, यह उसका स्वभाव है, लेकिन जेल के दरवाजे तोड़ने की कोशिश यकीनन एक छोटा समूह कर रहा था, जो भीड़ में काम करने की कला जानता था। पुलिस को गोली चलानी पड़ी। इस गोलीबारी से 22 लोग मारे गए और अबकी बार फिर मुसलमान उपद्रवियों ने हिंदुओं की दुकानें लूट लीं और कुछ की हत्या भी कर दी। एम.जे. अकबर ने भी लिखा, ''यह रियासत में सांप्रदायिकता का पहला वाकया था।''[40] लेकिन यह अब्दुल कादर नाम का पठान कौन था, उसको घाटी में क्यों लाया गया था, खानकाए मौला में उसके भाषण की व्यवस्था किसने की थी? ये सभी प्रश्न आज भी अनुत्तरित हैं। उसके बाद जैसे वह धूमकेतु की तरह आया था, वैसे ही प्रभात के तारे की तरह छिप गया था। पठान के भाषण और उसके बाद उसके नामालूम हो जाने की बात सभी करते हैं, लेकिन उसे अपना रसोइया बनाकर अंग्रेज सेनाधिकारी मेजर बोट किस उद्देश्य के लिए घाटी में लाया था, ये सभी प्रश्न आज भी अज्ञात के कोहरे में लिपटे हैं। इनके उत्तर मिल जाने से हो सकता है जम्मू-कश्मीर में इस तथाकथित जनांदोलन के

पीछे की पृष्ठभूमि का भी पता चलता। वैसे बहुत से लोग मानते हैं कि इस सबके पीछे अंग्रेजों की साजिश थी। वैसे भी इस मामले में अब्दुल कादिर खान को पाँच साल की सख्त कैद की सजा हुई थी, लेकिन कालांतर में जब व्यावहारिक रूप में ब्रिटिश अधिकारियों ने ही राज्य की सत्ता सँभाल ली तो उसे डेढ़ साल के बाद ही छोड़ दिया गया।

कहीं यह महाराजा हरि सिंह की लंदन के गोलमेज सम्मेलन में भारतीय एकता की हुंकार का अंग्रेजी उत्तर तो नहीं था? 15 जनवरी, 1931 को हरि सिंह ने लंदन में भारत की स्वतंत्रता के पक्ष में आवाज बुलंद की थी और उसके ठीक छह मास बाद श्रीनगर में उसका उत्तर इस रूप में दिया गया। यही कारण है कि इस पूरे कांड के खलनायक मेजर बोट और उसके खानसामा अब्दुल कादिर खान की भूमिका गहरी छानबीन की माँग करती है। यह धारणा इसलिए भी पुष्ट होती है, क्योंकि अलीगढ़ की इस टोली की इस पूरे आंदोलन में पंजाब के कादियाँ नगर के अहमदिया संप्रदाय ने बहुत सहायता की थी। सैयद अहमद खान के बाद अहमदिया संप्रदाय भारत में अंग्रेजों का सबसे बड़ा समर्थक था, इसमें कोई अतिशयोक्ति नहीं है। अत: यह कहना निरापद होगा कि महाराजा हरि सिंह के शासन काल में जिन दो कारकों ने महत्त्वपूर्ण भूमिका निभाई, वे अलीगढ़ मुसलिम विश्वविद्यालय और ब्रिटिश अधिकारी ही थे। महाराजा हरि सिंह के खिलाफ रीडिंग रूम पार्टी का यह आंदोलन रियासत की राजशाही के खिलाफ इतना नहीं रहा, बल्कि यह आंदोलन एक हिंदू राजा के खिलाफ घाटी के कश्मीरी भाषा बोलनेवाले मुसलमानों का सांप्रदायिक आंदोलन हो गया, जिसका दूरगामी लक्ष्य कालांतर में जम्मू-कश्मीर का उपयोग ब्रिटिश हितों के लिए करना था। अलबत्ता इस बार यह ध्यान जरूर रखा गया कि नेतृत्व कश्मीरी मुसलमानों को ही दिया जाए, जो अब अलीगढ़ से इसलाम का नया पाठ पढ़कर आए थे। रास्ते का निर्धारण सैयदों ने किया था, लेकिन इस बार विद्रोह का झंडा कश्मीरी भाषा बोलनेवाले मुसलमानों के हाथ में था और उसे हवा दे रहे थे रियासत के ब्रिटिश अधिकारी।

अंग्रेज शासकों को इस पूरे आंदोलन में एक तीर से दो निशाने साधने थे। उन्हें इसी की आड़ में महाराजा हरि सिंह से गिलगित हथियाना था। अंग्रेजों को रूस का डर सता रहा था कि वह इस इलाके में अपने असली पैर या फिर वैचारिक पैर फैला सकता है। इसलिए गिलगित का प्रशासन सँभालना, अंग्रेजी सरकार के लिए अपने साम्राज्यवादी हितों के लिए जरूरी था, लेकिन महाराजा हरि सिंह की नकेल कसने में अंग्रेज अभी तक सफल नहीं हो पा रहे थे। अब उसके लिए जमीनी माहौल कादिर पठान के माध्यम से शेख अब्दुल्ला की अलीगढ़ी टोली को आगे करके तैयार किया गया। ऐसा नहीं कि देश की अन्य रियासतों में महाराजाओं के खिलाफ जन आंदोलन नहीं हो रहे थे। अनेक रियासतों में प्रजा मंडल सक्रिय थे और राजशाही को समाप्तकर सत्ता के लोकतंत्रीकरण

की माँग कर रहे थे, लेकिन कश्मीर में अलीगढ़ी टोली के नेतृत्व में जो आंदोलन उठा था, वह विशुद्ध सांप्रदायिक आधार पर उठाया जा रहा था। राजशाही को समाप्त करने की माँग प्रशासन के गुण-दोष के आधार पर नहीं हो रही थी। उसका आधार महाराजा का हिंदू होना था। कादिर पठान खानकाए मौला में रियासत के लोगों को यह नहीं समझा रहा था कि राजशाही में क्या गुण-अवगुण हैं, बल्कि यह बता रहा था कि रियासत के मुसलमान हिंदुओं के गुलाम हैं और मुसलमानों को मिलकर हिंदुओं की इस गुलामी से मुक्ति के लिए जिहाद छेड़ देना चाहिए। रियासत में अफगानों का विदेशी राज समाप्त हो जाने के बाद पहली बार यह पुरानी भाषा बोली जा रही थी। ताज्जुब है कश्मीर के लोगों को जिहाद का पाठ पढ़ाने के लिए अंग्रेज कितने काबिल मास्टर को ढूँढ़कर श्रीनगर लाए थे। गुरूर की इन्तिहा थी। एक गोरे का खानसामा भी कश्मीरियों का नेतृत्व कर सकता है। बहुत से विद्वान्, यह मानते हैं कि "अब्दुल कादिर का यह पूरा कांड जम्मू-कश्मीर राज्य की सरकार को अस्थिर करने का ब्रिटिश षड्यंत्र था, जिसे ब्रिटिश इंडिया के राजनैतिक विभाग द्वारा गिलगित एजेंसी की लीज प्राप्त करने के लिए तैयार किया गया था। यह भी कहा जाता है कि अब्दुल कादिर व्यावसायिक आंदोलनकारी था, जिसे अंग्रेज मेजर बोट के स्टाफ में खानसामा के तौर पर शामिल करके कश्मीर में धोखे से घुसाया गया था।"[41] महाराजा हरि सिंह भी शायद ब्रिटिश सरकार की इस चाल को अब तक समझने लगे थे। इसलिए वे किसी भी तरह स्थिति को काबूकर ब्रिटिश सरकार के हाथ से पहल छीन लेना चाहते थे। वेकफील्ड को हटाना उसका एक हिस्सा था। राजा हरि कृष्ण कौल को नया प्रधानमंत्री बनाया गया।

18. बरजोर दलाल जाँच समिति

इसके साथ ही उन्होंने 13 जुलाई, 1931 के इस पूरे कांड की जाँच का काम राज्य के हाई कोर्ट के मुख्य न्यायाधीश सर बरजोर दलाल की अध्यक्षता में एक समिति के हवाले कर दिया। समिति में उनके अतिरिक्त दो अन्य न्यायाधीश बी.आर. साहनी और अब्दुल कयूम सदस्य थे। दलाल कमेटी ने 24 सितंबर, 1931 को अपनी रपट प्रस्तुत की। दलाल कमेटी की जाँच के कुछ अंश आँखें खोल देनेवाले और ब्रिटिश अधिकारियों की साजिश को उजागर करनेवाले हैं। रपट के अनुसार, " सबसे दुर्भाग्यपूर्ण बात यह थी कि 13 जुलाई के दिन गृह मंत्री वेकफील्ड, जिनके पास सेना मंत्रालय का भी कार्यभार था और उनके अधीनस्थ अधिकारी मार्गदर्शन के लिए ज्यादातर उन्हीं पर निर्भर थे, प्रत्यक्ष की बात तो दूर फोन पर भी उपलब्ध नहीं थे। वे उस दिन ब्रिटिश रेजीडेंसी में व्यस्त थे। यह संयोग ही था कि बाद दोपहर, जब वे अपने कार्यालय पहुँचे तब उन्हें पता चला कि उनसे फोन पर बार-बार बात करने की कोशिश की गई है और

जेल में दंगा हो गया है। यदि वेकफील्ड उस दिन उपलब्ध होते तो जेल परिसर में उनकी उपस्थिति का ही सकारात्मक प्रभाव पड़ता।''[42] शायद दलाल इससे ज्यादा स्पष्ट शब्दों में नहीं कह सकते थे कि दंगे भड़काने में किसका हाथ था और दंगे के समय ये दोनों अंग्रेज ब्रिटिश रेजीडेंसी में बैठकर क्या खिचड़ी पका रहे थे। एक अन्य स्थान पर रपट में कहा गया है, ''हमारे सामने दो गवाह समद शेख और अब्दुल अजीज आए, जिनकी गवाही से स्पष्ट संकेत मिलता है कि वेकफील्ड ने मुसलिम आंदोलन का समर्थन किया।''[43] रियासत में मुसलमानों को बेवजह भड़काने में वेकफील्ड की भूमिका की दलाल जाँच आयोग ने अपनी रपट में अनेक स्थानों पर निंदा की है। इसका एक उदाहरण तौहीन-ए-कुरान की घटना से मिलता है। जम्मू में यह तथाकथित घटना 4 जुलाई, 1931 को हुई थी। ''महाराजा ने वेकफील्ड को जम्मू जाकर इस घटना की जाँच करने के लिए कहा। इस जाँच में निश्चित रूप से यह सिद्ध हो गया कि किसी प्रकार की कोई तौहीन नहीं हुई है।...इस जाँच के बाद भी कुछ मुसलमान प्रदर्शनकारियों ने कहा कि जाँच के बाद वेकफील्ड ने कह दिया था कि तौहीन हुई है। इतना ही नहीं, उनमें से कुछ ने तो वेकफील्ड के मुँह पर ही यह कह दिया कि तुमने जम्मू में कुछ और कहा था और श्रीनगर में जाकर कुछ और कहा।''[44] इसका साफ संकेत था कि अपनी जाँच में तो वेकफील्ड को कुरान की तौहीन का कोई प्रमाण नहीं मिला, लेकिन उन्होंने जम्मू के मुसलमानों को भड़काने के लिए कह दिया कि तौहीन हुई है।

स्पष्ट था जम्मू-कश्मीर में मुसलमानों को डराने और स्थिति को 13 जुलाई तक पहुँचाने में ब्रिटिश अधिकारियों का ही समर्थन था। पूरे आंदोलन में पंजाब से महाराजा हरि सिंह के खिलाफ विष वमन करनेवाली प्रकाशित सामग्री श्रीनगर भेजी जा रही थी। मुसलमानों को हिंदुओं के खिलाफ भड़कानेवाले पंफलेट रियासत में आ रहे थे। पंजाब से मुसलमानों के जत्थे जम्मू के रास्ते से आ रहे थे। जाहिर है यह सबकुछ अंग्रेज सरकार के सहयोग और शह के बिना संभव नहीं था। ब्रिटिश सरकार को यह भी खतरा था कि हो सकता है किसी मरहले पर कश्मीर घाटी के कश्मीरी मुसलमानों का सरकार से समझौता ही हो जाए। इसलिए उसके बाद भी आंदोलन को जारी रखने के लिए विकल्प के तौर पर लाहौर में कश्मीर कमेटी का गठन किया हुआ था।

वेकफील्ड के स्थान पर नियुक्त किए गए राजा हरि कृष्ण कौल ने स्थिति को सामान्य बनाने के लिए मुसलिम आंदोलनकारियों से बातचीत शुरू की। उनके प्रयासों से ''26 अगस्त को मुसलमान आंदोलनकारियों से एक समझौता हो गया, जिसके अनुसार उन्होंने आंदोलन को स्थगित करना स्वीकार कर लिया और सरकार ने सभी राजनैतिक कैदियों को रिहा करने एवं उनके खिलाफ लंबित मामलों को वापस लेने का आश्वासन दिया।''[45] लेकिन लाहौर की कश्मीर कमेटी ने इस समझौते को मानने से इनकार कर

दिया और आंदोलन जारी रखा। शेख अब्दुल्ला भी लाहौर की कश्मीर कमेटी के आंदोलन में सक्रिय हो गए। कश्मीर घाटी के अनेक हिस्सों में हिंसा फैल गई। बारामूला, शोपियाँ, अनंतनाग और सोपोर इत्यादि कई स्थानों पर गिरफ्तारियाँ हुईं और कुछ जगह पुलिस को गोली भी चलानी पड़ी। प्रदर्शनकारियों को काबू करने के लिए सेना को बुलाना पड़ा। आंदोलन के इस मोड़ पर ब्रिटिश सरकार ने आदेशात्मक भूमिका में दखलंदाजी शुरू की। ब्रिटिश रेजीडेंट ने महाराजा को लिखित सुझाव दिए, जिन पर चौबीस घंटों के अंदर अमल करने के लिए कहा गया। ये नाम के लिए तो सुझाव थे, लेकिन व्यवहार में आदेश ही थे। इनके अनुसार[46]

1. मुसलमानों की गंभीर शिकायतों—मसलन, गौ हत्या निषेध आदेश, खुतबा और अजान में व्यवधान के निपटारे की तुरंत व्यवस्था की जाए।
2. मुसलमानों की माँगों और शिकायतों पर विचार करने के लिए किसी निष्पक्ष और तटस्थ ब्रिटिश अधिकारी की नियुक्ति की जाए। यह अधिकारी ब्रिटिश सरकार से लिया जाना चाहिए। ब्रिटिश सरकार इस मुद्दे को महत्त्वपूर्ण मानती है और महाराजा को परामर्श देती है कि वे ब्रिटिश सरकार से तुरंत ऐसे अधिकारी की माँग करें।
3. महाराजा किसी यूरोपियन आई.सी.एस. अधिकारी को राज्य का प्रधानमंत्री नियुक्त करें।
4. वर्तमान प्रधानमंत्री राजा हरि कृष्ण कौल के भाई दया कृष्ण कौल को बिना देर किए रियासत से बाहर निकाल दिया जाए।

19. ब्रिटिश सहायता की माँग और गलैंसी आयोग का गठन

इधर ब्रिटिश रेजीडेंट ने महाराजा हरि सिंह को एक प्रकार का अल्टीमेटम और चेतावनी दी, उधर जम्मू में मुसलमानों का आंदोलन तेज ही नहीं, बल्कि हिंसात्मक भी हो गया। पंजाब की अहरार पार्टी ने जम्मू-कश्मीर के इस आंदोलन में कूदने का निर्णय किया। इस पार्टी की स्थापना 1929 में पंजाब में ही हुई थी। अहरार पार्टी समझती थी कि रियासत में आंदोलन के कारण अहमदिया संप्रदाय का प्रभाव बढ़ता जा रहा है, इसलिए उसे टक्कर देना जरूरी है। आंदोलन में भाग लेकर इस नवजात पार्टी को अपनी शक्ति बढ़ाने और दिखाने का अच्छा अवसर मिल गया था। अंग्रेज सरकार के दोनों हाथों में लड्डू थे। अहरार पार्टी ने पंजाब के सीमांत जिलों से अपने कार्यकर्ताओं के जत्थे प्रतिदिन जम्मू भेजने शुरू कर दिए और वे रियासत में प्रवेश करते समय गिरफ्तार किए जाने लगे। मीरपुर में तो इन जत्थों के कारण सांप्रदायिक तनाव बढ़ गया और हिंदुओं के घर-बार लूट लिये गए। स्थिति दिन-प्रतिदिन बदतर होती जा रही थी।

''महाराजा हरि सिंह और उनकी सरकार को लगा कि स्थिति नियंत्रण से बाहर होती जा रही है और ब्रिटिश सहायता के बिना इस मुसलिम आंदोलन को, जो रियासत में दूर-दूर तक फैल गया था, नियंत्रित कर पाना मुश्किल है।''[47] हरि सिंह अब तक इसी से बचते रहे थे, लेकिन जब उनके पास और कोई रास्ता नहीं बचा तो उन्होंने ब्रिटिश सरकार से सहायता की माँग की।

ब्रिटिश सरकार को भी इसी क्षण का बैचेनी से इंतजार था। उसने महाराजा की प्रार्थना तुरंत स्वीकार करते हुए 4 नवंबर, 1931 को ब्रिटिश सेना जम्मू में भेज दी। इस वातावरण में ब्रिटिश सरकार ने रियासत के पूरे मंत्रिमंडल पर अपने आदमी बिठाकर राज्य के प्रशासन पर नियंत्रण स्थापित कर लिया था। ब्रिटिश सरकार के विदेश-राजनैतिक विभाग के कर्नल ई.जे.डी. कोलविन 1933 में राज्य के प्रधानमंत्री बनाए गए। ब्रिटिश सरकार के ही तीन आई.सी.एस. अधिकारी विभिन्न मंत्रालयों के मंत्री बनाए गए। इस प्रकार जम्मू-कश्मीर रियासत का प्रशासन व्यावहारिक रूप से अंग्रेजों के हाथ में ही आ गया था।

20. लोक शिकायत जाँच आयोग

मुसलमानों द्वारा लगाए जा रहे आरोपों एवं प्रस्तुत की जा रही माँगों की जाँच करने और यदि उनमें वास्तविकता हो तो उन्हें दूर करने के लिए महाराजा हरि सिंह ने एक आयोग का गठन 12 नवंबर, 1931 को किया, जिसकी अध्यक्षता करने के लिए ब्रिटिश सरकार ने अपने राजनैतिक विभाग के सर बी.जो. गलैंसी की सेवाएँ महाराजा के हवाले कर दी थीं। इस आयोग में दो हिंदू और दो मुसलमान सदस्य भी नियुक्त किए गए। इस आयोग को घाटी में हो रहे इन उपद्रवों की जाँच करने, मुसलमानों की माँगों को ध्यान में रखते हुए प्रशासनिक सुधारों हेतु संस्तुति करने के लिए कहा गया। ये गलैंसी महाशय ब्रिटिश सरकार के विदेश व राजनैतिक विभाग के पदाधिकारी थे। इसी गलैंसी के बारे में 1925 में प्रसिद्ध अखबार रणवीर ने लिखा कि कि वह किस प्रकार रियासत में मुसलमानों को हिंदुओं के खिलाफ भड़काकर सांप्रदायिकता फैलाने का काम कर रहा था।[48] बिटिश सरकार का यह विदेश और राजनैतिक विभाग भारतीय हितों के खिलाफ कार्य करने के लिए कुख्यात था। राजाओं-महाराजाओं का उपयोग ब्रिटिश हितों के लिए करने हेतु यह उनकी बाँह मरोड़ता रहता था। यही विभाग 1947 में राजाओं-महाराजाओं को देश की नई संघीय संवैधानिक व्यवस्था से दूर रहने के लिए सलाह देता रहा। इस आयोग में एक हिंदू, एक कम्युनिस्ट प्रेम नाथ बजाज और दो मुसलमान सदस्य थे। जल्दी ही गलैंसी की हरकतों को देखते हुए हिंदू सदस्य ने त्यागपत्र दे दिया। लेकिन गलैंसी ने अपना काम जारी रखा और 22 मार्च, 1932 को अपनी रपट प्रस्तुत की।

गलैंसी ने अपनी रपट में यह स्वीकार कर लिया कि रियासत में मुसलमानों के साथ अन्याय हो रहा है। उसने कई सिफारिशें कीं, जिनमें से प्रमुख थीं[49]

1. सरकारी नौकरियों के लिए बहुत ज्यादा योग्यता निर्धारित नहीं की जानी चाहिए।
2. किसी भी समुदाय की अवहेलना न हो, इसका ध्यान रखा जाना चाहिए।
3. लोगों को सरकारी जमीन पर, जहाँ वे काम कर रहे हैं, स्वामित्व का अधिकार मिलना चाहिए।
4. कराधान व्यवस्था बेहतर होनी चाहिए
5. बेरोजगारी को दूर करने के लिए उद्योग स्थापित किए जाने चाहिए।

इसके अतिरिक्त गलैंसी ने अपनी रपट में कहा कि राज्य सरकार को मुसलमानों को सिविल सर्विस में भरती करने के लिए विशेष अभियान चलाना चाहिए। मुसलमानों को सरकारी नौकरियों में शैक्षिक योग्यता में भी ढील देनी चाहिए।[50]

उधर पंजाब के मुसलमानों का अपना अभियान जारी ही था। उन्होंने घाटी के मुसलमानों को भड़काना शुरू किया हुआ था कि उनके साथ-साथ पिछले कई सालों से महाराजा हरि सिंह भेदभाव कर रहे हैं और साथ ही बाहर से घाटी में सहायता भी भेजनी शुरू कर दी, लेकिन यह पूरी लड़ाई शासक के साथ आर्थिक, सामाजिक मुद्दों को लेकर नहीं लड़ी जा रही थी, बल्कि लड़ाई का आधार यह बनाया गया था कि एक हिंदू शासक मुसलमानों के साथ मजहब के कारण अन्याय और भेदभाव कर रहा है। ब्रिटिश इंडिया में मुसलिम लीग हिंदू और मुसलमान को आधार बनाकर लड़ाई लड़ रही थी और जम्मू-कश्मीर में इस अलीगढ़ी टोली ने इसी आधार पर मोर्चा खोल दिया था। उनकी इस लड़ाई को गलैंसी ने अपनी रपट से खाद-पानी दिया। गलैंसी की रपट इस बात का खुलासा नहीं कर रही थी कि महाराजा हरि सिंह को रियासत की प्रजा के लिए क्या-क्या करना चाहिए, बल्कि उसकी रपट यह बता रही थी कि महाराजा को रियासत में मुसलमानों के लिए अलग से क्या-क्या करना चाहिए। गलैंसी ने मुसलमान आंदोलनकारियों को अपना आंदोलन जारी रखने और उसे ठोस आकार देने का एक वैधानिक आधार प्रदान कर दिया था। वैसे भी प्रशासन पूरी तरह ब्रिटिश अधिकारियों के शिकंजे में आ चुका था।

21. संवैधानिक सुधार आयोग

लोक शिकायत जाँच आयोग के साथ ही महाराजा हरि सिंह ने 12 नवंबर, 1931 को ही रियासत की प्रशासनिक व्यवस्था में लोकतांत्रिक सुधार करने के लिए सर बी.जे. गलैंसी की अध्यक्षता में एक-दूसरे संवैधानिक सुधार आयोग का गठन किया था। इस

आयोग में अनेक जन प्रतिनिधि भी थे। कुछ सदस्यों ने बाद में त्यागपत्र भी दे दिया, लेकिन आयोग ने अंतत: अपनी रपट प्रदेश सरकार को 22 अप्रैल, 1932 को दी और उसके लगभग एक महीना बाद 31 मई, 1932 को महाराजा ने इसे स्वीकार कर लिया। इस आयोग ने प्रदेश में सीमित अधिकारोंवाली विधानसभा का गठन करने की सिफारिश की। सीमित अधिकारों तक सीमित रहना गलैंसी की अपनी विवशता थी। यदि गलैंसी वयस्क मताधिकार के आधार पर चुनावों की सिफारिश करते हुए महाराजा को केवल संवैधानिक मुखिया ही रहने देने की सिफारिश करते तो इससे ब्रिटिश भारत में भी स्वतंत्रता आंदोलन को कुछ बल मिल सकता था, क्योंकि ब्रिटिश इंडिया में अंग्रेज सरकार ने सीमित नागरिकों को ही मताधिकार दिया हुआ था। रपट को स्वीकार करते हुए महाराजा हरि सिंह ने प्रदेश में विधानसभा स्थापित करने की घोषणा कर दी। प्रस्तावित विधानसभा का नाम प्रजा सभा रखा गया। इसके कुछ सदस्यों का मनोनयन महाराजा को करना था और शेष सदस्यों का चुनाव मताधिकार प्राप्त मतदाताओं को करना था। किन-किन को मताधिकार दिया जाए, इसका निर्णय करने के लिए मताधिकार समिति का गठन कर दिया गया। महाराजा हरि सिंह ने लोकतंत्र का जो प्रयोग शुरू किया था, वह अनूठा था। उन्हें आशा होगी कि प्रशासन में प्रजा की सहभागिता से मुसलमानों के लिए ही अधिकारों की माँग करनेवाले आंदोलनकारी भी संतुष्ट हो जाएँगे और ब्रिटिश अधिकारी अपने स्वार्थों के लिए उनका प्रयोग नहीं कर सकेंगे।

22. मुसलिम कॉन्फ्रेंस की स्थापना

अब जाहिर हो गया था कि किसी भी समय प्रजा सभा के चुनाव हो सकते हैं। इसको ध्यान में रखते हुए अक्तूबर, 1932 में शेख अब्दुल्ला ने अपने अलीगढ़ी साथियों को साथ लेकर ब्रिटिश इंडिया की मुसलिम लीग की तर्ज पर श्रीनगर में मुसलिम कॉन्फ्रेंस की स्थापना की। रियासत में पहली बार जनता के स्तर पर राजनीति में सांप्रदायिकता का प्रवेश हुआ। इसे समय का फेर ही कहना चाहिए कि सांप्रदायिक राजनीति का प्रारंभिक ककहरा उस हरि सिंह के शासनकाल में शुरू हुआ, जो रियासत में पंथ निरपेक्ष दृष्टिकोण के कारण तो विख्यात थे ही और जिन्हें सत्ता सँभाले भी अभी मुश्किल से पाँच साल ही हुए थे। इस पूरे आंदोलन पर लैंब की टिप्पणी काबिले गौर है। पाकिस्तान का समर्थन करनेवाले लैंब भी लिखते हैं, ''महाराजा हरि सिंह के एकतंत्रीय शासन के खिलाफ, जो आंदोलन केंद्रित होने लगा था, वह निश्चित रूप से अभी भी इसलामी संवेदनाओं की सीमाओं को पार नहीं कर पाया था। यह अलग बात है कि प्रेम नाथ बजाज जैसे कुछ कश्मीरी ब्राह्मण भी इसके समर्थक थे। बजाज ने राजनैतिक गतिविधियों की दिशा को पंथ निरपेक्षता की ओर मोड़ने की कोशिश जरूर की थी और

इसमें उन्हें उन गिने-चुने मुसलमान युवकों का समर्थन भी हासिल हुआ था, जो ब्रिटिश इंडिया में कार्ल मार्क्स और एंजेल्स का ककहरा पढ़ आए थे। जम्मू में, जहाँ रियासत के अधिकांश हिंदू सिख बसे हुए थे, इन राजनैतिक गतिविधियों को सीमित जनसमर्थन ही हासिल था। लद्दाख, बल्तीस्तान और आश्रित प्रशासकों सहित गिलगित वजारत में तो इन गतिविधियों का कोई उल्लेखनीय प्रभाव नहीं था।''[51] अब रियासत के प्रशासन पर पूरी तरह अंग्रेजों का कब्जा हो गया था। उन्हीं के राजनैतिक विभाग का कोलविन, प्रधानमंत्री था और उन्हीं की प्रशासनिक सेवा के तीन अधिकारी राज्य के अलग-अलग विभागों के मंत्री थे। यह सारा गोरा प्रशासन मुसलिम कॉन्फ्रेंस के आंदोलनों में उसकी सहायता कर रहा था। रियासत में प्रथम प्रजा सभा के लिए 3 सितंबर, 1934 को मतदान की घोषणा कर दी गई। मुसलिम कॉन्फ्रेंस ही एक मात्र राजनैतिक दल था। मुसलमानों के लिए 21 सीटें निर्धारित की गई थीं। मुसलिम कॉन्फ्रेंस ने इनमें से 19 सीटें जीत लीं। 17 अक्तूबर, 1934 को श्रीनगर में प्रजा सभा का विधिवत् गठन हुआ और इसी दिन प्रजा सभा का पहला सत्र आहूत किया गया। ''जम्मू-कश्मीर में प्रजा सभा का यह गठन उस समय किया गया, जब भारतीय रियासतों के साथ साथ ब्रिटिश भारत के प्रांतों में भी अधिकांश लोग इस लोकतंत्र व्यवहार से अनभिज्ञ थे।''[52] यह महाराजा हरि सिंह की सचमुच महत्त्वपूर्ण उपलब्धि थी।

23. गिलगित वजारत पट्टे पर देना

रियासत में विधानसभा/प्रजा सभा का गठन मुकम्मल हो चुका था। ब्रिटिश सरकार ने जिस उद्देश्य के लिए रियासत में मुसलिम आंदोलन का यह सारा जाल बिछाया था, अब वह फल तोड़ने का समय भी आ चुका था। अब ब्रिटिश सरकार ने महाराजा पर गिलगित एजेंसी के अतिरिक्त गिलगित वजारत भी पट्टे पर देने के लिए दबाव बनाना शुरू कर दिया। यह कहानी पिछले कुछ साल से चल ही रही थी। ब्रिटिश सरकार ने 1931 में ही महाराजा हरि सिंह को प्रस्ताव दिया था कि गिलगित एजेंसी में गिलगित स्काउट्स के व्यय का तीन चौथाई हिस्सा रियासत की सरकार दे। महाराजा उत्तर देने के लिए उपयुक्त अवसर की तलाश में थे। उन्होंने इस प्रस्ताव का उत्तर मार्च, 1933 में दिया। महाराजा ने कहा कि रियासत तीन चौथाई ही नहीं, बल्कि गिलगित एजेंसी की रक्षा का पूरा भार ही उठाने को तैयार है, बशर्ते कि ब्रिटिश सरकार इस क्षेत्र पर लागू दोहरी शासन प्रणाली को समाप्त कर, एजेंसी का पूरा नियंत्रण और अधिकार रियासत के वजीर-ए-वजारत को सौंप दे। यदि ब्रिटिश सरकार को यह प्रस्ताव स्वीकार न हो तो वह गिलगित एजेंसी की सुरक्षा और प्रशासन का पूरा भार स्वयं ही उठाए।''[53] (लैंब ने ये सूचनाएँ लंदन की इंडिया ऑफिस लाइब्रेरी में सुरक्षित दस्तावेजों से एकत्रित की हैं।)

अंग्रेज सरकार गिलगित वजारत पर आँख रखे थी और महाराजा हरि सिंह गिलगित एजेंसी भी वापस लेने का पासा फेंक रहे थे, लेकिन अब तक वितस्ता में काफी पानी बह चुका था। प्रशासन पर गोरे अधिकारी बैठे थे। अंग्रेज अधिकारियों द्वारा मेहनत से तैयार किया गया मुसलिम आंदोलन उनके एक इशारे पर दूसरी पारी खेलने के लिए तैयार था। बीसवीं शताब्दी के तीसरे दशक तक आते-आते लंदन में बैठे ब्रिटिश सरकार के नीति निर्धारक ग्रेट गेम के साए में पूरी तरह आ चुके थे और किसी भी कीमत पर गिलगित क्षेत्र को अपने नियंत्रण में लेने के लिए कटिबद्ध थे। इन परिस्थितियों में "कर्नल कोलविन और ब्रिटिश रेजीडेंट महाराजा को इस बात के लिए तैयार करने में सफल हो ही गए कि वे गिलगित वजारत ब्रिटिश सरकार को साठ साल के पट्टे पर दे दें और इसका प्रशासकीय नियंत्रण अंग्रेजों को सौंप दें।"[54] इस प्रकार 29 मार्च, 1935 को ब्रिटिश सरकार को गिलगित हथियाने के अपने उद्देश्य में कामयाबी हासिल हो गई, लेकिन इन विपरीत परिस्थितियों में भी महाराजा हरि सिंह ब्रिटिश सरकार से अपनी कुछ शर्तें मनवाने में सफल रहे। उनमें से प्रमुख था कि गिलगित वजारत पट्टे पर दिए जाने के बावजूद भौगोलिक दृष्टि से जम्मू-कश्मीर रियासत का हिस्सा ही रहेगी। वजारत में खनन के अधिकार रियासत के पास ही रहेंगे। औपचारिक अवसरों पर महाराजा से संबंधित सभी उत्सव संपन्न किए जाएँगे। एजेंसी के कार्यालय पर यूनियन जैक के साथ-साथ रियासत का ध्वज भी फहराता रहेगा। सितंबर, 1935 में महाराजा ने आदेश जारी किया कि शेष रियासत की तरह गिलगित में भी गौ हत्या पर पाबंदी रहेगी।

गिलगित वजारत हथिया लेने के बाद लाहौर और शिमला में बनी ऑल इंडिया कश्मीर कमेटी स्वतः समाप्त हो गई। डॉ. मोहम्मद इकबाल ने उसके अध्यक्ष पद से त्यागपत्र दे दिया। पंजाब से मुसलमानों के जत्थे आने भी बंद हो गए। पंजाब से आनेवाली मुद्रित विषाक्त सामग्री भी बंद हो गई।

24. लड़ाई का पहला चरण पूरा हुआ

दरअसल जम्मू-कश्मीर में मुसलमानों के नाम पर चलाया गया यह आंदोलन एक प्रकार से 1926 में ही शुरू हो गया था, जब रियासत में वायसराय लार्ड रीडिंग के आने पर मुसलमानों ने उन्हें रियासत के बाकी समुदायों से अलग होकर एक माँगपत्र दिया था। 1935 में आकर इस आंदोलन का दस साल का एक चरण पूरा हुआ। इसमें कोई संदेह नहीं कि इस चरण में ब्रिटिश सरकार ने आग में घी डालने का काम किया था। वैसे तो जम्मू-कश्मीर में यह आग भी उन्होंने स्वयं ही लगाई थी। इस चरण के पूरा होने का अर्थ था हरि सिंह द्वारा गिलगित साठ साल के पट्टे पर ब्रिटिश सरकार के हवाले करना, लेकिन इसमें कोई अतिश्योक्ति नहीं है कि हरि सिंह ग्यारह साल के अरसे में

अकेले ही शक्तिशाली ब्रिटिश साम्राज्य से लड़ते रहे। उन्होंने किसी चरण पर बिना लड़े पराजय स्वीकार नहीं की। ब्रिटिश सरकार रियासत में, खासकर गिलगित में, अपना प्रभाव बढ़ाने की लड़ाई लड़ रही थी और महाराजा हरि सिंह रियासत को ब्रिटिश प्रभाव से मुक्त करने की लड़ाई लड़ रहे थे। शासन सँभालते ही श्रीनगर में ब्रिटिश रेजीडेंट को प्रभावशून्य बनाने की कोशिश इसी का हिस्सा थी। ब्रिटिश सरकार के पास हरि सिंह को घेरकर, उनसे गिलगित छीनने का भी एक ही तरीका था, मुसलमानों को उनके खिलाफ भड़काकर। उन्होंने अपना वही पुराना आजमाया हुआ सूत्र जम्मू-कश्मीर में भी प्रयोग में लाना शुरू कर दिया। बाँटों और राज करो। राजा हिंदू है और प्रजा मुसलमान। इसलिए मुसलमानों को हिंदू राजा के खिलाफ जिहाद छेड़ देना होगा। यह गुरु मंत्र गोरे शासकों ने रियासत के मुसलमानों के कान में देना शुरू कर दिया। रियासत में इस जिहाद को आगे बढ़ाने में अंग्रेज अधिकारियों की फौज तो थी ही। वैसे तो यह स्थिति हैदराबाद रियासत में भी थी। वहाँ राजा मुसलमान था और प्रजा हिंदू, लेकिन वहाँ ब्रिटिश सरकार को दखलंदाजी करने की जरूरत नहीं थी, क्योंकि वहाँ राजा ब्रिटिश समर्थक था, उनका विरोधी नहीं। जम्मू-कश्मीर में यही फाँस थी।

महाराजा हरि सिंह केवल ब्रिटिश विरोधी ही नहीं थे, बल्कि देश की स्वतंत्रता के हिमायती भी थे। 1930 में लंदन की गोलमेज कॉन्फ्रेंस में अपने इन विचारों का खुलकर प्रदर्शन इसका उदाहरण था, लेकिन दुर्भाग्य से महाराजा हरि सिंह रियासत में लड़ी जा रही यह पहली लड़ाई हार गए। उन्हें 1935 में गिलगित वजारत भी ब्रिटिश सरकार को पट्टे पर देनी पड़ी। ब्रिटिश सरकार द्वारा यह सारी लड़ाई इसी प्राप्ति के लिए लड़ी जा रही थी। हरि सिंह की इस पराजय का एक कारण यह भी था कि उन्हें इस मोर्चे पर अकेले ही लड़ना पड़ रहा था, जबकि अंग्रेज सरकार ने उन्हें हराने के लिए पंजाब में भी मोर्चा खोला हुआ था। शिवनाथ के ही शब्दों में, ''कच्ची छावनी की ओर से, लाल कमीजें पहने मुसलमान प्रदर्शनकारियों के जत्थे, हमारे मकानों के सामने, सड़क के एक सिरे से लेकर दूसरे सिरे तक महाराजा की सरकार के खिलाफ नारे लगाते हुए गुजरते रहते। यह तो मुझे बहुत बाद में पता चला कि महाराजा हरि सिंह ने गद्दी सँभालते ही श्रीनगर से ब्रिटिश रेजीडेंसी और सामरिक लिहाज से महत्त्वपूर्ण गिलगित से ब्रिटिश पोलिटिकल एजेंसी को बंद करने की माँग की, जिससे भारत की ब्रिटिश सरकार नाराज हो गई थी। भारत के नरेंद्र मंडल के अध्यक्ष की हैसियत से लंदन में प्रथम राउंड टेबल में उन्होंने जो भाषण दिया, उसमें राष्ट्रवादी भावना ज्यादा ही मुखर हो गई थी। इससे भारत की ब्रिटिश सरकार महाराजा से और भी ज्यादा रुष्ट हो गई। भारत में ब्रिटिश प्रशासन ने महाराजा के लिए दिक्कतें पैदा करना शुरू कर दीं। जम्मू-कश्मीर राज्य, जो अभी तक दार-उल-अमन के तौर पर जाना जाता था, में सांप्रदायिक तनाव एवं गड़बड़ी

पैदा की गई। पंजाब की अंग्रेजी और स्थानीय भाषाओं की अखबारों में झूठी रपटें प्रकाशित करवाई गईं कि राज्य सरकार मुसलमानों का दमन कर रही है। इन झूठी रपटों से हिंदू महाराजा के खिलाफ मुसलमानों की भावनाओं को भड़काया गया। पंजाब के सीमावर्ती जिलों स्यालकोट व गुजरात से अहरार मुसलमानों के जत्थे राज्य में घुस आते थे और स्थानीय मुसलमानों को भड़काते थे। तब ये मुसलमान नारे लगाते हुए प्रदर्शन करते थे।''[55]

दुर्भाग्य से राष्ट्रीय सुरक्षा के लिए अत्यंत महत्त्वपूर्ण यह लड़ाई महाराजा हरि सिंह को अकेले अपने दम पर ही लड़नी पड़ी। यह लड़ाई पश्चिमोत्तर भारत के उस सीमांत की रक्षा के लिए थी, जहाँ से मध्य एशिया से भारत पर अधिकांश आक्रमण होते रहे हैं। महाराजा गुलाब सिंह ने अपने बलबूते भारत के इस सिंहद्वार को सुरक्षित करने का उद्यम किया था। अंग्रेज सरकार ने महाराजा को घेरने के लिए मुसलिम आंदोलन को प्रोत्साहित किया, लेकिन देश के अन्य भागों में स्वतंत्रता आंदोलन के कर्णधारों ने इस संकटकाल में महाराजा को नैतिक समर्थन देना भी जरूरी नहीं समझा, जबकि महाराजा हरि सिंह अपनी अखंड भारत की संकल्पना 1930-31 के गोलमेज सम्मेलन में ही दोहरा चुके थे। इसके विपरीत बाद में कांग्रेस के कर्णधारों में से पंडित नेहरू मुसलिम कॉन्फ्रेंस के नेताओं के समर्थन में ही नजर आने लगे। लड़ाई का पहला चरण पूरा हुआ। ब्रिटिश सरकार महाराजा हरि सिंह से गिलगित वजारत पट्टे पर लेने में कामयाब हो गई थी। लड़ाई का दूसरा चरण इसके बाद शुरू हुआ।

संदर्भ—

1. Sumantra Bose, Kashmir-roots of conflict paths to peace, p. 18
2. Karl E Meyer & Shareen Blair Brysac, Tournament of shadows, intro p. 22-23
3. Amar Singh chohan, The gilgit agency, p. 222
4. Karl E Meyer & Shareen Blair Brysac, Tournament of shadows, p.177
5. Amar Singh chohan, The gilgit agency, p. 42
6. दीवान जर्मनी दास, महाराजा, पृ. 175
7. S.R. Sharma & S.R.Bakshi, Encyclopaedia of Kashmir vol-3, p. 218
8. Bhagwan Singh, Political conspiracies of Kashmir, p. 17
9. S.R. Sharma & S.R.Bakshi, Encyclopaedia of Kashmir vol-3, p. 238
10. Amar Singh chohan, The gilgit agency, p. 48-49
11. Tim Hannigan, Murder in the Hindu Kush, p. 390-91) 1 हेयवार्ड की हत्या संबंधी विवरण विस्तार से जानने के लिए Tim Hannigan द्वारा लिखित Murder in the Hindu Kush देखें

12. Amar Singh chohan, The gilgit agency, p. 74
13. कर्ण सिंह, आत्मकथा पृ. 30.
14. Tim Hannigan, Murder in the Hindu Kush, p. 390
15. Tim Hannigan, Murder in the Hindu Kush, p. 391
16. Shailender Singh Jamwal, Jammu & Kashmir–Autocracy to democracy, p.37
17. Shailender Singh Jamwal, Jammu & Kashmir–Autocracy to democracy, p. 38
18. Shailendra Singh Jamwal, Srinagar Riot Enquiry Report Committee-1931, p. 2
19. Shailendra Singh Jamwal, Srinagar Riot Enquiry Report Committee-1931, p. 7
20. Shailendra SIngh Jamwal, Srinagar Riot Enquiry Report Committee-1931, p. 4
21. देखें परिशिष्ट 1 और 2
22. Hori Lal saxena, sheikh Mohammad abdullah and kashmir, included in Encyclopaedia of Kashmir vol-7, editor S.R. Sharma & S.R. Bakshi, p. 7-8
23. Shailendra SIngh Jamwal, Srinagar Riot Enquiry Report Committee-1931, p. 3
24. Mulk Raj Saraf, Fifty years as a journalist, p. 48-49
25. Shailendra SIngh Jamwal, Srinagar Riot Enquiry Report Committee-1931, p. 9
26. Christopher Thomas, Faultline kashmir, p .99-100
27. Christopher Thomas, Faultline kashmir, p. 100
28. P.N.K. Bamzai, A history of kashmir, p. 707
29. Mulk Raj Saraf, Fifty years as a journalist, p. 39
30. S.R. Sharma & S.R. Bakshi, Encyclopaedia of Kashmir, vol-3, p. 284-85
31. कर्ण सिंह, आत्मकथा, पृ. 32-33
32. देखें परिशिष्ट 1 और 2
33. S.R. Sharma & S.R. Bakshi, Encyclopaedia of Kashmir, vol-7, p. 10-11
34. Alastair Lamb, Kashmir—A disputed legacy, p. 89
35. Shivnath, Reminiscences of a jammuite, p. 14
36. M. J. Akbar, Kashmir—Behind the vale, p.70
37. Alastair Lamb, Kashmir—A disputed legacy, p. 89
38. चंद्रकांता, कथा सतीसर, पृ. 34
39. चंद्रकांता, कथा सतीसर, पृ. 43
40. M.J. Akbar, Kashmir—Behind the vale, p. 70

41. Alastair Lamb, Kashmir—A disputed legacy, p.90
42. S.R. Sharma & S.R. Bakshi, Encyclopaedia of Kashmir, vol-7, p.43
43. S.R. Sharma & S.R. Bakshi, Encyclopaedia of Kashmir, vol-7, p.38
44. Shailendra Singh Jamwal, Srinagar Riot Enquiry Report Committee-1931, p.70
45. P.N.K. Bamzai, A history of kashmir, p. 717
46. P.N.K. Bamzai, A history of kashmir, p. 717-718
47. S.R. Sharma & S.R. Bakshi, Encyclopaedia of Kashmir, vol-7, p.63
48. Mulk Raj Saraf, Fifty years as a journalist, p.48-49
49. P.N.K. Bamzai, A history of kashmir, p.718-19
50. Parwez Dewan, A History of Kashmir, p.140
51. Alastair Lamb, Kashmir—A disputed legacy, p.89
52. Shailendra Singh Jamwal, Srinagar Riot Enquiry Report Committee-1931, p.115
53. Alastair Lamb, Kashmir—A disputed legacy, p.59
54. P.N.K. Bamzai, A history of kashmir, p.721
55. Shivnath, Reminiscences of a jammuite, p.13-14

□

4

महाराजा हरि सिंह और ब्रिटिश सरकार : आमने-सामने (1935 से 1947)

1. मुसलिम आंदोलन की आगामी रणनीति

महाराजा हरि सिंह द्वारा साठ साल के लिए गिलगित ब्रिटिश सरकार को पट्टे पर दे देने के बाद जम्मू-कश्मीर में, पहले रीडिंग रूम पार्टी और बाद में मुसलिम कॉन्फ्रेंस द्वारा चलाए जा रहे आंदोलन का अंत हो जाना चाहिए था या फिर इस आंदोलन को दिया जानेवाला ब्रिटिश समर्थन समाप्त हो जाना चाहिए था, लेकिन पूरे विश्व में, खासकर भारत में राजनैतिक परिदृश्य जितनी तेजी से बदल रहा था, उसमें शेख मोहम्मद अब्दुल्ला और उनकी पार्टी की ब्रिटिश सरकार के लिए जरूरत ही नहीं बढ़ गई थी, बल्कि नई राजनीति में शेख, अपनी पार्टी समेत ब्रिटिश राजनीति की शतरंज का सबसे उपयोगी मोहरा बन चुके थे। द्वितीय विश्व युद्ध ने सबकुछ बदलकर रख दिया था। नए अंतरराष्ट्रीय समीकरण बनने लगे थे। 1857 के बाद से अब तक, ब्रिटिश सरकार ने पूरे भारत में जिन भारतीय मुसलमानों को मजहब की पहचान देकर, देश के खिलाफ संगठित किया था, उसकी फसल काटने का वक्त आ गया था। लंदन में बैठकर विश्व मानचित्र पर भारत के विभाजन के लिए रेखाएँ खींची जा रही थीं। इस विभाजन में प्रस्तावित देश पाकिस्तान को सुरक्षित और शक्तिशाली बनाने के लिए ब्रिटेन को एक बार फिर जम्मू-कश्मीर की जरूरत महसूस हो रही थी, ताकि वह ब्रिटिश-अमेरिकी धुरी के हितों की रक्षा कर सके। अंग्रेजों को स्पष्ट था कि भविष्य की इस लड़ाई में महाराजा हरि सिंह गोरों का साथ नहीं देंगे। इसलिए जरूरी था कि उनकी ताकत और अधिकार को कमजोर किया जाए। आखिर जम्मू-कश्मीर में बहुत ही मेहनत से तैयार किए गए मुसलिम आंदोलन को अनाथ नहीं छोड़ा जा सकता था। शेख मोहम्मद अब्दुल्ला किसी-न-किसी रूप में इस योजना में अंग्रेजों के हमसफर हो सकते थे।

2. मुसलिम कॉन्फ्रेंस में फूट और नेशनल कॉन्फ्रेंस का उदय

अगस्त, 1936 तक आते-आते मुसलिम कॉन्फ्रेंस ने रियासत में निर्वाचित सरकार की स्थापना की माँग शुरू कर दी, जिसमें महाराजा रियासत के केवल संवैधानिक मुखिया ही रहें और शेष शक्तियाँ निर्वाचित सदन के पास आ जाएँ, लेकिन कालांतर में मुसलिम कॉन्फ्रेंस में ही फूट पड़ गई और एक ग्रुप ने 11 जून, 1939 को नई पार्टी का गठन कर लिया, जिसका नाम नेशनल कॉन्फ्रेंस रखा गया। इसके अध्यक्ष शेख मोहम्मद अब्दुल्ला बने, लेकिन शेख की इस मुसलिम कॉन्फ्रेंस में विघटन के बीज उसकी स्थापना से ही विद्यमान थे, जो समय पाकर अंकुरित होने लगे थे। मुसलिम कॉन्फ्रेंस के प्रधान चाहे शेख मोहम्मद अब्दुल्ला बनाए गए थे; लेकिन पार्टी में जम्मू के चौधरी गुलाम अब्बास का ही रुतबा भारी था, जिसे जम्मू संभाग के मुसलमानों के प्रतिनिधि के रूप में माना जाता था।

जम्मू के मुसलमानों और कश्मीर घाटी के मुसलमानों का मनोविज्ञान और संस्कृति अलग-अलग है। शेख अब्दुल्ला ने अपनी आत्मकथा में इसका विस्तार से वर्णन भी किया है। उनके अनुसार, ''जम्मू के लोगों में आत्म विश्वास की कमी है।''[1] लेकिन कश्मीर के बारे में शेख की राय है, ''वह कभी भी भौगोलिक, सांस्कृतिक व ऐतिहासिक लिहाज से भारत का हिस्सा नहीं रहा।''[2] इसके लिए वे ताराचंद नाम के इतिहासकार की गवाही देते हैं। मुसलिम कॉन्फ्रेंस का व्यावहारिक नेतृत्व जम्मू के मुसलमानों के पास था। इसके कारण घाटी का आम मुसलमान इस पार्टी से जुड़ नहीं रहा था। इसलिए शेख अब्दुल्ला ने नेशनल कॉन्फ्रेंस के नाम से अपनी अलग पार्टी का गठन कर लिया। चाहे नाम इसका भी जम्मू-कश्मीर नेशनल कॉन्फ्रेंस ही रखा गया, लेकिन इसका दायरा मोटे तौर पर कश्मीर घाटी तक ही सीमित था। नेशनल कॉन्फ्रेंस स्वयं भी अपने संबोधन में अपने आपको घाटी के लोगों का प्रतिनिधि मानती थी। जम्मू, लद्दाख, गिलगित और बल्तीस्तान उसके एजेंडा में नहीं थे। इसीलिए पार्टी ने अपने आंदोलनों का आधार 1846 की अमृतसर संधि को बनाया था। अमृतसर संधि का गिलगित, लद्दाख और बल्तीस्तान से कोई दूर का संबंध नहीं है।

श्रीनगर में भी मुसलिम नेतृत्व को लेकर झगड़ा बरकरार था। उन दिनों श्रीनगर में कश्मीरी भाषा बोलनेवाले मुसलमानों के नेतृत्व का अधिकार, परंपरा के लिहाज से शहर के दो प्रसिद्ध इबादतखानों, जामा मसजिद और खानगाह-ए-मौला के मीरवाइजों के पास ही था। श्रीनगर के कश्मीरीभाषी मुसलमानों का घाटी के देहाती मुसलमानों से संवाद लगभग न के बराबर ही था। आपस में विवाह-शादी भी कम ही होते थे। इस प्रकार घाटी के कश्मीरीभाषी मुसलमानों के दो अलग-अलग संसार थे। शहरी और देहाती। हम मजहब होने के बाद भी वे अलग-अलग संसार में रहते थे। ''घाटी की

मुसलिम जनसंख्या का 70 प्रतिशत भाग देहाती था और बीस-बाईस प्रतिशत के लगभग श्रीनगर में रहता था।''[3] कश्मीर घाटी की मुसलिम राजनीति के आकाश में शेख अब्दुल्ला के उदय के बाद, नेतृत्व का एक दावेदार और बढ़ गया। शेख श्रीनगर के रहनेवाले नहीं थे, बल्कि सौरा गाँव के थे, जहाँ उनके परिवार का शाल बुनने का पुश्तैनी कारोबार था। शेख अब्दुल्ला का दबदबा बढ़ा तो उनकी पार्टी शेर पार्टी कहलाई और मीरवाइजों, जिनके पास श्रीनगर डाऊनटाऊन के शहरी लोगों का समर्थन था, की मुसलिम कॉन्फ्रेंस बकरा पार्टी कही जाने लगी। यह शायद मौलवियों की दाढ़ी के कारण था, क्योंकि मुसलिम कॉन्फ्रेंस का समर्थन करनेवाले ज्यादातर मुल्ला मौलवी ही थे। वैसे बकरा पार्टी का प्रभाव कम करने के लिए शेख मोहम्मद अब्दुल्ला ने भी दाढ़ी बढ़ानी शुरू कर दी थी और अपने भाषणों में भी सस्वर कुरान की आयतें पढ़नी शुरू कर दीं थीं।

जम्मू के मुसलमानों का, घाटी के शहरी और ग्रामीण विवाद से परे अपना अलग संसार था। दरअसल रियासत में यदि भेदभाव था तो वह क्षेत्रीय आधार पर हो सकता था न कि मजहब के आधार पर। जम्मू संभाग के हिंदू-मुसलमान दोनों को ही सेना में भरती किया जाता था। इसके विपरीत कश्मीर संभाग से हिंदू-मुसलमान दोनों को ही सेना में भरती किए जाने की मनाही थी। जम्मू के मुसलमानों पर पंजाब का ज्यादा प्रभाव था। सांस्कृतिक लिहाज से भी वे पंजाब के ज्यादा नजदीक थे। इस सामाजिक पृष्ठभूमि के आधार पर ही जम्मू के मुसलमानों के हाथ मुसलिम कॉन्फ्रेंस लगी, जो मुसलिम लीग का ही रूपांतरण था। श्रीनगर के मुसलमानों के हाथ आई बकरा पार्टी और घाटी के कश्मीरी भाषा बोलनेवाले देहाती मुसलमानों की पार्टी बनी नेशनल कॉन्फ्रेंस यानी शेर पार्टी, लेकिन कुल मिलाकर यह सारा राजनैतिक आंदोलन एक प्रकार से मुसलिम आंदोलन ही था। इस आंदोलन ने शुरू से ही अपनी मुसलिम पहचान बना ली थी, क्योंकि इनकी माँगे जम्मू-कश्मीर के संपूर्ण अवाम के अधिकारों को लेकर नहीं थीं बल्कि मुसलमानों की माँगों को लेकर ही थीं। कालांतर में इस आंदोलन का स्वरूप हिंदू विरोधी होने लगा। उसका मुख्य कारण यह भी था कि रियासत के महाराजा हिंदू थे।

3. जम्मू-कश्मीर संविधान अधिनियम 1939

उधर महाराजा हरि सिंह ने रियासत में उत्तरदायी सरकार के गठन और प्रशासन का लोकतंत्रीकरण करने की दिशा में कदम उठाते हुए 1934 के संविधान के स्थान पर 1939 में नया संविधान लागू कर दिया, जो संविधान अधिनियम 1939 के नाम से जाना जाता है। नए संविधान में मनोनीत सदस्यों की संख्या 35 थी और निर्वाचित सदस्यों की संख्या चालीस। 1944 में इससे भी एक कदम आगे बढ़ाते हुए महाराजा ने निर्वाचित सदस्यों में से दो मंत्री अपने मंत्रिमंडल में लेने का निर्णय किया। प्रजा सभा के निर्वाचित सदस्यों में

से नेशनल कॉन्फ्रेंस के मिर्जा अफजल बेग और जम्मू के वजीर गंगा राम मंत्री बनाए गए, लेकिन लगता है जल्दी ही नेशनल कॉन्फ्रेंस के विधायक दल में ही फूट पड़ गई। मिर्जा अफ़जल बेग को 1945 में पार्टी में आंतरिक मतभेदों के कारण मंत्रीपद से त्यागपत्र देना पड़ा। उनके स्थान पर नेशनल कॉन्फ्रेंस के मियाँ अहमद यार को मंत्रिमंडल में स्थान दिया गया। नेशनल कॉन्फ्रेंस ने उन्हें मंत्री पद स्वीकार कर लेने के कारण पार्टी से निष्कासित कर दिया। मियाँ अहमद यार जम्मू के रहनेवाले थे। वैसे भी धीरे-धीरे नेशनल कॉन्फ्रेंस के आंदोलन का जम्मू विरोधी या डोगरा विरोधी चरित्र स्पष्ट होने लगा था।

4. साम्यवादी समूह की भूमिका

कश्मीर घाटी में राजनैतिक आंदोलन के इसी मोड़ पर साम्यवादी समूह का प्रवेश होता है। साम्यवादी पार्टी की अपनी रणनीति में जम्मू-कश्मीर रियासत का महत्त्व सर्वाधिक था। साम्यवादी पार्टी अंग्रेजों के चले जाने के बाद रूस की सहायता से भारत में समाजवादी शासन की स्थापना करने में विश्वास रखती थी। इसलिए जम्मू-कश्मीर को ही इस रणनीति का हरावल दस्ता बनना था, क्योंकि जम्मू-कश्मीर की सीमा, तिब्बत, रूस, चीन और अफगानिस्तान तक से लगती थी। साम्यवादी समूह चाहे कांग्रेस के स्वतंत्रता आंदोलन की शैली से सहमत नहीं थे और न ही स्वतंत्रता की राष्ट्रीय अवधारणा से, लेकिन शक्ति कम होने की वजह से वे कांग्रेस के भीतर जाकर ही अपनी रणनीति को अंजाम दे रहे थे। इस रणनीति के तहत साम्यवादी समूह जम्मू-कश्मीर में शेख अब्दुल्ला की पार्टी नेशनल कॉन्फ्रेंस में शामिल होकर कार्य करने लगा था। साम्यवादियों ने कश्मीर घाटी में अपने कुछ कैडर खड़े कर लिये थे। यह अलग बात है कि साम्यवादियों के ये कैडर घाटी के हिंदुओं में ही ज्यादा थे, कुछ इक्का-दुक्का कैडर मुसलमानों में भी थे। साम्यवादी पार्टी के ये हिंदू कैडर जब नेशनल कॉन्फ्रेंस में घुसे तो पार्टी का तथाकथित सेक्युलर स्वरूप दिखाई देने लगा। जाने-माने मार्क्सवादी कमलेश्वर की स्वीकारोक्ति है, ''उस वक्त सी.पी.आई. ने भी कश्मीर में लाल क्रांति का सपना देखा था।''[4] जहाँ तक शेख अब्दुल्ला का ताल्लुक था, उसकी या उसकी पार्टी की अपनी कोई विशिष्ट विचारधारा नहीं थी, उनकी राजनीति का एक ही उद्देश्य था—मुसलिम आंदोलन को तेजकर महाराजा हरि सिंह को श्रीनगर से निकालकर रियासत की सत्ता हथिया लेना। इसके लिए वे 'कश्मीर में इसलाम खतरे में' को आधार बनाकर सत्ता तक पहुँचना चाहते थे। उधर साम्यवादी टोला शेख की पीठ पर सवार होकर जम्मू-कश्मीर को आजाद देश बनाकर लाल क्रांति की प्रयोगस्थली बनाना चाहता था। उस समय के जाने-माने कम्युनिस्ट बुद्धिजीवी साहिर लुधियानवी का शेख अब्दुल्ला को लिखा पत्र द्रष्टव्य है। साहब ने लिखा, ''कश्मीर के उत्तराधिकारी केवल कश्मीर निवासी

हैं। हिंदुस्तान और पाकिस्तान दोनों कश्मीर में घुसपैठिए हैं। जब कश्मीर से ये दोनों घुसपैठिए निकलेंगे तो मैं कश्मीर आऊँगा।''[5] सिद्दीकी के अनुसार, ''साहिर लुधियानवी के पत्र में जो बयान है, वह उस समय के कम्युनिस्टों और प्रगतिशील लेखकों और दार्शनिकों के दृष्टिकोण को दर्शाता है।''[6] इसलिए शेख अब्दुल्ला और कम्युनिस्ट दोनों ही एक-दूसरे के पूरक बने। शेख को साम्यवादी टोले को अपने साथ चलाने में कोई दिक्कत नहीं हुई। प्रकारांतर से इससे शेख को लाभ ही हुआ। इससे उनकी पंथ निरपेक्ष होने की छवि पुख्ता हुई और उनकी नेशनल कॉन्फ्रेंस ने घाटी में अपना निश्चित आधार जरूर बना लिया।

5. नेशनल कॉन्फ्रेंस का कश्मीर छोड़ो आंदोलन

1939 में नेशनल कॉन्फ्रेंस के गठन के बाद से शेख अब्दुल्ला ने महाराजा हरि सिंह के खिलाफ नया आंदोलन शुरू किया। ऊपर से चाहे यह आंदोलन पंथ निरपेक्ष दिखाई देता था, लेकिन कहीं गहराई में यह कालांतर में ब्रिटिश हितों की पूर्ति करनेवाला था। यह चरण पहले चरण से भी ज्यादा महत्त्वपूर्ण था, क्योंकि इसी चरण में रियासत के भविष्य का ही नहीं; बल्कि इसके साथ ही भारत की सीमांत सुरक्षा के प्रश्न पर भी निर्णय होनेवाला था। भारत की प्राकृतिक सीमा से छेड़-छाड़कर उसे नए सिरे से निर्धारित किया जा रहा था। 1946 में नेशनल कॉन्फ्रेंस ने 'डोगरो कश्मीर छोड़ो' का नारा देकर पूरे आंदोलन को नया आयाम दिया, लेकिन इस बार डोगरा शासन के खिलाफ यह आंदोलन किन्हीं प्रशासन संबधी समस्याओं या जन समस्याओं को लेकर नहीं चलाया गया था, बल्कि 1846 की अमृतसर संधि को निरस्त करने के लिए चलाया गया था। शेख अब्दुल्ला की माँग 1846 की संधि रद्द करने को लेकर थी। इस संधि को रद्द करने के लिए माहौल बनाया जाने लगा। डॉ. मोहम्मद इकबाल ने अमृतसर की संधि को लेकर तराने लिखे थे, जिसे शेख अब्दुल्ला कश्मीर घाटी में गाते फिरते थे। अमृतसर संधि को रद्द करने का अर्थ था कि कश्मीर घाटी फिर से ब्रिटिश सरकार के पास आ जाती। ऐसा हो जाने पर कश्मीर घाटी ब्रिटिश इंडिया का हिस्सा बन जाती और मुसलमान बहुलता के सिद्धांत को बहाना बनाकर उसे भारत स्वतंत्रता अधिनियम में पाकिस्तान को दिए जानेवाले इलाकों में शामिल किया जा सकता था। यह आंदोलन भारत की शेष रियासतों में चलाए जानेवाले प्रजा मंडल आंदोलनों से अलग किस्म का था। वहाँ आंदोलन रियासतों के शासकों को हटाने को लेकर था, लेकिन जम्मू-कश्मीर में आंदोलनकारी शासक को रियासत के केवल एक हिस्से से चले जाने के लिए कह रहे थे। उसका कारण भी केवल इतना ही बताया जा रहा था कि महाराजा हिंदू/डोगरा था। यह पूरी रियासत से राजशाही आंदोलन को समाप्त किए जाने के लिए नहीं था। इस

आंदोलन का नारा ही डोगरो कश्मीर छोड़ो था। यह आंदोलन अपने मूल स्वरूप में इसलामी आंदोलन था और शेख अब्दुल्ला इस स्वरूप को कभी छिपाते भी नहीं थे। क्षेत्रीयता या मजहब के नाम पर रियासत के विभिन्न समुदायों को बाँटकर चलाया जानेवाला यह आंदोलन अपने मूल स्वरूप में जन विरोधी तो था ही, लेकिन उस समय के उत्तेजक वातावरण में सांप्रदायिक हिंसा को भड़कानेवाला भी था।

लेकिन दुर्भाग्य से इस चरण में भारतीय राष्ट्रीय कांग्रेस भी महाराजा हरि सिंह के साथ न होकर शेख अब्दुल्ला के समर्थन में जा खड़ी हुई। कांग्रेस ने अन्य रियासतों की आंतरिक राजनीति में अहस्तक्षेप की नीति अपनाई हुई थी, लेकिन जम्मू-कश्मीर को उसने इस मामले में अपवाद माना। इसका एक कारण शायद यह भी हो सकता है कि कांग्रेस ने जम्मू-कश्मीर में मुसलिम कॉन्फ्रेंस और नेशनल कॉन्फ्रेंस द्वारा चलाए जा रहे आंदोलन को अन्य रियासतों में राजशाही के खिलाफ चलाए जा रहे प्रजा मंडलों के आंदोलनों के समान ही समझा। यह कांग्रेस की भारी भूल थी।

शेख अब्दुल्ला गिरफ्तार कर लिये गए और उन पर मुकदमा चला, लेकिन सभी को आश्चर्य हुआ, जब इस पूरे मामले में दिल्ली से पंडित जवाहर लाल नेहरू इस मामले में कूद पड़े। उन्होंने शेख अब्दुल्ला के पक्ष में श्रीनगर में आने की घोषणा कर दी, यहाँ तक कि उनकी अपनी पार्टी भारतीय नेशनल कांग्रेस भी इस पक्ष में नहीं थी। नेहरू के इस व्यवहार से रियासत में सांप्रदायिक दंगे भड़क सकते थे, लेकिन शेख अब्दुल्ला के मुकदमे की पैरवी के नाम पर पंडित जवाहर लाल नेहरू श्रीनगर के लिए चल पड़े। उस समय रियासत में जिस प्रकार का उत्तेजक वातावरण था, उसमें नेहरू के आने से हालात बिगड़ सकते थे। अत: प्रशासन ने उन्हें कोहाला के पास एक सरकारी गेस्ट हाउस में ठहराकर आगे जाने की अनुमति नहीं दी। उन दिनों अंग्रेजी राज की समाप्ति की कार्यविधि पर दिल्ली में निरंतर विचार-विमर्श हो रहा था। कांग्रेस में उनके साथी उनके इस प्रकार अचानक श्रीनगर जाने के निर्णय पर हैरान थे। उन्होंने उन्हें तुरंत वापस दिल्ली आने के लिए कहा। अत: नेहरू उस राजकीय अतिथि गृह से ही वापस दिल्ली चले गए। बाद में जल्दी ही वे पुन: श्रीनगर गए और जेल में शेख अब्दुल्ला को मिले, लेकिन शेख अब्दुल्ला न्यायालय में हार गए और उनको इस मुकदमे में सजा हो गई। कालांतर में नेहरू ने इस घटना को व्यक्तिगत प्रतिष्ठा का प्रश्न बना लिया और महाराजा हरि सिंह के खिलाफ अभियान छेड़ दिया।

6. भारत विभाजन की भूमिका और जम्मू-कश्मीर

मार्च, 1947 को लार्ड माउंटबेटन को भारत का वायसराय नियुक्त किया गया था और 3 जून, 1947 को दिल्ली में ब्रिटिश भारत के विभाजन की घोषणा की गई और

उसके सात दिन बाद इंग्लैंड में ब्रिटेन की लेबर पार्टी के प्रतिनिधियों को संबोधित करते हुए ब्रिटिश विदेश सचिव अर्नेस्ट बेविन ने कहा कि भारत का विभाजन मध्य पूर्व में ब्रिटेन को मजबूत करेगा।[7] नेहरू के विश्वस्त वी. कृष्णा मेनन ने, जो स्वयं ब्रिटिश लेबर पार्टी के सदस्य थे, तुरंत 14 जून को माउंटबेटन को एक लंबा पत्र लिखकर सीधे-सीधे पूछा, जिसका अभिप्राय था कि क्या इंग्लैंड पश्चिमी पाकिस्तान और कश्मीर का, सोवियत संघ के विस्तार को रोकने के लिए उसी प्रकार इस्तेमाल करना चाहता है, जिस प्रकार वह अब तक भारत की पश्चिमोत्तर सीमा पर स्थित अफगानिस्तान व ईरान का करता आया है?[8] माउंटबेटन ने इसका क्या उत्तर दिया, यह तो नहीं कहा जा सकता, लेकिन भारत विभाजन के उपरांत पाकिस्तान को मजबूत और भारत को कमजोर करने की जो कोशिशें उसने कीं, उससे उसके इरादे जरूर स्पष्ट हो जाते हैं। जाहिर था जम्मू-कश्मीर एक बार फिर ब्रिटिश साम्राज्यवाद की कूटनीति में प्राथमिक स्थान पर था।

जिस प्रकार पूर्वोत्तर में भारत और चीन के मध्य तिब्बत एक बफर स्टेट था, उसी प्रकार पश्चिमोत्तर में भारत और सोवियत रूस के बीच में अफगानिस्तान एक बफर स्टेट था, लेकिन ब्रिटेन को खतरा था कि भारत से चले जाने के बाद अफगानिस्तान में सोवियत रूस के प्रभाव को रोकना मुश्किल हो जाएगा। इसलिए इस ग्रेट गेम की रणनीति को ध्यान में रखते हुए भारत और अफगानिस्तान के मध्य ही एक ऐसे बफर क्षेत्र की जरूरत महसूस की जा रही थी, जो ब्रिटिश साम्राज्य के हितों की रक्षा कर सके। यह तभी संभव हो सकता था, यदि इस क्षेत्र में भारत के एक भू-भाग को काटकर एक ऐसे देश के रूप में स्थापित कर दिया जाए, जिसमें ब्रिटिश प्रभाव बदस्तूर जारी रहे। पाकिस्तान का निर्माण इसी रणनीति का हिस्सा था। पाकिस्तान, भारत में सोवियत रूस के प्रभाव को रोकने का सबसे प्रभावी हथियार बन सकता था, लेकिन पाकिस्तान बनाने का दूरगामी लक्ष्य तभी पूरा हो सकता था, यदि पाकिस्तान चिरस्थायी और टिकाऊ भी बने और उसमें सीमांत प्रांत व जम्मू-कश्मीर भी शामिल हों, क्योंकि बिना इन दोनों क्षेत्रों को पाकिस्तान में शामिल किए बिना, वह बफर स्टेट की भूमिका नहीं निभा सकता था और न ही सोवियत रूस के प्रभाव को रोकने में कामयाब हो सकेगा। इसके लिए जरूरी था कि भारत के पश्चिमोत्तर क्षेत्र में ही तंबू गाड़े जाएँ। अर्नेस्ट बेविन का भाषण और कृष्णा मेनन का प्रश्न, जिसका उल्लेख पहले किया गया है, ब्रिटेन की पाकिस्तान और कश्मीर को लेकर भविष्य की रणनीति का संकेत करता है।

लेकिन इसमें दो बाधाएँ थीं। पश्चिमोत्तर सीमांत प्रांत में भारतीय राष्ट्रीय कांग्रेस की सरकार थी और उसमें खान बंधुओं का प्रभाव था। सीमांत गांधी के नाम से जाने जानेवाले खान अब्दुल गफ्फार खान के भाई खान अब्दुल जब्बार खान, जो खान साहब के नाम से जाने जाते थे, वहाँ के मुख्यमंत्री थे। इस प्रदेश में जिन्ना की मुसलिम लीग का

सिक्का नहीं चलता था। दूसरी ओर जम्मू-कश्मीर, ब्रिटेन द्वारा शासित भारतीय भू-भाग के अंतर्गत नहीं आता था। वह उस भारतीय भू-भाग के अंतर्गत आता था, जहाँ भारतीय राजाओं का ही शासन था। इसलिए इंग्लैंड मुसलिम बहुसंख्यक के सिद्धांत का बहाना लगाकर जम्मू-कश्मीर को पाकिस्तान में शामिल नहीं कर सकता था।

ग्रेट ब्रिटेन के ग्रेट गेम का रथ यहाँ आकर फँस गया था। अंग्रेजों के लिए पाकिस्तान बना देना इतना मुश्किल नहीं था, जितना मुश्किल उसमें सीमांत प्रांत और जम्मू-कश्मीर रियासत को शामिल करवा पाना था। इसमें सबसे बड़ी बाधा दो व्यक्ति ही थे। खान अब्दुल गफ्फार खान और महाराजा हरि सिंह, क्योंकि ये दोनों ही कट्टर भारत समर्थक थे। इसलिए लार्ड माउंटबेटन की नई रणनीति इन दोनों को अप्रासंगिक बना देने की थी। एक प्रसंग इस सारी स्थिति को स्पष्ट कर देता है।

सीमांत प्रांत में कांग्रेस सरकार ही नहीं थी, बल्कि वहाँ से संघीय संविधान सभा के लिए निर्वाचित सदस्य बाकायदा संविधान सभा की कार्रवाई में हिस्सा भी ले रहे थे। सीमांत प्रांत की विधानसभा के लिए हुए चुनावों में कांग्रेस और मुसलिम लीग का एक ही चुनावी मुद्दा था। कांग्रेस पाकिस्तान का विरोध कर रही थी और मुसलिम लीग पाकिस्तान बनाने के लिए ही वोट माँग रही थी। इस चुनाव में मुसलिम लीग हार गई थी, जिसका आशय स्पष्ट था कि राज्य के लोगों ने पाकिस्तान के खिलाफ अपना मत प्रकट कर दिया था। अब वायसराय यह भी नहीं कह सकते थे कि एक बार पुनः पाकिस्तान में जाने या न जाने के विषय को लेकर मतदान करवा लिया जाए। यदि ऐसा होता तो पंजाब के लिए भी ऐसा मतदान करवाना पड़ता। पंजाब के मुसलमानों में उस समय की यूनियननिस्ट पार्टी का भी जोर था और वह पार्टी पाकिस्तान निर्माण के खिलाफ थी। बिना पंजाब के जो पाकिस्तान बनता, उसकी कल्पना करना भी मुश्किल था। अब लार्ड माउंटबेटन की पूरी चतुराई नेहरू को इस बात के लिए तैयार कर लेने भर की थी कि केवल सीमांत प्रांत में पाकिस्तान या हिंदुस्तान में शामिल होने को लेकर मतदान करवा लिया जाए, ताकि कोई ब्रिटेन की सरकार पर यह आरोप न लगा सके कि वह पाकिस्तान के निर्माण के लिए खुद ही उत्सुक है, बल्कि वातावरण यह बनना चाहिए कि सीमांत प्रांत में इस प्रश्न पर मतदान करवाने की माँग कांग्रेस कर रही है, ब्रिटेन तो कांग्रेस की माँग को मात्र पूरा कर रहा है। दुर्भाग्य से कांग्रेस इसके लिए तैयार हो गई और सीमांत प्रांत में कांग्रेसी सरकार होने के बावजूद, भारतीय संविधान सभा में इस प्रांत की शमूलियत होने के बावजूद उसने इस प्रांत में जनमत के प्रस्ताव को स्वीकार कर लिया। तभी खान अब्दुल गफ्फार खान ने अति व्यथित होकर कहा था कि आपने हमें भेड़ियों के आगे फेंक दिया है। पश्चिमोत्तर सीमांत प्रांत (अब खैबर पख्तूनख्वा) को पाकिस्तान में शामिल करवा देने के बाद इंग्लैंड सरकार का पूरा ध्यान जम्मू-कश्मीर

की ओर हो गया था। ताज्जुब है, जिस समय बाकी राजाओं की संघीय व्यवस्था में शामिल होने के लिए चिरौरी की जा रही थी, उस समय नेहरू, महाराजा हरि सिंह को किसी भी तरह अलग-थलग करने की रणनीति में जुटे हुए थे। उन्हें अपमानित ही नहीं किया जा रहा था, बल्कि उनकी जान-बूझकर अवहेलना की जा रही थी। जम्मू-कश्मीर को पाकिस्तान में शामिल करवाने की रणनीति में ब्रिटिश अधिकारी जुटे हुए थे। जम्मू-कश्मीर पाकिस्तान में शामिल हो पाता है या नहीं, इसकी अनिश्चितता को देखते हुए जम्मू-कश्मीर के विभाजन की रणनीति पर भी विचार होने लगा था। कहीं शेख अब्दुल्ला का महाराजा हरि सिंह को कश्मीर घाटी से निकाल देने का 1946 का आंदोलन ब्रिटिश साम्राज्यवाद की कूटनीति की पूर्व पीठिका तो नहीं था?

संदर्भ—

1. Sheikh Mohammad Abdullah, The blazing chinar, p.181
2. Sheikh Mohammad Abdullah, The blazing chinar, p.181
3. Parwez Dewan, A History of Kashmir, p.41
4. कमलेश्वर, कश्मीर रात के बाद, पृ. 56
5. कमाल अहमद सिद्दीकी, कश्मीर—एक मंजरनामा, पृ. 68
6. कमाल अहमद सिद्दीकी, कश्मीर—एक मंजरनामा, पृ. 68
7. Narendra Singh Sarila,The Shadow of the great game: the untold story of India's Partition, p.15
8. Narendra Singh Sarila,The Shadow of the great game: the untold story of India's Partition, p.16

□

5

महाराजा हरि सिंह का संघर्ष और अधिमिलन का प्रश्न

1.अधिमिलन का अभिप्राय

भारत स्वतंत्रता अधिनियम 1947 के पारित हो जाने और ब्रिटिश भारत में से एक हिस्से को अलग निकालकर उसे पाकिस्तान नाम से नया देश बना दिए जाने के बाद इतिहास का एक नया अध्याय प्रारंभ हुआ। भारत में लगभग साढ़े पाँच सौ से भी ज्यादा रियासतें थीं, जिनकी शासन व्यवस्था ब्रिटिश इंडिया की शासन व्यवस्था से अलग थी। अंग्रेज शासन हट जाने के बाद पूरे देश में समान संवैधानिक व्यवस्था के प्रयास प्रारंभ हुए। वैसे इस प्रावधान के संकेत भारत सरकार अधिनियम 1935 में भी निहित थे। इतिहास व राजनीति विज्ञान के विद्वानों ने भारत के बन रहे नए संघीय संविधान की प्रक्रिया में रियासतों द्वारा हिस्सा लेने और उसका अंग बनने की स्वीकृति देने को रियासत का भारत में विलय होना बताया है। इस शब्द प्रयोग से भ्रम उत्पन्न हुआ। जम्मू-कश्मीर को लेकर तो बार-बार कहा ही जाता है कि रियासत ने 26 अक्तूबर, 1947 को भारत में शामिल होने का निर्णय कर लिया। भाव कुछ इस प्रकार का बनता है, मानो रियासतें अलग-अलग देश थे, जो समझौते के तहत भारत में शामिल हुए। अपने मूल स्वरूप में यह शब्दावली भ्रामक है। दरअसल भारत के अलग-अलग हिस्सों में अलग-अलग राजनैतिक व्यवस्थाएँ थीं। नई व्यवस्था में संघीय संविधान के अंतर्गत सभी राजनैतिक व्यवस्थाओं को समाहित किया जा रहा था।

1927 में कश्मीर यात्रा पर गए प्रसिद्ध साहित्यकार जैनेंद्र ने बारामुला में एक साधु के यह पूछने पर कि क्या आप लोग भारतवर्ष से आ रहे हैं, उत्तर दिया था, कश्मीर क्या भारतवर्ष नहीं है?[1] इस उत्तर की गहराई में जाना जरूरी है। जैनेंद्र ने यह नहीं कहा कि

कश्मीर भारतवर्ष में है, बल्कि उन्होंने कहा कि कश्मीर ही भारत है। दोनों वाक्यों में अंतर्निहित अंतर को समझ लेना जरूरी है। इसके ठीक तीन साल बाद इसका उत्तर एक बार फिर दिया गया। इस बार लंदन में गोलमेज सम्मेलन के अवसर पर। उत्तर स्वयं जम्मू-कश्मीर के महाराजा दे रहे थे। महाराजा हरि सिंह ने वहाँ दिए गए अपने भाषण में ब्रिटिश भारत और रियासतों को भारत की अलग-अलग राजनैतिक इकाइयाँ ही बताया था।[2] उन्होंने इस अवधारणा का प्रयोग अन्य स्थानों पर भी किया था। ये सभी रियासतें अधिमिलन से पहले भी भारत का ही हिस्सा थीं। अंतर केवल इतना था कि इनकी शासन व्यवस्था अलग थी। जम्मू-कश्मीर पर चर्चा करने से पहले इस तथाकथित अधिमिलन की अवधारणा पर विचार कर लेना जरूरी है।

2. भारतीय रियासतों के संघीय लोकतांत्रिक संवैधानिक व्यवस्था में शामिल होने की पृष्ठभूमि

1947 के जम्मू-कश्मीर पर चर्चा करने से पहले, यह जान लेना जरूरी है कि उस समय भारत की प्रशासनिक स्थिति क्या थी। विभाजन से पूर्व देश में चार प्रकार की प्रशासनिक/संवैधानिक/राजनैतिक व्यवस्थाएँ प्रचलित थीं।

(क) ऐसा भू-भाग, जिसका शासन लंदन से इंग्लैंड की सरकार चलाती थी। इसे आम भाषा में ब्रिटिश इंडिया कहा जाता था।

(ख) ऐसा भू-भाग, जिस पर फ्रांस सरकार का कब्जा था। इसे फ्रेंच इंडिया कहा जाता था। फ्रेंच इंडिया में पुदुच्चेरी, महे, यमन, काराईकल और चंद्रनगर शामिल थे। ये क्षेत्र सन् 1814 से फ्रांस के अधीन थे और 1954 में इन्हें स्वतंत्र करवाकर देश की संघीय संवैधानिक व्यवस्था में शामिल किया जा सका।

(ग) ऐसा भू-भाग, जिस पर पुर्तगाल सरकार का कब्जा था। इसे पुर्तगीज इंडिया कहा जाता था। पुर्तगीज इंडिया में गोवा, दमन और दीव शामिल थे, जो सैकड़ों साल से पुर्तगाल की गुलामी में थे। ब्रिटेन और फ्रांस के भारतीय क्षेत्र से चले जाने के बावजूद पुर्तगाल ने इन क्षेत्रों को छोड़ने से इनकार कर दिया। 18 दिसंबर, 1961 को भारतीय सेना ने इस इलाके में प्रवेश किया और 19 दिसंबर को पुर्तगाल ने समर्पण किया। उसके बाद ही गोवा देश की संघीय संवैधानिक व्यवस्था का अंग बन सका।

(घ) ऐसा भू-भाग, जिसके अलग-अलग हिस्सों पर स्थानीय राजाओं-महाराजाओं का पैतृक शासन था। इस भू-भाग को इंडियन स्टेट्स कहा जाता था। भारत का एक तिहाई भू-भाग इस प्रकार की राजशाही से शासित था। इन भारतीय रियासतों की ब्रिटिश सरकार के साथ अनेक प्रकार की संधियाँ थीं।

सूत्र रूप में इसे इस प्रकार लिखा जा सकता है—

भारत = (क) +(ख) +(ग) +(घ)

अंग्रेज शासकों ने अनेक कारणों से (क) भू-भाग को विभाजित करके एक नया देश पाकिस्तान बना दिया। नए बने पाकिस्तान के भू-भाग को यदि सूत्र रूप में (ङ) मान लिया जाए तो विभाजन के बाद भारत का अर्थ रह जाएगा—

भारत = (क-ङ)+(ख)+(ग)+(घ)

अतः सैद्धांतिक रूप से सभी रियासतें भारत का ही अंग थीं।

3. भारत स्वतंत्रता अधिनियम पारित होना

ब्रिटेन की संसद् द्वारा 1947 में भारत स्वतंत्रता अधिनियम पारित किया गया। इसको 18 जुलाई, 1947 को ब्रिटिश क्राउन की स्वीकृति मिली। इस अधिनियम के अनुसार भारतीय रियासतों के लिए नियत दिन (15 अगस्त, 1947) से निम्न प्रावधान था—

7(1) (b) – the suzerainty of His Majesty over the Indian States lapses, and with it, all treaties and agreements in force at the date of the passing of this Act between His Majesty and the rulers of Indian States, all functions exercisable by His Majesty at that date with respect to Indian States, all obligations of His Majesty existing at that date towards Indian States or the rulers thereof, and all powers, rights, authority or jurisdiction exercisable by His Majesty at that date in or in relation to Indian States by treaty, grant, usage, sufferance or otherwise; and

Provided that, notwithstanding anything in paragraph (b) or paragraph (c) of this subsection, effect shall, as nearly as may be, continue to be given to the provisions of any such agreement as is therein referred to which relate to customs, transit and communications, posts and telegraphs, or other like matters, until the provisions in question are denounced by the Ruler of the Indian State or person having authority in the tribal areas on the one hand, or by the Dominion or Province or other part thereof concerned on the other hand, or are superseded by subsequent agreements.

इस अधिनियम की धारा 7(1)(b) के प्रभावी हो जाने के बाद भारतीय रियासतों के लिए भारत सरकार अधिनियम 1935 में व्यवस्था की गई थी। भारत सरकार अधिनियम 1935 को 1947 में आवश्यक संशोधनों सहित भारत का अंतरिम संविधान घोषित कर दिया गया। इसकी धारा 6 में रियासतों के संघीय संवैधानिक व्यवस्था में शामिल होने के

लिए प्रक्रिया का उल्लेख था। जिसके अनुसार–

6 Accessions of Indian States–((1). A State shall be deemed to have acceded to the Federation if His Majesty has signified his acceptance of an Instrument of Accession executed by the Ruler thereof, whereby the Ruler for himself, his heirs and successors—

(a) declares that he accedes to the Federation as established under this Act, with the intent that His Majesty the King, the Governor-General of India, the Federal Legislature, the Federal Court and any other Federal authority established for the purposes of the Federation shall, by virtue of his Instrument of Accession, but subject always to the terms thereof, and for the purposes only of the Federation, exercise in relation to his State such functions as may be vested in them by or under this Act; and

(b). assumes the obligation of ensuring that due effect is given within his State to the provisions of this Act so far as they are applicable therein by virtue of his Instrument of Accession:

Provided that an Instrument of Accession maybe executed conditionally on the establishment of the Federation on or before a specified date and in that case the State shall not be deemed to have acceded to the Federation if the Federation is not established until after that date.

(2). An Instrument of Accession shall specify the matters which the Ruler accepts as matters with respect to which the Federal Legislature may make laws for his State and the limitations, if any, to which the power of the Federal Legislature to make laws for his State and the exercise of the executive authority of the Federation in his State, are respectively to be subject.

(3). A Ruler may, by a supplementary Instrument executed by him and accepted by His Majesty, vary the Instrument of Accession of his State by extending the functions which by virtue of that Instrument are exercisable by His Majesty or any Federal Authority in relation to his State.

यह धारा अंतरिम संविधान के लिए निम्न रूप में संशोधित की गई। ''यदि किसी इंडियन स्टेट का शासक डोमीनियन के पक्ष में अधिमिलन प्रपत्र निष्पादित करता है और

गवर्नर जनरल उसकी स्वीकृति को सिगनीफाई कर देता है तो उस स्टेट का उस डोमीनियन से अधिमिलन होना माना जाएगा।''[3]

4. भारत में अनेक प्रशासनिक-राजनैतिक व्यवस्थाएँ

आगे बढ़ने से पहले भारत की विभिन्न प्रशासनिक इकाइयों की स्थिति को जान लेना उपयोगी होगा। जैसा ऊपर संकेत किया गया है, उस समय भारत में चार अलग-अलग शासन व्यवस्थाएँ थीं। विदेशी शासन के अंतर्गत ब्रिटिश इंडिया में आनेवाले प्रांतों में अलग प्रशासनिक व्यवस्था थी और वह सीधे लंदन से संचालित होती थी। भारतीय रियासतों का प्रशासन भारतीय राजा-महाराजा चलाते थे। इनमें से भी कुछ रियासतों पर मध्य एशिया से आए आक्रमणकारी मुगल या अन्य विदेशी नवाबों का कब्जा था, उदाहरण के लिए हैदराबाद की रियासत में। हैदराबाद रियासत में आसफ जाही वंश का शासन था। यह वंश मध्य एशिया से भारत में आया था। कुछ विषयों में, भारतीय रियासतों और ब्रिटिश इंडिया के प्रांतों में शासन व्यवस्था एकीकृत भी थी। रियासतों के संचार, विदेश संबंध और कुछ सीमा तक सुरक्षा का जिम्मा ब्रिटिश इंडिया की सरकार के पास ही था। इसके लिए भारतीय रियासतों और ब्रिटिश इंडिया के प्रशासन में कुछ समझौतों के तहत आम सहमति बनी हुई थी। हर रियासत में एक ब्रिटिश रेजीडेंट रहता था। भारतीय रियासतों द्वारा ब्रिटिश इंडिया की संवैधानिक व्यवस्था में एकीकृत होकर भारतीय संघ की समान संवैधानिक व्यवस्था की चर्चा 1935 में ही शुरू हो गई थी। 1935 के भारत सरकार अधिनियम में इस एकीकरण और समान प्रशासनिक व्यवस्था हेतु कुछ कदम उठाए जाने की बात थी, लेकिन अनेक कारणों से ये प्रस्ताव स्वीकार नहीं किए गए, लेकिन ब्रिटिश इंडिया को लंदन सरकार से, फ्रेंच इंडिया को फ्रांस से, पुर्तगीज इंडिया को पुर्तगाल से व रियासतों को वंशानुगत शासकों से मुक्त करवाकर, पूरे देश के लिए एक समान प्रशासनिक और संवैधानिक व्यवस्था लागू करवाने के लिए पूरे देश में किसी-न-किसी रूप में जनांदोलन चलते रहे।

भारतीय राष्ट्रीय कांग्रेस का स्वतंत्रता आंदोलन मोटे तौर पर ब्रिटिश इंडिया में ही सीमित था। भारतीय रियासतों में कांग्रेस ने अपनी शाखाएँ नहीं खोली थीं। उसका एक कारण यह भी हो सकता था कि अधिकांश रियासतों के शासक भारतीय ही थे। कांग्रेस का आंदोलन विदेशी शासकों के खिलाफ था, न कि भारतीय शासकों के खिलाफ लेकिन रियासतों के अंदर शासकों की प्रशासनिक व्यवस्थाओं के खिलाफ वहाँ के लोग किसी-न-किसी रूप में आंदोलन चला ही रहे थे। रियासतों में शासक पिता-पुत्र वंश परंपरा पर आधारित थे। वहाँ राजशाही के स्थान पर लोकतांत्रिक शासन व्यवस्था के लिए प्रजा मंडलों द्वारा चलाए जा रहे जनांदोलन कहीं मद्धम तो कहीं प्रबल थे। बाद में

कांग्रेस ने अखिल भारतीय प्रजा मंडल परिषद् का गठनकर इन लोकतांत्रिक आंदोलनों को अपना समर्थन भी दिया। ब्रिटिश सरकार के शासनवाले हिस्से के लोगों में भी कुछ लोग लंदन सरकार के समर्थक थे। इसी प्रकार रियासती शासकों के हिस्सेवाले भारत में भी कुछ लोग वंशानुगत शासकों के समर्थक थे। कुछ स्थानीय राजा-महाराजा अच्छे प्रशासक भी थे, लेकिन कुल मिलाकर पूरे देश में लोकतांत्रिक हवा चलने लगी थी, जिसके चलते विदेशी शासकों और वंशानुगत स्थानीय शासकों के खिलाफ पूरा देश खड़ा होने लगा था।

5. एकीकृत संवैधानिक व्यवस्था की माँग

1946-1947 में जब अंग्रेजों के यहाँ से चले जाने के संकेत मिलने लगे थे तो एक बार फिर पूरे देश में एक समान प्रशासकीय व संवैधानिक व्यवस्था की माँग उठने लगी। ब्रिटेन की संसद् ने 1947 में भारत स्वतंत्रता अधिनियम पारित किया। ब्रिटेन की संसद द्वारा पारित यह अधिनियम ब्रिटिश इंडिया व आंशिक रूप से रियासतों पर ही लागू होता था। सभी भारतीय रियासतों से ब्रिटिश सरकार के कुछ संधियाँ और समझौते थे, लेकिन भारत स्वतंत्रता अधिनियम के तहत अब ये सभी संधियाँ व समझौते स्वत: समाप्त हो जानेवाले थे। इस पृष्ठभूमि में भारत की अलग-अलग राजनैतिक प्रशासनिक इकाइयों को एक सूत्र में पिरोने के लिए संघीय संवैधानिक व्यवस्था का प्रारूप तैयार किया जाना था। भारतीय राष्ट्रीय कांग्रेस पहले ही पूरे देश में लोगों की राय के अनुकूल एक समान लोकतांत्रिक व्यवस्था लागू करने के लिए प्रतिबद्ध थी। इस पृष्ठभूमि में पूरे देश में एकीकृत संवैधानिक व्यवस्था के प्रयास प्रारंभ हुए।

इस हेतु भारत स्वतंत्रता अधिनियम 1947 पारित हो जाने के बाद ब्रिटिश इंडिया के पोलिटिकल डिपार्टमेंट को समाप्त कर, उसके स्थान पर रियासती मंत्रालय स्थापित किया गया। इसके प्रभारी सरदार पटेल बनाए गए। सरदार पटेल के नेतृत्व में रियासती मंत्रालय ने रियासतों के राजाओं-महाराजाओं से संपर्क स्थापित करना शुरू किया। उन्हें स्पष्ट बता भी दिया गया कि लोकमत आपके खिलाफ है, लोग लोकतांत्रिक प्रणाली के पक्षधर हैं, इसलिए रियासतों को नई लोकतांत्रिक संवैधानिक प्रणाली का हिस्सा बन जाना चाहिए। अधिनियम में शासकों को नई संवैधानिक व्यवस्था में शामिल हो जाने का अधिकार भी दिया गया था।

भारत की अंतरिम सरकार के रियासती मंत्रालय ने नई बन रही संघीय संवैधानिक व्यवस्था में शामिल होने के लिए, रियासतों के शासकों के लिए अधिमिलन पत्र का एक प्रारूप तैयार कर लिया था। इसमें दर्ज किया गया था कि रियासतों के शासक तीन विषयों मसलन संचार, सुरक्षा व विदेशी मामले व उनसे संबंधित पूरक विषयों के लिए

विधि निर्माण का अधिकार संघीय संसद् को दे देंगे। शासक द्वारा इस प्रारूप पर हस्ताक्षर करने और गवर्नर जनरल द्वारा स्वीकृत हो जाने के बाद संबंधित रियासत देश की नई संघीय संवैधानिक व्यवस्था का हिस्सा बन जाती थी और अपनी जनसंख्या के अनुपात में संघीय संविधान सभा में अपने प्रतिनिधि भेजती थी। रियासती मंत्रालय प्रयास कर रहा था कि 15 अगस्त, 1947 से पहले-पहले रियासतों के शासक अपने-अपने राज्यों की अलग-अलग शासन व्यवस्था को समाप्त कर नई संघीय संवैधानिक व्यवस्था का हिस्सा बन जाएँ। संविधान निर्माण की प्रक्रिया में हिस्सा लेने के लिए अपनी अपनी रियासतों के प्रतिनिधि भी संविधान सभा में भेजें। पूरे देश के लिए एक समान संवैधानिक प्रशासनिक व्यवस्था लागू करने की आवश्यकता पर जोर देते हुए सरदार पटेल ने 4 जुलाई, 1947 को सभी रियासतों के नरेशों को संदेश भेजा। पटेल ने संदेश में कहा कि ''महान् संस्थाओंवाला यह देश, इसके निवासियों की गौरवपूर्ण थाती है। यह तो मात्र संयोग ही है कि इस देश के कुछ लोग रियासतों में रहते हैं और कुछ ब्रिटिश इंडिया में। भारत की संस्कृति और उसका चरित्र हमारे रोम-रोम में समाया हुआ है। हमारे रक्त संबंध हैं। परस्पर हितों से भी हम जुड़े हुए हैं। कोई भी हमें खंड-खंड नहीं कर सकता। हमारे बीच कोई अभेद्य दीवार नहीं खड़ी की जा सकती। मैं देशी राज्यों के अपने मित्र नरेशों और उनकी प्रजा को निमंत्रित करता हूँ कि वे संविधान सभा की बैठकों में आएँ। इस संयुक्त प्रयास में अपनी मित्रता और सहयोग का परिचय दें और सर्वजनहिताय अपनी मातृभूमि के प्रति सामूहिक निष्ठा का प्रदर्शन करें। भारत के इतिहास की यह महान् घड़ी है। संगठित प्रयास से हम देश को नई ऊँचाई तक ले जा सकते हैं और संगठित न होने पर हम नई आपदाओं में फँस सकते हैं। भारतीय रियासतों को यह बात गाँठ बाँध लेनी चाहिए कि यदि हम समान हित के अल्पमत कार्यों के लिए भी मिलकर प्रयास नहीं कर पाएँगे तो लोकहित में सहयोग न कर पाने का अर्थ होगा अराजकता और अशांति। विनाश की उस चक्की में छोटे-बड़े सब पिस जाएँगे।''[4] उस समय के जनमानस की अभिव्यक्ति थी कि भारतीय रियासतें और ब्रिटिश भारत एक ही मातृभूमि का अखंड हिस्सा है और सारे देश में एक समान संवैधानिक व्यवस्था लागू करने से ही देश की एकता मजबूत हो सकती है, लेकिन भारतीय नरेशों से यही बात करने के लिए लार्ड माउंटबेटन ने उन्हें 25 जुलाई, 1947 को जब दिल्ली में निमंत्रित किया तो उस समय की सबसे बड़ी रियासत जम्मू-कश्मीर के महाराजा हरि सिंह को नहीं बुलाया। लगता था माउंटबेटन ने शतरंज की चौसर बिछा दी थी।

इसे सरदार पटेल का कौशल ही कहना होगा कि उन्होंने साढ़े पाँच सौ से भी ज्यादा छोटी-बड़ी रियासतों और ब्रिटिश शासन से मुक्त हुए भारतीय भू-भाग को बहुत ही कम समय में समान प्रशासकीय संवैधानिक व्यवस्था में एकीकृत करने में सफलता

प्राप्त कर ली। (कालांतर में पुर्तगाली इंडिया और फ्रांसीसी इंडिया के अंतर्गत आनेवाला भू-भाग भी इस संवैधानिक एकीकृत व्यवस्था का हिस्सा बना।) लेकिन जम्मू-कश्मीर रियासत 15 अगस्त, 1947 से पहले एकीकृत संवैधानिक व्यवस्था का हिस्सा नहीं बन सकी, जिसके कारण बाद में कई पेचीदगियाँ पैदा हो गईं। इसके क्या कारण थे, इसके लिए कौन उत्तरदायी था और जम्मू-कश्मीर के शासक महाराजा हरि सिंह ने देश की संवैधानिक व्यवस्था में शामिल होने के लिए क्या प्रयास किए, उनके इन प्रयासों का विरोध कौन कर रहा था, इसका अध्ययन करना जरूरी है।

6. महाराजा हरि सिंह की स्थिति

भारत विभाजन के पश्चात् जब रियासतों के एकीकरण का मामला चल रहा था तो जम्मू-कश्मीर के मामले में व्यावहारिक रूप से जिनकी सर्वाधिक महत्त्वपूर्ण भूमिका रहनेवाली थी, उनमें प्रमुख रूप से नेहरू, महाराजा हरि सिंह और ब्रिटिश सरकार ही थी। डॉ. कर्ण सिंह के शब्दों में ही, "महाराजा हरि सिंह का दुर्भाग्य ही था कि उस समय देश की दो महत्त्वपूर्ण ताकतें मसलन पंडित जवाहर लाल नेहरू और ब्रिटिश सरकार दोनों ही अपने-अपने कारणों से हरि सिंह के खिलाफ थे। इसमें कोई शक ही नहीं कि हरि सिंह शुरू से ही अपने व्यवहार व नीति में अंग्रेजों के खिलाफ रहे। 1930-1931 में लंदन में हुई गोलमेज कॉन्फ्रेंस में महाराजा हरि सिंह भारतीय नरेशों के प्रतिनिधि के रूप में भाग ले रहे थे। अंग्रेज इस कॉन्फ्रेंस में राजाओं के प्रतिनिधियों को इसलिए बुलाते थे, ताकि वे कांग्रेस के खिलाफ उनका समर्थन करें, लेकिन हरि सिंह ने इस बैठक में स्पष्ट कहा कि हम सबने भारत की भूमि पर जन्म लिया है और इसकी मिट्टी में पले-बढ़े हैं। अतः भारतीय होने की हैसियत से हम सभी युवराज, ब्रिटिश कॉमनवेल्थ ऑफ नेशंस में भारत की सम्मानजनक स्थिति और समानता के अधिकार के लिए पूरी निष्ठा के साथ अपने सभी देशवासियों के साथ हैं।"[5] अपने देशवासियों के साथ होने की कीमत अब उन्हें चुकानी पड़ रही थी। नेहरू और माउंटबेटन दोनों ही उन्हें सबक सिखाने के लिए आतुर थे।

महाराजा हरि सिंह के सामने 15 अगस्त, 1947 के बाद दो या तीन विकल्प थे। प्रथम देश की नई संवैधानिक व्यवस्था से एकीकृत हो जाने का, द्वितीय पाकिस्तान डोमीनियन में शामिल हो जाने का, तृतीय रियासत में यथावत प्रशासकीय व्यवस्था बनाए रखने का। नई परिस्थितियों में पुरानी प्रशासकीय व्यवस्था को बनाए रखना संभव नहीं था, ऐसा वे भी जानते थे। 1930-31 में गोलमेज कॉन्फ्रेंस में दिए गए उनके भाषण इस बात का स्पष्ट संकेत देते हैं कि वे अंग्रेजों के चले जाने के बाद भारतीय रियासतों समेत पूरे देश में एक समान संघीय लोकतांत्रिक व्यवस्था के पक्षधर थे, लेकिन ब्रिटिश

शासन की समाप्ति से पूर्व ही उन पर पाकिस्तान में शामिल हो जाने के लिए चारों तरफ से दबाव पड़ने लगा। पाकिस्तान में शामिल होने के लिए उनकी घेराबंदी उस समय के वायसराय लार्ड माउंटबेटन, महाराजा के अपने प्रधानमंत्री राय बहादुर सर पंडित रामचंद्र काक कर रहे थे। उस समय के कांग्रेस अध्यक्ष पंडित जवाहर लाल नेहरू महाराजा पर सत्ता त्यागकर उनके मित्र शेख अब्दुल्ला की ताजपोशी के लिए दबाव डाल रहे थे। इस कार्य के लिए वे स्वयं श्रीनगर जाना चाहते थे। उधर लार्ड माउंटबेटन स्वयं श्रीनगर जाकर महाराजा हरि सिंह का मार्गदर्शन करने के इच्छुक थे। पहले की चिंता शेख अब्दुल्ला थे और दूसरे की पाकिस्तान, लेकिन माउंटबेटन ज्यादा होशियार निकले, उन्होंने नेहरू को मना लिया और स्वयं श्रीनगर जा पहुँचे।

7. लार्ड माउंटबेटन की श्रीनगर यात्रा

भारत की सत्ता भारतीयों को सौंपने के लगभग दो महीना पहले, 19 जून को लार्ड माउंटबेटन महाराजा हरि सिंह से मिलने श्रीनगर पहुँचे और वहाँ पाँच दिन रहे। वे 23 जून को श्रीनगर से वापस गए। उस समय भारत डोमीनियन नहीं बना था और माउंटबेटन वायसराय की हैसियत रखते थे। आम तौर पर कहा जाता है कि माउंटबेटन हरि सिंह को सलाह दे रहे थे कि वे 15 अगस्त, 1947 से पहले पहले प्रस्तावित भारत या पाकिस्तान डोमीनियन में शामिल हो जाएँ। वायसराय के इस श्रीनगर प्रवास का वास्तविक उद्‌देश्य क्या था, इसका विवरण अनेक महत्त्वपूर्ण स्रोतों से मिलता है।

एलन कैंपबल जानसन, जो वायसराय के मीडिया प्रभारी थे, माउंटबेटन के इस श्रीनगर प्रवास में उनके साथ नहीं थे, लेकिन श्रीनगर से वापस आने पर माउंटबेटन ने अपनी बातचीत का खुलासा उनके साथ साझा किया था। उसी का इंदराज वे अपनी 28 अक्तूबर, 1947 की डायरी में करते हैं, ''(माउंटबेटन) ने बताया कि जून के अपने प्रवास से लेकर अब तक मैं महाराजा से अधिमिलन के प्रश्न पर अपना मत सुनिश्चित कर लेने का आग्रह करते समय उनपर अपने प्रभाव का दबाव डालता रहा हूँ कि वे लोगों की राय जानने का उपक्रम किए बिना 15 अगस्त, 1947 से पहले दोनों डोमीनियनों में से किसी एक में अधिमिलन का निर्णय, किसी भी हालत में न लें। इसके लिए रैफरंडम, प्लेबिसाइट या चुनाव का कोई और तरीका इस्तेमाल किया जा सकता है। यदि वर्तमान हालात में ये तरीके अव्यावहारिक हों तो लोगों की राय जानने के लिए जनता का प्रतिनिधित्व करनेवाली जनसभाएँ की जा सकती हैं।''[6] संकेत और आदेश दोनों ही स्पष्ट थे या तो अधिमिलन के प्रश्न पर लोगों की राय लो। यदि ऐसा नहीं कर सकते तो 15 अगस्त, 1947 से पहले किसी भी देश में शामिल मत हो। यह ठीक है कि माउंटबेटन ने सतही तौर महाराजा हरि सिंह को 15 अगस्त से पहले पहले लोगों की राय लेकर

किसी भी डोमीनियन की संवैधानिक व्यवस्था में शामिल होने की सलाह दी थी, लेकिन एच.वी. होडसन के अनुसार, ''माउंटबेटन ने हरि सिंह को यह भी हिदायत कर दी थी कि पाकिस्तान की अलग संविधान सभा गठित हो जाने से पहले कोई भी निर्णय मत लेना।''[7] माउंटबेटन की इस स्पष्ट स्वीकारोक्ति से दो बातें स्पष्ट हैं। वे महाराजा हरि सिंह को परोक्ष रूप से भारत डोमीनियन में अधिमिलन से रोक रहे थे। इसीलिए वे बार-बार उन पर लोगों की राय जान लेने के पश्चात् ही निर्णय करने का दबाव डाल रहे थे। उस समय की उत्तेजित परिस्थितियों में सही लोकमत जानना न तो संभव था और न ही वांछित।

लार्ड माउंटबेटन की श्रीनगर प्रवास के दौरान महाराजा हरि सिंह से क्या बातचीत हुई थी, इसका खुलासा उन्होंने इस प्रकरण के पच्चीस साल बाद इंडिया विनज फ्रीडम के लैरी कोलिन और डोमीनिको से किया था। इन दोनों लेखकों ने इंग्लैंड में माउंटबेटन से अनेक लंबे-लंबे साक्षात्कार लिये। माउंटबेटन का यह उद्धरण चाहे काफी लंबा है, लेकिन पूरी स्थिति को समझने के लिए यह अत्यंत लाभदायक है। माउंटबेटन के अनुसार, "I said, "Hari Singh, you've got to listen to me. I'm an old friend of yours. You've got to make up your mind. I have come up with full authority from the present government of the future Dominion of India (basically Patel, but he'd got the agreement of Nehru). I've come to tell you that if you decide to accede to Pakistan, they'll think it a natural thing to do, because the majority of your population are Muslims. It'll not only cause no ill-feeling, but they'll give you all the support and held they can."

"I don't want to accede to Pakistan on any account," he said.

"Well," I said, "it's up to you. I think you might be wise to accede, because the majority of your people are Muslims."

"Yes," he said, "but don't forget that with Sheikh Abdullah," who's madly pro-Nehru, most of my people would really wish to join India."

"All right, then, in that case – join India! If you do, I will personally see that one or two divisions of infantry are sent up which will absolutely preserve the integrity of your boundaries."

"I don't want to join India wither, because, if so, I would feel that perhaps that's not what the people wanted. I want to be independent."

I said, "You can't be independent. I'm sorry. You are, in fact, a landlocked country of great size and not a very big population (only about seven or eight million inhabitants). You've got two rival countries which are always going to be at daggers drawn: those are your neighbours. You're going to be pulled into a scrimmage. You will end up by being a battlefield between the Hindus and the Muslims. That's what'll happen to you. And you'll lose your throne."

He didn't seem to be able to understand it. I went on, every day I described it in more detail. I said, "Why not take the thing out of your own hands and say, 'I will consult the will of the people?' Release Sheikh Abdullah, whom you've got in prison, and have a quick plebiscite. Or have a show of hands in public places. You say, that with Sheikh Abdullah released, they'd probably want to join the Congress Party. I think they would. They'd join India." "Ah, but we don't want Sheikh Abdullah in power. He would then be against me, there'd be socialism and so forth," "Well," I said, "you can't live in isolation. You've got to think about things." I went on and on and on, spent three days with him and at the end of the third day, I thought that I'd got him to the point of seeing he had to make a decision by the 15th of August, and it was open to him which way he did it and how he did it. And I said, "Now, I think I ought to get Kak, your Prime Minister, and we'll talk about it. I'll get my Resident and I've got my Private Secretary with me here" (it was George Abell, I think) "and you'll have Kak, and you and me. Quite a small party and we'll then just formalize the agreement we've come to, and keep some notes. Then you'll know where you are, and you'll at least have the benefit of my advice, which you want. Then, if you follow it, you've got the backing of that advice and I'll do what I can to help. If you disregard my advice, it'll also be recorded. It'll be up to you."

"Thank you," he said, "very good idea." And of course, on the last morning, when it was all set, we had everything decided, how to do it, and it was quite simple. It was going to be "His Excellency and His Highness agree that Kashmir and Jammu would acceded to one future Dominion or the other before the transfer of power on the 15th of August." It was noted that Kashmir acceding to Pakistan appeared the wisest course. If on the other hand, they decided to accede to India, the Indians would send up one or two infantry divisions to prevent interference. Pakistan might not like that decision, but they wouldn't be able to interfere. In either case, there'd be no bloodshed. If H.H. didn't wish to take the personal responsibility of making the decision, he could consult his people, either by a plebiscite or, if time did not permit, by a show of hands. He could go round himself, with, say Sheikh

Abdullah or someone else and they could put up their hands and you could take photographs and see which way it went.

It would be something that would be convincing. And if he went to Pakistan, I had the assurance of Mr. Jinnah, to whom I'd spoken about this, that he would be welcomed with open arms and given an honoured place within the new Pakistan. And he'd be there for good.

If he went to India he was assured of the protection of India and he would be treated with honour there, also. The only thing that was fatal to him was to procrastinate and not make up his mind, because that would mean that he would then be a non-viable, landlocked state whose two neighbours were at each others' throats and eventually he would be the battlefield.

That was what I wanted to record and then try and get him to express an opinion. But this last meeting never took place. An ADC came and said H.H. was indisposed. It was, of course, absolute baloney."[8] एलन कैंपबल और माउंटबेटन के वक्तव्यों में विरोधाभास स्पष्ट देखा जा सकता है। कैंपबल से माउंटबेटन ने श्रीनगर से लौटने के तुरंत बाद संपर्क किया था, जिसके अनुसार माउंटबेटन ने कहा था कि जनता की राय जाने बिना किसी भी हालत में 14 अगस्त, 1947 से पहले किसी डोमीनियन में शामिल मत होना। कैंपबल ने इसका इंदराज अपनी डायरी में भी किया। होडसन भी कैंपबल की बात का समर्थन ही करते हैं। अब पच्चीस साल बाद माउंटबेटन कहते हैं कि उन्होंने महाराजा को पाकिस्तान में न शामिल होने की स्थिति में भारत में शामिल होने की सलाह भी दी। शेख अब्दुल्ला को रिहा करने के लिए भी कहा। इतना ही नहीं, महाराजा ने यह भी कहा कि मैं स्वतंत्र रहना चाहता हूँ, लेकिन पहले के और बाद के परिस्थितिजन्य साक्ष्य माउंटबेटन के इस पच्चीस साल के बाद के रहस्योद्‌घाटनों का समर्थन नहीं करते। यहाँ भी महाराजा हरि सिंह की यही आशंका प्रकट हो रही है कि नेहरू की सरकार शेख अब्दुल्ला के पक्ष में होगी और उनको पूरी तरह अप्रासांगिक करने की कोशिश करेगी। माउंटबेटन के इस पूरे साक्षात्कार से यह ध्वनि भी निकल रही है कि वे अपना पूरा जोर महाराजा को पाकिस्तान की ओर धकेलने में लगा रहे थे।

जहाँ तक रियासत को स्वतंत्र रखने का प्रश्न है, ऐसा कोई साक्ष्य नहीं मिलता, जिससे सिद्ध हो सके कि महाराजा ने इसके लिए कोई प्रयास किया हो। यदि वे चाहते तो भोपाल के नवाब के इस प्रकार के प्रयासों में शामिल हो सकते थे, जो पश्चिमी और पूर्वी पाकिस्तान के बीच एक जमीनी गलियारे के प्रयास कर रहे थे। दुर्भाग्य से भारतीय राष्ट्रीय कांग्रेस ने भी लार्ड माउंटबेटन की तर्ज पर कहना शुरू कर दिया कि महाराजा

हरि सिंह जम्मू-कश्मीर को आजाद देश बनाने का प्रयास कर रहे हैं, जबकि महाराजा हरि सिंह भारत के इस सीमांत क्षेत्र को किसी भी तरह पाकिस्तान में न दिए जाने के प्रयासों में लगे थे और दिल्ली के पास उनसे बात करने तक का वक्त नहीं था। यदि महाराजा को रियासत को आजाद ही रखना होता, तब तो वे शेख अब्दुल्ला के साथ हाथ मिला ही सकते थे, क्योंकि बकौल मेहरचंद महाजन, शेख तो खुद जम्मू में महाराजा के सम्मुख यह प्रस्ताव लेकर पहुँचा था कि वे राज्य के संवैधानिक मुखिया बन जाएँ और उसे प्रधानमंत्री बना दें तो वह स्वामिभक्त प्रजा एवं आज्ञाकारी पुत्र की तरह रहेगा।''[9] महाराजा अच्छी तरह जानते थे कि शेख सत्ता के लिए किसी सीमा तक भी जा सकते हैं। इसी कारण से वे नेहरू के साथ चिपके हुए थे। एक ओर पाकिस्तान और दूसरी ओर नेहरू-शेख की जुगलबंदी, भारत की सीमांत सुरक्षा की यह लड़ाई हरि सिंह को दो-दो मोर्चों पर अकेले ही लड़नी पड़ रही थी।

लार्ड माउंटबेटन जून के अंतिम दिनों में महाराजा हरि सिंह द्वारा पाकिस्तान में शामिल होने से इनकार करने के कारण अपने घाव सहलाते हुए श्रीनगर से वापस दिल्ली तो लौट आए थे, लेकिन न तो उनका वह जख्म अभी तक भर पाया था और न ही जम्मू-कश्मीर को पाकिस्तान में शामिल करवा देने का सपना। एक ऐसा सपना, जिसे वे किसी भी हालत में छोड़ नहीं सकते थे। माउंटबेटन के अपने शब्दों में ही, "I was always convinced East Pakistan would never work. The whole concept of two different peoples being held together over all those miles by the same religion was absolute nonsense, But west Pakistan was something else, I wanted it to work. I wanted it to be viable. After all, I was responsible for it. I wanted Kashmir with them. I did not to muck up my own creation, for God's sake."[10] इतना ही नहीं, अपनी असफल कश्मीर यात्रा के बाद उन्होंने अपने इसी अभियान में अपने चीफ ऑफ स्टाफ लार्ड इजमे को श्रीनगर भेजा, लेकिन वह भी निराश होकर ही लौटा।

जिस समय माउंटबेटन हरि सिंह को रियासत में लोगों का मत जानने के लिए चुनाव करवाने की या फिर जगह-जगह जन सभाएँ करने की सलाह दे रहे थे, उस समय भारत से अंग्रेजों के चले जाने में एक महीना बीस दिन बचते थे। रियासत के पड़ोसी राज्य पंजाब में हिंदू-मुसलिम दंगे शुरू हो चुके थे। बंगाल में मुसलिम लीग के डायरेक्ट एक्शन के कारण हजारों हिंदू सरकारी सहायता से मारे जा चुके थे। चाहे ब्रिटिश अधिकारी पिछले तेईस साल से जम्मू-कश्मीर में सांप्रदायिक उन्माद पैदा करने का प्रयास कर रहे थे, लेकिन रियासत मुसलिम बहुल होते हुए भी अभी तक इस सांप्रदायिकता से बची हुई थी। अब यदि माउंटबेटन की सलाह मानकर महाराजा हरि सिंह जगह-जगह जन सभाएँ शुरू कर देते तो रियासत में दो समुदायों के बीच के जन

संहार को कोई नहीं रोक सकता था। कहीं ऐसा तो नहीं कि लार्ड माउंटबेटन सचमुच चाह रहे थे कि जम्मू-कश्मीर में भी सांप्रदायिक फसाद शुरू हो जाएँ, क्योंकि यदि ऐसा होता तो उस फसाद में अधिकांश हिंदू-सिख या तो मारे जाते या फिर रियासत से पलायन कर जाते और रियासत पूरी तरह मुसलिमबहुल हो जाती। माउंटबेटन इतना तो जानते ही थे कि एक बार फसाद शुरू हो जाने पर महाराजा की पुलिस-सेना उसको किसी भी कीमत पर रोक नहीं सकेंगी। लेकिन महाराजा ने माउंटबेटन की सलाह नहीं मानी। जाहिर है, जिस कूटनीतिक शैली में माउंटबेटन महाराजा को पाकिस्तान में शामिल हो जाने की सलाह दे रहे थे, उसी कूटनीतिक शैली में हरि सिंह उससे इनकार कर रहे थे।

लार्ड माउंटबेटन जम्मू-कश्मीर को लेकर कितनी गहरी रुचि रखते थे, इसका अंदाजा इसी से लगाया जा सकता है कि नेहरू को काबू करने के लिए उन्होंने अपनी पत्नी को भी इस रणक्षेत्र में उतार दिया। माउंटबेटन की बेटी पामेला ने इस विषय की चर्चा करते हुए लिखा है, ''पंडित नेहरू से मेरी माँ का विशेष रिश्ता पिताजी के लिए बहुत लाभदायक था। ऐसा समय भी आया, जब कश्मीर बहुत ही समस्यामूलक हो गया था। जब कश्मीर पर कोई पेंच होता तो वे सुबह नाश्ते के समय माँ को कह देते थे कि नेहरू से बात कर लेना।''[11] यहाँ तक कि डोमीनियन भारत के प्रथम गवर्नर जनरल का पद ग्रहण कर लेने के बाद भी माउंटबेटन जम्मू-कश्मीर को पाकिस्तान में ही देखना चाहते थे। श्रीनगर में प्रधानमंत्री का पद सँभालने से पूर्व 29 सितंबर, 1947 को दिल्ली में मेहरचंद महाजन उनसे मिलने के लिए गए थे। महाजन के ही शब्दों में, ''घंटा भर की बातचीत के बाद मुझे लगा कि माउंटबेटन अभी भी इसी मत के थे कि भौगोलिक कारणों से भी जम्मू-कश्मीर का पाकिस्तान में जाना ही न्यायोचित है।''[12] लेकिन लार्ड माउंटबेटन केवल मत व्यक्त करनेवाले गवर्नर जनरल ही नहीं थे। वे अपने मत को साकार करने के लिए सक्रिय भूमिका भी निभाते थे। इसीलिए 15 अगस्त के बाद भी वे चुप नहीं बैठे और अपनी रहस्यमयी भूमिका निभाते रहे।

8. माउंटबेटन के परामर्श पर हरि सिंह की टिप्पणी

महाराजा हरि सिंह ने भी इस बात का खुलासा किया है कि माउंटबेटन ने उन्हें श्रीनगर प्रवास में क्या सलाह दी थी। उन्होंने लिखा, "Lord Mountbatten chose to visit the State in June, 1947 and we had several talks. Lord Mountbatten then urged me and my Prime Minister, Kak, not to make any declaration of Independence but to find out in one way or another, the will of the people of Kashmir as soon as possible and to announce our intention by the 14th August to send representatives accordingly to one Constituent Assembly or the other. Lord Mountbatten further told us that the newly created States Department was prepared to give an assurance that if Kashmir went to Pakistan, it would not be regarded as an unfriendly act by the Government of India. Lord Mountbatten stressed the dangerous situation in which Kashmir would find itself if it lacked the support of one of the two Dominions by the date of the transfer of power. The impression which I gathered from my talks with Lord Mountbatten who explained the situation with plans and maps was that, in his opinion, it was advisable for me to accede to Pakistan."[13]

लार्ड माउंटबेटन, महाराजा हरि सिंह के पुराने मित्र थे। पाकिस्तान में शामिल होने से बचने के लिए उन्होंने अंतिम दिन उदर शूल का बहाना बनाकर लार्ड से मिलने से ही इनकार कर दिया। जम्मू-कश्मीर के बहुत से विद्वान् लार्ड माउंटबेटन की इस यात्रा की व्याख्या यह कहकर करते हैं कि वे महाराजा हरि सिंह को यह समझाने के लिए गए थे कि वे रियासत के आजाद होने की घोषणा न करें, जबकि उपलब्ध साक्ष्य यह सिद्ध करते हैं कि माउंटबेटन को खतरा था कि कहीं महाराजा भारत डोमिनियन में बने रहने की घोषणा न कर दें। इसलिए वे महाराजा को पाकिस्तान में शामिल होने के लिए प्रेरित करने के लिए श्रीनगर गए थे। यह अलग बात है कि इसके लिए उन्होंने कूटनीतिक भाषा का प्रयोग किया।

9. कर्ण सिंह का मत

लार्ड माउंटबेटन की इस श्रीनगर यात्रा का वर्णन डॉ. कर्ण सिंह ने भी किया है। यद्यपि इस घटना की व्याख्या उनकी अपनी है, तब भी इससे माउंटबेटन के उद्देश्य का आभास परिलक्षित हो ही जाता है। उनके अनुसार, "(श्रीनगर में) माउंटबेटन एक गंभीर राजनैतिक उद्देश्य भी पूरा करने में लगे हुए थे। भारत में अब अंग्रेजों के विदा होने में ज्यादा दिन नहीं रह गए थे। देश का विभाजन तय हो चुका था। देसी रियासतें अपनी-अपनी भौगोलिक स्थितियों को देखते हुए यह निर्णय करने में व्यस्त थीं कि उन्हें भारत या पाकिस्तान, किस देश के साथ मिलना है, लेकिन अब भी कुछ रियासतें ऐसी थीं, जो कुछ फैसला नहीं कर पाईं थीं। इनमें भारत की दो बड़ी रियासतें थीं—हैदराबाद और कश्मीर। भौगोलिक दृष्टि से हैदराबाद पूरी तरह भारतीय संघ के बीच में था, लेकिन जम्मू-कश्मीर की एक सीमा भारतीय संघ से लगी थी, तो दूसरी नए प्रस्तावित पाकिस्तान से। इसके अलावा हमारी रियासत बहुजातीय थी। यहाँ शिया, सुन्नी मुसलमान, हिंदू, बौद्ध तथा अन्य मजहबी संप्रदायों के लोग भी थे। मुझे अब भी संदेह है कि उस

वक्त तक भी पिताजी को यह विश्वास नहीं था कि अंग्रेज सचमुच भारत से चले जाएँगे। अपने अनिर्णायक स्वभाव के चलते यहाँ भी उनका रवैया टालू ही रहा। निस्संदेह स्थिति की जटिलता और किसी आसान विकल्प के अभाव को देखते हुए उन्हें पूरी तरह दोषी नहीं ठहराया जा सकता। उनके सामने अनेक कठिनाइयाँ थीं। अगर वे पाकिस्तान के साथ मिलने का निर्णय करते, तो उनके समूचा डोगरा आधार सहित उन्हीं के अधिकांश लोग स्वयं को अपमानित महसूस करते। भारत के साथ मिलते तो रियासत के अधिकांश मुसलिम वर्ग के विमुख होने का जोखिम था। स्वतंत्र राज्य अपने आपमें एक आकर्षक प्रस्ताव हो सकता था, लेकिन उसे व्यवहार में लाने के लिए बड़ी सूझ-बूझ से तैयारी करने की आवश्यकता थी। सभी संबंधित पक्षों से लंबी बातचीत और जबरदस्त राजनैतिक व कूटनीतिक क्षमता की जरूरत थी। माउंटबेटन की कश्मीर यात्रा का उद्देश्य पिताजी को 15 अगस्त से पहले-पहले कोई निर्णय कर लेने का आग्रह करना था। वह भारतीय नेताओं से यह आश्वासन लेकर भी आए थे कि महाराजा जो भी निर्णय करें, चाहे पाकिस्तान में भी मिलना चाहें, उन्हें कोई आपत्ति नहीं होगी। विषम परिस्थिति आने पर उसका सामना करने से बचना, यह स्वाभाविक सामंती प्रवृत्ति है। मेरे पिता अकसर यही किया करते थे। माउंटबेटन के कश्मीर आने का फायदा उठाते हुए समग्र स्थिति पर सार्थक विचार-विमर्श करने और विवेकपूर्ण निर्णय लेने की बजाय उन्होंने वायसराय को तरह-तरह से टालने की कोशिश की।'''दिल्ली के लिए रवाना होने से पहले वायसराय ने उनके साथ एक मीटिंग रखी थी, लेकिन मेरे पिता ने असहनीय पेट दर्द का बहाना बनाकर मीटिंग को भी टाल दिया। इस घटना को वायसराय के सहायक ने मीटिंग के विवरण के साथ दर्ज करते हुए लिखा कि वायसराय महाराजा की मंशा समझ गए और दिल्ली लौट आए। कश्मीर पर राजनैतिक समझौते का यह अंतिम और सही अवसर था, जो गँवा दिया गया।''[14] यद्यपि कर्ण सिंह ने लार्ड माउंटबेटन की इस श्रीनगर यात्रा की लंबी व्याख्या अपने पिता को दोषी सिद्ध करने की शैली में ही की है, लेकिन फिर भी उन्होंने स्पष्ट किया है कि माउंटबेटन महाराजा हरि सिंह को आश्वस्त कर रहे थे कि पाकिस्तान में शामिल होने पर भारत सरकार कोई एतराज नहीं करेगी।

10. जवाहर लाल नेहरू और महाराजा हरि सिंह की जम्मू-कश्मीर की संवैधानिक स्थिति को लेकर मत भिन्नता

जिस समय लार्ड माउंटबेटन महाराजा हरि सिंह पर पाकिस्तान में शामिल होने के लिए दबाव बना रहे थे और इसके लिए लोकमत जानने के अपने परामर्श को ढाल बना रहे थे, उस समय पंडित नेहरू की जम्मू-कश्मीर रियासत को लेकर क्या नीति थी, इसका खुलासा भी लाजिमी है।

पंडित जवाहर लाल नेहरू महाराजा हरि सिंह से रियासत के अधिमिलन पर बातचीत करने के लिए ही तैयार नहीं थे। वे अधिमिलन की बातचीत शेख मोहम्मद अब्दुल्ला से ही करना चाहते थे, लेकिन यह तभी संभव हो सकता था, यदि रियासत की संवैधानिक स्थिति में परिवर्तन हो जाता और सत्ता शेख मोहम्मद अब्दुल्ला के हाथों में आ जाती। इसलिए उन अति संवेदनशील दिनों में नेहरू शेख अब्दुल्ला को जेल से छुड़वाकर, उसे रियासत की गद्दी पर बिठा देने के राजशाही अभियान में लगे हुए थे। हरि सिंह के ही शब्दों में, ''प्रधानमंत्री नेहरू शेख अब्दुल्ला को जेल से मुक्त करवाने को लेकर ही ज्यादा चिंतित थे।''[15] शेख मोहम्मद अब्दुल्ला 1946 में 'डोगरो गद्दी छोड़ो' के आंदोलन के चलते तीन साल की कैद काट रहे थे। नेहरू के ही शब्दों में, ''विभाजन से पूर्व ही जब अधिकांश रियासतें भारत की संवैधानिक व्यवस्था में विलीन हो रही थीं, तब हमने जम्मू-कश्मीर रियासत के अधिमिलन को प्रोत्साहित नहीं किया। हमने सुझाव दिया था कि इस विषय पर बाद में, जब किसी भी तरीके से लोगों की राय जान ली जाएगी, तभी विचार किया जाएगा। लोगों की राय जानने के तरीके के बारे में भी हमारा सुझाव था कि रियासत में संविधान सभा का गठन किया जाएगा, जिसके माध्यम से अधिमिलन व अन्य विषयों पर लोगों की राय सुनिश्चित की जाएगी।''[16] जाहिर है नेहरू बहुत लंबी योजना बनाकर चल रहे थे। उनकी योजना में भारत के स्वतंत्र हो जाने के बाद रियासत की संविधान सभा गठित होगी। उसके लिए चुनाव करवाए जाएँगे। वह भारत की नई संघीय संवैधानिक व्यवस्था में रियासत के शामिल होने का प्रस्ताव पारित करेगी। उसके बाद रियासत से अधिमिलन का प्रस्ताव आएगा और भारत सरकार उसे स्वीकार करेगी। यह ठीक है कि जिन रियासतों का भारत की संघीय संवैधानिक व्यवस्था में अधिमिलन हो गया था, वहाँ भी संविधान सभा बनाने की बात कांग्रेस कर रही थी। ऐसी कुछ रियासतों में संविधान सभाएँ बनी भीं, लेकिन यह सबकुछ रियासत के भारत की संवैधानिक व्यवस्था में अधिमिलन के बाद हुआ, लेकिन जम्मू-कश्मीर में यह सारी व्यवस्था वे रियासत के भारत की संवैधानिक व्यवस्था में मिलने से पूर्व ही करना चाहते थे। यह भारत सरकार के अधिकार क्षेत्र में ही नहीं था।

आश्चर्य है नेहरू की इस दीर्घसूत्री योजना के चलते भी हरि सिंह पर ही दोष लगाया जाता है कि वे 15 अगस्त से पहले भारत की संवैधानिक व्यवस्था में शामिल क्यों नहीं हुए? हरि सिंह अधिमिलन की चर्चा का प्रस्ताव दिल्ली भेजते थे, तो उधर से नेहरू का रटा-रटाया जवाब आ जाता था, शेख अब्दुल्ला को सत्ता सौंप दो। जम्मू-कश्मीर मामलों पर लिखनेवाले क्रिस्टोफर थॉमस कहते हैं, 'विभाजन से एक माह पूर्व, जुलाई में महाराजा ने अपने प्रधानमंत्री पंडित काक को रियासत के भारत में अधिमिलन की शर्तों पर बात करने के लिए दिल्ली भेजा, लेकिन दिल्ली में काक को स्पष्ट बता

दिया गया कि लोगों की इच्छा जाने बिना अधिमिलन का प्रस्ताव स्वीकार नहीं किया जाएगा।'[17] वी.पी. मेनन ने भी इसका खुलासा किया है। उनके अनुसार, ''रियासती मंत्रालय की स्थापना के बाद हमने रियासतों के शासकों और उनके प्रतिनिधियों के साथ अधिमिलन के लिए प्रारंभिक बातचीत शुरू की। उस समय जम्मू-कश्मीर के प्रधानमंत्री पंडित राम चंद्र काक भी दिल्ली में ही थे। महाराजा पटियाला के सुझाव पर हमने काक को ऐसी एक बैठक के लिए बुलाया, लेकिन वे इसमें नहीं आए। बाद में वे मुझे गवर्नर जनरल के घर में मिले। मैंने उनसे पूछा कि भारत या पाकिस्तान में शामिल होने के प्रश्न पर महाराजा का क्या रुख है? इसका उन्होंने गोलमोल उत्तर ही दिया। इसके बाद काक सरदार पटेल से भी मिले। मैं काक को न तो समझ पाया और न ही उसके मन की थाह पा सका। लार्ड माउंटबेटन ने बाद में काक की जिन्ना से मुलाकात की व्यवस्था की।''[18] जाहिर है माउंटबेटन जम्मू-कश्मीर को पाकिस्तान की ओर धकेल रहे थे, पर इधर इस ऊहापोह में गुजर रहा एक-एक दिन रियासत के भविष्य पर भारी पड़ रहा था।

उधर रियासत के अधिमिलन को लेकर दिल्ली अव्यावहारिक रुख अपना रही थी और इधर महाराजा के विरोधियों ने दिल्ली में ये अफवाहें अवश्य फैलानी शुरू कर दीं कि महाराजा स्वतंत्र रहना चाहते हैं। प्रधानमंत्री रामचंद्र काक की गतिविधियाँ भी इन अफवाहों को बल दे रही थीं। वे स्वयं भी पाकिस्तान के निरंतर संपर्क में थे। काक की पत्नी स्काटिश थी और रियासत की राजनीति और उसके भविष्य में निरंतर रुचि रखती थी। लार्ड माउंटबेटन के श्रीनगर प्रयास के बाद से योजनापूर्वक इन अफवाहों को फैलाया जा रहा था।

11. महात्मा गांधी की श्रीनगर यात्रा

इन अफवाहों से दिल्ली में चिंता होना स्वाभाविक ही थी। नेहरू को रियासत की चिंता के साथ-साथ यह भी चिंता थी कि उनके मित्र शेख अब्दुल्ला का भविष्य क्या होगा? जाहिर है कांग्रेस अध्यक्ष नेहरू और माउंटबेटन के इस व्यवहार से महाराजा हरि सिंह नाराज होते। अंग्रेजों ने कांग्रेस के मन में डाल दिया था कि महाराजा हरि सिंह आजादी की घोषणा कर सकते हैं। कैंपबल जानसन लिखते हैं, ''नेहरू और गांधी दोनों ही चिंतित थे कि कहीं हरि सिंह जम्मू-कश्मीर की आजादी की घोषणा न कर दें।''[19] इस बार नेहरू और महात्मा गांधी दोनों ही श्रीनगर जाना चाहते थे। सरदार पटेल जानते थे कि उस समय की हालात में इस प्रकार की राजनीति नुकसानदेह हो सकती है। हरि सिंह पर यह आरोप लगाना कि वे रियासत को आजाद रखना चाहते हैं, परोक्ष रूप से उन्हें चिढ़ाना ही था। हरि सिंह को चिढ़ाने में नेहरू महात्मा गांधी से बाजी मार सकते थे। इसलिए पटेल मानते थे कि यदि दोनों में से किसी को श्रीनगर जाना ही है तो

महात्मा गांधी कम नुकसानदेह साबित होंगे। वैसे भी महात्मा गांधी को 1915 से ही जम्मू-कश्मीर नरेश श्रीनगर आने का निमंत्रण देते रहे थे, लेकिन वे अपनी अन्य व्यस्तताओं के चलते वहाँ नहीं जा सके थे। इस बार वे 31 जुलाई, 1947 से लेकर 2 अगस्त तक श्रीनगर में रहे। मुसलिम कॉन्फ्रेंस को चिंता हुई। उन्होंने बारामुला में गांधी के खिलाफ प्रदर्शन भी किया। महात्मा गांधी एक अगस्त को गुलाब भवन भी गए और वहाँ महाराजा हरि सिंह से भेंट की। हरि सिंह और महात्मा गांधी की आपस में क्या बात हुई, इसका कोई रिकॉर्ड उपलब्ध नहीं है, लेकिन अनुमान लगाया जा सकता है कि वे महाराजा हरि सिंह की आशंकाओं को दूर करने में सफल हुए। नेहरू को लेकर हरि सिंह की जो शंका थी, उसका भी कुछ सीमा तक शमन किया होगा। इस भेंट का उल्लेख डॉ. कर्ण सिंह ने भी किया है, जो वहाँ उपस्थित थे। उनके अनुसार, ''मुझे ठीक-ठीक याद है, एक अगस्त को शाम को ठीक पाँच बजे गांधीजी आए। पिताजी ने ड्योढ़ी पर जाकर उनका स्वागत किया और वे दोनों बगीचे में चलते हुए उस पेड़ के पास आए, जहाँ माँ और मैं उनकी प्रतीक्षा कर रहे थे।...हालाँकि मेरी याददाश्त बहुत अच्छी है, लेकिन उस अवसर पर हुए वार्त्तालाप की स्मृति बहुत ही कम है।...उन्होंने क्या-क्या कहा, यह मैं ठीक से समझ नहीं सका। पिताजी बहुत आदरपूर्वक उनकी बातें सुनते रहे। जहाँ तक मुझे याद है, अपनी ओर से उन्होंने शायद ही कुछ कहा हो, पर गांधीजी के अस्फुट संवाद से मैं जो कुछ समझ सका, उसका यही सार था कि रियासत के बारे में कोई भी निर्णय लेने से पहले मेरे पिता वहाँ की जनता की जनभावनाओं का ध्यान रखें और उसे विश्वास में लें।''[20] जनता की राय जान लेने की सलाह हरि सिंह को लार्ड माउंटबेटन और नेहरू भी दे रहे थे और महात्मा गांधी भी, लेकिन तीनों के शब्दों का अलग-अलग अर्थ था, इसे महाराजा से बेहतर कौन जानता था?

महात्मा गांधी से भेंट के बाद हरि सिंह ने अपने प्रधानमंत्री रामचंद्र काक को 11 अगस्त यानी अंग्रेजों के भारत से चले जाने से चार दिन पहले ही प्रधानमंत्री पद से हटा दिया और उनके स्थान पर हिमाचल प्रदेश के मेजर जनरल जनक सिंह को प्रधानमंत्री नियुक्त कर दिया। रामचंद्र काक पाकिस्तान समर्थक थे और रियासत की आजादी की तस्वीरें खींच रहे थे। काक ने भाग जाने का प्रयास किया, लेकिन वह सफल नहीं हो पाया। सरकार ने उसे घर में ही नजरबंद कर दिया। मेहरचंद महाजन ने बाद में लिखा, ''रामचंद्र काक ने राज्य को पाकिस्तान में शामिल करवाने हेतु अपनी गतिविधियों को कभी छिपाया नहीं था। वह पाकिस्तान को विश्वास दिला रहे थे कि थाली में रखकर वह जम्मू-कश्मीर उन्हें भेंट कर देंगे।''[21] इतना ही नहीं, इस भेंट के बाद पूरी रियासत में नई हलचल शुरू हुई। पुलिस के इंस्पेक्टर जनरल और रियासती सेना के चीफ ऑफ दि जनरल स्टाफ पद मुक्त कर दिए गए। दोनों अधिकारी ब्रिटिश हितों की रणनीति का

हिस्सा थे। रावी नदी पर नए पुल का निर्माण शुरू हुआ। जम्मू और श्रीनगर में तार की लाइनें बिछाई जाने लगीं। जम्मू और कठुआ में सड़कों की मरम्मत शुरू हुई। इसमें कोई शक नहीं कि यह सबकुछ भारत सरकार की सहायता से ही हो रहा था। जाहिर है महाराजा हरि सिंह का निर्णय भारत के पक्ष में था, अन्यथा यह सबकुछ संभव नहीं था। बाद में लंदन से प्रकाशित समाचार-पत्र टाइम्स ने लिखा, "But the Union of India has been taking a lively interest in the subject and indications are that the Hindu Maharaja of Kashmir, Sir Hari Singh, has lately been much influenced by representations made by Gandhi, who visited Kashmir three months ago and by other congress leaders."[22]

12. यथास्थिति समझौता

महाराजा राज्य को देश की नई संघीय व्यवस्था का हिस्सा बनाना चाहते थे, उनकी यह मंशा तो स्पष्ट थी, लेकिन जम्मू-कश्मीर को लेकर दिल्ली की अब भी कोई स्पष्ट नीति नहीं बन पा रही थी। अलबत्ता लार्ड माउंटबेटन और मुसलिम लीग का पाकिस्तान में शामिल हो जाने का दबाव बरकरार था। उधर पंद्रह अगस्त नजदीक आ रहा था। अब हरि सिंह दो ओर से घिर चुके थे। पाकिस्तान रियासत को हथियाने के लिए कोई भी तरीका इस्तेमाल कर सकता था और माउंटबेटन रियासत को पाकिस्तान में शामिल करवाने के लिए कोई भी चाल चल सकते थे। इन दोनों की कूटनीति और बलनीति को पराजित करने के लिए महाराजा ने भी तुरप का पत्ता चल दिया।

उन्होंने 12 अगस्त को कराची और दिल्ली को यथास्थिति बनाए रखने का प्रस्ताव भेजा। कराची ने इस प्रस्ताव को एक टेलीग्राम भेजकर तुरंत स्वीकार कर लिया, पर दिल्ली में नेहरू ने इस प्रस्ताव पर भी आँख मिचौनी शुरू कर दी, जबकि दिल्ली को यथास्थिति संधि की जो शर्तें भेजी गई थीं, वे देश की नई संघीय व्यवस्था के पक्ष में थीं। विभाजन के बाद बचा भारत डोमीनियन अंतरराष्ट्रीय विधि के अनुसार ब्रिटिश इंडिया का उत्तराधिकारी राज्य था। इसलिए 1846 में कश्मीर घाटी सहित सभी अन्य विषयों को लेकर ज़म्मू रियासत व ब्रिटिश इंडिया में हुई अमृतसर संधि के पालन का दायित्व, यथास्थिति संधि के बाद स्वाभाविक रूप से ही दिल्ली पर आ जाता। महाराजा हरि सिंह परोक्ष रूप से यह स्थिति पैदा कर रहे थे कि यदि पाकिस्तान बल प्रयोग से जम्मू-कश्मीर हथियाने का प्रयास करता है तो भारत सरकार उसमें वैधानिक रूप से दखलंदाजी कर सकती है। वैसे भी ब्रिटिश क्राउन के हट जाने के बाद इंडियन स्टेटस की सुरक्षा की जिम्मेदारी भारत की थी, क्योंकि भारत उसी प्रकार ब्रिटिश इंडिया का उत्तराधिकारी राज्य था, जिस प्रकार ब्रिटिश क्राउन ईस्ट इंडिया कंपनी का था। ''भारत को संयुक्त

राष्ट्र संघ का सदस्य बनने के लिए नए सिरे से आवेदन नहीं करना पड़ा था।''[23] लेकिन दिल्ली ने महाराजा हरि सिंह के इस प्रस्ताव पर विचार करने के लिए भी समय माँगा और कहा कि इस प्रस्ताव पर तभी विचार किया जाएगा, जब महाराजा स्वयं या फिर उनका कोई प्रतिनिधि दिल्ली आकर इस विषय पर बातचीत करे।

लेकिन दिल्ली को न तो महाराजा के प्रतिनिधि का इंतजार करने की जरूरत पड़ी और न ही शेख अब्दुल्ला की ताजपोशी देखने की, क्योंकि पाकिस्तान ने जम्मू-कश्मीर को बलपूर्वक हथियाने के लिए कबायलियों के माध्यम से उससे पहले ही रियासत पर आक्रमण कर दिया। पाकिस्तान समझ गया था कि तमाम प्रलोभनों और धमकियों के बाबजूद महाराजा हरि सिंह पाकिस्तान में जाने के लिए तैयार नहीं हैं।

लेकिन भारत सरकार में बैठकर इस संधि को होने से रुकवाने के पीछे किसका दिमाग था, यह अभी भी रहस्य ही बना हुआ है। संधि के प्रस्ताव पर कोई निर्णय न लेकर दिल्ली ने एक सुनहरा अवसर गँवा दिया था।

महाराजा हरि सिंह के अपने शब्दों में ही, "I thought that in the circumstances it was advisable to have Standstill Agreements with India and Pakistan and get breathing time to decide which accession would be in the interests of the State. Pakistan very quickly and willingly agreed to a Standstill arrangement, perhaps with mental reservations, as appears from their subsequent conduct. On the other hand, the Government of India did not make up their mind and if I may be permitted to say so, dealt with the situation in a half—hearted and desultory manner; thus giving an opportunity to Pakistan to do mischief, as they did. This gave rise to misunderstandings on both sides resulting in dissatisfaction and delay in coming to an understanding. The results have been detrimental to both the State and India. Pakistan became impatient and having failed to force accession, started with blockading the supplies to the State and ended by invading the State. Lord Mountbatten realizing the uncertain and dangerously unstable position of the State, asked Lord Ismay to approach me and get me to decide on accession without further delay to whichever Dominion I and my people desired. This was at the end of August, 1947."[(25)]

लेकिन दिल्ली में किसी के पास इतना समय ही नहीं था कि जम्मू-कश्मीर की ओर ध्यान देता। उन दिनों के रियासती मंत्रालय के पास सभी रियासतों को नई संघीय लोकतांत्रिक व्यवस्था में एकीकृत करने का जिम्मा था। उस के सचिव वी.पी. मेनन लिखते हैं, ''हमने रियासत को एक प्रकार से छोड़ ही दिया था। हमने महाराजा को भारत में अधिमिलन के लिए कहा ही नहीं, जबकि अब तक तो रैडिकल्फ रपट आ

जाने के कारण जम्मू-कश्मीर सड़क मार्ग से भारत से जुड़ गया था। रियासत की जनसंख्या की मजहबी आधार पर भी अपनी विशेष समस्या थी। हम वैसे भी अपनी अन्य अनेक समस्याओं से घिरे हुए थे। सच्चाई तो यह है कि हमारे पास कश्मीर पर सोचने के लिए समय ही नहीं था।''[26] अगस्त के बीतते-बीतते महाराजा हरि सिंह ने तो भारत की संवैधानिक-प्रशासनिक व्यवस्था में शामिल होने का निर्णय कर लिया था, लेकिन अब ''रियासत के अधिमिलन में देरी केवल इसलिए हो रही थी कि नेहरू इस बात पर बजिद थे कि अधिमिलन तभी संभव है, यदि महाराजा सत्ता शेख अब्दुल्ला को सौंपकर प्रदेश में प्रतिनिधि सरकार की स्थापना कर दें।''[27]

---

13. मेहरचंद महाजन की प्रधानमंत्री पद पर नियुक्ति

कुछ दिन बाद ही भारत विभाजन हुआ और रियासत की ब्रिटिश सरकार से की गई संधियाँ समाप्त हो गईं। दिन-प्रतिदिन रियासत में स्थिति गंभीर होती जा रही थी। महाराजा को इस समय कोई ऐसा प्रधानमंत्री चाहिए था, जिसकी दिल्ली के सत्ता गलियारों में भी पहुँच हो, ताकि वह जम्मू-कश्मीर रियासत को देश के लिए बनाई जा रही नई संघीय संवैधानिक व्यवस्था में अधिमिलन के लिए दिल्ली को तैयार कर सकता, क्योंकि अभी तक महाराजा दिल्ली को इस काम के लिए तैयार नहीं कर सके थे। नेहरू अपने मित्र शेख मोहम्मद अब्दुल्ला की रिहाई के बिना अधिमिलन की बात तक करने को तैयार नहीं थे। इस हेतु महारानी तारा देवी मेहरचंद महाजन से बात करने के लिए लाहौर गईं। महाजन पंजाब उच्च न्यायालय में न्यायाधीश थे। वे आर्यसमाजी थे और कांग्रेस के नेताओं से उनके अच्छे संबंध थे। उनकी माँ मीरपुर से ही थी और उनके कुछ संबंधी जम्मू-कश्मीर में राजकीय सेवा में भी थे। तारादेवी ने महाजन से रियासत के प्रधानमंत्री का पद सँभाल लेने का अनुरोध किया।

ताज्जुब था कि नेहरू देश भर में लोकतांत्रिक व्यवस्था के हामी थे, लेकिन जब जम्मू-कश्मीर की बात आती थी तो कश्मीर घाटी के केवल कश्मीरी भाषा बोलनेवाले मुसलमानों के नेता शेख को बिना किसी लोकतांत्रिक प्रक्रिया के सत्ता दिलवाना चाहते थे। मेहरचंद महाजन, रियासत में प्रधानमंत्री का पद सँभालने से पूर्व 29 अगस्त को दिल्ली में पंडित जवाहर लाल नेहरू से मिले थे। महाजन को आशा रही होगी कि शायद नेहरू जम्मू-कश्मीर के अधिमिलन के बारे में बात करेंगे, लेकिन महाजन के शब्दों में ही, ''मैं प्रधानमंत्री पंडित जवाहर लाल नेहरू से भी मिला और उन्हें बताया कि महाराजा किन शर्तों पर अधिमलन प्रस्ताव चाहते हैं। महाराजा भारत की संवैधानिक व्यवस्था से अधिमिलन चाहते थे। वे रियासत की प्रशासनिक व्यवस्था में आवश्यक सुधार करने के भी इच्छुक थे, लेकिन वे प्रशासनिक सुधारों का विषय अधिमिलन के बाद लेना चाहते

थे, लेकिन पंडितजी रियासत के आंतरिक प्रशासन में तुरंत प्रभाव से परिवर्तन चाहते थे। जब मैंने इस विषय पर महाराजा का दृष्टिकोण बताया तो वे क्रोधित भी हुए। पंडित नेहरू ने मुझे यह भी कहा कि अब तुम देखो कि शेख अब्दुल्ला को तुरंत जेल से छोड़ दिया जाए।''[28] पंडित नेहरू से भेंट के बाद महाजन दिल्ली में महात्मा गांधी से भी मिले। महात्मा गांधी ने कहा, ''हमारी मंशा महाराजा को समाप्त करने या उन्हें नुकसान पहुँचाने की नहीं है। यदि संभव हो तो रियासत को भारत में मिलना चाहिए। वहाँ के प्रशासन का भी लोकतंत्रीकरण करना चाहिए।''[29] इसका अर्थ यह हुआ कि महाराजा तो अगस्त से ही प्रयास कर रहे थे कि रियासत का भारत की संवैधानिक व्यवस्था से एकीकरण हो जाए, लेकिन नेहरू जिन आंतरिक-प्रशासकीय परिवर्तनों की बात कर रहे थे, उसका अर्थ शेख को सत्ता सौंप देना ही था और इसी में उनकी प्राथमिक रुचि थी। 15 अक्तूबर को महाराजा हरि सिंह ने जनक सिंह को पदमुक्त कर मेहरचंद महाजन को प्रधानमंत्री नियुक्त कर दिया। कम-से-कम अब कोई यह तो नहीं कह सकेगा कि हरि सिंह स्वतंत्र राज्य का सपना देख रहे हैं। दिल्ली में महाजन को पटेल का आदमी माना जा रहा था।

14. शेख अब्दुल्ला की रिहाई

जब नेहरू अधिमिलन के प्रश्न पर किसी भी हालत में बातचीत करने को तैयार ही नहीं थे तो महाराजा हरि सिंह ने अपने बहनोई नचिंत चंद के माध्यम से शेख अब्दुल्ला से बातचीत चलाई। शेख ने डोगरों के खिलाफ अपने कृत्यों पर खेद प्रकट किया और महाराजा को क्षमा याचना का पत्र लिखा। तब 29 सितंबर, 1947 को उनको जेल से रिहा कर दिया गया, लेकिन शेख को जेल से छोड़ देने मात्र से भी नेहरू की जिद में कोई परिवर्तन नहीं आया। क्रिस्टोफर थॉमस के ही अनुसार, ''शेख को जेल से छोड़ने के बाद, महाराजा ने एक बार फिर दिल्ली को अधिमिलन का प्रस्ताव भेजा। इस बार महाराजा अपने लिए कुछ सुविधाजनक स्थिति चाहते थे, लेकिन नेहरू ने इस बार भी महाराजा का प्रस्ताव ठुकरा दिया।''[30] महाराजा के निर्णय के प्रति सरकारी रुख उपेक्षा का था। अधिमिलन की चर्चा पर कश्मीर के अधिकारियों को नेहरू की सलाह, ''सिर्फ इतनी थी कि वे शेख अब्दुल्ला को बुलाएँ, जो कि सितंबर में जेल से रिहा किए गए थे और उनसे एक तात्कालिक सरकार बनाने के लिए कहें और नए चुनाव घोषित करें। तब तक कश्मीर के विलय की कोई बात न की जाए।''[31] प्रसिद्ध पत्रकार प्राण सेठ, जो 1947 में जम्मू-कश्मीर पर पाकिस्तानी आक्रमण के समय रिपोर्टिंग के लिए श्रीनगर में थे, लिखते हैं, ''हो सकता है कि महाराजा हरि सिंह अच्छे प्रशासक या कूटनीतिज्ञ न हों, लेकिन वे इतना तो जानते ही थे कि उनका भविष्य भारत में है।

रियासत पर हमले से काफी पहले उन्होंने दो बार भारत में अधिमिलन का प्रस्ताव भेजा, लेकिन नेहरू ने दोनों बार ही यह प्रस्ताव ठुकरा दिया। नेहरू ने शर्त लगाई थी कि पहले उनके मित्र शेख अब्दुल्ला के नेतृत्व में राज्य में लोकप्रिय सरकार का गठन किया जाए, तभी विलय का प्रस्ताव स्वीकार किया जाएगा।''[32]

महाराजा हरि सिंह के भारत में शामिल होने के मध्य सितंबर के इन प्रयासों के चलते लगभग एक मास बीत जाने के बाद जब नए प्रधानमंत्री मेहरचंद महाजन, 12 अक्तूबर, 1947 को नई दिल्ली से श्रीनगर में आए तो नेहरू ने उनके हाथ हरि सिंह के लिए यह संदेश भेजा था कि जेल से रिहा हुए शेख को दिल्ली आने की अनुमति दी जाए। हरि सिंह के अधिमिलन के प्रस्ताव की दिल्ली में कोई चर्चा करने के लिए भी तैयार नहीं था। इसके विपरीत दिल्ली की चिंता शेख अब्दुल्ला को गद्दी पर बिठाने की ज्यादा थी। जिन दिनों सरदार पटेल दूसरी रियासतों के शासकों को मान-मनौवल से देश की नई संघीय लोकतांत्रिक पद्धति का हिस्सा बनने के लिए मना रहे थे, उन्हीं दिनों नेहरू हरि सिंह जैसे स्वाभिमानी शासक को अपमानित करके पदच्युत करना चाह रहे थे और अपने मित्र शेख मोहम्मद अब्दुल्ला को रियासत की सत्ता सौंपने की जुगत लगा रहे थे। मुसलिम कॉन्फ्रेंस महाराजा पर पाकिस्तान में शामिल होने का दबाव बना रही थी। मेहरचंद महाजन के अनुसार, ''चित्राल और हुंजा के सरदार बार-बार महाराजा को तार भेज रहे थे कि पाकिस्तान में शामिल हो जाएँ।''[33]

जम्मू-कश्मीर में अधिमिलन के प्रश्न पर लोकमत जानने के लिए लार्ड माउंटबेटन के साथ-साथ नेहरू भी जोर दे रहे थे, लेकिन दोनों के लिए लोकमत की अवधारणा का अर्थ अलग-अलग था। माउंटबेटन को लगता था कि लोकमत का अर्थ है रियासत का पाकिस्तान में शामिल हो जाना था और नेहरू को लगता था कि लोकमत का अर्थ है महाराजा हरि सिंह को हटाकर शेख मोहम्मद अब्दुल्ला को गद्दी सौंप देना, लेकिन महाराजा हरि सिंह के लिए उन विषम परिस्थितियों में लोकमत जान लेने के प्रयासों का अर्थ था—यथार्थ की जमीन पर खड़े होकर आग से खेलना। महाराजा ने लोकमत जान लेने के प्रश्न पर यथार्थ का उल्लेख करते हुए लिखा, "The People of the State were divided in several groups, each group having its own ideas about accession; The Border Feudatory Territories such as Hunza, Nagar and Chitral and the District of Gilgit, where British influence was supreme were definitely for accession to Pakistan and were pressing me to accede to Pakistan without delay and threatening me with dire consequences if I did not act according to their suggestion; The Muslim population of the State was also divided into groups with divergent views. Muslims from parts of Jammu such as, Mirpur, Poonch,

Muzaffarabad, were for accession to Pakistan because of Pakistan propaganda inside the State. Muslims of Kashmir and some Muslims of Jammu who were led by Sheikh Abdullah and the leaders of the National Conference did not want the question of accession to be decided at that stage but wanted me to part with power in their favour so that they could decide the question independently of me. They made no secret of their views and obstructed me in deciding the question of accession instead of helping me to accede to India; Hindus of Jammu and all the people of Ladakh were for affiliation with or Accession of India; A portion of the population of Kashmir was also for accession to Pakistan. Thus, there was a sharp division of opinion. The partition aggravated the situation and unhinged and unbalanced the minds of the people with the result that the people of the State were not in a position to give any considered opinion if I chose to consult them."(34) आश्चर्य की बात है कि नेहरू महाराजा हरि सिंह को बार-बार लोगों की राय जान लेने की जो सलाह आदेशात्मक लहजे में दे रहे थे, वही सलाह वे हैदराबाद के नवाब को देने से परहेज कर रहे थे।

15. महाराजा हरि सिंह के पास क्या विकल्प थे?

एक ओर ब्रिटिश सरकार के वायसराय और स्वतंत्र भारत के पहले गवर्नर जनरल लार्ड माउंटबेटन से, दूसरी ओर मुसलिम लीग/कॉन्फ्रेंस और पाकिस्तान के कायदे-ए-आजम मोहम्मद अली जिन्ना से, तीसरी ओर नेहरू और शेख अब्दुल्ला से घिरे महाराजा हरि सिंह को इस त्रिपक्षीय चक्रव्यूह से बाहर निकलना था और रियासत को पाकिस्तान में जाने से बचाना था। इन हालात में हरि सिंह के पास क्या विकल्प थे और उन्होंने उनका किस प्रकार उपयोग किया, यह जानना आवश्यक है।

(क) पाकिस्तान में शामिल होने का विकल्प—पहला विकल्प जिसकी चर्चा हरि सिंह के बेटे डॉ. कर्ण सिंह ने ही की है, वह था कि उनके पिता को माउंटबेटन की सलाह मान लेनी चाहिए थी। कर्ण सिंह का कहना है कि माउंटबेटन की सलाह न मान कर "कश्मीर पर राजनैतिक समझौते का अंतिम और सही अवसर गँवा दिया गया।"[35] यह अवसर क्या था। क्या महाराजा हरि सिंह, माउंटबेटन की सलाह मानकर पाकिस्तान में शामिल हो जाते या फिर उनकी सलाह पर महाराजा 15 अगस्त से पहले रियासत में लोगों की राय जानने के लिए मतदान करवाना शुरू कर देते या फिर उनके सुझाव के अनुसार रियासत के उस समय के उत्तेजित वातावरण में जगह-जगह जनसभाएँ करवाकर सांप्रदायिक आग लगवा देते? वैसे भी माउंटबेटन दिल्ली की ओर से उन्हें आश्वस्त कर

ही रहे थे कि उनके पाकिस्तान में शामिल होने से सत्ता सँभालने जा रहे कांग्रेस के नेता नाराज नहीं होंगे। कर्ण सिंह अब तक इतना तो समझ ही गए होंगे कि यदि महाराजा ऐसा करते तो पूरे जम्मू-कश्मीर में भी हिंदू-मुसलमानों के बीच कत्लेआम शुरू हो जाता, जो उन दिनों विभाजन के कारण पंजाब में मचा हुआ था और जिसमें एक अनुमान के अनुसार दस लाख हिंदू-मुसलमान मारे गए थे।

अब तक सभी वाया लार्ड माउंटबेटन महाराजा हरि सिंह पर दबाव डाल रहे थे कि रियासत की जनता की राय लेकर वे अपना निर्णय करें। महाराजा अच्छी तरह जानते थे कि भारत विभाजन के कारण वातावरण जिस प्रकार उत्तेजित है, उसमें आश्चर्य नहीं होना चाहिए कि इससे रियासत में सांप्रदायिक उन्माद भड़क उठता। इस प्रकार के विषाक्त वातावरण में मुसलिम लीग को मजहबी विष फैलाने का मौका मिलता। महाराजा हरि सिंह न तो रियासत को सांप्रदायिक उन्मादियों के हवाले कर सकते थे और न ही पाकिस्तान में शामिल करवा सकते थे। पाकिस्तान में हिंदू-सिखों की जो गति हो रही थी, वह किसी से छिपी हुई नहीं थी। इतना ही नहीं रियासत के पाकिस्तान में चले जाने से भारत की घेराबंदी पुख्ता हो जाती, जिसका प्रयास लंदन सरकार कर रही थी। लार्ड माउंटबेटन के ए.डी.सी. रहे नरेंद्र सिंह सरीला के अनुसार, ''जम्मू-कश्मीर के पाकिस्तान में शामिल होने के रास्ते में कोई पहाड़ जैसी बाधा थी तो वे महाराजा हरि सिंह ही थे।''[36] जिसे कर्ण सिंह सही और अंतिम अवसर कह रहे हैं, वह यही अवसर था, जिसको महाराजा हरि सिंह ने मानने से इनकार कर दिया था और रियासत को सांप्रदायिक कत्लेआम से बचा लिया था।

हरि सिंह के पेट में जो असहनीय पेट दर्द था, वह इसी कत्लेआम की संभावना से पैदा हुआ था। महाराजा हरि सिंह का वह दर्द तो शायद काल्पनिक ही हो, लेकिन उस काल्पनिक पेट दर्द ने माउंटबेटन के सीने में स्थायी दर्द पैदा कर दिया। वे लंदन की इच्छा के अनुसार जम्मू-कश्मीर पाकिस्तान में शामिल नहीं करवा सके। कर्ण सिंह को आज साठ साल बाद भी इस बात का दुःख है कि उनके पिता ने इस सुनहरी सही अवसर का लाभ नहीं उठाया।

ताज्जुब है कर्ण सिंह जम्मू-कश्मीर की तुलना हैदराबाद की रियासत से कर रहे हैं। हैदराबाद के शासक ने तो बाकायदा भारत के खिलाफ युद्ध घोषित करने के संकेत दे दिए थे और वे बाकायदा अपनी रियासत को एक आजाद देश घोषित कर रहे थे। महाराजा हरि सिंह ने तो जम्मू-कश्मीर के स्वतंत्र देश होने की घोषणा कभी नहीं की थी। रही बात रियासत के भारतीय संवैधानिक व्यवस्था में शामिल होने की, नेहरू इस विषय पर महाराजा हरि सिंह से बात करने तक के लिए तैयार नहीं थे। नेहरू महाराजा हरि सिंह से शेख अब्दुल्ला की रिहाई पर तो बात करने के लिए लालायित थे, लेकिन

रियासत के भारतीय संवैधानिक व्यवस्था में शामिल होने के विषय को वे छूना भी नहीं चाहते थे। तब किस आधार पर कहा जा सकता है कि महाराजा हरि सिंह ने सही अवसर गँवा दिया? इसका उत्तर कर्ण सिंह ने नहीं दिया। इतना स्पष्ट है कि हरि सिंह ने पाकिस्तान में शामिल हो जाने के इस विकल्प को अस्वीकार कर दिया।

(ख) रियासत को स्वतंत्र रखने का विकल्प—इस बात का बहुत प्रचार किया गया है कि महाराजा हरि सिंह जम्मू-कश्मीर को एक स्वतंत्र राज्य बनाना चाहते थे। यह प्रचार करने में लार्ड माउंटबेटन और उनकी ब्रिटिश टोली प्रमुख थी। उस प्रचार को हवा देने का काम कांग्रेस के भीतर नेहरू और उनके साथी कर रहे थे। इसके लिए सबसे पुख्ता प्रमाण यही दिया जाता है कि वे 15 अगस्त, 1947 से पहले पहले, अन्य रियासतों की तरह देश की संघीय संवैधानिक व्यवस्था का हिस्सा नहीं बने। एक-दो जगह हरि सिंह ने स्वयं इस संभावना का जिक्र किया है, उसको आधार बनाकर यह पक्के निष्कर्ष निकाल दिए गए हैं कि हरि सिंह का इरादा राज्य को आजाद रखने का था, लेकिन अभी तक हरि सिंह का कोई ऐसा कार्य ध्यान में नहीं आया है, जिसके आधार पर कहा जा सके कि वे आजादी के लिए प्रयास कर रहे थे।

इसमें कोई संशय नहीं कि अंग्रेजों के चले जाने के बाद भारतीय रियासतों के कुछ राजाओं के मन में देश की नई संघीय संवैधानिक व्यवस्था में शामिल होने की इच्छा नहीं थी। कुछ शासक सचमुच ऐसा स्वप्न पाल रहे थे कि अब वे अपनी रियासत को स्वतंत्र देश या फिर राजनीति विज्ञान की भाषा में कहा जाए तो प्रभुसत्ता संपन्न राज्य में तब्दील कर सकते हैं। हैदराबाद रियासत का शासक इसका उदाहरण था। वे इंग्लैंड सरकार से निवेदन कर रहे थे कि हैदराबाद को भी डोमीनियन का दरजा दे दिया जाए। वे इंग्लैंड में अपने राज्य का दूतावास खोलना चाह रहे थे। उन्होंने पाकिस्तान को वित्तीय ऋण देना शुरू कर दिया। 11 जून को उन्होंने विधिवत् अधिसूचित किया की हैदराबाद स्वतंत्र प्रभुतासंपन्न राज्य होगा। दक्षिण में त्रावनकोर कोचीन के शासक ने भी अपनी रियासत की स्वतंत्रता की विधिवत् घोषणा कर दी और एक स्वतंत्र देश के अनुरूप व्यवहार करना भी शुरू कर दिया था। भोपाल का शासक ब्रिटिश इंडिया के राजनैतिक विभाग के षड्यंत्र में हिस्सेदार बनकर कुछ अन्य रियासतों के शासकों के साथ मिलकर रियासती संघ बनाकर स्वतंत्र राज्य के सपने देख रहा था। "इंदौर के महाराजा भी भोपाल के नवाब के साथी बन गए थे।"[37] उधर राजस्थान के कुछ राजा भी जिन्ना से मिलकर पाकिस्तान में शामिल होना चाहते थे। जोधपुर के राजा उनमें प्रमुख थे। वी.पी. मेनन के अनुसार, "जोधपुर के महाराजा हनवंत सिंह अड़े रहे। जिन्ना और मुसलिमलीगी नेता उनसे अनेक बार मिल चुके थे। अंतिम भेंट के समय महाराजा हनवंत सिंह अपने साथ जैसलमेर के तत्कालीन महाराजा महाराजकुमार को भी ले गए थे, क्योंकि बीकानेर के महाराजा उनके साथ जाने

के लिए तैयार नहीं थे और वे अकेले जाने से कतराते थे। जैसा कि मुझे बताया गया, जिन्ना ने एक खाली सफेद कागज पर हस्ताक्षर करके उसे अपने फाउंटेन पैन सहित महाराजा हनवंत सिंह के पास रखकर कहा कि अब आप अपनी सभी शर्तें लिख डालिए।'''महाराजा पाकिस्तान में मिलने के लिए तैयार थे। उसके बाद उन्होंने जैसलमेर के महाराजकुमार से पूछा कि क्या वे उनका साथ देंगे? महाराजकुमार ने कहा कि उनकी एक शर्त है। यदि हिंदुओं और मुसलमानों के बीच कोई झगड़ा होगा तो वे हिंदुओं के विरुद्ध मुसलमानों का पक्ष नहीं लेंगे। यह तो धमाका था। महाराजा हनवंत सिंह हक्के-हक्के रह गए। सर मोहम्मद जफरुल्ला ने स्थिति को सँभाला और हनवंत सिंह से संधि पर हस्ताक्षर करने के लिए आग्रह किया, किंतु महाराजा अनिश्चितता में पड़ गए थे। उन्होंने जिन्ना से कहा कि वे जोधपुर जाएँगे और अगले ही दिन लौट आएँगे। महाराजा तीन दिन जोधपुर रहे। राज्य में इस विचार का विरोध किया जा रहा था कि जोधपुर अपने भाग्य का गठजोड़ पाकिस्तान के साथ करे। जागीरदार और सामंतगण निश्चित रूप से इसके विरोधी थे। महाराजा का मन डोलने लगा। तीन दिन बाद जब वे दिल्ली लौटे तो मुझे सूचना मिली कि यदि मैं फुर्ती से उन्हें वश में नहीं कर लूँगा तो संभावना यही है कि वे पाकिस्तान में शामिल हो जाएँगे।''[38] लेकिन जम्मू-कश्मीर नरेश ने इस प्रकार का कोई प्रयास किया हो, ऐसा प्रमाण नहीं मिलता। ''सितंबर (1947) के मध्य में महाराजा हरि सिंह तो भारत के साथ अधिमिलन का प्रयास कर रहे थे, लेकिन नेहरू कश्मीर में राजनैतिक सुधारों के बिना अधिमिलन के प्रस्ताव को स्वीकार करने में आनाकानी कर रहे थे। प्रधानमंत्री नेहरू का कहना था कि हरि सिंह पहले अपने विरोधी, जम्मू-कश्मीर के सबसे बड़े राजनैतिक दल नेशनल कॉन्फ्रेंस के नेता शेख मोहम्मद अब्दुल्ला को सत्ता प्रदान करें।''[39] ''जब सारा उपमहाद्वीप विद्रोह में उबल रहा था और हजारों लोग मारे जा रहे थे, तब नेहरू राजनीतिक परिणामों की चिंता किए बिना केवल शेख अब्दुल्ला के व्यक्तिगत कल्याण में रुचि ले रहे थे, यह देखकर आश्चर्य होता है।''[40] जम्मू-कश्मीर शायद पूरे देश में ऐसी अकेली रियासत थी, जो भारतीय संवैधानिक व्यवस्था में शामिल होने का प्रयास कर रही थी; लेकिन भारत सरकार उस पर बात करने को तैयार नहीं थी। इसके बावजूद नेहरू के नेतृत्व में भारत सरकार हरि सिंह पर यह आरोप लगाती रही कि वे जम्मू-कश्मीर को भारत से अलग आजाद देश बनाना चाहते थे। महाराजा हरि सिंह के साथ इससे बड़ा अन्याय क्या हो सकता है?

(ग) शेख मोहम्मद अब्दुल्ला को सत्ता सौंप देने का विकल्प—महाराजा हरि सिंह के पास एक विकल्प नेहरू की इच्छा के अनुसार अधिमिलन से पूर्व ही सत्ता शेख मोहम्मद अब्दुल्ला को सौंप देने का भी था। उस स्थिति में नेहरू अधिमिलन का प्रस्ताव स्वीकार करने के लिए तैयार हो जाते और राज्य संकट से बच जाता। मेहरचंद महाजन

के अनुसार, "जहाँ तक भारत सरकार का ताल्लुक था, कश्मीर को लेकर उसकी कोई रणनीति या योजना नहीं थी। अलबत्ता यदि महाराजा स्वयं पहल करते तो संघीय सरकार को उनके राज्य को नई व्यवस्था में शामिल कर लेने में कोई एतराज न होता।"[41] यह निर्विवाद है कि महाराजा की पहल के लिए भी शेख अब्दुल्ला को सत्ता सौंप देने की शर्त नेहरू ने लगाई हुई थी। उस समय महाराजा हरि सिंह अजीब दुविधा में थे। वे पाकिस्तान जाना नहीं चाहते थे और नेहरू भारत में उन्हें रहने देने के लिए तभी तैयार थे, जब वे सिंहासन खाली करके वहाँ शेख अब्दुल्ला का राजतिलक कर दें, लेकिन जम्मू-कश्मीर के उस समय के राजनैतिक वातावरण को देखकर महाराजा के लिए नेहरू के मित्र शेख मोहम्मद अब्दुल्ला को सिंहासन पर बिठा देने की शर्त को मानना संभव ही नहीं था। इसका कारण केवल यही नहीं था कि शेख अब्दुल्ला ने महाराजा हरि सिंह के खिलाफ डोगरो कश्मीर छोड़ो का आंदोलन छेड़ा था। इसके दूसरे ठोस कारण भी थे। सात महीने पहले ही जनवरी, 1947 में जम्मू-कश्मीर विधानसभा (प्रजा सभा) के लिए हुए चुनावों का शेख मोहम्मद अब्दुल्ला की नेशनल कॉन्फ्रेंस ने बहिष्कार किया था, जिसके चलते विधानसभा में उसकी पार्टी का एक भी सदस्य नहीं था। कुछ अन्य प्रत्याशियों का नेशनल कॉन्फ्रेंस ने चुनावों में समर्थन किया था, लेकिन वे चुनाव हार गए थे। बहिष्कार को लेकर उस समय दो मत थे। कुछ विश्लेषक तो यह मानते हैं कि शेख को चुनावों में पराजित हो जाने का खतरा था और दूसरे यह मानते हैं कि वे चुनावों के समय को लेकर असंतुष्ट थे। कारण चाहे जो भी रहा हो, राज्य की विधानसभा में नेशनल कॉन्फ्रेंस का एक भी सदस्य नहीं था। नेशनल कॉन्फ्रेंस में भी आपसी फूट थी। इसलिए शेख को अपनी पार्टी का भी निर्विवाद नेता नहीं माना जा सकता था।

शेख अब्दुल्ला का जनाधार सारी रियासत में नहीं था, बल्कि रियासत के पाँच संभागों में से एक संभाग कश्मीर घाटी की जनसंख्या के एक हिस्से तक ही सीमित था। गिलगित-बल्तीस्तान में शिया समाज का बहुमत था, जिनका शेख की नेशनल कॉन्फ्रेंस से कोई भी ताल्लुक नहीं था। वैसे भी शिया समाज का मुसलमानों से झगड़ा चलता रहता था और शेख मुसलमानों के समर्थक थे। इसी प्रकार जम्मू संभाग और लद्दाख संभाग में भी शेख की पकड़ नहीं थी। लद्दाख में भोट संस्कृति का प्रभाव था और वहाँ नेशनल कॉन्फ्रेंस को पूछनेवाला कोई नहीं था। कश्मीर घाटी में भी बकरवाल और गुज्जर शेख को अपना नेता नहीं मानते थे। इस स्थिति में यदि महाराजा प्रशासन का व्यापक लोकतंत्रीकरण करना भी चाहते तो उसका तरीका बिना चुनाव करवाए और लोक इच्छा को जाने बिना रियासत शेख अब्दुल्ला के हवाले कर देना तो नहीं हो सकता था।

दूसरे शेख मोहम्मद अब्दुल्ला यह मानने को ही तैयार नहीं थे कि हरि सिंह को देश की संघीय संवैधानिक व्यवस्था से अधिमिलन का अधिकार है। वे रट लगा रहे थे

कि जम्मू-कश्मीर पाकिस्तान में जाएगा या हिंदुस्तान में ही बना रहेगा, इसका निर्णय वे स्वयं करेंगे, लेकिन अपने निर्णय से पहले महाराजा हरि सिंह को हटाना उन्होंने पहली शर्त बना दी। शेख अब्दुल्ला की रणनीति अधिमिलन से पहले ही महाराजा हरि सिंह को सत्ताच्युत करके स्वयं सत्ता सँभाल लेने की थी। वे अपनी इस रणनीति को छुपाते भी नहीं थे। जेल से छूटने के तुरंत बाद 3 अक्तूबर, 1947 को श्रीनगर की जनसभा में उन्होंने घोषणा की थी, "कश्मीरी जनता को यह देखना होगा कि उन्होंने जिस ख्वाब के लिए कुरबानियाँ दी हैं, वह किस तरह पूरा हो सकता है। हम वही रास्ता अपनाएँगे, जो कश्मीरियों की आजादी, खुशहाली, मुक्ति और विकास की मंजिल की तरफ जाएगा। गुलामी की सूरत में कोई फैसला करना संभव नहीं है। लिहाजा रियासत में एक उत्तरदायी सरकार तुरंत स्थापित की जानी चाहिए, जो इस नाजुक सवाल पर रियासती जनता के अधिकारों और हितों की देख-रेख के लिए उचित कार्यप्रणाली अपनाए। हम विलय का फैसला आंतरिक आजादी प्राप्त किए बगैर नहीं कर सकते। इसलिए हमारा नारा है, विलय से पहले आजादी।" "इस वक्त रियासत जम्मू व कश्मीर के सामने यह सवाल है कि हम हिंदुस्तान के साथ विलय करें या पाकिस्तान के साथ या अलग रहकर आजाद रहें। यह हकीकत है कि मैं आल इंडिया इंडियन स्टेटस पीपुल्ज कॉन्फ्रेंस का अध्यक्ष हूँ, जिसकी नीति बिल्कुल स्पष्ट है। पंडित जवाहर लाल नेहरू मेरे बहुत करीबी दोस्त हैं और गांधीजी की मैं इज्जत करता हूँ। यह भी हकीकत है कि इंडियन नेशनल कांग्रेस ने हमारी तहरीक की बड़ी मदद की है, लेकिन इन तमाम बातों के बावजूद विलय के प्रश्न की सबसे बड़ी कसौटी यहाँ के अवाम के हित होंगे और मैं उसमें बाधक नहीं हूँगा। हमारा सबसे पहला कर्तव्य इस समय डोगरा सत्ता से आजादी हासिल करना है। इसके बाद अगर यहाँ के लोग पाकिस्तान से विलय करने का फैसला करें तो मैं सबसे पहला आदमी होऊँगा, जो इसको मान्यता देगा।"[42]

इसी भाषण में शेख ने बाद में यह भी कहा कि "अगर हमने पाकिस्तान के साथ विलय का फैसला कर भी लिया तो उस दो कौमी दृष्टिकोण पर हम कभी भी ईमान नहीं ला पाएँगे, जो आज सारे मुल्क में जहर फैलाने का उत्तरदायी है।"[43] लेकिन शेख अब्दुल्ला पाकिस्तान में क्यों नहीं जाना चाहते थे और भारत उनकी प्राथमिकता क्यों था, इसका कारण वैचारिक न होकर राजनीतिक था। इसका खुलासा कमाल अहमद सिद्दीकी ने ही किया है। उनके अनुसार, "शेख साहब को एहसास था कि वे हिंदुस्तान और पाकिस्तान दोनों के साथ नहीं रह सकते थे, लेकिन अगर दोनों में से एक का चयन करना हो तो वे हिंदुस्तान को चुनेंगे, क्योंकि वे मोहम्मद अली जिन्ना को नाराज कर चुके थे और उनका खयाल था कि यदि कश्मीर पाकिस्तान के साथ गया तो वे कश्मीर के कायदे आजम नहीं रहेंगे और असली कायदे आजम उन्हें कायदे असगर भी नहीं

रहने देंगे और वह अस्तित्वहीन बनकर रह जाएँगे। कबायली कश्मीर घाटी में न आए होते तो शेख साहब भी सादिक साहब, बख्शी साहब, मस्उदी साहब, बेग साहब और कर्रा साहब की तरह एक स्वतंत्र देश के हक में होते, लेकिन कबायलियों का अगर कश्मीर पर कब्जा हो जाता तो शेख साहब पाकिस्तान के रहमो करम पर होते। इसलिए भयभीत होकर वे दिल्ली की तरफ झुके।''[44] इससे स्पष्ट है कि शेख अब्दुल्ला ने विवशता में जो हिंदुस्तान की तरफ रुख किया था, उसमें भी उनकी शर्त विलय से पहले सत्ता थी, जबकि महाराजा हरि सिंह विलय के बाद लोकतांत्रिक तरीके से सत्ता परिवर्तन के पक्षधर थे। नेहरू इस मसले पर शेख के साथ थे। यही कारण था कि नेहरू भी शेख की ही तरह विलय की बात नहीं कर रहे थे, बल्कि शेख को सत्ता हस्तांतरित करने पर जोर दे रहे थे।

अनेक कारणों से महाराजा हरि सिंह की दृष्टि में शेख मोहम्मद अब्दुल्ला की विश्वसनीयता भी संदिग्ध थी। जिन दिनों शेख नेहरू से जम्मू-कश्मीर में महाराजा हरि सिंह को अपदस्थ कर स्वयं सत्ता सँभाल लेने की योजनाओं पर विचार कर रहे थे, उन दिनों वे पाकिस्तान के नेताओं के साथ भी बातचीत चलाए हुए थे। लेकिन जिन्ना शेख को घास नहीं डालते थे, यह कोई छिपा हुआ रहस्य नहीं था। इसे शेख भी अच्छी तरह जानते थे। फिर भी उन्होंने बदले हालात में जिन्ना के दरबार में अपने एलची भेजने में देर नहीं की। उन्होंने अपने दो विश्वस्त साथी—बख्शी गुलाम मोहम्मद और गुलाम मोहम्मद सादिक को कराची की ओर रवाना कर दिया था। यह अलग बात है कि इनको पाकिस्तान सरकार ने जिन्ना से मिलाने के काबिल भी नहीं समझा। शेख ने बाद में बिना किसी लाग-लपेट के इसे स्वीकार भी किया। इतना ही नहीं, अधिमिलन को लेकर शेख अब्दुल्ला की अवधारणा भी रहस्यमयी ही थी। वे अधिमिलन की शर्तें भारत के साथ स्वयं तय करना चाहते थे। वे अधिमिलन की आड़ में रियासत को भारत गणतंत्र के भीतर दूसरा गणतंत्र बनाना चाहते थे। भारत को मात्र उसकी रक्षा का दायित्व देने के ही पक्ष में थे। नेहरू की भी शायद यही रणनीति थी कि अधिमिलन से पहले अब्दुल्ला सत्ता सँभाल लें और फिर वे अधिमिलन का प्रस्ताव पेश करें, लेकिन इस रणनीति के परिणाम की कल्पना दोनों ही अलग-अलग तरीके से कर रहे थे। शेख अब्दुल्ला को यह रास्ता अंततः अलग देश की स्थापना की ओर जाता दिखाई देता था और नेहरू को लगता था कि इस रास्ते पर चलकर ही दुनिया को कहा जा सकता है कि अधिमिलन जनता की इच्छा से हो रहा है।

शेख मोहम्मद अब्दुल्ला की गतिविधियों, उनके भाषणों और निरंतर पाकिस्तान से भी बातचीत करने के आधार पर निम्न निष्कर्ष निकलते हैं—

1. अब्दुल्ला जम्मू-कश्मीर राज्य में से अपने आपको केवल कश्मीर संभाग का

प्रतिनिधि मानकर बात कर रहे हैं, क्योंकि तथाकथित आजादी की लड़ाई कश्मीर में ही लड़ी जा रही थी और उस समय जम्मू संभाग और कश्मीर संभाग, दोनों में यह स्पष्ट अवधारणा थी कि कश्मीर के कुछ लोग जम्मू के राज्य से छुटकारा प्राप्त करने के लिए संघर्षरत हैं।

2. भारत स्वतंत्रता अधिनियम में अधिमिलन पर निर्णय लेने का वैधानिक अधिकार वहाँ के शासक को है, लेकिन शेख अब्दुल्ला यह अधिकार 'हम' यानी अपनी पार्टी नेशनल कॉन्फ्रेंस को मानते हैं।
3. शेख अब्दुल्ला निरंतर पाकिस्तान के संपर्क में थे और उनसे अधिमिलन को लेकर बातचीत भी कर रहे थे। शेख भी शुरू से तीन विकल्पों को लेकर ही चल रहे थे, जिनमें पाकिस्तान में शामिल होना और स्वतंत्र रहना भी शामिल था।
4. शेख पाकिस्तान में शामिल होने के लिए अपनी शर्तें मनवाना चाहते थे, लेकिन पाकिस्तान ने उन्हें मानने से इनकार कर दिया, उसके बाद ही वे भारत को अधिमान देने के लिए तैयार थे।
5. अब शेख के पास दो विकल्प ही बचे थे। भारत में अधिमिलन का और आजादी का, लेकिन इनमें से भी आजादी का विकल्प भी तभी साकार हो सकता था, यदि भारत सरकार राज्य की सुरक्षा की जिम्मेदारी ले।

इस पृष्ठभूमि में महाराजा हरि सिंह शेख मोहम्मद अब्दुल्ला को भला बिना किसी लोकतांत्रिक प्रक्रिया के सत्ता कैसे दे सकते थे? इसलिए यह विकल्प भी एक प्रकार से काल्पनिक ही था, लेकिन नेहरू ने इसको अपनी प्रतिष्ठा का प्रश्न बना लिया था। कर्ण सिंह ने, जिन्होंने हर तरह से नेहरू को बचाने की कोशिश की है, भी स्वीकार किया, "जवाहर लाल नेहरू ने (महाराजा हरि सिंह को) जिस तरह सत्ता शेख अब्दुल्ला को सौंप देने के लिए बाध्य किया था, वह उन्हें बहुत अपमानजनक लगा था।"[45]

16. पाकिस्तान में शामिल होने के लिए मुसलिम लीग और मुसलिम कॉन्फ्रेंस का हरि सिंह पर दबाव

जब भारत विभाजन के निर्णय पर कोई संशय नहीं रहा तो मुसलिम लीग और अप्रत्यक्ष रूप से जम्मू-कश्मीर में उसकी शाखा के तौर पर कार्य कर रही मुसलिम कॉन्फ्रेंस महाराजा हरि सिंह पर पाकिस्तान में शामिल होने के लिए निरंतर दबाव बनाने लगी। उद्देश्य सिद्धि के लिए ये संगठन सभी प्रकार की रणनीति का प्रयोग कर रहे थे। मुसलिम कॉन्फ्रेंस ने महाराजा हरि सिंह के पक्ष में मोर्चा लगा लिया और यह प्रचार करना शुरू किया कि अधिमिलन के प्रश्न पर वैधानिक दृष्टि से हरि सिंह ही निर्णय ले

सकते हैं। हरि सिंह की वैधानिक शक्ति के तराने मुसलिम कॉन्फ्रेंस इस आशा से गा रही थी कि शायद इसके प्रभाव में आकर वे पाकिस्तान में शामिल होने का निर्णय कर लें, क्योंकि नेहरू और शेख अब्दुल्ला तो हरि सिंह के इस वैधानिक अधिकार को भी स्वीकारने के लिए तैयार नहीं थे। मुसलिम कॉन्फ्रेंस यह भी जानती थी कि नेहरू हर मोड़ पर हरि सिंह का अपमान कर रहे हैं, शायद उसकी प्रतिक्रिया में ही वे पाकिस्तान की शरण में चले जाएँ। माउंटबेटन तो अपने तरीके से इस काम के लिए प्रयास कर ही रहे थे। कराची से पाकिस्तान के कायदा-ए-आजम जिन्ना के एक दूत मेजर शाह कई दिनों से श्रीनगर में डेरा डालकर बैठे थे। मेहरचंद महाजन द्वारा पद सँभालते ही वे उन्हें मिलने पहुँचे। मेजर शाह महाजन से लाहौर के दिनों से ही परिचित थे। लंबी बातचीत के बाद मेजर शाह ने महाजन को स्पष्ट कर दिया, "यदि महाराजा ने रियासत के विलय का जल्दी निर्णय नहीं लिया तो उसके परिणाम भुगतने के लिए भी तैयार रहना चाहिए।"[46] महाजन ने मेजर शाह के साथ हुआ वार्त्तालाप महाराजा हरि सिंह को सुनाया तो उनका उत्तर था, "यदि मुझे भारत के चंबा डलहौजी से जुड़ने के लिए भद्रवाह-किश्तवाड़ से होते हुए भी सड़क बनानी पड़ी तो वह मैं बनवाऊँगा, लेकिन पाकिस्तान के साथ नहीं जाऊँगा।"[47]

जाहिर है महाराजा को पाकिस्तान में शामिल होने के लिए समझाने के साथ-साथ धमकाया भी जा रहा था; लेकिन वे भारत के साथ जाने के लिए कटिबद्ध थे। इसके बाद का महाजन-हरि सिंह संवाद महत्त्वपूर्ण है। महाजन ने पूछा कि यदि आप भारत में शामिल होने के लिए इतने ही कटिबद्ध थे तो पंद्रह अगस्त से पहले ही भारत में शामिल क्यों नहीं हो गए? महाराजा हरि सिंह का उत्तर था, "मेरे पूर्व प्रधानमंत्री मुझे इसके विपरीत सलाह देते रहे, साथ ही मुझे लगता था कि भारत में शामिल हुए बिना रियासत आजाद भी रह सकती है।"[48] लेकिन एक महीना पहले सितंबर मास में ही यही महाजन दिल्ली में नेहरू को महाराजा हरि सिंह का यह संदेश दे रहे हैं कि वे भारत में शामिल होने के लिए तैयार हैं, यदि शामिल होने से पहले लोकतांत्रिक सरकार को सत्ता सौंप देने की शर्त न लगाई जाए। यहाँ लोकतांत्रिक सरकार का अर्थ सत्ता शेख अब्दुल्ला को सौंप देना ही है। इन दोनों संवादों को एक साथ पढ़ने से स्पष्ट होता है कि महाराजा हरि सिंह के लिए रियासत की आजादी का अर्थ भारत द्वारा बिना शर्त अधिमिलन स्वीकार न करने की स्थिति में विकल्पहीनता से उपजी अवधारणा है।

17. जम्मू-कश्मीर की रक्षा हेतु महाराजा हरि सिंह के प्रयास

ऐसा मानने का कोई कारण नहीं है कि महाराजा हरि सिंह को 1947 में रियासत पर संभावित कबाइली आक्रमण की पूर्व सूचना नहीं थी। महाराजा हरि सिंह को सूचनाएँ

मिलनी शुरू हो गई थीं कि पाकिस्तान किसी-न-किसी रूप में कश्मीर घाटी पर हमला कर सकता है, क्योंकि अब तक महाराजा हरि सिंह को पाकिस्तान में शामिल करवाने की, जिन्ना की सारी की सारी योजनाएँ धरी-की-धरी रह गई थीं। नेहरू भी अच्छी तरह जानते थे कि पाकिस्तान निकट भविष्य में हमला करनेवाला है। नेहरू ने सितंबर, 1947 में सरदार पटेल को लिखे अपने एक पत्र में इसका स्पष्ट संकेत दिया है।[49] नेहरू ने स्पष्ट ही महाराजा हरि सिंह के आगे दो लकीरें खींच दी थीं। जब तक सत्ता उनके मित्र शेख मोहम्मद अब्दुल्ला को नहीं सौंप देते, तब तक देश की नई संघीय व्यवस्था का हिस्सा बनने का रास्ता बंद और दूसरी लकीर उससे भी खतरनाक थी कि यदि पहली शर्त नहीं मानते तो रियासत पर पाकिस्तानी हमले की हालत में संघीय सेना रियासत की सहायता भी नहीं करेगी। भारतीय सेना के ब्रिटिश अधिकारी तो किसी भी तरह रियासत को सैनिक सहायता नहीं पहुँचने देंगे। इधर महाराजा हरि सिंह, नेहरू और शेख अब्दुल्ला की रणनीति से जूझ रहे थे, उधर पाकिस्तान जम्मू-कश्मीर को बलपूर्वक हथियाने की योजना में जुटा हुआ था। पाकिस्तान के आक्रमण के समय भी नेहरू रियासत के अधिमिलन के प्रस्ताव को स्वीकार करेंगे या नहीं, इसके बारे में भी कुछ नहीं कहा जा सकता था। अगस्त मास में ही यथास्थिति संधि के प्रस्ताव को लेकर दिल्ली ने टालमटोल वाला जो रवैया अख्तियार कर लिया था, उससे महाराजा को इतना आभास हो ही गया था कि यदि कल पाकिस्तान रियासत पर आक्रमण करता है तो नेहरू रियासत की मदद नहीं करेंगे। महाराजा हरि सिंह की राज्य सेना इतनी नहीं थी कि वे अपने बलबूते पाकिस्तानी आक्रमण का सामना कर पाते। राज्य में कुल मिलाकर आठ-नौ हजार सैनिक थे। उनके सेनापति स्काट ने इस छोटी सी सेना को भी रियासत के लंबे सीमांत पर छितरा दिया था। वैसे भी इन आठ हजार सैनिकों में आधे के लगभग मुसलमान थे, जिनकी निष्ठा उस समय के सांप्रदायिक वातावरण के चलते संदिग्ध हो सकती थी।

जम्मू-कश्मीर पर पाकिस्तान के आक्रमण की आशंकाओं के समय भारत में स्थिति क्या थी, इसका सहज अंदाजा इसी बात से लगाया जा सकता है कि उस समय हिंदुस्तान डोमीनियन का सेना प्रमुख भी अंग्रेज था और पाकिस्तान का सेना प्रमुख भी अंग्रेज ही था। भारत डोमीनियन और पाकिस्तान डोमीनियन का संयुक्त सेना प्रमुख भी अंग्रेज ही था। इसे महाराजा का दुर्भाग्य ही कहना होगा कि रियासत का सेना प्रमुख भी एक अंग्रेज ही था।

ऊपर से तुर्रा यह कि भारत डोमीनियन के गवर्नर जनरल लार्ड माउंटबेटन स्वयं भी सैनिक पृष्ठभूमि के थे। उस समय इंग्लैंड सरकार की घोषित नीति पाकिस्तान को सशक्त बनाने की थी, ताकि वह रूस के साम्यवादी विस्तार को रोकने के लिए शुरू हुए

शीत युद्ध में महत्त्वपूर्ण भूमिका निभा सके। जम्मू-कश्मीर, ब्रिटेन-अमेरिकी धुरी के केंद्र बिंदु में आ रहा था और रियासत को लेकर कोई भी निर्णय क्रियान्वित करने की कुंजी महाराजा हरि सिंह के पास थी। नेहरू इस कुंजी को नकारा बनाने में लगे हुए थे।

उधर घाटी में अफवाहें फैल गई थीं कि पाकिस्तान सरकार ने गुप्त रूप से किसी भी तरीके से महाराजा का अपहरण करने के लिए अपने एजेंट भी भेज दिए हैं। महाराजा के लिए संदेश साफ था, या तो पाकिस्तान में रियासत को शामिल कर दो या फिर अपहरण करके बलपूर्वक यह काम करवा लिया जाएगा। जब जम्मू-कश्मीर राज्य, जो भारत का मुकुट माना जाता है, अपने अस्तित्व के लिए सबसे विकट संघर्ष कर रहा था, तब नेहरू के नेतृत्व में दिल्ली ने पीठ दिखा दी। दिल्ली की अपनी शर्त थी। शेख अब्दुल्ला की ताजपोशी महाराजा हरि सिंह स्वयं अपने हाथों से करें। महाराजा हरि सिंह का जीवन भी संकट में था। पिछले एक हजार साल से हिंदुस्तान पर सभी हमले दर्रा खैबर के रास्ते से ही होते आए थे और अब जब कई सौ साल की गुलामी के बाद देश आजाद हो रहा था तो उसी ओर से एक बार फिर कबायली हमले की छाया साफ दिखाई दे रही थी। यह इतनी साफ और गहरी थी कि जिस शेख मोहम्मद अब्दुल्ला की ताजपोशी को लेकर प्रधानमंत्री नेहरू कोपभवन में जा बैठे थे, वह अब्दुल्ला अपना परिवार लेकर इंदौर भाग गया। इसमें भी पंडित नेहरू ने सहायता की। ''जब नेहरू को पता चला कि पाकिस्तान समर्थित कबायली हमले के कारण श्रीनगर खतरे में पड़ सकता है तो उन्होंने शेख अब्दुल्ला के परिवार को वहाँ से सुरक्षित निकाल ले जाने के लिए ब्रिगेडियर हीरा लाल अटल की सहायता के लिए पंडित काचरू को विशेष रूप से भेजा।''[50] पंडित नेहरू को शेख अब्दुल्ला की चिंता थी, हरि सिंह की नहीं।

संकट की इस घड़ी में शेख अब्दुल्ला तो अपने परिवार को छोड़ने इंदौर चले गए, लेकिन इस पूरी पृष्ठभूमि में श्रीनगर में सबसे ज्यादा खतरा किसी के जीवन को था तो वह महाराजा हरि सिंह को ही था। खतरे की इस घड़ी में वे अपने परिवार को लेकर, राज्य की दूसरी राजधानी जम्मू जैसे सुरक्षित स्थान पर जा सकते थे, लेकिन महाराजा ने श्रीनगर में रहकर ही स्थिति का भरसक सामना करने का निश्चय किया हुआ था। इन विपरीत परिस्थितियों में भी वे अपने राज्य की ग्रीष्मकालीन राजधानी में डटे हुए थे। वे किसी भी हालत में उसे छोड़ने के लिए तैयार नहीं थे। महाराजा हरि सिंह ने एक सच्चे सैनिक की तरह श्रीनगर में अपना मोर्चा सँभाले रखा। प्रजा में घबराहट न फैले, इसके लिए महाराजा ने अपनी दिनचर्या और शासन व्यवस्था सामान्य तरीके से ही चलाए रखी। यह तो एक प्रकार की मनोवैज्ञानिक लड़ाई थी, जो महाराजा आम लोगों का मनोबल बनाए रखने के लिए लड़ रहे थे।

लेकिन वे सीमा की स्थिति से भी बेखबर नहीं थे। वे जानते थे कि आक्रमणकारी

किशनगंगा और दुमेल के पुल का ही प्रयोग कर सकते हैं। उन्होंने, ''मुजफ्फराबाद में किशनगंगा पर बने पुल को नष्ट कर देने का आदेश दिया। राज्य के चीफ इंजीनियर को इस काम के लिए भेजा गया, लेकिन वह असफल रहा, क्योंकि वहाँ डायनामइट नहीं था। वह डायनामइट लाने के लिए दिल्ली गया, लेकिन उसके वापस आने से पहले ही कबायली उस पुल का इस्तेमाल करके रियासत में दाखिल हो चुके थे।''[51] इस बात के प्रमाण उपलब्ध हैं कि महाराजा ने भविष्य की आशंका को देखते हुए अपने मित्र महाराजा पटियाला से भी सैनिक सहायता मँगवाई थी और भारतीय सेना के पहुँचने से पहले पटियाला के सैनिक श्रीनगर पहुँचे हुए थे। पटियाला के इन सैनिकों के रियासत में होने की कथा प्रेम शंकर झा ने भी लिखी है।[52]

18. माधव सदाशिव राव गोलवलकर : गुरुजी की महाराजा हरि सिंह से भेंट

इस पृष्ठभूमि में, जम्मू-कश्मीर में आसन्न संकट का अनुमान लगाकर सरदार पटेल ने मेहरचंद महाजन को राष्ट्रीय स्वयंसेवक संघ के तत्कालीन सरसंघचालक श्री गुरुजी से संपर्क करने को कहा। परिणामतः महाराजा हरि सिंह से मिलने के लिए श्री गुरुजी 17 अक्तूबर, 1947 को श्रीनगर गए। उनके साथ उस समय के दिल्ली प्रांत प्रचारक बसंत राव ओक और तत्कालीन पंजाब प्रांत प्रचारक माधव राव मुल्ये भी थे। उन दिनों हरीश भनोत श्रीनगर में प्रचारक थे और प्रो. बलराज मधोक कार्यवाह थे। गुरुजी ने अगले दिन महाराजा हरि सिंह से भेंट की। भेंट के समय गुरुजी के साथ कोई नहीं था और हरि सिंह भी अकेले थे। इस भेंट का उल्लेख मा.गो. वैद्य ने अपनी पुस्तक कश्मीर समस्या और समाधान में भी किया है। निर्वासन के समय महाराजा हरि सिंह के ए.डी.सी. रहे कैप्टन दीवान सिंह ने भी गुरुजी के आने का उल्लेख किया है। उनके अनुसार, ''मैंने तत्कालीन महाराजाधिराज महाराजा हरि सिंह के कर्ण महल में एक महापुरुष को निजी वाहन में प्रवेश करते देखा। वे यहाँ महाराजा से मिलने आए हुए थे। बाद में हमें पता चला कि उनका नाम माधवराव सदाशिव गोलवलकर है।''[53] पूर्व सांसद स्व. डी.सी. शर्मा के अनुसार, ''सरदार पटेल ने दूसरा महत्त्वपूर्ण पग, महाराजा हरि सिंह को मनाने के लिए राष्ट्रीय स्वयंसेवक संघ के प्रमुख गुरु गोलवलकर को शामिल करने का लिया।''[54] महाराजा हरि सिंह के आगे समस्या शेख अब्दुल्ला को सत्ता देने की थी। वे इस विषय पर नेहरू द्वारा डाले जा रहे दबाव को अपमानजनक मानते थे। गोलवलकर ने हरि सिंह से इसी विषय पर बातचीत की और संकट की इस घड़ी में व्यक्तिगत मान-अपमान से निरपेक्ष रहकर निर्णय करने का परामर्श दिया।

19. महाराजा हरि सिंह का जम्मू प्रवास

गुरुजी से भेंट के अगले दिन ही महाराजा हरि सिंह अपने प्रधानमंत्री के साथ, इन विपरीत परिस्थितियों में भी सांप्रदायिक वातावरण का शमन करने और लोगों का मनोबल बढ़ाने के लिए 19 से लेकर 23 अक्तूबर तक जम्मू के सीमांत क्षेत्रों का दौरा करने निकल गए। पाकिस्तान ने इस प्रवास में भी महाराजा का अपहरण करने का प्रयास किया। अलबत्ता इसका आभास महाराजा को पहले से ही था। महाराजा के साथ दौरा कर रहे मेहरचंद महाजन के ही शब्दों में, ''मैंने जम्मू के सीमांत क्षेत्रों-कठुआ से भिम्बर, मीरपुर और कोटली तक के क्षेत्रों का दौरा करने का निर्णय किया। महाराजा हरि सिंह भी इस दौरे पर जानेवाले थे। मैं नहीं चाहता था कि उस समय के हालात देखते हुए वे दौरा करें, लेकिन वे नहीं माने। हम उन्नीस अक्तूबर को जम्मू पहुँचे। शहर में भय व्याप्त था। नगर के केंद्र में स्थित एक मसजिद में मुसलमानों ने हथियार जमा कर रखे थे और वे उग्र मूड में थे। जम्मू का पुलिस अधीक्षक मुसलमान था और अंदरखाने पाकिस्तान से मिला हुआ था। रियासती सेना का चीफ ऑफ स्टाफ भी एक मुसलमान ही था। पुलिस बल में पचास प्रतिशत से ज्यादा मुसलमान थे और व्यावहारिक रूप से पुलिस ने काम करना बंद कर दिया था। रियासत की सेना में पैंतीस प्रतिशत से भी ज्यादा मुसलमान थे। उनमें से अधिकांश तो विद्रोही हो गए थे या फिर मजहबी पक्षपाती। डोगरा सेना के हिंदू सिख सैनिक रियासत की 85 हजार वर्गमील सीमा पर छितरे पड़े थे। वे न तो जम्मू की रक्षा कर सकते थे और न ही सीमा पर छापेमारी कर रहे हमलावरों को रोक सकते थे।'' सीमांत पर रहनेवाले हिंदू सिखों को राहत शिविरों में पहुँचाया जा रहा था।

हमें पहले दिन जम्मू से कठुआ जाना था और दूसरे दिन भिम्बर, मीरपुर और कोटली जाना था। बीस अक्तूबर को जब हम कठुआ की ओर चलने लगे तो महाराजा ने मीरपुर की ओर चलने के लिए कहा। मैंने सोचा इससे तो सारा कार्यक्रम गड़बड़ा जाएगा। महाराजा ने कहा कि तुम अभी रियासत में नए हो। वर्तमान परिस्थितियों में पूर्व निर्धारित कार्यक्रम के अनुसार न चलना ही शुभ होगा, क्योंकि पाकिस्तानी छापामारों को हमारे पूर्व निर्धारित कार्यक्रम का पहले ही पता होगा, जिसके कारण कहीं भी हमारे लिये संकट खड़ा हो सकता है। इस प्रकार हम एक दिन पहले ही मीरपुर के दौरे पर निकल पड़े। सीमांत के भिम्बर के डाकबँगले में हमने दोपहर का भोजन किया। भिम्बर, पाकिस्तान के गुजरात नगर से कुछेक मील की दूरी पर ही स्थित है। बाद में हमें पता चला कि हमारे पूर्व निर्धारित कार्यक्रम के अनुसार गुजरात में पाकिस्तान सरकार का कोई महत्त्वपूर्ण मंत्री आया हुआ था और दूसरे दिन उसी पूर्व निर्धारित कार्यक्रम के अनुसार डाकबँगले पर हमला हुआ और उसे आग के हवाले कर दिया गया। यदि हम

भिम्बर अपने पूर्व निर्धारित कार्यक्रम के अनुसार ही गए होते तो जाहिर है हम हमले के समय वहीं होते और भयंकर संकट में फँस जाते। वापसी पर हमने कई स्थानों पर हिंदुओं और मुसलमानों के घर जलते हुए देखे। 21 अक्तूबर को हम कठुआ की ओर गए। उस ओर भी यही आलम था। कई स्थानों पर मुसलमान पाकिस्तान में जाने के लिए अपने ढोर-डंगर तक लेकर चले हुए थे।''[55] रियासत पर आए इस संकटकाल में महाराजा हरि सिंह जितना संभव था, अपने लोगों से स्वयं मिलकर उनका दुःख-दर्द बाँट रहे थे।

लेकिन एक बात रियासत में स्पष्ट थी कि पाकिस्तान जम्मू-कश्मीर पर हमला करनेवाला है। दरअसल जम्मू के पुंछ, पलंदरी इत्यादि इलाकों पर तो उसने हमला कर ही दिया था। इस हमले का पता नेहरू को भी था, हरि सिंह को भी था और शेख अब्दुल्ला को भी था। हरि सिंह उस इलाके में अपने लोगों का हौसला बढ़ाने के लिए, तमाम खतरों के होते हुए भी घूम रहे थे। नेहरू वही पुराना मंत्र रट रहे थे, अपनी सत्ता शेख अब्दुल्ला को सौंप दो, लेकिन शेख अब्दुल्ला रियासत के लोगों को हिंदुओं के खिलाफ भड़का रहे थे। उन्होंने 21 अक्तूबर, 1947 को प्रेस के लिए जारी किया, ''पुंछ में जो हो रहा है, वह महाराजा द्वारा किए जा रहे दमन के कारण है। इसलिए वहाँ के लोगों को विद्रोह करने का पूरा अधिकार है। वे लोग अपने बुनियादी अधिकारों के लिए विद्रोह कर रहे हैं। इन लोगों के खिलाफ बल प्रयोग करके महाराजा ने इस पूरे इलाके को अराजकता में धकेल दिया है।...मुसलिमबहुल रियासत कपूरथला में अब एक भी मुसलमान नहीं बचा है। यही स्थिति अलवर, भरतपुर व इसी प्रकार की अन्य रियासतों की है। इसलिए यदि कश्मीर के लोगों को डर है कि उनके साथ भी ऐसा ही सलूक किया जाएगा तो उनको सहानुभूतिपूर्वक समझना होगा।''[56] जब पाकिस्तान ने जम्मू-कश्मीर पर हमला कर दिया था तो उस समय शेख अब्दुल्ला रियासत के मुसलमानों को क्या संदेश दे रहे थे, यह उनके इस बयान से स्वतः स्पष्ट है। जब पाकिस्तान के हमलावर जम्मू-कश्मीर में बढ़ रहे थे, उस समय शेख अब्दुल्ला के साथी पाकिस्तान में वहाँ के शासकों के साथ रियासत के भविष्य को लेकर गुफ्तगू कर रहे थे।

20. पाकिस्तान का जम्मू-कश्मीर पर आक्रमण

जम्मू-कश्मीर को लेकर अब एक ही चर्चा थी, नेहरू अपना हठ पहले छोड़ते हैं या पाकिस्तान पहले हमला करता है। यदि नेहरू अपना हठ पहले छोड़ देते तो पाकिस्तान के हमले से पूर्व ही रियासत देश की संघीय संवैधानिक व्यवस्था का हिस्सा बन जाती। पाकिस्तान नेहरू के इस हठ को समझ गया था। वह समझ गया कि नेहरू बिना शेख को गद्दी पर देखे महाराजा हरि सिंह को भारत में रहने की इजाजत नहीं देंगे। जब हरि

सिंह ने रामचंद्र काक को हटाया, तभी पाकिस्तान समझ गया था कि महाराजा न तो राज्य को स्वतंत्र देश बनाना चाहते हैं और न ही पाकिस्तान में आना चाहते हैं। वह हर हालत में हिंदुस्तान में ही बने रहेंगे। शेख की ताजपोशी को लेकर विवाद भी ऐसे ही चलता रहेगा। पाकिस्तान ने महाराजा पर दबाव बनाने के लिए दूसरा रास्ता चुना। बल प्रयोग का रास्ता। उसने सीमांत प्रांत के जनजाति समाज के पश्तून और अफ्रीदी लोगों को आगे करके जम्मू-कश्मीर पर हमला कर दिया। उद्देश्य स्पष्ट था। रियासत पर बलपूर्वक कब्जा कर लिया जाए और महाराजा को बंदी बनाकर अथवा उनका अपहरण करवाकर उनसे बलपूर्वक रियासत को पाकिस्तान में शामिल करवाने के लिए हस्ताक्षर करवा लिये जाएँ। बहुत से लोगों को विश्वास था कि इस नई परिस्थिति में पंडित जवाहर लाल नेहरू अपनी शर्त हटा देंगे और रियासत को नई प्रशासनिक व्यवस्था का हिस्सा बनने देंगे। जम्मू-कश्मीर पर पाकिस्तानी आक्रमण वैसे तो अगस्त के अंत और सितंबर के प्रारंभ में ही हो गया था। अक्तूबर तक आते-आते जम्मू संभाग तो पाकिस्तानी हस्तक्षेप का शिकार हो चुका था। पंजाब के पूर्वी और पश्चिमी हिस्सों से हिंदू-सिखों और मुसलमानों का पलायन शुरू हो चुका था और उसमें हजारों लोग हमलों का शिकार हो रहे थे। अब पाकिस्तान इसका जम्मू में भी विस्तार कर रहा था। मुजफ्फराबाद पर आक्रमण कबायलियों ने 22 अक्तूबर की सुबह ही कर दिया था। मुजफ्फराबाद के उस समय के वजीर-ए-वजारत दुनी चंद मेहता की पत्नी कृष्णा मेहता के अनुसार, "22 अक्तूबर, सवेरे के पाँच बजे होंगे। अचानक मेरी आँख खुली। मैंने सुना गोलियों की भयंकर आवाज पर्वत की ओर की चट्टानों से टकरा-टकराकर आ रही है।...उधर ग्राउंड से सब इंस्पेक्टर पुलिस, तेईस सिपाहियों को लेकर मेहता साहब से आ मिला। सिपाहियों में बीस मुसलमान थे और तीन हिंदू। सब इंस्पेक्टर स्वयं हिंदू राजपूत था। वजीर साहब को उन्होंने बताया कि हमला हो गया है और शत्रु कृष्णगंगा का पुल पारकर नगर के समीप आ रहे हैं।"[57] उधर 23 अक्तूबर को महाराजा हरि सिंह जम्मू संभाग के विपत्तिग्रस्त इलाकों का दौराकर वापस श्रीनगर पहुँचे। तब तक मुजफ्फराबाद पर आक्रमण की सूचना राजधानी में पहुँच ही गई थी। अगले दिन दशहरा उत्सव था। सबसे पहले महाराजा हरि सिंह ने रियासत के उप-प्रधानमंत्री राम लाल बत्रा को रियासत के देश की संवैधानिक व्यवस्था में अधिमिलन का प्रस्ताव देकर दिल्ली भेजा। राज्य पर आए संकट को देखकर शायद नेहरू अधिमिलन का प्रस्ताव स्वीकार कर लें और राज्य की सुरक्षा का प्रबंध करें।

श्रीनगर में हर साल परंपरागत तरीके से दशहरा मनाया जाता था। विशेष राजदरबार सजता था। राज्य की स्थिति को देखकर यह विचार हो रहा था कि यह उत्सव पहले की भाँति ही मनाया जाए या स्थगित कर दिया जाए, लेकिन अंत में यही निर्णय हुआ कि हर

वर्ष की तरह इस वर्ष भी दशहरा अवश्य मनाया जाना चाहिए। इससे आम जनता में उत्साह और विश्वास जाग्रत् होगा। दशहरा स्थगित करने से लोगों में भय और अनिर्णय की स्थिति पैदा हो सकती है। इस प्रकार 24 अक्तूबर को परंपरागत तरीके से वितस्ता के किनारों पर दशहरा मनाया गया। सबकुछ सामान्य ढंग से ही संपन्न हुआ। इस कार्यक्रम के बाद राजमहल में दशहरा भोज का आयोजन था। महाराजा हरि सिंह अभी अमीराकदल पर ही पहुँचे थे कि सारे शहर की बिजली गुल हो गई और अँधेरा छा गया। किसी को कुछ समझ नहीं आया। शुक्र था कि राजमहल में बिजली की वैकल्पिक व्यवस्था थी। इसलिए दशहरा भोज भी सामान्य ढंग से ही चलता रहा, लेकिन कार्यक्रम के समाप्त हो जाने के बाद, बिजली इंजीनियर ने मेहरचंद महाजन को बता दिया, ''मोहरा बिजली घर में आक्रमणकारी घुस गए हैं और उसे बुरी तरह क्षतिग्रस्त कर दिया है।''[58] जिस हमले की खबरें इतने दिनों से हवा में तैर रही थीं, वह हमला शुरू हो चुका था। पाकिस्तानी सेना के नियंत्रण में कबायली रियासत की सीमा में प्रवेश कर गए थे। लूटपाट और हत्या का बाजार गरम था। रियासत में भय व्याप्त न हो जाए, इसलिए हरि सिंह सारे काम सामान्य तरह से ही निपटा रहे थे। खतरा उनकी ओर कदम-दर-कदम बढ़ रहा था, लेकिन वे अडिग थे। दिल्ली को उन्होंने सूचित कर दिया था कि हमला शुरू हो चुका है। अब सरकार को सहायता भेजने में और विलंब नहीं करना चाहिए, नहीं तो जम्मू-कश्मीर हाथ से चला जाएगा।

महाराजा हरि सिंह ने रियासत की सेना के चीफ ऑफ स्टाफ ब्रिगेडियर राजेंद्र सिंह जामवाल को बुलाया। आगे कर्ण सिंह के अपने शब्दों में ही, ''ब्रिगेडियर जामवाल ने अभी हाल ही में जनरल स्काट के स्थान पर रियासत की सेना के प्रमुख का पद सँभाला था। मैं उस समय दरबार में था। पिताजी ने उन्हें उड़ी जाने का आदेश देते हुए कहा था कि स्थिति बहुत गंभीर है। जब तक आपके पास एक भी सैनिक और एक भी गोली है, आपको हमलावरों से लड़ना है। ब्रिगेडियर 22 अक्तूबर की रात को ही उड़ी दुमेल के लिए रवाना हो गए। अविश्वसनीय शौर्य और रणनीति से काम लेते हुए आक्रमणकारियों को बारामुला पहुँचने से पहले ही, वे उनकी बढ़त तीन दिन तक रोकने में कामयाब रहे।...संख्या में आक्रमणकारियों से कम होने, अपने मुसलमान अफसरों के विद्रोही हो जाने तथा स्वयं गंभीर रूप से घायल हो जाने के बावजूद ब्रिगेडियर ने जोर दिया कि उन्हें एक रिवाल्वर देकर वहीं सड़क के किनारे छोड़ दिया जाए, क्योंकि उन्होंने महाराजा को वचन दिया था कि आक्रमणकारी उनकी लाश पर पैर रखकर ही आगे बढ़ सकेंगे।''[59] आनेवाले समय का एक-एक पल जम्मू-कश्मीर के भविष्य का निर्णय करनेवाला था।

21. महाराजा हरि सिंह द्वारा देश की संघीय संवैधानिक व्यवस्था में शामिल होने के प्रयास

नेहरू संकट की इस घड़ी में भी भारत माता के मुकुट को बचाने के लिए सहमत नहीं हुए। वे अपनी शर्त पर पहले की तरह अड़े थे—उनके मित्र शेख मोहम्मद अब्दुल्ला की ताजपोशी। मेहरचंद महाजन के अनुसार, ''24 अक्तूबर, 1947 को महाराजा हरि सिंह का अधिमिलन पत्र लेकर रियासत के उप-प्रधानमंत्री श्रीनगर से दिल्ली चले गए थे। वे अपने साथ महाराजा का एक व्यक्तिगत पत्र भी जवाहर लाल नेहरू और सरदार पटेल के नाम ले गए थे, जिसमें उनसे सेना व सैनिक साजो-सामान की सहायता के लिए प्रार्थना की गई थी।''[60] पंडित नेहरू के एक अन्य विश्वस्त साथी, चेलापति राव के शब्दों में, ''24 अक्तूबर की रात को कश्मीर राज्य की ओर से रियासत के भारत की संवैधानिक व्यवस्था में अधिमिलन और सैनिक सहायता की प्रार्थना की गई, बैठकों की लंबी प्रक्रियाएँ चलीं, लेकिन कोई निर्णय नहीं लिया जा सका।''[61] जम्मू-कश्मीर के उप-प्रधानमंत्री राम लाल बत्रा अधिमिलन पत्र लेकर घूमते रहे, लेकिन दिल्ली में किसी ने उन्हें घास नहीं डाली। अब महाराजा हरि सिंह को केवल इतना देखना भर था कि नेहरू राष्ट्र हित में जम्मू-कश्मीर के पक्ष में निर्णय करते हैं या अपने मित्र शेख मोहम्मद अब्दुल्ला के पक्ष में? शायद महाराजा को किसी कोने में आशा रही होगी कि देश पर आए इस संकट को देखते हुए, शायद इस बार नेहरू अपनी जिद छोड़ दें और जम्मू-कश्मीर की सुरक्षा को अधिमान दे दें।

लेकिन महाराजा हरि सिंह की यह आशा आकाश कुसुम ही सिद्ध हुई। शेख अब्दुल्ला को सत्ता सौंप देने के प्रस्ताव के अभाव में दिल्ली में लंबी बहसें होती रहीं। रोम जल रहा था और नीरो बाँसुरी बजा रहा था। रियासत की सेना के बहादुर जवान शत्रु से लोहा ले रहे थे और रियासत के चप्पे-चप्पे की रक्षा के लिए अपना खून बहा रहे थे। महाराजा हरि सिंह भारत सरकार के प्रधानमंत्री से प्रार्थना कर रहे थे कि रियासत को संघीय संवैधानिक व्यवस्था में शामिल कर लिया जाए और भारत पर आजादी के बाद पश्चिमोत्तर से हुए इस पहले आक्रमण का मिलकर मुकाबला किया जाए, तब भी नेहरू एक ही रट लगाए हुए थे कि यह तभी संभव होगा, जब सत्ता शेख अब्दुल्ला के हाथों में सौंप दी जाएगी। 25 और 26 अक्तूबर को दिल्ली में सुरक्षा समिति की लंबी बैठकें माउंटबेटन की अध्यक्षता में प्रारंभ हुईं। माउंटबेटन इस पक्ष में थे कि सेना भेजने से पहले रियासत का भारत में अधिमिलन हो जाना चाहिए, लेकिन इन बैठकों में भी नेहरू शेख अब्दुल्ला को सत्ता दिए बिना अधिमिलन का प्रस्ताव स्वीकार करने को भी तैयार नहीं थे। यह अलग बात है कि माउंटबेटन के प्रस्तावों में भी लंदन की राजनीति छिपी थी।

इधर माउंटबेटन अपनी इस रणनीति के मोहरे चल रहे थे, उधर नेहरू शेख अब्दुल्ला का मामला निपट जाने तक अधिमिलन पत्र पर चर्चा करने के लिए भी तैयार नहीं थे। इस मामले को लेकर नेहरू ने रियासती मंत्रालय के सचिव वी.पी. मेनन को महाराजा हरि सिंह से बातचीत करने के लिए 26 अक्तूबर को श्रीनगर भेजा और रियासत के प्रधानमंत्री मेहरचंद महाजन को भी साथ लाने के लिए कहा। वी.पी. मेनन के साथ सैन्य अधिकारी मानिकशाह भी श्रीनगर आए थे। मेहरचंद महाजन के ही शब्दों में, "जब हम श्रीनगर को बचाने के उपायों पर विचार कर ही रहे थे तो दिल्ली से रियासती मंत्रालय के सचिव वी.पी. मेनन जहाज से श्रीनगर पहुँचे। वे हवाई अड्डे से सीधा मेरे निवास स्थान पर ही आए। वे मुझे अपने साथ दिल्ली ले जाने के लिए आए थे। उन्होंने कहा कि सैनिक सहायता देने के बारे में, मेरे दिल्ली आए बिना कुछ नहीं हो सकता। मैंने उन्हें यह भी बताया कि हमने तो अपने उपप्रधानमंत्री को अधिमिलन पत्र देकर पहले ही दिल्ली भेज दिया है। मैंने कहा, जब मैंने रियासत के प्रधानमंत्री का पद स्वीकार किया था तो मुझे आवश्यकता पड़ने पर सैनिक सहायता मुहैया करवाने का आश्वासन दिया गया था, लेकिन मुझे मेनन ने बताया कि मेरे दिल्ली गए बिना श्रीनगर की रक्षा के लिए सैनिक सहायता मिलना मुश्किल है।"[62] मेनन शायद पूरी बात बताने के लिए अधिकृत नहीं थे। नेहरू अधिमिलन का प्रस्ताव स्वीकार करने से पूर्व दिल्ली बुलाकर महाजन से स्पष्ट पूछ लेना चाहते थे महाराजा शेख अब्दुल्ला को सत्ता देने के लिए तैयार हैं या नहीं? इस प्रश्न का सकारात्मक उत्तर ले लेने के लिए उन्होंने 24 अक्तूबर से 26 अक्तूबर तक के तीन बहुमूल्य दिन नष्ट कर दिए थे, लेकिन तब तक पाकिस्तानी सेना या उसके कबायली बारामूला तक पहुँच गए थे। मकबूल शेखानी की लाश बारामुला की दीवार पर लटक चुकी थी। श्रीनगर महज कुछ मील दूर रह गया था। हमलावर लूटपाट कर रहे थे और कत्लोगारद में लगे हुए थे। राजेंद्र सिंह के नेतृत्व में राज्य की सेना अंतिम सैनिक के जिंदा रहने तक की लड़ाई में प्राण न्योछावर कर रही थी। महाराजा हरि सिंह श्रीनगर में ही डटे हुए थे और स्वयं रणभूमि में जाने की सोच रहे थे।[63]

वी.पी. मेनन को डर था कि कहीं कबायली महाराजा का अपहरण न कर लें। एक बार यदि महाराजा हरि सिंह पाकिस्तान के हत्थे चढ़ गए तो जम्मू-कश्मीर को पाकिस्तान में जाने से कोई नहीं बचा सकेगा। वर्तमान परिस्थिति में महाराजा का सुरक्षित रहना बहुत जरूरी है। इस लिहाज से श्रीनगर बिल्कुल ही उचित स्थान नहीं था। इसलिए मेनन ने महाराजा से तुरंत जम्मू चले जाने का आग्रह किया। मेहरचंद महाजन ने भी महाराजा को यही सुझाव दिया। अक्तूबर-नवंबर में वैसे भी राजधानी जम्मू में चली जाती थी। इसे दरबार मूव कहा जाता था। अधिकांश अधिकारी दरबार मूव के कारण

जम्मू जा चुके थे, लेकिन महाराजा हरि सिंह रियासत में उत्पन्न संकट के कारण जम्मू नहीं गए थे और श्रीनगर में ही डटे हुए थे। वी.पी. मेनन अपने साथ अधिमिलन पत्र की एक प्रति लेकर भी आए थे। अधिमिलन पत्र वही था, जो अन्य रियासतों के शासकों ने अधिमिलन हेतु प्रयोग किया था। इसको भारत सरकार के रियासती मंत्रालय ने ही तैयार किया था। महाराजा हरि सिंह ने इस मानक पत्र पर हस्ताक्षर कर दिए। मेनन और मेहरचंद महाजन 26 अक्तूबर को दिल्ली पहुँच गए और इधर वी.पी. मेनन की सलाह पर महाराजा हरि सिंह जम्मू की ओर चल पड़े। शाम घिर आई थी और महाराजा का काफिला धीरे-धीरे जम्मू की ओर बढ़ रहा था।

महाजन दिल्ली में नेहरू के दरबार में उपस्थित हुए। अब वहाँ क्या हुआ, उसका आँखों देखा हाल भी महाजन के ही शब्दों में, ''बारामुला और श्रीनगर की ओर लगातार बढ़ रहे कबायलियों के कारण उत्पन्न स्थिति के कारण मैंने तुरंत किसी भी शर्त पर सैनिक सहायता देने के लिए कहा। मैंने कुछ भावुक होते हुए कहा कि श्रीनगर को किसी भी तरह लूट और विनाश से बचाया ही जाना चाहिए, लेकिन प्रधानमंत्री नेहरू ने कहा कि कोई बात नहीं यदि श्रीनगर पर कबायलियों ने कब्जा कर भी लिया तो भारत इतना ताकतवर है कि वह उनके कब्जे से शहर को वापस छुड़ा सके। मैंने सोचा, वापस तो लिया जा सकता है; लेकिन विनाश की भरपाई तो नहीं हो पाएगी। इसलिए कुछ जोर देकर कहा कि सैनिक सहायता की हमारी प्रार्थना हर हालत में तुरंत स्वीकार की ही जानी चाहिए। नेहरू ने कहा इस प्रकार क्षणिक आदेश में सैनिक भेजना संभव नहीं है, क्योंकि इस प्रकार के आप्रेशन के लिए पर्याप्त तैयारी और व्यवस्था करनी पड़ती है। सैनिक बिना विचार के केवल मेरी माँग पर ही नहीं भेजे जा सकते, लेकिन मैं अपनी माँग पर अड़ा हुआ था। उधर नेहरू भी अपने मोर्चे पर अडिग थे।''[64] प्रश्न यह है कि आखिर इस समय कौन सा पेंच फँसा हुआ था? रियासत के उप प्रधानमंत्री 24 अक्तूबर से ही अधिमिलन पत्र लेकर दिल्ली में बैठे थे। शत्रु सेना हर पल श्रीनगर की ओर बढ़ रही थी। उसने पूरी रियासत में लूटपाट मचा रखी थी। निर्दोषों की हत्या हो रही थी। औरतों का अपहरणकर उन्हें पेशावर की मंडियों में बेचने के लिए भेजा जा रहा था। किसी क्षण भी श्रीनगर का पतन हो सकता था। नेहरू फिर भी न तो रियासत की भारत की संवैधानिक व्यवस्था में अधिमिलन की माँग स्वीकार कर रहे थे और न ही सैनिक सहायता भेज रहे थे।

दरअसल मामला वहीं अटका हुआ था। पंडित नेहरू के स्टाफ में काम कर चुके पत्रकार सोमनाथ धर, जो यह आरोप लगाते रहे हैं कि महाराजा हरि सिंह भारत की संवैधानिक व्यवस्था में शामिल नहीं होना चाहते हैं, को भी विवश होकर लिखना ही पड़ा कि नेहरू ने, ''कश्मीर के भारत में अधिमिलन के लिए रियासत में लोकप्रिय

सरकार की स्थापना की शर्त लगाई हुई थी।''[65] लोकप्रिय सरकार का अर्थ शेख अब्दुल्ला की सरकार ही था। जाहिर है नेहरू की रुचि रियासत के भारत की संघीय व्यवस्था में अधिमिलन की अपेक्षा इस बात में ज्यादा थी कि किसी भी तरह उनके मित्र शेख अब्दुल्ला को सत्ता सौंप दी जाए। ''कबायली श्रीनगर के दरवाजे तक आ पहुँचे थे, लेकिन फिर भी नेहरू रियासत का अधिमिलन का प्रस्ताव स्वीकार करने के लिए तैयार नहीं थे, जब तक शेख अब्दुल्ला को सत्ता में भागीदार नहीं बना लिया जाता।''[66] मेहरचंद महाजन इस बात को अच्छी तरह समझ गए थे। इसलिए उन्होंने कहा, ''जिस सैनिक सहायता की हमें जरूरत है, वह दीजिए। हमारा अधिमिलन का प्रस्ताव स्वीकार कीजिए और पापुलर पार्टी को आप जो सत्ता देना चाहते हैं, वह दीजिए, लेकिन शाम तक श्रीनगर को बचाने के लिए सेना अवश्य जानी चाहिए।''[67] महाजन यहाँ जिस पापुलर पार्टी का जिक्र कर रहे हैं, उसका अर्थ शेख मोहम्मद अब्दुल्ला ही है, क्योंकि उन दिनों नेहरू नेशनल कॉन्फ्रेंस को एकमात्र पापुलर पार्टी और शेख को उस पापुलर पार्टी का एक मात्र प्रतिनिधि मानते थे। महाजन शेख अब्दुल्ला को सत्ता सौंपने के लिए तैयार थे। नेहरू इस लड़ाई में जीत गए थे, लेकिन उनकी जीत की कीमत मुजफ्फराबाद, बारामुला के लोगों को अपनी जान पर खेलकर चुकानी पड़ी। लेकिन एक रिक्त स्थान की पूर्ति अभी भी बाकी रहती थी। महाराजा हरि सिंह को स्वयं अपने हाथ से लिखकर देना होगा कि वे सत्ता शेख अब्दुल्ला को सौंप रहे हैं। सिद्धांत के तौर पर नेहरू रियासत के अधिमिलन के लिए तैयार हो गए थे।

26 अक्तूबर को ही भारत डोमीनियन के गवर्नर जनरल लार्ड माउंटबेटन ने महाराजा हरि सिंह द्वारा भेजे गए अधिमिलन के प्रस्ताव को स्वीकार कर लिया। माउंटबेटन ने प्रस्ताव पर लिखा—मैं इसे स्वीकार करता हूँ और उसके नीचे अपने हस्ताक्षर कर दिए। हस्ताक्षर करते ही जम्मू-कश्मीर रियासत भी देश की नई संवैधानिक व्यवस्था का हिस्सा बन गई। ''इसी दिन सुरक्षा समिति की बैठक में माउंटबेटन और सेना के तीनों अंगों के प्रमुखों ने कश्मीर में फौजें भेजने का विरोध किया, परंतु जब माउंटबेटन ने देखा कि मंत्रिमंडल के सदस्य इस बात पर तुले हुए हैं तो उन्होंने हाँ कह दी।''[68]

लार्ड माउंटबेटन ने अधिमिलन का प्रस्ताव स्वीकार कर लेने के बाद इत्मीनान से एक अलग पत्र महाराजा हरि सिंह के नाम लिखा। इसमें उन्होंने कहा कि अधिमिलन इस शर्त के साथ स्वीकार किया गया है कि रियासत में स्थिति सामान्य हो जाने पर लोगों की राय ली जाएगी। इस पत्र से यह रहस्य खुला कि माउंटबेटन रियासत को सैनिक सहायता देने से पूर्व अधिमिलन की शर्त क्यों लगा रहे थे। इस पत्र से माउंटबेटन की रणनीति साफ हो गई थी। भारत को किसी भी पड़ोसी द्वारा संकटकाल में माँगी गई मदद देने का पूरा अधिकार था। यदि संघीय सरकार की सेना जम्मू-कश्मीर में चली जाती

और पाकिस्तान के कब्जे से बलात अधिकृत क्षेत्र मुक्त करवा लेती तो तो पूरी रियासत यथार्थ में ही भारत की संवैधानिक व्यवस्था का हिस्सा बनती। महाराजा तो भारत में शामिल होने के लिए काफी अरसे से इच्छुक थे। पाकिस्तान के इस आक्रमण के बाद तो महाराजा के अन्य किसी दिशा में जाने का प्रश्न ही नहीं था। उस स्थिति में माउंटबेटन रियासत के अधिमिलन के प्रश्न को जनमत संग्रह के साथ नहीं जोड़ सकते थे। यह तभी संभव था, जब सेना भेजने के सवाल को अधिमिलन से जोड़ दिया जाए और एक बार अधिमिलन का प्रस्ताव आने पर उसे जनमत संग्रह के साथ नत्थी कर दिया जाए, लेकिन यह समय लड़ाई का था। जम्मू-कश्मीर में युद्ध हो रहा था।

मेहरचंद महाजन 26 अक्तूबर को ही वापस जम्मू चले जाना चाहते थे। जम्मू-कश्मीर रियासत का अंततः अधिमिलन का प्रस्ताव भी स्वीकार हो गया था और शत्रु को परास्त करने के लिए सेना भी आ रही थी। नेहरू भी चाहते थे कि महाजन, वी.पी. मेनन के साथ तुरंत जम्मू चले जाएँ, क्योंकि नेहरू कुछ मूरक दस्तावेजों पर महाराजा के हस्ताक्षर करवाना चाहते थे, लेकिन महाजन ने, ''बिना किसी लाग-लपेट के नेहरू को बता दिया था कि जब तक श्रीनगर हवाई अड्डे के अधिकारी से सूचना नहीं मिल जाती कि भारतीय सेना बल वहाँ पहुँच गए हैं, तब तक वे जम्मू नहीं जाएँगे।'' लेकिन इसके साथ ही मेहरचंद महाजन को नेहरू से एक और जरूरी काम निपटाना था, ताकि संदर्भ रहे और वक्त-बेवक्त काम आए। महाजन ने नेहरू से कहा, ''आप मुझे अपने हाथों से लिखकर दीजिए कि संकट की इस घड़ी में, आपने किन किन शर्तों पर जम्मू-कश्मीर को सैनिक सहायता दी है? नेहरू ने लिखा, सबसे पहली शर्त तो यही कि महाराजा हरि सिंह केवल तीन विषयों-संचार, सुरक्षा और विदेशी मसलों को लेकर देश की नई संघीय संवैधानिक व्यवस्था का हिस्सा बनेंगे। (यह शर्त तो महाराजा पहले ही स्वीकार कर चुके थे) द्वितीय, रियासत के आंतरिक प्रशासन का लोकतंत्रीकरण करना चाहिए और मैसूर रियासत के लिए निर्धारित मॉडल के आधार पर जम्मू-कश्मीर का भी नया संविधान बनाया जाएगा। तृतीय, शेख अब्दुल्ला को रियासत के प्रशासन में लिया जाएगा और प्रधानमंत्री के साथ ही उसे भी उत्तरदायी बनाया जाएगा।''[69]

दिल्ली में ब्रिटिश सरकार द्वारा बिछाई शतरंज की चौसर पर राजनीति हो रही थी, इधर जम्मू में महाराजा हरि सिंह की चिंता बढ़ती जा रही थी। 26 अक्तूबर भी बीत गया था। रात गहराने लगी थी। नेहरू अब भी अधिमिलन का प्रस्ताव स्वीकार करते हैं या नहीं? क्या वे सचमुच शेख अब्दुल्ला की खातिर जम्मू-कश्मीर के भविष्य को ही दाँव पर लगा देंगे? नेहरू के पुराने व्यवहार को देखकर महाराजा हरि सिंह को अभी भी शायद यह लगता हो कि कहीं वे जम्मू-कश्मीर के संघीय व्यवस्था का हिस्सा बनने के प्रस्ताव को खारिजकर सैनिक सहायता देने से इनकार न कर दें। यदि ऐसा होता है,

तब? तब उन्होंने अपने ए.डी.सी. कैप्टन दीवान सिंह को आदेश दिया, ''यदि ऐसा होता है तो मुझे नींद से जगाने की जरूरत नहीं है। मेरी कनपटी पर गोली मारकर मुझे सदा के लिए सुला देना।''[70] यह कहकर वे सोने के लिए चले गए, लेकिन दीवान सिंह को गोली मारने की आवश्यकता नहीं पड़ी, क्योंकि अगले दिन जब वे उठे तो भारतीय सेना के जहाज रियासत के आकाश में मँडरा रहे थे। दिल्ली में मेहरचंद महाजन को भी इसकी सूचना सुबह नौ बजे के लगभग श्रीनगर के हवाई पत्तन अधिकारी ने दे दी थी। उसके बाद ही मेनन और महाजन ने जम्मू के लिए उड़ान भरी। मेनन और महाजन दोनों ही राजमहल पहुँचे। मेनन को कुछ पूरक कागजों पर महाराजा हरि सिंह के हस्ताक्षर चाहिए थे। माना जाता है यह वही पत्र था, जो हरि सिंह ने कथित तौर पर लार्ड माउंटबेटन को 26 अक्तूबर को ही लिखा थी, लेकिन उस समय इस पत्र में यह नहीं लिखा हुआ था कि शेख अब्दुल्ला को प्रशासन में उत्तरदायी बना दिया जाएगा। नेहरू जब तक इस एक वाक्य के लिए अड़े रहे, तब तक बारामुला में सैकड़ों लोग मर चुके थे और औरतें अगवा कर ली गई थीं। 27 अक्तूबर को जम्मू के अपने राजमहल में बैठकर महाराजा हरि सिंह ने अपने इसी पत्र में यह ऐतिहासिक वाक्य जोड़ते हुए लिखा, ''महामहिम की सरकार को मैं यह भी सूचित करना चाहता हूँ कि मेरा इरादा तुरंत ही एक अंतरिम सरकार बनाने का है। इस आपात सरकार में, मैं शेख अब्दुल्ला को अपने प्रधानमंत्री के साथ मिलकर काम करने के लिए आपात प्रशासन का उत्तरदायित्व सौंप रहा हूँ।''[71] यह संशोधित पत्र लेकर मेनन वापस दिल्ली चले गए। महाराजा को इस बात का श्रेय जाएगा कि उन्होंने पाकिस्तान का आक्रमण विफल करने के लिए नेहरू की शर्त मानकर शेख अब्दुल्ला को आपात प्रशासक नियुक्त कर दिया। पाकिस्तान में जाने से बेहतर था, नेहरू के हाथों पराजित हो जाना। यह घर की लड़ाई थी।

महाराजा ने नेहरू की जिद का सम्मान करते हुए, समस्त लोकतांत्रिक परंपराओं को त्यागकर शेख अब्दुल्ला को सिंहासन पर बिठा दिया, जबकि शेख राज्य की विधानसभा, जिसके चुनाव भारत विभाजन से कुछ समय पूर्व ही जनवरी, 1947 में हुए थे, के सदस्य भी नहीं थे। वह जम्मू के मुसलमानों के नेता भी नहीं थे। वहाँ मुसलिम कॉन्फ्रेंस का प्रभाव था। वह गिलगित और बल्तीस्तान के लोगों के नेता भी नहीं थे, क्योंकि वहाँ शिया समाज का बहुमत था। जम्मू के हिंदुओं और लद्दाख के बौद्धों का भी वह प्रतिनिधित्व नहीं करते थे। यह ठीक है कि वे सर्वाधिक लोकप्रिय नेता थे, जिसे नेहरू सोते-जागते दोहराते रहते थे, लेकिन सर्वाधिक लोकप्रिय नेता वे केवल घाटी के कश्मीरी भाषा बोलनेवाले मुसलमानों के थे और कश्मीर घाटी, विशाल जम्मू-कश्मीर रियासत का केवल एक हिस्सा थी। स्वतंत्र भारत में लोकतंत्र की यह पहली पराजय थी। महाराज हरि सिंह हारकर भी जीत गए थे और नेहरू जीतकर भी हार गए थे और शेख

अब्दुल्ला? पच्चीस अक्तूबर को ही श्रीनगर से भागकर दिल्ली जा बैठे थे, ''और श्रीनगर तभी लौटे, जब सैनिक कार्रवाई शुरू हो चुकी थी।''[72] यह बाद का इतिहास है कि जिस शेख अब्दुल्ला के लिए नेहरू ने जम्मू-कश्मीर ही दाँव पर लगा दिया था, वही शेख राज्य का सबसे बड़ा संकट सिद्ध हुआ।

22. हरि सिंह द्वारा लार्ड माउंटबेटन को लिखे पत्र के निहितार्थ

महाराजा हरि सिंह ने जब रियासत के अधिमिलन का प्रस्ताव गवर्नर जनरल को भेजा था तो उसके साथ अलग से उनको एक पत्र भी लिखा था, जिसकी ऊपर आंशिक चर्चा की गई है। इस पत्र पर 26 अक्तूबर की तारीख है और स्थान जम्मू राजमहल अंकित है। कुछ विद्वानों का कहना है कि यह पत्र वास्तव में 27 तारीख को लिखा गया था। दूसरों का मानना है कि पत्र तो 26 को श्रीनगर में ही लिखा गया था, लेकिन इसमें शेख अब्दुल्ला को सत्ताभार देनेवाला अंश 27 अक्तूबर को जम्मू में डाला गया, पर महाराजा ने यह अंश डालते हुए तारीख नहीं बदली। तारीख से तो कोई फर्क नहीं पड़ता, लेकिन इस नए अंश ने जम्मू-कश्मीर का इतिहास बदल दिया। इतिहास के इस मोड़ पर महाराजा हरि सिंह कुछ नहीं कर सकते थे, क्योंकि यह अंश पंडित नेहरू ने खुद अपने हाथों से लिखकर मेहरचंद महाजन के हाथों महाराजा के पास पहुँचाया था और मेनन इस अंश को हरि सिंह से लिखवाकर खुद नेहरू के पास ले जानेवाले थे।

भाष्यम कस्तूरी ने इस पूरे घटनाक्रम की व्याख्या इस प्रकार की है—"The broad outline of how and when Hari Singh signed the Instrument of Accession has been clear for some time now. As Prem Shankar Jha states in his book, Hari Singh was persuaded by V.P. Menon to sign the Instrument of Accession on the night of October 25/early morning of October 26, 1947. Menon also persuaded Hari Singh to leave Srinagar for Jammu, given the threat from the tribal raiders from Pakistan, which he did at around 2 a.m.

After driving almost non-stop, the Maharaja's entourage reached Jammu palace probably around lunchtime on October 26. There they waited for news from Delhi about the request for assistance. V.P. Menon did not come as his flight to Jammu was put off due to bad weather that afternoon. But he had already handed over the Instrument of Accession to Lord Mountbatten on October 26 at the meeting of the Defence Committee of the Cabinet.

The other document that is available at many sources is a letter written by Hari Singh to Mountbatten, also dated October 26, 1947.

Actually, while the Maharaja had signed the Instrument of Accession, he had not agreed to bring in Sheikh Abdullah to head the emergency administration. To persuade Hari Singh to get Sheikh Abdullah in, Menon went to Jammu on October 27, soon after the first Indian troops were in, and got the Maharaja to append his signature to a letter dated October 26 and datelined 'The Palace, Jammu.' This letter, probably written originally on October 24-25 had to be redrafted to include at the end the paragraph about Sheikh Abdullah's inclusion in government. This Menon took back to Delhi on the October 27 and then in the evening handed both the Instrument and the Letter offering Accession to Mountbatten and jawaharlal Nehru."[(73)]

यह पत्र चाहे गवर्नर जनरल को संबोधित था, परंतु इसके माध्यम से महाराजा हरि सिंह उन तमाम प्रश्नों का उत्तर दे रहे थे, जो उनसे पूछे जा रहे थे। वे पाकिस्तान के हमले से पहले ही देश की संवैधानिक व्यवस्था में अधिमिलन के लिए तैयार क्यों नहीं हुए? लार्ड माउंटबेटन और नेहरू तक ये प्रश्न पूछ रहे थे, जो इन प्रश्नों का उत्तर, केवल जानते ही नहीं थे, बल्कि स्वयं इसके लिए उत्तरदायी थे। सबसे दुःख की बात तो यह थी कि हरि सिंह का अपना बेटा मानने लगा था, ''कश्मीर पर राजनैतिक समझौते का (जून, 1947 में माउंटबेटन द्वारा दिया गया) यह अंतिम और सही अवसर था,जो गँवा दिया गया।''[74] हरि सिंह को अब इन सभी के प्रश्नों के उत्तर एक साथ देने थे।

उन्होंने लिखा, ''महामहिम मेरी रियासत में भयंकर चिंताजनक स्थिति पैदा हो गई है, जिसके कारण आपकी सरकार से तुरंत सहायता की प्रार्थना करता हूँ। महामहिम को पता ही है कि जम्मू-कश्मीर रियासत अभी तक भारत और पाकिस्तान, किसी भी डोमीनियन में शामिल नहीं हुई है। भौगोलिक लिहाज से मेरी रियासत की सीमा भारत और पाकिस्तान दोनों डोमीनियनों के साथ लगती है। इसके अतिरिक्त मेरी रियासत की सीमा चीन और रूस के साथ भी लगती है। अपने वैदेशिक संबंधों में भारत और पाकिस्तान दोनों डोमीनियन, इस तथ्य की अनदेखी नहीं कर सकते। इसलिए किसी एक डोमीनियन में शामिल होने के लिए मुझे समय दरकार था। यह विचार भी था कि क्या दोनों डोमीनियनों के साथ दोस्ताना संबंध रखते हुए, रियासत का स्वतंत्र रहना ही रियासत समेत दोनों डोमीनियनों के हित में नहीं होगा?''

महाराजा हरि सिंह वास्तव में इस स्पष्टीकरण के माध्यम से माउंटबेटन के उन तर्कों का परोक्ष उत्तर दे रहे थे, जो उसने जून, 1947 में श्रीनगर के प्रवास के समय हरि सिंह को पाकिस्तान में शामिल हो जाने के लिए सुझाए थे। माउंटबेटन के ये ऐसे यक्ष प्रश्न थे, जिनका उत्तर उन्होंने जुलाई में नहीं दिया था। उत्तर देने की बजाय उन्होंने माउंटबेटन से मिलने से ही इनकार कर दिया था, लेकिन उसके बाद से पंडित नेहरू की

कृपा से माउंटबेटन दिल्ली में और भी ताकतवर हो गए थे। इसलिए अब महाराजा हरि सिंह को यह उत्तर देना ही था कि मैं पाकिस्तान में शामिल क्यों नहीं हुआ? महाराजा हरि सिंह ने पहली बार यहाँ लिखा है कि रियासत का स्वतंत्र रहना भी एक विकल्प हो सकता था, लेकिन बहुत से विद्वान् हरि सिंह के आलेख का शाब्दिक अर्थ ही लेते हैं। भारत स्वतंत्रता अधिनियम 1947 में रियासतों के पास व्यावहारिक रूप से भारत या पाकिस्तान डोमीनियन में शामिल हो जाने के दो ही विकल्प थे। इसके लिए भी कोई समय सीमा निर्धारित नहीं थी। कोई रियासत जब तक इन दोनों विकल्पों में से किसी एक का प्रयोग नहीं करती, तब तक उस समय की प्रचलित शब्दावली में उसे 'स्वतंत्र रहना' ही कहा जाता था।

अब यहाँ तक जम्मू-कश्मीर का संबंध था, पहले विकल्प को पंडित जवाहर लाल नेहरू ने यह शर्त लगाकर अवरुद्ध कर दिया कि महाराजा हरि सिंह को यह विकल्प तभी उपलब्ध होगा, यदि वे सत्ता शेख मोहम्मद अब्दुल्ला को सौंप देते हैं। उनके अनुसार तो सत्ता प्रप्ति के बाद शेख को ही यह निर्णय लेना था रियासत को भारत में रहना है या पाकिस्तान में चले जाना है। दूसरा विकल्प था कि रियासत विश्व के मानचित्र पर उभरे नए देश पाकिस्तान में शामिल हो जाए, लेकिन इस विकल्प को स्वीकार करने से महाराजा हरि सिंह ने स्पष्ट इनकार कर दिया। अब तो अधिनियम के तहत केवल तीसरा विकल्प ही खुला बचा था कि रियासत स्वतंत्र रहे, लेकिन इस विकल्प के लिए महाराजा ने कोई क्रियात्मक प्रयास नहीं किया, क्योंकि वे इस विकल्प के पक्ष में ही नहीं थे। रियासत स्वतंत्र तो इसलिए कही जा रही थी कि उसे भारत की संघीय व्यवस्था में शामिल नहीं होने दिया जा रहा था। महाराजा बिना किसी उचित वैधानिक आधार के सत्ता शेख को सौंप नहीं सकते थे और पाकिस्तान में वे जाना नहीं चाहते थे। इसलिए वे बार-बार लिख रहे थे कि मुझे विचार करने के लिए समय चाहिए। नेहरू और माउंटबेटन के बीच पिस रहे महाराजा हरि सिंह लिख रहे थे कि पाकिस्तान के साथ मिल जाने से बेहतर तो रियासत का स्वतंत्र रहना ही जनहितकारी कहा जा सकता है।

रियासत पर पाकिस्तानी आक्रमण के बाद तो महाराजा हरि सिंह के पास केवल दो ही विकल्प बचे थे। या तो शेख अब्दुल्ला को सत्ता सौंप दें या फिर अपनी प्रजा का नर संहार देखते रहें। वैधानिक दृष्टि से बिना देश की संघीय संवैधानिक व्यवस्था का हिस्सा बने जम्मू-कश्मीर को सैनिक सहायता भेजी जा सकती थी। यदि एक पड़ोसी मित्र राज्य पर कोई दूसरा राज्य आक्रमण कर देता है तो सैनिक सहायता दी जा सकती है, लेकिन इस मरहले पर भी नेहरू ने स्पष्ट कर दिया था, "कश्मीर को बाद में भी दुश्मन से छुड़ा लिया जाएगा लेकिन शेख अब्दुल्ला को गद्दी पर बिठाए बिना सेना

जम्मू-कश्मीर में नहीं जाएगी।'' इस स्थिति में हरि सिंह ने लार्ड माउंटबेटन को लिखा—

1. मेरे पास भारत डोमीनियन से सहायता लेने के सिवाय कोई विकल्प नहीं।
2. लेकिन भारत डोमीनियन सहायता तभी कर सकता है, यदि जम्मू-कश्मीर रियासत उसकी नई संवैधानिक व्यवस्था का हिस्सा बनता है।
3. इसलिए मैंने अधिमिलन पत्र पर हस्ताक्षर करके आपकी स्वीकृति के लिए भेज दिया है, लेकिन मेरे सामने एक दूसरा विकल्प भी था। वह था कि मैं अपनी रियासत और अपनी प्रजा को इन हत्यारों के रहमोकरम पर छोड़ देता, लेकिन इस प्रकार कोई भी सभ्य सरकार चलाई नहीं जा सकती। हरि सिंह ने लिखा—जब तक मैं रियासत का शासक हूँ और मुझमें अपनी रियासत की रक्षा करने के लिए प्राण बचे हैं, तब तक मैं यह विकल्प स्वीकार नहीं करूँगा।[75]

इस सारी व्याख्या के बाद भी एक प्रश्न सदा अनुत्तरित रहेगा। नेहरू मानते थे कि शेख अब्दुल्ला जम्मू-कश्मीर के लोगों का प्रतिनिधित्व करते हैं। हरि सिंह राज्य के वैधानिक मुखिया थे। जम्मू-कश्मीर को देश की संघीय संवैधानिक व्यवस्था का हिस्सा बनाने के निर्णय पर शेख और हरि सिंह दोनों सहमत थे। इस का जिक्र मेहरचंद महाजन ने भी किया है। दोनों के सहमत होने के कारण कांग्रेस की यह शर्त भी पूरी हो जाती थी कि रियासतों के अधिमिलन के प्रश्न पर लोगों की राय ली जाएगी और भारत स्वतंत्रता अधिनियम की वैधानिक शर्त भी पूरी हो जाती थी कि रियासत पर निर्णय लेने का अधिकार केवल महाराजा को ही है। तब पंडित जवाहर लाल नेहरू ने अधिमिलन स्वीकार कर लेने के बाद भी माउंटबेटन द्वारा महाराजा को अलग से लिखे गए एक पत्र में यह लिखने की अनुमति क्यों दी कि राज्य में जनमत संग्रह करवाया जाएगा, यह सब किस के दबाव के चलते हुआ? इसका उत्तर तो नेहरू ही दे सकते थे, हरि सिंह नहीं। हरि सिंह ने तो अपने हिस्से के सभी उत्तर उपरोक्त पत्र में दे दिए थे, लेकिन नेहरू अपने हिस्से के उत्तर कभी नहीं दे पाए। उनके हिस्से के उत्तर आज भी भारतीय सेना के जवान जम्मू-कश्मीर में वास्तविक नियंत्रण रेखा पर अपनी शहादत से दे रहे हैं।

23. राज्य से आक्रमणकारियों को बाहर निकालना

शेख अब्दुल्ला को सत्ता सौंप देने के बाद रियासत में भारतीय सेना के लिए प्राथमिकताएँ तय करने का काम भी दिल्ली ने शेख के हवाले कर दिया। सेना का प्रमुख कार्य किसी भी तरीके से आक्रमणकारियों को उन क्षेत्रों से बाहर निकालना था, जिस पर पाकिस्तानी सेना ने कब्जा कर लिया था। इस काम में जम्मू-कश्मीर रियासत की सेना और भारतीय सेना दोनों ही जुटे हुए थे। जम्मू-कश्मीर की रियासती सेना की कमान भी

अब व्यावहारिक दृष्टि से भारतीय सेना के हाथ में ही थी, लेकिन भारतीय और पाकिस्तानी, दोनों की सेनाओं की कमान अंग्रेज सेनापतियों के हाथ में थी। इसलिए जम्मू-कश्मीर के किस हिस्से से पाकिस्तानी आक्रमणकारियों को निकालना है और किस हिस्से में रहने देना है, इसका निर्णय वही कर रहे थे। ब्रिटेन तो उस समय से ही, जब पाकिस्तान ने कबायलियों के नाम से जम्मू-कश्मीर पर हमला किया था, पूरी रियासत पाकिस्तान को देने की तैयारी में था। महाराजा हरि सिंह ने दिल्ली से सैनिक सहायता माँगी तो इंग्लैंड के तत्कालीन प्रधानमंत्री एंटनी ने नेहरू को चेतावनी दी, "आप रियासत के महाराजा की सहायता की प्रार्थना पर जरूर विचार करें, लेकिन यह विचार रियासत में सैनिक दखलंदाजी तक किसी भी हालत में नहीं जाना चाहिए।"[76] इतना ही नहीं, "पाकिस्तान को चिंता थी कि यदि पुंछ और मीरपुर भारत में रहे तो जम्मू-कश्मीर के दक्षिण-पश्चिम में लाहौर से रावलपिंडी तक जानेवाली सड़क, जो उसकी शाह रग है, को भारत दबा सकता है। पाकिस्तान को इस संकट से बचाने के लिए माउंटबेटन जो कर सकते थे, उन्होंने वह किया। भारत की कैबिनेट की सुरक्षा समिति के सभापति की हैसियत से माउंटबेटन के पास अतिरिक्त अधिकार आ गए थे। भारतीय सेना के ब्रिटिश कमांडरों ने वही किया, जो गवर्नर जनरल चाहते थे। कैबिनेट के निर्णयों का उनसे कुछ लेना-देना नहीं था। पुंछ से विद्रोहियों को खदेड़ने के लिए जब हरि सिंह ने हथियारों की माँग की तो इन कमांडरों ने कैबिनेट के आदेशों के बाबजूद उसकी पूर्ति नहीं की। पाकिस्तान से इन ब्रिटिश कमांडरों को जम्मू-कश्मीर पर कबायली हमले की सूचना कई दिन पहले ही मिल गई थी, लेकिन इन्होंने उसे छिपाकर रखा।"[77]

हरि सिंह ने सरदार पटेल को पूरी स्थिति का चित्रण करते हुए 31 जनवरी, 1948 को एक लंबा पत्र लिखा। उन्होंने लिखा, "27 अक्तूबर को जब भारतीय सेना जम्मू-कश्मीर में पहुँची थी, उस समय पूरा मीरपुर जिला और पुंछ का तीन चौथाई भाग हमारे पास था। उस समय तक हमने पुंछ और मुजफ्फराबाद जिले का भी थोड़ा सा भाग ही गँवाया था। यह ठीक है कि सेना ने बारामुला और उड़ी को पाकिस्तानी कब्जे से छुड़ा लिया, लेकिन उसके बाद दो महीने बीत जाने पर भी मोर्चे पर यथास्थिति बनी हुई है और भारतीय सेना उड़ी में ही बैठी है। पुंछ जागीर, जिस पर रियासती सेना का कब्जा था, से हमें पीछे हटना पड़ा। पुंछ नगर को छोड़कर लगभग सारी जागीर हमारे हाथ से निकल गई। वहाँ सेना की चार बटालियन समेत चालीस हजार नागरिक फँसे हुए हैं।...जब भारतीय सेना यहाँ पहुँची थी तो मँगला और जेहलम नहर के किनारे के क्षेत्र हमारे पास थे, लेकिन पिछले दो महीनों में हमने अलीबेग, गुरुद्वारा, मीरपुर और भिम्बर कस्बा, देवा, बटाला, राजौरी कस्बा एवं छम्ब व नौशहरा के पास का क्षेत्र, मीरपुर और कोटली का केंद्र स्थान झंगड खो दिया।"

महाराजा हरि सिंह की वेदना केवल इसी बात को लेकर नहीं थी, बल्कि उनको लगता था कि कुछ स्थानों पर सेना जान-बूझकर नहीं भेजी जा रही। जो क्षेत्र अब तक रियासती सेना ने किसी तरह बचाए हुए थे, वे भी पाकिस्तान के कब्जे में जा रहे थे। महाराजा के अनुसार, ''पुंछ जागीर में अक्तूबर के दूसरे सप्ताह संकट खड़ा हुआ था। रियासती सेना ने दिसंबर के अंत तक मोर्चा सँभाले रखा, लेकिन जब इस समय तक भी भारतीय सेना से कोई सहायता नहीं मिली तो रियासती सेना को पुंछ से पीछे हटना पड़ा।...अभी तक सेना ने उसके बाद एक भी कस्बा मुक्त नहीं करवाया है।...भारतीय सेना की यशस्वी पृष्ठभूमि रही है, लेकिन अब उसका नाम मिट्टी में मिलाया जा रहा है।'' उनके अनुसार, ''मैं द्वितीय विश्व युद्ध में ब्रिटेन के युद्ध मंत्रिमंडल का सदस्य था। उस समय इस युद्ध में भारतीय सेना का नाम शिखर पर था। मैं उस द्वितीय विश्व युद्ध में युद्ध के अग्रिम मोर्चों तक गया हूँ, लेकिन दुर्भाग्य से आज रियासत में सेना चर्चा का विषय बन गई है और इसका यश तिरोहित हो रहा है। लोग यह भी कहते हैं कि इसमें सेना का कोई दोष नहीं है, बल्कि यह हमारी नीति की कमजोरी के कारण है।''[78]

सबसे दुर्भाग्यपूर्ण स्थिति यह थी कि महाराजा हरि सिंह इस पूरी स्थिति में कुछ भी नहीं कर पा रहे थे। चाहे वे प्रदेश के संवैधानिक मुखिया थे, लेकिन दिल्ली ने उनके हाथ और पैर बाँध रखे थे, पर राज्य के लोग अभी भी दुःख निवारण के लिए उनकी ओर देखते थे, परंतु वे विवश थे। इस स्थिति का बहुत मार्मिक वर्णन उन्होंने किया है। ''प्रदेश का नागरिक प्रशासन तो नेशनल कॉन्फ्रेंस के नियंत्रण में है और सैनिक ऑपरेशन संघीय सेना के नियंत्रण में है। रियासत की सेना भारतीय सेना कमांडर के अधीन है। परिणामस्वरूप मैं विवशता में इस दयनीय स्थिति को केवल देखता भर रह सकता हूँ। मेरी प्रजा की हत्या और औरतों का अपहरण हो रहा है और मैं इस संकट में उनकी कोई सहायता नहीं कर सकता। लोग अभी भी सोचते हैं कि मेरे पास सत्ता है और मैं उनके कष्ट निवारण कर सकता हूँ। इसलिए वे मेरे पास आते रहते हैं। उधर पाकिस्तानी आक्रमणों की संख्या बढ़ती जाती है, उसी अनुपात में इधर शरणार्थियों की संख्या बढ़ती जा रही है।'' लेकिन इन विपरीत परिस्थितियों में भी महाराजा हरि सिंह निराश या हतोत्साहित नहीं है, बल्कि उनका दुःख इस बात को लेकर है कि वे इन हालात में अपनी प्रजा की कोई सहायता नहीं कर पा रहे। उनका कष्ट उस अकर्मण्यता को लेकर है, जो उनके वश में नहीं है। उनको शायद इस बात को लेकर आश्चर्य भी है कि भारतीय सेना रियासत के सभी क्षेत्र पाकिस्तान से खाली करवाने के लिए आगे क्यों नहीं बढ़ती। महाराजा हरि सिंह उस समय शायद इसके पीछे की रणनीति समझ नहीं पा रहे थे। इस रणनीति के नक्शे अंग्रेज सेनाधिकारियों के दिमाग के भीतर बन-बिगड़ रहे थे। इसी छटपटाहट को हरि सिंह व्यक्त कर रहे हैं।

महाराजा हरि सिंह ने इस स्थिति में एक प्रस्ताव दिया, ''शत्रु से लड़ने के लिए मैं रियासती सेना एवं भारतीय सेना का एक सहायक के नाते, स्वेच्छा से नेतृत्व सँभालने के लिए तैयार हूँ। मैं स्वयं व्यक्तिगत रूप से अपनी सेना का युद्ध भूमि में नेतृत्व करने के लिए तैयार हूँ। यदि भारत सरकार सहमत हो तो युद्ध भूमि में उसके सैनिकों की कमांड भी सँभाल सकता हूँ। इससे निश्चय ही मेरी प्रजा और सैनिकों का मनोबल बढ़ेगा। आपके जनरल शायद महीनों या वर्षों तक भी इस क्षेत्र को उतना न जान पाएँ, जितना मैं अपने इस क्षेत्र को जानता हूँ। मैं अकर्मण्य रहने के स्थान पर रणभूमि में यह उद्यम करने के लिए प्रस्तुत हूँ।'' इसमें कोई शक ही नहीं कि उस समय घाटी के जिस हिस्से पर पाकिस्तानियों ने कब्जा कर लिया था, उसको मुक्त करवाने के बाद, रियासत के शेष हिस्सों में सेना के आगे बढ़ने के अभियान को रोका जा रहा था। महाराजा अजीब दुविधा में फँस गए थे। उनके सामने ही पाकिस्तान ने रियासत के बड़े भू-भाग पर कब्जा कर लिया था। उन्होंने लिखा, ''मैं तो अपने जीवन से थक चुका हूँ। अपने लोगों की हृदय विदारक स्थिति में भी कुछ न कर पाने को देखते रहने से कहीं ज्यादा ठीक है रणभूमि में लड़ते हुए मर जाना।''[79]

लेकिन मुख्य प्रश्न वही था, जो महाराजा हरि सिंह बार-बार उठा रहे थे। भारतीय सेना रुकी हुई क्यों है? वह पाकिस्तान द्वारा कब्जे में किए गए इलाकों को छुड़ाने के लिए सक्रिय क्यों नहीं है। भारतीय सेना निर्धारित सीमा से आगे नहीं बढ़ रही थी, इसके पीछे कारण क्या थे, यह जानना बहुत जरूरी है।

24. जम्मू-कश्मीर के विभाजन की दिशा में उठा कदम

दरअसल महाराजा हरि सिंह जम्मू-कश्मीर के जिन इलाकों को पाकिस्तान के कब्जे से न छुड़ाए जाने को लेकर व्यथित हो रहे थे, उसकी पटकथा अंग्रेजों ने अपने हितों के अनुकूल पहले ही लिख रखी थी। अंग्रेजों की योजना स्पष्ट थी, या तो पूरा जम्मू-कश्मीर पाकिस्तान के खाते में जाए या फिर उसका विभाजन कर दिया जाए। पहली योजना के रास्ते में महाराजा हरि सिंह पहाड़ बनकर खड़े हो गए थे और दूसरी योजना को पूरा करने का अवसर पाकिस्तान ने जम्मू-कश्मीर पर आक्रमण करके प्रदान कर दिया था। विभाजन की अपनी योजना को क्रियान्वित करने के लिए ब्रिटिश सरकार सक्रिय हो गई थी।

ब्रिटेन को जम्मू-कश्मीर पर पाकिस्तानी आक्रमण की भनक थी। पाकिस्तान द्वारा आक्रमण के एक सप्ताह पहले ही 16 अक्तूबर, 1947 को कॉमनवेल्थ रिलेशन कार्यालय ने एक अति गोपनीय रपट ब्रिटिश सरकार को भेजी थी, जिसके अनुसार, ''यदि भारत और पाकिस्तान में लड़ाई शुरू हो जाती है (गांधी ने भी इस संभावना का संकेत दिया

है), इससे पाकिस्तान के पतन और भारत के अखंड हो जाने की संभावना है। हो सकता है पाकिस्तान के आंशिक पतन पर ही अफगानिस्तान के अग्रिम सीमा क्षेत्रों के जनजातीय लोग संघर्ष में कूद पड़ें। इस स्थिति में रूस की दखलंदाजी की संभावना को भी नकारा नहीं जा सकता। मध्य-पूर्व में पाकिस्तान के समाप्त हो जाने का परिणाम भयावह होगा और किसी भी स्थिति में ब्रिटिश सरकार के उद्देश्य की पूर्ति नहीं हो सकेगी।''[80] स्पष्ट है कि पाकिस्तान का निर्माण ब्रिटिश उद्देश्य की पूर्ति के लिए था। यही कारण रहा होगा कि अंग्रेजों ने गिलगित को लेकर अपनी नीति बनाई। गिलगित का लंदन के लिए कितना महत्त्व था, इसका अंदाजा 27 जून, 1947 को अर्नेस्ट बेविन और जॉर्ज मार्शल की बात से लगाया जा सकता है। बेविन के अनुसार, ''असली प्रश्न है कि मध्य एशिया में जानेवाली मुख्य धमनी (गिलगित) पर किसका नियंत्रण होगा?[81] जम्मू-कश्मीर पर कबायलियों के आक्रमण के समय ब्रिटिश सरकार ने गिलगित को अंग्रेज अधिकारी मेजर ब्राउन की सहायता से पाकिस्तान में शामिल करवा दिया। गिलगित राष्ट्रीय सुरक्षा की दृष्टि से कश्मीर संभाग से भी ज्यादा महत्त्वपूर्ण था। दिल्ली ने उसे पाकिस्तान के कब्जे से छुड़ाने की कोई कोशिश तो दूर, कभी कूटनीति के धरातल पर भी उसका प्रभावी विरोध दर्ज नहीं करवाया। जहाँ तक ब्रिटेन का ताल्लुक था, ''वह पाकिस्तान द्वारा कब्जाए गए उत्तरी क्षेत्रों (गिलगित और बल्तीस्तान) पर उसी का कब्जा बना रहे, इसके लिए लीक से हटकर भी पाकिस्तान की सहायता करता रहा और इन क्षेत्रों को पुन: वापस लेने के भारत के प्रयासों को उसने रोका।''[82] अंग्रेजों के लिए तो गिलगित उनकी भविष्य की रणनीति का महत्त्वपूर्ण क्षेत्र था, लेकिन भारत के लिए? नेहरू ने 20 फरवरी, 1948 को कृष्णा मेनन को लिखा, ''यदि और कोई रास्ता ही न बचता हो तो मैं पुंछ और गिलगित पाकिस्तान को देने को तैयार हूँ।''[83]

नेहरू भी जम्मू-कश्मीर के विभाजन के लिए मन के किसी-न-किसी कोने में तैयार दिखाई देते थे। 17 जून, 1947 का माउंटबेटन के नाम लिखा उनका एक नोट रिकार्ड में उपलब्ध है, जिसमें वे जम्मू-कश्मीर के कुछ हिस्सों में ही रुचि लेते दिखाई देते हैं। नोट के अनुसार, ''रियासत के मोटे तौर पर तीन हिस्से हैं। कश्मीर खास, जम्मू और लद्दाख (जिसमें बल्तीस्तान, स्कर्दू और कारगिल शामिल हैं)''[84] आश्चर्य है कि नेहरू ने इसमें भारत की सुरक्षा की दृष्टि से सर्वाधिक महत्त्वपूर्ण हिस्से गिलगित का जिक्र तक नहीं किया। लार्ड माउंटबेटन के ए.डी.सी. रहे नरेंद्र सिंह सरीला शायद इसीलिए टिप्पणी करते हैं, ''भारत के भावी प्रधानमंत्री द्वारा गिलगित को जम्मू-कश्मीर का हिस्सा न माननेवाले नोट से मेजर ब्राउन के माध्यम से गिलगित को लेकर भावी षड्यंत्र की योजना बना रहे रणनीतिकारों को बहुत सहायता मिली होगी।''[85]

लेकिन अंग्रेज जम्मू-कश्मीर के विभाजन में पाकिस्तान को केवल गिलगित दिलवा

देने से ही संतुष्ट नहीं थे। उनकी रुचि नौशहरा से लेकर मुजफ्फराबाद तक का सारा इलाका भी पाकिस्तान को देने की थी। गिलगित उन्हें अपनी विश्व कूटनीति के लिए पाकिस्तान के हवाले करना था और नौशहरा से मुजफ्फराबाद की पट्टी पाकिस्तान के पश्चिमी पंजाब को भविष्य में सुरक्षित बनाए रखने के लिए। जम्मू-कश्मीर पर पाकिस्तानी आक्रमण के समय भारत और पाकिस्तान, दोनों के सेनाध्यक्ष अंग्रेज ही थे। दोनों सेनाएँ युद्धरत थीं। पाकिस्तान की सेना के अध्यक्ष सर डॉल्स ग्रेसी और भारतीय सेना के अध्यक्ष बुचर की उस समय की गुप्त गुफ्तगू से ब्रिटेन की नीति को समझा जा सकता है। "Bucher admitted to Gracey, the Pakistan C-in-C, that he had no control over Cariappa but hit upon an intriguing scheme to now stop the advance of his own army. Graffety Smith, British high commissioner in Karachi, reported to London the arrangements reached privately between the commander-in-chiefs of the 2 dominions. General Bucher indicated to General Gracey that he had no wish to pursue an offensive into what is effectively Azad-Kashmir controlled territory i.e. to Mirpur and Poonch sector...the object of these arrangements is to reach a situation in which each side will remain in undisputed military occupation of what are roughly their present positions...An essential part of the process...is that 3 battalions of the Pakistan Army should be deployed opposite the Indian forces at Jhangar, in or around Poonch and at Uri..."[(86)] इसमें कोई शक नहीं कि अंग्रेज जम्मू-कश्मीर को लेकर एक लंबी रणनीति पर काम कर रहे थे। अब तक महाराजा हरि सिंह उनके रास्ते की सबसे बड़ी बाधा थे। जहाँ तक नेहरू का प्रश्न था, वे रियासत के विभाजन के लिए मन से तैयार थे या फिर रियासत को लेकर ब्रिटेन की समग्र नीति को समझ नहीं पा रहे थे या फिर समझते हुए भी किन्हीं कारणों से उसका विरोध न करने के लिए विवश थे, इस पर अभी भी बहस जारी है।

ब्रिटेन जम्मू-कश्मीर के विभाजन के प्रयासों में लग गया था। शेख अब्दुल्ला स्पष्ट ही इस विभाजन के पक्ष में थे। लंबी चर्चा के बाद माधव गोडबोले लिखते हैं, "स्पष्ट है पूरे कश्मीर मामले में नेहरू, माउंटबेटन के हाथ की कठपुतली बन गए थे।...नेहरू की कश्मीर नीति दिशाविहीन थी।"[87] महाराजा अकेले ही अपने बलबूते भारतीय हितों की लड़ाई लड़ रहे थे। भारत के सीमांत को गुलाब सिंह डोगरा, अफगानिस्तान की उस सीमा तक ले गए थे, जहाँ से भारत पर निरंतर आक्रमण होते रहे हैं, लेकिन स्वतंत्र भारत की सरकार उस सीमा की रक्षा नहीं कर सकी। जिस गिलगित को हरि सिंह ने ब्रिटिश सरकार के षड्यंत्रों से बचाकर रखा और दिल्ली में लाल किले से यूनियन जैक हटाए जाने से पहले ही उसे पुनः रियासत का हिस्सा बना लिया, उसी गिलगित को

पाकिस्तान द्वारा हड़प लिये जाने पर दिल्ली में पत्ता तक नहीं हिला ये और तो और 14 अगस्त, 1948 तक महाराजा की सेनाएँ बल्तीस्तान के मुख्यालय स्कर्दू में भीषण विपरीत परिस्थितियों में भी पाकिस्तानी हमलावरों से लोहा लेती रहीं, पर दिल्ली से उन्हें सहायता नहीं मिली, जिसके कारण आठ मास के इस वीरतापूर्ण संघर्ष का अंत हो गया। बल्तीस्तान और गिलगित दोनों ही पाकिस्तान के कब्जे में रह गए।

संदर्भ—

1. जैनेंद्र कुमार, कश्मीर की वह यात्रा पृ. 36
2. देखें परिशिष्ट 1, हरि सिंह का 1930 में गोलमेज सम्मेलन में दिया गया भाषण
3. M.Chalapati Rau, Jawaharlal Nehru, p.324
4. V.P. Menon, The story of the Integration of the indian States, p. 95-96
5. कर्ण सिंह, आत्मकथा, पृ. 32-33
6. Allen Campbell Johnson, Mission with Mountbetan, p.224
7. H.V. Hodson, The great divide, p.442
8. Larry Collins & Dominique, Mountbatten and Independent India, P.51-52
9. Mehar Chand Mahajan, Looking back p.130
10. Larry Collins & Dominique, Mountbatten and Independent India, p.56
11. Pamela Mountbatten, India Remembered, p.18
12. Mehar Chand Mahajan, Looking back p.268
13. V.P. Menon, The story of the Integration of the indian States, p.95-96
14. कर्ण सिंह, आत्मकथा पृ. 77-79
15. Jawaid Alam (ed), Jammu and Kashmir 1949-64, p.312
16. Jawaid Alam (ed), Jammu and Kashmir 1949-64, p.145-46
17. Christopher Thomas, Faultline kashmir, p.144
18. V.P. Menon, The story of the Integration of the indian States, p.375-76
19. Allen Campbell Johnson, Mission with Mountbetan, p.117
20. कर्ण सिंह, आत्मकथा, पृ. 82
21. Mehar Chand Mahajan, Looking back p.131
22. Times of London, 25th October 1947
23. M. Chalapati Rau, Jawaharlal Nehru, p.323
24. ???
25. Jawaid Alam (ed), Jammu and Kashmir 1949-64, p.313
26. V.P. Menon, The story of the Integration of the indian States, p.377
27. Narendra Singh Sarila,The Shadow of the great game: the untold story of India's Partition, p.349
28. Mehar Chand Mahajan, Looking back p.126
29. Mehar Chand Mahajan, Looking back p.136

30. Christopher Thomas, Faultline kashmir, p.144
31. सर्वपल्ली गोपाल, जवाहरलाल नेहरू एक जीवनी, 189
32. Pran Seth, Lahore to Delhi—rising from the ashes, p.135
33. Mehar Chand Mahajan, Accession of kashmir to india, included in, Political development in Jammu, kashmir and Ladakh edited by Usha sharma, p.25
34. Jawaid Alam (ed), Jammu and Kashmir 1949-64, p.313-14
35. कर्ण सिंह, आत्मकथा पृ. 79
36. Narendra Singh Sarila, The Shadow of the great game: the untold story of India's Partition, p.348
37. हो.वे. शेषाद्रि, और देश बँट गया, पृ. 314
38. V.P. Menon, The story of the Integration of the indian States, p.112-113
39. Andrew Bingham Kennedy, The International ambitions of Mao and Nehru, p.174
40. Joseph Korbel, Danger in Kashmir, p. 60
41. Mehar Chand Mahajan, looking back p.131
42. Sheikh Mohammad abdullah, the blazing chinar, p.275, हिंदी अनुवाद कमाल अहमद सिद्दीकी की पुस्तक कश्मीर एक मंजरनामा पृ. 13–14 से लिया गया है।
43. Sheikh Mohammad abdullah, the blazing chinar, p.275, हिंदी अनुवाद कमाल अहमद सिद्दीकी की पुस्तक कश्मीर एक मंजरनामा पृ. 13–14 से लिया गया है।
44. कमाल अहमद सिद्दीकी, कश्मीर एक मंजरनामा, पृ. 19
45. कर्ण सिंह, आत्मकथा पृ.
46. Mehar Chand Mahajan, Looking back, p.142
47. Mehar Chand Mahajan, Looking back, p.142
48. Mehar Chand Mahajan, Looking back, p.142
49. कश्मीर और हैदराबाद, सरदार पटेल संपादक पी.एन. चोपड़ा, पृ. 39
50. Nehru Abdullah: An intricate bond. 'Raghuvendra Tanwar', 12 may, 2014 (the tribune)
51. Mehar Chand Mahajan, Looking back, p.133
52. Prem shankar Jha, The origin of a dispute—kashmir 1947 p.68-70
53. नरेंद्र सहगल, व्यथित जम्मू-कश्मीर पृ. 229
54. M.L.Kapur, Maharaja Hari Singh, 1895-1961, p.135
55. Mehar Chand Mahajan, Looking back, p.144-145
56. Sheikh Mohammad Abdullah, The blazing chinar, p.281
57. कृष्णा मेहता, आपबीती पृ. 15–16

58. Mehar Chand Mahajan, Looking back, p.149
59. कर्ण सिंह, आत्मकथा पृ. 87-88
60. Mehar Chand Mahajan, Looking back, p.150
61. M. Chelapati Rau, Jawahar Lal Nehru, p.329
62. Mehar Chand Mahajan, Looking back, p.150
63. Mehar Chand Mahajan, Looking back, p.151
64. Mehar Chand Mahajan, Looking back, p.151-152
65. som nath Dhar, Tales of a journalist, bureaucrat, spy, P.76
66. Prem shankar Jha, The origin of a dispute — Kashmir 1947, p.74
67. Mehar Chand Mahajan, Looking back, p.151-152
68. सर्वपल्ली गोपाल, जवाहरलाल नेहरू एक जीवनी, पृ. 190
69. Mehar Chand Mahajan, Looking back, p.152-155
70. Christopher Thomas, Faultline kashmir, p.110
71. हरि सिंह के 26 अक्तूबर, 1947 के पत्र के अंश
72. Mehar Chand Mahajan, Looking back, p.155
73. The hindu,Sunday, Sep. 18, 2005, The Kashmir Saga, Bhashyam Kasturi
74. कर्ण सिंह, आत्मकथा पृ. 79
75. Jawaid Alam, Jammu and Kashmir 1949-64, Hari Singh to Lord Mountbetan, p.356
76. David Devdas, In search of a future, p.66
77. David Devdas, In search of a future, p.66
78. सरदार पटेल, कश्मीर और हैदराबाद, संपादक पी.एन. चोपड़ा, पृ. 79
79. सरदार पटेल, कश्मीर और हैदराबाद, पी.एन. चोपड़ा (संपा.), पृ. 83
80. Narendra Singh Sarila, The Shadow of the great game: the untold story of India's Partition, p.374
81. Narendra Singh Sarila,The Shadow of the great game: the untold story of India's Partition, p.336
82. Madhav Godbole, The God who failed, p.47
83. Narendra Singh Sarila, The Shadow of the great game: the untold story of India's Partition, p.338
84. Narendra Singh Sarila, The Shadow of the great game: the untold story of India's Partition, p.337
85. Narendra Singh Sarila,The Shadow of the great game: the untold story of India's Partition, p.337
86. Narendra Singh Sarila,The Shadow of the great game: the untold story of India's Partition, p.360
87. Madhav Godbole, The God who failed, p.48

□

6

सुरक्षा परिषद् में जम्मू-कश्मीर और महाराजा हरि सिंह की अवहेलना

1. जम्मू-कश्मीर पर आक्रमण के प्रश्न को संयुक्त राष्ट्र संघ में ले जाना

महाराजा हरि सिंह ने पूरी ब्रिटिश कूटनीति और माउंटबेटन के दबाव को झेलते हुए भी अपने चातुर्य से जम्मू-कश्मीर को पाकिस्तान में जाने से तो बचा लिया, लेकिन रियासत के भारतीय संवैधानिक व्यवस्था में शामिल होने के लिए वे बीच में से शेख अब्दुल्ला की दीवार को नहीं तोड़ पाए। शायद महाराजा ऐसा चाहकर भी नहीं कर सकते थे, क्योंकि शेख अब्दुल्ला के साथ उस समय के प्रधानमंत्री जवाहर लाल नेहरू खड़े थे। स्थिति इतनी भयानक थी कि जब उस समय के उप-प्रधानमंत्री, जिनके पास रियासती मंत्रालय भी था, ने कश्मीर के मामले में दखलंदाजी करने की कोशिश की, तो नेहरू ने उनसे इस प्रकार का व्यवहार किया कि पटेल ने गुस्से में आकर अपना त्यागपत्र तक लिख लिया था।[1] भारतीय सेना तो जम्मू-कश्मीर में पहुँच गई थीं और सेना ने बहुत सा हिस्सा दुश्मन के कब्जे से छुड़ा भी लिया था, लेकिन क्योंकि ब्रिटिश नीति पहले ही जम्मू-कश्मीर के विभाजन की बन चुकी थी, इसलिए भारतीय सेना के अंग्रेज सेनापति माउंटबेटन के दिशा निर्देश में भारतीय सेना को रोके हुए थे। उधर शेख अब्दुल्ला की रुचि केवल कश्मीर घाटी में थी और वह उसे मिल चुकी थी। महाराजा हरि सिंह निस्सहाय जम्मू में अपने महल में बैठे ये सारे षड्यंत्र देख रहे थे। उन्हें शायद इस बात का इल्म नहीं था कि भारतीय सेना उन्हीं स्थानों पर रुकी हुई हैं, जहाँ ब्रिटिश सरकार ने गुप्त रूप से जम्मू-कश्मीर के मानचित्र पर विभाजन रेखा खींच दी है।

जम्मू-कश्मीर का व्यावहारिक रूप से विभाजन हो चुका था। सामरिक एवं सुरक्षा के लिहाज से महत्त्वपूर्ण क्षेत्र पाकिस्तानी सेना के कब्जे में थे। भारतीय सेना युद्धरत थी।

लंदन अच्छी तरह जानता था कि भारतीय सेना का अंग्रेज मुखिया ज्यादा देर तक उस पद पर बना नहीं रहेगा और न ही नया संविधान लागू हो जाने के बाद लार्ड माउंटबेटन भारत के गवर्नर जनरल रह सकेंगे। ध्यान रहे 15 अगस्त, 1947 से लेकर 31 दिसंबर, 1947 तक भारतीय सेना के सेनापति जनरल सर मैकग्रेगर मैकडोनालड़ लोखार्ट थे और 1 जनवरी, 1948 से लेकर 15 जनवरी, 1949 तक सेनापति जनरल सर फ्रांसिस राबर्ट राय बुचर थे। ये दोनों अंग्रेज स्वाभाविक ही ब्रिटेन के हितों की रक्षा कर रहे थे।[2] इन तीनों के चले जाने के बाद भी यदि भारत और पाकिस्तान में लड़ाई चलती रही तो यह भी संभावना थी कि भारत, पाकिस्तान के कब्जे में गए जम्मू-कश्मीर के इलाके छुड़वा ले। इस संभावना को किसी भी तरह रोकना ब्रिटिश नीति की सबसे बड़ी प्राथमिकता थी। इसलिए लार्ड माउंटबेटन की सारी रणनीति यह थी कि भारत जम्मू-कश्मीर पर पाकिस्तानी आक्रमण के प्रश्न को शिकायत के रूप में लेकर संयुक्त राष्ट्र संघ की सुरक्षा परिषद् में जाए। भारत में सभी प्रमुख व्यक्ति इसका विरोध कर रहे थे। वैसे भी संयुक्त राष्ट्र संघ को जन्म लिये अभी जुम्मा-जुम्मा दो साल ही हुए थे। नेहरू कुछ समय तक तो इस दबाव को झेलते और टालते रहे, लेकिन जनवरी, 1948 में उन्होंने माउंटबेटन के सामने समर्पण कर दिया और जम्मू-कश्मीर को लेकर सुरक्षा परिषद् में शिकायत दर्ज करवा दी, लेकिन इससे पहले ब्रिटेन ने जम्मू-कश्मीर के विभाजन का अपना एजेंडा पूरा कर लिया था। रियासत का विभाजन, जो भविष्य में पाकिस्तान के हितों की रक्षा कर सके और भारत के गले में फाँस बन जाए।

संयुक्त राष्ट्र संघ में भारत के प्रतिनिधि पी.पी. पिल्लै ने परिषद् के अध्यक्ष को संघ चार्टर के अनुच्छेद 35 के अंतर्गत लिखा, ''भारत सरकार सुरक्षा परिषद् से प्रार्थना करती है कि वह पाकिस्तान को कहे कि वह हमलावरों को कोई भी ऐसी सहायता, जो भारत के खिलाफ आक्रमण है, देना तुरंत प्रभाव से बंद करे। यदि पाकिस्तान ऐसा नहीं करता तो भारत सरकार अपनी सुरक्षा हेतु आक्रमणकारियों पर सैन्य कार्रवाई करने के लिए पाकिस्तानी क्षेत्र में प्रवेश करने के लिए विवश हो जाएगी।''[3] शिकायत काफी लंबी है। इसमें उन तमाम परिस्थितियों का वर्णन किया गया है, जिनमें पाकिस्तान की सरकार/सेना की सहायता से कबायलियों ने जम्मू-कश्मीर में घुसपैठ की। रियासत के शासक महाराजा हरि सिंह ने अधिमिलन का प्रस्ताव भेजा, लेकिन शिकायत में तीन ऐसे मुद्दे भी डाल दिए गए थे, जिनका मूल विषय से कोई ताल्लुक नहीं था।

शिकायत में लिखा था, ''आक्रमण के कारण, राज्य सरकार के अधिकांश अधिकारी खतरे में आ गए, क्षेत्र से पलायन कर गए थे और नागरिक प्रशासन का एक प्रकार से अस्तित्व ही समाप्त हो गया था।''[4] लेकिन यह गलत था। जब कबायलियों और पाकिस्तानी सेना ने रियासत पर हमला किया था तो रियासत की सेना स्थान-स्थान पर

उसका बहादुरी से मुकाबला कर रही थी और सेना के मुखिया महाराजा हरि सिंह के आदेश पर रणभूमि में प्राणपन से लड़ रहे थे। रियासत का प्रशासन बरकरार था। यहाँ तक कि श्रीनगर में आम जनता गलियों में आक्रमण के खिलाफ प्रदर्शन कर रही थी। परंपरा के अनुसार दरबार मूव चल रहा था, परंतु भारत सरकार की इस निराधार स्वीकारोक्ति ने पाकिस्तान को नई ऊर्जा दे दी। भारत सरकार की इसी स्वीकारोक्ति का सहारा पाकिस्तान लेता रहा कि महाराजा हरि सिंह ने जब अधिमिलन का प्रस्ताव भेजा था, तब व्यावहारिक रूप से उनका शासन समाप्त हो गया था। अकादमिक जगत् में पाकिस्तान के पक्ष का समर्थन करनेवाले लेखक आस्टिन लैंब और क्रिस्टोफर स्नीडन भी लगभग यही तर्क प्रस्तुत करते हैं।

द्वितीय, शिकायत में लिखा, ''महाराजा हरि सिंह की ओर से रियासत के अधिमिलन एवं सैनिक सहायता की प्रार्थना भारत सरकार को प्राप्त हुई थी। सहायता की एक ऐसी ही प्रार्थना कश्मीर के सबसे लोकप्रिय संगठन नेशनल कॉन्फ्रेंस, जिसके अध्यक्ष शेख मोहम्मद अब्दुल्ला थे, की ओर से भी साथ साथ ही प्राप्त हुई थी। कॉन्फ्रेंस ने पुरजोर तरीके से रियासत के भारत डोमीनियन में अधिमिलन का समर्थन किया था। इससे स्पष्ट है कि सैनिक सहायता और अधिमिलन की प्रार्थना केवल रियासत के अधिकारियों द्वारा आधिकारिक रूप से ही प्राप्त नहीं हुई थी, बल्कि कश्मीर की जनता ने भी यह प्रार्थना की थी।''[5] भारत सरकार शायद सुरक्षा परिषद् को यह बताना चाहती थी कि रियासत के अधिमिलन की माँग रियासत की जनता ने की थी। यह अधिमिलन दबाव या बल से नहीं किया गया था। शिकायत में यह सब लिखने की कोई जरूरत नहीं थी, क्योंकि हरि सिंह द्वारा अधिमिलन पत्र को निष्पादित करने और गवर्नर जनरल द्वारा उसको स्वीकार कर लेने से कानूनी रूप से अधिमिलन मुकम्मल हो गया थे। किसी ने अधिमिलन की वैधता को चुनौती भी नहीं दी थी, लेकिन इस मुद्दे के अनावश्यक समावेश ने सुरक्षा परिषद् को विचार करने के लिए एक और कारक दे दिया, जिसका पाकिस्तानी आक्रमण से कोई ताल्लुक नहीं था।

शिकायत में आगे लिखा गया, ''कहीं ऐसा न समझा जाए कि भारत ने रियासत की संकटकालीन हालत का दुरुपयोग अपने राजनैतिक हित साधने के लिए किया है। भारत सरकार स्पष्ट करती है कि जब रियासत में से हमलावरों को निकाल दिया जाएगा और स्थिति सामान्य हो जाएगी, तो रियासत के लोग अपना भविष्य तय तरने के लिए स्वतंत्र होंगे। वे यह निर्णय लोकतंत्र की मान्यताप्राप्त पद्धति-जनमत संग्रह या रैफरंडम द्वारा कर सकते हैं। पूरी तरह निष्पक्षता बनी रहे, इसलिए यह प्रक्रिया अंतरराष्ट्रीय अभिकरणों की निगरानी में संपन्न की जाएगी।''[6]

इसका अर्थ यह हुआ कि भारत सरकार ने मान लिया कि नेशनल कॉन्फ्रेंस के

समर्थन के बावजूद, रियासत में शांति स्थापित हो जाने के बाद जनता को अधिमिलन के बारे में निर्णय करने का अवसर दिया जाएगा। अब तक पंडित नेहरू शेख अब्दुल्ला के तुष्टीकरण में इसीलिए लगे हुए थे, ताकि यह सिद्ध किया जा सके कि जम्मू-कश्मीर का भारत में अधिमिलन केवल हरि सिंह के वैधानिक निष्पादन पर ही आधारित नहीं है, बल्कि उसमें रियासत की आम जनता की सहमति भी है। शेख अब्दुल्ला को देश और विदेश में उसी आम जनता की सहमति के प्रतीक के रूप में घुमाया जा रहा था, लेकिन यदि भारत सरकार को अभी भी आम जनता की राय जानना बचा ही था और वह भी विदेशियों की निगरानी में तो अधिमिलन की पूरी प्रक्रिया को केवल शेख अब्दुल्ला की खातिर इतनी देर तक टाला क्यों गया था? जबकि महाराजा हरि सिंह तो सितंबर में ही इस अधिमिलन के लिए तैयार थे। शिकायत में इस मुद्दे को शामिल करने का परिणाम तो नकारात्मक ही हो सकता था। स्पष्ट था कि भारत सरकार ने अपनी शिकायत में 'लोगों की राय जानने' का मुद्दा बिना किसी कारण से दर्ज कर दिया था, जबकि उसका शिकायत के मूल विषय से कोई ताल्लुक तक नहीं था। यह भारत का आंतरिक मामला था, जिसका सुरक्षा परिषद् से कुछ लेना-देना नहीं था, लेकिन शिकायत के इन अंशों ने सुरक्षा परिषद् को एक अवसर दे दिया कि वे हमारे पिछवाड़े में आकर ताक-झाँक करें और इस अप्रासंगिक विषय को मूल विषय के साथ नत्थी कर दें। किस्सा कोताह यह कि भारत के प्रतिनिधि पी.पी. पिल्लै ने प्रथम जनवरी, 1948 को, सर! मैं हूँ आपका आज्ञाकारी सेवक, लिखते हुए सुरक्षा परिषद् में भारत की यह शिकायत और प्रार्थना दर्ज करवा दी।

2. महाराजा हरि सिंह को विश्वास में नहीं लिया

इसमें कोई शक नहीं कि सुरक्षा परिषद् में यह मामला ले जाने के लिए नेहरू पर लार्ड माउंटबेटन का बहुत ज्यादा दबाव था। इस काम के लिए उन्होंने अपना पूरा परिवार ही झोंक दिया, लेकिन यह रहस्य अभी तक बरकरार है कि नेहरू ने यह समर्पण क्यों किया? माउंटबेटन के चक्कर में फँसकर वे इस प्रश्न को संयुक्त राष्ट्र संघ में ले गए, जिसके कारण जम्मू-कश्मीर अंतरराष्ट्रीय साम्राज्यवादी ताकतों के शीत युद्ध का अखाड़ा बन गया। वैधानिक दृष्टि से जम्मू-कश्मीर रियासत के शासक अभी भी महाराजा हरि सिंह ही थे, लेकिन केंद्र सरकार ने रियासत के बारे में यह महत्त्वपूर्ण निर्णय लेने से पहले महाराजा से सलाह करना या उनको विश्वास में लेना उचित नहीं समझा। दरअसल संयुक्त राष्ट्र संघ काफी समय से इस आज्ञाकारी सेवक की इसी शिकायत की प्रतीक्षा कर रहा था, क्योंकि इस शिकायत के बिना, इन शक्तियों के पास पाकिस्तान को बचाने और सुरक्षित रख पाने का कोई आधार नहीं बचा था। इस आज्ञाकारी

सेवक ने जाने-अनजाने में जो अतिरिक्त मुद्दे अपनी शिकायत में डाल दिए थे, वे कभी भी भारत के लिए आत्मघाती बम हो सकते थे। इसलिए जैसे ही यह शिकायत सुरक्षा परिषद् में आई ब्रिटिश साम्राज्यवादी ताकतों ने उसे हाथोंहाथ लपक लिया और इस शिकायत पर लंबी बहसें शुरू कर दीं। पाकिस्तान के आक्रमण की बात तो गौण हो गई, परिषद् ने रियासत के भारतीय संवैधानिक व्यवस्था में अधिमिलन के औचित्य को लेकर ही विचार करना शुरू कर दिया। सुरक्षा परिषद् ने नेहरू के इस आश्वासन को कि 'रियासत के अधिमिलन के प्रश्न पर लोगों की राय ली जाएगी' को नत्थी करके सारा मामला उलझा दिया, जबकि लोगों की राय जानने का मामला और तरीका भारत का आंतरिक मामला हो सकता था। इसका सुरक्षा परिषद् से कोई ताल्लुक नहीं था।

3. सुरक्षा परिषद् में शीत युद्ध की राजनीति

सुरक्षा परिषद् ने इस पूरे मामले पर विचार करने के लिए यूनाइटड नेशंज कमीशन फार इंडिया एंड पाकिस्तान यानी यू.एन.सी.आई.पी. का गठन कर दिया। हिंदी में कहा जाए तो भारत-पाकिस्तान के लिए संयुक्त राष्ट्र संघ का आयोग। आयोग के पाँच सदस्य हुए। अर्जेंटीना, बेल्जियम, कोलंबिया, अमेरिका और चेकोस्लोवाकिया। इस आयोग ने लंबी बहसों के उपरांत 13 अगस्त, 1948 को एक प्रस्ताव प्रस्तुत किया। इस प्रस्ताव के तीन भाग थे। प्रस्ताव के प्रथम भाग के अनुसार दोनों देशों को युद्ध विराम की घोषणा करनी थी। युद्ध विराम का पालन होता रहे, इसके लिए आयोग को सैन्य पर्यवेक्षक नियुक्त करने थे। प्रस्ताव के दूसरे भाग के अनुसार, पाकिस्तान को जम्मू-कश्मीर राज्य से अपने सैनिक हटाने थे। पाकिस्तान, जम्मू-कश्मीर में घुस आए कबायलियों को बाहर निकालने का प्रयास भी करेगा। पाकिस्तान जब ये दोनों दायित्व संपन्न कर देगा तो आयोग इसकी सूचना भारत सरकार को देगा। तब भारत सरकार जम्मू-कश्मीर में से अपनी अधिकांश सेना हटाएगी, लेकिन युद्ध विराम की सीमा के भीतर अपना न्यूनतम बल रखेगा, ताकि कानून-व्यवस्था बनी रहे। तृतीय भाग के अनुसार जब दोनों सरकारों में युद्ध विराम संधि हो जाएगी तो दोनों पक्ष आयोग से यह सलाह-मशवरा करेंगे कि लोगों की राय की निष्पक्ष अभिव्यक्ति कैसे हो सकती है।''[7] इस प्रस्ताव के बाद 30 अगस्त, 1948 को नेहरू ने आयोग के अध्यक्ष को एक पत्र लिखा, जिसमें जम्मू-कश्मीर राज्य के उत्तरी क्षेत्रों की चर्चा की गई थी। (जम्मू-कश्मीर के मामले में उत्तरी क्षेत्र का अर्थ राज्य के लद्दाख, गिलगित और बल्तीस्तान क्षेत्र है) नेहरू ने लिखा कि सेना की वापसी के बाद इस क्षेत्र में नागरिक प्रशासन राज्य सरकार चलाएगी और सुरक्षा के लिए आवश्यक सैनिक भारत सरकार रखेगी, लेकिन पत्र में यह प्रस्ताव देते समय नेहरू ने आश्चर्यजनक तरीके से यह भी लिखा कि 'गिलगित क्षेत्र को छोड़कर'।[8] ऐसा

क्यों लिखा, यह रहस्य अभी भी बरकरार है; क्योंकि सभी जानते हैं कि गिलगित जम्मू-कश्मीर का हिस्सा है। क्या नेहरू पहले ही गिलगित पाकिस्तान को देने का मन बना चुके थे?

इस प्रस्ताव के पारित होने के कुछ समय बाद पंडित जवाहर लाल नेहरू लंदन में कॉमनवेल्थ देशों के प्रधानमंत्रियों की बैठक में पाकिस्तान के प्रधानमंत्री लियाकत अली खान से मिले। उन्होंने सुझाया, "आयोग के प्रस्ताव को दोनों देश या तो मान लें या फिर कश्मीर राज्य के दो हिस्से किए जाएँ। पश्चिमी पुंछ और उत्तर-पश्चिम के कुछ इलाके पाकिस्तान को दे दिए जाएँ।"[9] जाहिर है नेहरू 1948 में ही जम्मू-कश्मीर का विभाजन करने और एक हिस्सा पाकिस्तान को दे देने का मन बना चुके थे। लगभग यही रणनीति माउंटबेटन की थी। सुरक्षा परिषद् में यह प्रस्ताव पारित होते ही कि अनधिकृत क्षेत्र से पाकिस्तान अपने सैनिक हटाएगा और उसके बाद अंतरराष्ट्रीय अभिकरण की देख-रेख में लोगों की राय ली जाएगी, ब्रिटेन ने मानो अपने उद्देश्य की पूर्ति कर ली।

इंग्लैंड सरकार महाराजा हरि सिंह के विरोध के चलते रियासत को पाकिस्तान में शामिल नहीं करवा सकी थी, लेकिन अब वही कार्य सुरक्षा परिषद् के माध्यम से करवाने की योजना बनाई जा रही थी। इतना तो स्पष्ट ही था कि रियासत के विभाजन की खिचड़ी भीतर-ही-भीतर पक रही थी। ब्रिटेन को आशा थी कि पाकिस्तान अनधिकृत क्षेत्र से अपनी सेना हटा लेगा और जनमत संग्रह की आड़ में जम्मू-कश्मीर पाकिस्तान में शामिल करवा दिया जाएगा, लेकिन पाकिस्तान ने अपनी सेना हटाने में आनाकानी शुरू कर दी। लार्ड माउंटबेटन ने इसके लिए पाकिस्तान के प्रधानमंत्री लियाकत अली खान को स्वयं समझाने की कोशिश की। बहुत बाद में माउंटबेटन ने कहा, "लियाकत अली खान जैसा मूर्ख मैंने और कोई नहीं देखा। मैंने उससे कहा कि तुम्हें कुछ समय के लिए जम्मू-कश्मीर से अपने सैनिक हटाने होंगे। उसके बाद जनमत संग्रह हो जाएगा और पूरा जम्मू-कश्मीर पाकिस्तान को मिल जाएगा। यदि तुम ऐसा नहीं करते तो भारत के जाल में फँस रहे हो।"[10] पाकिस्तान, भारत के जाल में फँस रहा था या भारत सुरक्षा परिषद् के जाल में फँस रहा था, इसको लेकर तो अभी भी लंबी बहसें चलती रहती हैं। अलबत्ता इस प्रस्ताव ने जम्मू-कश्मीर में भय व अनिश्चय की स्थिति अवश्य पैदा कर दी।

5. सुरक्षा परिषद् में भारत की दिशाहीनता

सुरक्षा परिषद् में बहस जो रुख अख्तियार कर रही थी, उससे जम्मू-कश्मीर में यह डर पैदा होने लगा था कि कहीं पूरा राज्य ही पाकिस्तान में न चला जाए। यह स्थिति, अलग-अलग कारणों से, न तो घाटी की नेशनल कॉन्फ्रेंस को माफिक थी और न ही राज्य के अन्य संभागों को, लेकिन भारत जाने-अनजाने अब सुरक्षा परिषद् की

राजनीति में उलझकर रह गया था। जिस जम्मू-कश्मीर के भूगोल को भी और मन को भी महाराजा हरि सिंह, नेहरू और शेख दोनों से ही बेहतर जानते थे, वही जम्मू-कश्मीर उन्हीं के सामने एक बार फिर अंतरराष्ट्रीय साजिशों का शिकार हो रहा था। लोग भयभीत हो रहे थे और हरि सिंह निरुपाय बैठे देखने के सिवाय कुछ नहीं कर सकते थे।

महाराजा हरि सिंह की चिंता तो यह थी कि भारतीय सेना आगे बढ़कर जम्मू-कश्मीर के बाकी इलाके पाकिस्तान से खाली क्यों नहीं करवा रही, उधर माउंटबेटन और उसके अंग्रेज जनरलों की चिंता थी कि कहीं भारतीय सेना उस सीमा रेखा से आगे न चली जाए, जिसको गुप्त रूप से उन्होंने रियासत के मानचित्र पर खींच दिया था। लोखार्ट को सेनापति के पद से हटाकर जिस ब्रिटिश सेनाधिकारी को भारतीय सेना की कमान दी गई थी, "वह फ्रांसिस राबर्ट राय बुचर भी भारतीय सेना को आगे बढ़ाकर पाक अनधिकृत क्षेत्रों को खाली करवाने में रुचि नहीं ले रहा था। इस घटना के पचास साल बाद लंदन में हुए शोध कार्य से यह रहस्य खुला कि जिन दिनों बहादुर सैनिक शत्रु को निकाल बाहर कर सकते थे, उन दिनों बुचर पाकिस्तान के सेनापति के साथ, जो अंग्रेज ही था, गुपचुप बैठकर जम्मू-कश्मीर को विभाजित करने की व्यूह रचना कर रहे थे। उन्होंने इस गुप्त मंत्रणा में जम्मू-कश्मीर को विभाजित करनेवाली, जो सीमा रेखा तय कर ली थी, भारतीय सेना उसके पार न जाए, इसकी व्यवस्था इन दोनों ब्रिटिश जनरलों ने कर ली थी।"[11] अब काम केवल इतना ही बचा था कि नेहरू को युद्ध विराम के लिए किसी भी तरह तैयार कर लिया जाए। लार्ड माउंटबेटन और लेडी माउंटबेटन भी भारत छोड़कर जा चुके थे। उन्होंने अपना काम कर दिया था। जनवरी, 1948 को भारत की शिकायत सुरक्षा परिषद् में पहुँचा दी थी। अब यह जिम्मेवारी जनरल बुचर के कंधों पर आन पड़ी थी कि जनवरी, 1949 तक किसी भी तरह भारतीय सेना को आगे बढ़ने से रोकना।[12] ब्रिटेन के लक्ष्य युद्ध के मैदान में तो स्पष्ट थे। जनरल बुचर ने यह मोर्चा सफलतापूर्वक सँभाला। तकनीकी तौर पर अभी भी वे भारत के सेनापति थे, लेकिन लड़ाई वे ब्रिटेन के लिए लड़ रहे थे। उधर सुरक्षा परिषद् में ब्रिटेन की कूटनीति उतनी ही गहरी थी। किसी भी स्थिति में सुरक्षा परिषद् पाकिस्तान को आक्रांता घोषित न कर दे, क्योंकि यदि ऐसा हो जाता तो जम्मू-कश्मीर में पाकिस्तानी सेना को पीछे हटना पड़ता। इसके लिए ब्रिटेन, अमेरिका को अपने खेमे में शामिल करने के लिए प्रयासरत था। और उसने मुकम्मल रणनीति तैयार कर ली थी। लार्ड माउंटबेटन और जनरल बुचर के कारण एक साल का यह कालखंड भारतीय इतिहास का सर्वाधिक महत्त्वपूर्ण अध्याय बन गया।

ब्रिटेन की कूटनीति का पहला प्रदर्शन गोपाल स्वामी आयंगर ने सुरक्षा परिषद् में अपने भाषण में कर दिया। आयंगर के भाषण से लगता था कि शायद वे पाकिस्तान को

इस आक्रमण से दोषमुक्त करने का प्रयास कर रहे हैं। "आयंगर को लगा कि भारत के लिए आदर्श राजनीति यही होगी कि पाकिस्तान के आक्रमण के लिए उसकी सीधे निंदा न की जाए। वे अपने भाषण में पाकिस्तानी फौज और छापामारों के बीच के अंतर को स्पष्ट करने पर ही जोर देते रहे। उनका ध्यान भी छापामारों पर ही केंद्रित रहा। अपने आपको बिल्कुल तटस्थ दिखाने के चक्कर में आयंगर ने ऐसे दरशाया, मानो जम्मू-कश्मीर का विलय पूरी तरह से जनमत संग्रह के परिणामों पर ही टिका हुआ है। इस भाषण का सुरक्षा परिषद् में यह अर्थ लगाया गया, मानो भारत इस विषय पर पाकिस्तान के विचारों को मान्यता देने के लिए तैयार है। वे इस बात पर जोर देने में असफल रहे कि पाकिस्तानी हमले को संबद्ध तरीके से रुकवाया जाए तथा इसके साथ लोगों की राय जानी जाए। वे यह भी स्पष्ट नहीं कर पाए कि यदि सुरक्षा परिषद् ऐसा नहीं कर पाती तो भारत स्वयं ऐसा करने के लिए विवश हो जाएगा। उन्होंने सुरक्षा परिषद् को यह भी नहीं बताया कि बँटवारे के बावजूद करोड़ों मुसलमान भारत में ही हैं। इसलिए यह बँटवारा महज एक राजनैतिक व्यवस्था है।"[13] जाहिर है सुरक्षा परिषद् में आयंगर के भाषण के बाद कोई सबसे ज्यादा खुश था तो वह पाकिस्तान और इंग्लैंड ही थे।

उधर इंग्लैंड, अमेरिका को यह समझाने की कोशिश में लगा हुआ था कि जम्मू-कश्मीर का सारा मसला महाराजा हरि सिंह द्वारा मुसलमानों को मरवाने से शुरू हुआ था। प्रथम जनवरी, 1948 को भारत ने सुरक्षा परिषद् में अपनी शिकायत भेजी और उसके तुरंत बाद, "दो सेनाध्यक्षों (भारत और पाकिस्तान के सेनाध्यक्ष) सहित नोएल बेकर न्यूयॉर्क जा पहुँचे, जहाँ भारत द्वारा संयुक्त राष्ट्र में दाखिल की गई शिकायत का सामना उन्हें करना था। उनकी पहली मुलाकात अमेरिकी प्रतिनिधि सेनेटर आस्टिन से 8 जनवरी, 1948 को हुई थी। उन्होंने आस्टिन को बताया कि संयुक्त राष्ट्र द्वारा एक दृढ और त्वरित निर्णय लिया जाना चाहिए और जनमत संग्रह के लिए सैनिक निगरानी की जरूरत है, जिसके लिए पाकिस्तानी फौजें उपयुक्त होंगी; क्योंकि कश्मीर में शांति से मुसलमानों की सुरक्षा की गारंटी होनी चाहिए।"[14] जम्मू-कश्मीर में मुसलमानों को कौन मरवा रहा है, शायद इसके बारे में भी नोएल बेकर ने आस्टिन को बताया था। आस्टिन ने उसी दिन अमेरिका के सेक्रेटरी ऑफ स्टेट को तार भेजा, "मेरे मुलाकातियों के मुताबिक सारा प्रकरण वहाँ से शुरू हुआ, जब शासक हरि सिंह के उकसाने पर मुसलमानों का नरसंहार हुआ।"[15] लेकिन आश्चर्य इस बात का था कि नेहरू और शेख अब्दुल्ला भी महाराजा हरि सिंह को लेकर यही प्रचार कर रहे थे, जबकि दोनों अच्छी तरह जानते थे कि यह आरोप झूठा है। इंग्लैंड और पाकिस्तान दोनों इसका लाभ उठा रहे थे।

सुरक्षा परिषद् ने पाकिस्तान को आक्रांता घोषित करने की बजाय जम्मू-कश्मीर के अधिमिलन पर ही प्रश्न उठाने शुरू कर दिए। उसने दबाव बनाना शुरू किया कि

भारत तुरंत युद्ध विराम की घोषणा करे। भारत पर दबाव बनाना शुरू किया गया कि शक्ति का प्रयोग करके जम्मू-कश्मीर से पाकिस्तानी सेना नहीं हटाई जा सकती। युद्ध विराम के बाद यह समस्या संयुक्त राष्ट्र सुलझा देगा। उधर इंग्लैंड ने नेहरू को समझाना शुरू किया कि भारत सेना बल से पाकिस्तान को जम्मू-कश्मीर से नहीं निकाल सकता। लार्ड माउंटबेटन हिंदुस्तान से चले जाने के बाद भी नेहरू को हतोत्साहित करने में डटे रहे। 15 अगस्त, 1948 को माउंटबेटन ने लंदन से नेहरू को लिखा, "आपके पास है क्या? कुछ पुराने डेकोटा?"[16] बुचर अपने मोर्चे पर डटे थे कि भारत की सेना आगे न बढ़े। "जनरल करिअप्पा ने पाकिस्तान सीमा पर स्थित मीरपुर और मुजफ्फराबाद को नवंबर में फिर से जीतने की योजना बनाई थी। दिल्ली में बुचर ने सुरक्षा समिति की सहमति से करिअप्पा को आक्रमण के लिए नई टुकड़ियाँ भेजने से मना कर दिया।"[17] पाकिस्तान में ब्रिटेन के उच्चायुक्त ग्रेफ्टी स्मिथ थे। उन्होंने 20 नवंबर, 1948 को तुरंत लंदन को लिखा, "बुचर ने मुझे बताया है कि मीरपुर पर कोई आक्रमण नहीं होगा और न ही किसी भी स्तर का कोटली या भिम्बर पर होगा।...बड़ी मुश्किल से बुचर जम्मू से रायल इंडियन एयर फोर्स की एक टुकड़ी को हटाने में सफल हुए हैं।"[18] और उसके दो दिन बाद 22 नवंबर को दिल्ली में ब्रिटिश उच्चायुक्त जनरल आर्चीवाल्ड नाय ने लंदन को लिखा, "मुझे लगता है कि कुछ लोगों द्वारा बार-बार नेहरू के कान भरे जाएँ कि समस्या का कोई सैनिक हल नहीं है। तब नेहरू शायद इन बातों से प्रभावित हो जाएँ।"[19] और नेहरू सचमुच प्रभावित हो गए। 1 जनवरी, 1949 को भारत ने युद्ध विराम की घोषणा कर दी।

6. हरि सिंह की वेदना

जिन दिनों नेहरू, माउंटबेटन और उनके अंग्रेज सेनापतियों और दिल्ली व कराची स्थित ब्रिटिश उच्चायुक्तों का शिकार हो रहे थे और उन्हीं की सलाह पर कान दे रहे थे, उन्हीं दिनों महाराजा हरि सिंह भी जम्मू-कश्मीर में चल रहे इन अंतरराष्ट्रीय षड्यंत्रों से व्यथित हो रहे थे। वे भी देश को इस दलदल से निकालने का रास्ता तलाश रहे थे। ऐसी स्थिति में इस उलझन से बाहर निकलने का एक रास्ता महाराजा हरि सिंह ने भारत सरकार को सुझाया।

उन्होंने एक लंबा पत्र सरदार पटेल को लिखा, "मामले को संयुक्त राष्ट्र संघ में ले जाने और उसके वहाँ लंबित हो जाने से, केवल मेरे मन में ही नहीं, बल्कि राज्य के प्रत्येक हिंदू-सिख के मन में, यहाँ तक कि नेशनल कॉन्फ्रेंस के मन में भी, अनिश्चितता एवं विकलता पैदा हो गई है। लोगों में यह भावना घर कर रही है संयुक्त राष्ट्र सुरक्षा परिषद् का निर्णय हमारे खिलाफ होगा और उस निर्णय के कारण रियासत को अंततः

पाकिस्तान में ही जाना पड़ेगा। यही कारण है कि हिंदू–सिख रियासत से पलायन कर रहे हैं, क्योंकि उनको शंका है कि सुरक्षा परिषद् के निर्णय के बाद उनका हश्र भी पश्चिमी पंजाब के हिंदू–सिखों जैसा होगा।''[20]

महाराजा हरि सिंह ने मामला सुरक्षा परिषद् में ले जाने, उससे उत्पन्न हुई पेचीदगियों और संभावित परिणामों पर अपना स्पष्ट मत व्यक्त किया। उन्होंने पटेल को लिखा, ''आप जानते हैं कि मैंने इस आशा के साथ भारत संघ से अधिमिलन किया था कि हमें अपमानित नहीं होना पड़ेगा और रियासत भारत का ही अंग बनी रहेगी।...रियासत के आंतरिक प्रशासन में फेर–बदल करने की भारत सरकार की सलाह मैंने इसी आशा के साथ स्वीकार की थी। यदि हमें अंततः पाकिस्तान में ही जाना है तो भारत संघ से अधिमिलन अनावश्यक था और आंतरिक प्रशासन को भारत सरकार की इच्छानुसार चलाना तो और भी व्यर्थ था।''[21] लेकिन इससे भी एक और महत्त्वपूर्ण प्रश्न महाराजा हरि सिंह ने उठाया। भारत सरकार जम्मू–कश्मीर के मामले में एक सीमित प्रश्न पर निर्णय करवाने के लिए सुरक्षा परिषद् में गई थी। जब इस मामले में सुरक्षा परिषद् ने अपने आप ही अपना अधिकार क्षेत्र को बढ़ाना शुरू कर दिया तो भारत सरकार को इस असंवैधानिक अधिकार क्षेत्र को मानने से इनकार करना चाहिए था। हद तो तब हुई, जब सुरक्षा परिषद् ने राज्य का आंतरिक प्रशासन कैसा होना चाहिए, इस पर भी दखल देना प्रारंभ कर दिया। मामला जम्मू–कश्मीर रियासत का था, जिसके संवैधानिक मुखिया अभी भी हरि सिंह ही थे, इसलिए सुरक्षा परिषद्वाले मामले में उन्होंने भारत सरकार को अपना अभिमत लिखा, ''मेरा मत है कि रियासत के अधिमिलन और रियासत के आंतरिक प्रशासन, ये दोनों प्रश्न ही सुरक्षा परिषद् के अधिकार क्षेत्र से बाहर हैं। भारत संघ ने एक सीमित विषय ही सुरक्षा परिषद् के विचारार्थ प्रस्तुत किया था, लेकिन वहाँ सारे मुद्दे को विस्तार दिया गया है। वहाँ एक डोमीनियन द्वारा दूसरे डोमीनियन पर किए गए आक्रमण पर ही विचार नहीं किया जा रहा, बल्कि आंतरिक स्थानीय सरकार की स्थापना और अधिमिलन पर भी विचार किया जा रहा है। सीमित प्रश्न पर सुरक्षा परिषद् के सम्मुख जाना और बाद में वहाँ इस मामले में परिषद् द्वारा स्वयं ही कार्यसूची में किए गए विस्तार को भारत सरकार द्वारा स्वीकार कर लेना गलत था। जैसे ही सुरक्षा परिषद् ने इस मामले में कार्य सूची का विस्तार किया था, वैसे ही भारत को वहाँ से अपना मामला वापस ले लेना चाहिए था। तब यह मामला वहीं खत्म हो जाता।''[22] जो बात हरि सिंह शुरू में ही समझ गए थे, नेहरू को वह बहुत बाद में समझ आई।

हरि सिंह ने सुरक्षा परिषद् की उलझन से बाहर निकलने का एक रास्ता भी सरदार पटेल को सुझाया। उन्होंने लिखा, ''कभी–कभी मुझे लगता है कि मैंने भारतीय संघ से अधिग्रहण करार किया है, वह वापस ले लेना चाहिए। वैसे भी संघ ने अधिग्रहण

अंतरिम तौर पर ही स्वीकार किया है। यदि भारत सरकार हमारा भू-भाग पाकिस्तान से वापस नहीं ले सकती और उसे अंततः सुरक्षा परिषद् के निर्णय को स्वीकार करते हुए रियासत को पाकिस्तान को ही देना है तो अधिमिलन पर टिके रहने का अर्थ ही क्या रह जाता है?...(सुरक्षा परिषद् द्वारा पैदा किए गए इन हालात से बाहर निकलने का) मुझे एक विकल्प दिखाई देता है। यदि अधिमिलन का प्रस्ताव ही वापस ले लिया जाए तो संयुक्त राष्ट्र संघ में यह मामला अपने आप ही समाप्त हो जाएगा, क्योंकि यदि अधिमिलन वापस ले लिया जाता है तो भारत संघ के पास सुरक्षा परिषद् में यह मामला चलाए रखने का अधिकार ही नहीं रहेगा। परिणामस्वरूप रियासत की स्थिति अधिमिलन से पहले जैसी हो जाएगी। उस हालत में एक ही दिक्कत हो सकती है रियासत में भारतीय सैनिक, स्वैच्छिक सहायक के नाते ही रह पाएँगे।''[23] संयुक्त राष्ट्र संघ में साम्राज्यवादियों के चक्रव्यूह में जाने-अनजाने में घिर गए भारत को बाहर निकालने के लिए, महाराजा हरि सिंह के पास इससे अच्छा और कोई प्रस्ताव नहीं हो सकता था। ध्यान रहे हरि सिंह ने अधिमिलन का प्रस्ताव वापस ले लेने के सुझाव के बाद यह भी स्वीकार किया कि उस स्थिति में भी भारतीय सेना सहायक के तौर पर वहाँ रह सकती है। यह प्रस्ताव कितना व्यावहारिक था और कितना नहीं, यह बहस का विषय हो सकता है; लेकिन इसमें दो राय नहीं हो सकती कि भारत को उसी समय इस जाल से निकलने के संभावित रास्तों पर विचार कर लेना चाहिए था।

हरि सिंह ने ठीक ही कहा था कि सुरक्षा परिषद् के पास जनमत संग्रह व रियासत के आंतरिक प्रशासन पर प्रस्ताव पारित करने और उसको लागू करवाने का कोई वैधानिक अधिकार नहीं था। जम्मू-कश्मीर का देश की संघीय संवैधानिक व्यवस्था में अधिमिलन भारत स्वतंत्रता अधिनियम 1947 और भारत सरकार अधिनियम 1935 (यथा संशोधित) के प्रावधानों के अंतर्गत हुआ था। सुरक्षा परिषद् के पास इन अधिनियमों की वैधानिक स्थिति जानने का कोई अधिकार नहीं था। यह ठीक है कि भारत सरकार ने अपनी शिकायत में इस पृष्ठभूमि का विस्तार से जिक्र किया हुआ था। उसमें लोगों की राय जानने का भी जिक्र था, लेकिन इसके बावजूद वैधानिक दृष्टि से सुरक्षा परिषद् को इन मामलों में नाक घुसाने का अधिकार नहीं था। यह केवल हरि सिंह ही नहीं कह रहे थे, अन्य विधि विशारद भी यही कह रहे थे, लेकिन भारत सरकार सुरक्षा परिषद् की अपने घर के आँगन में हो रही इस घुसपैठ को रोकने में या तो नाकाम सिद्ध हो रही थी या फिर उसकी निकलने की रुचि नहीं थी।

महाराजा हरि सिंह का पटेल को लिखा गया यह पत्र दरअसल उनकी उस समय के चिंतन और मानसिक स्थिति का द्योतक है। वे उस समय भी उन रास्तों को तलाश रहे थे, जिनके माध्यम से देश को इस विचित्र स्थिति में से निकाला जा सकता था। इस

पत्र से यह भी सिद्ध होता है कि हरि सिंह को सरदार पटेल पर कितना गहरा विश्वास था। वे जम्मू-कश्मीर के मामले में शुरू से ही सरदार पटेल की सलाह पर चल रहे थे लेकिन देश का दुर्भाग्य यह था कि नेहरू जम्मू-कश्मीर के मामले में सरदार पटेल को दूर रखे हुए थे। पटेल का इस मामले में केवल इतना ही दखल था कि वे नेहरू का संदेश हरि सिंह तक पहुँचा देते थे। महात्मा गांधी की मौत के बाद तो शायद पटेल ने नेहरू की जिद के आगे बोलना बंद कर दिया था। महाराजा हरि सिंह चाहते थे कि कम-से-कम सरदार पटेल के सामने रियासत की यथार्थ स्थिति एकदम स्पष्ट होनी चाहिए। शेख अब्दुल्ला और लार्ड माउंटबेटन नेहरू के कानों में जो सूचनाएँ डाल रहे थे, वे एकपक्षीय तो थीं हीं, निष्पक्ष भी नहीं थीं। हरि सिंह ने मानो पटेल के आगे दिल खोलकर रख दिया हो। ''यह लिखने का मेरा मकसद अपने भावों को, वे गलत हों या ठीक, मूर्खतापूर्ण हों या बुद्धिमत्तापूर्ण, आपके सामने पूरी तरह खोलकर रख देना ही है, ताकि आप हालात से पूरी तरह वाकिफ हो जाएँ और मुझे भी उचित सलाह दे सकें।''[24] महाराजा हरि सिंह की जीत को नेहरू-माउंटबेटन और शेख अब्दुल्ला ने पराजय में बदल लिया, जिसका दंश महाराजा हरि सिंह भी जीवन भर भोगते रहे और जम्मू-कश्मीर की जनता आज तक भोग रही है।

संदर्भ—

1. 23 दिसंबर, 1947 का यह त्यागपत्र नेहरू को भेजा नहीं गया था। यह पत्र पी.एन. चोपड़ा द्वारा संपादित पुस्तक सरदार पटेल, कश्मीर और हैदराबाद में पृष्ठ 61 पर दिया गया है।
2. भारत की वायु सेना और जल सेना के मुखिया भी अंग्रेज थे।
3. H.S. Gururaj Rao, Legal aspects of the kashmir problem, p.195
4. H.S. Gururaj Rao, Legal aspects of the kashmir problem, p.196
5. H.S. Gururaj Rao, Legal aspects of the kashmir problem, p.197
6. H.S.Gururaj Rao, Legal aspects of the kashmir problem, p.197
7. 13 अगस्त, 1948 का यह प्रस्ताव H.S. Gururaj Rao Legal aspects of the kashmir problem में पृष्ठ 184 पर देखें।
8. H.S. Gururaj Rao, Legal aspects of the kashmir problem, p.221
9. सर्वपल्ली गोपाल, जवाहरलाल नेहरू एक जीवनी, पृ.197
10. Larry Collins & Dominique, Mountbatten and Independent India, p.56
11. David Devdas, In search of a future, p.69
12. 1 जनवरी, 1949 को भारत ने जम्मू-कश्मीर में युद्ध विराम को स्वीकार किया था
13. नरेंद्र सिंह सरीला, विभाजन की असली कहानी, (352-353)
14. नरेंद्र सिंह सरीला, विभाजन की असली कहानी, 351

15. नरेंद्र सिंह सरीला, विभाजन की असली कहानी, 351 से उद्धृत
16. नरेंद्र सिंह सरीला, विभाजन की असली कहानी, 369
17. नरेंद्र सिंह सरीला, विभाजन की असली कहानी, 370
18. नरेंद्र सिंह सरीला, विभाजन की असली कहानी, 370
19. नरेंद्र सिंह सरीला, विभाजन की असली कहानी, 369
20. सरदार पटेल, कश्मीर और हैदराबाद (संपा. पी.एन. चोपड़ा, प्रभा चोपड़ा), पृ. 82
21. सरदार पटेल, कश्मीर और हैदराबाद (संपा. पी.एन.चोपड़ा, प्रभा चोपड़ा), पृ. 82
22. सरदार पटेल, कश्मीर और हैदराबाद (संपा. पी.एन. चोपड़ा, प्रभा चोपड़ा), पृ. 82
23. कर्ण सिंह, आत्मकथा, पृ. 119
24. सरदार पटेल, कश्मीर और हैदराबाद (संपा. पी.एन. चोपड़ा, प्रभा चोपड़ा), पृ. 84

□

7

महाराजा हरि सिंह का निष्कासन

1. रियासत का नया घटनाक्रम

जम्मू-कश्मीर में एक नई लड़ाई शुरू हो चुकी थी। भारत का यह पश्चिमोत्तर भाग कई शताब्दियों से विदेशी आक्रमणों की समर स्थली रहा है, लेकिन इस बार लड़ाई ने नया रूप धारण कर लिया था। महाराजा हरि सिंह और सरदार पटेल वितस्ता और सिन्धु की घाटियों में भारत की लड़ाई लड़ रहे थे। कुछ सौ साल पहले इसलाम में दीक्षित हुई रघुकुल की संतान शेख मोहम्मद अब्दुल्ला रियासत को आजाद रख पाने की रहस्यमयी लड़ाई लड़ रहा था, लेकिन उसकी सबसे बड़ी खूबी यह थी कि उसने इस लड़ाई में महाराजा हरि सिंह द्वारा हस्ताक्षरित अधिमिलन पत्र को ही हथियार बना रखा था। उसका कहना था कि रियासत का संघीय संविधान से अधिमिलन केवल तीन विषयों को लेकर हुआ है, जबकि ये विषय निर्धारित करने में महाराजा हरि सिंह की कोई भूमिका नहीं थी। उसका निर्धारण सरदार पटेल के रियासती मंत्रालय ने सभी रियासतों के लिए एक समान रूप से किया था। पंडित जवाहर लाल नेहरू इसी बात से अभिभूत थे कि मुसलमान शेख अब्दुल्ला पाकिस्तान का समर्थन न कर हिंदुस्तान से संबंध बनाने की बात कर रहा है। इसलिए जम्मू-कश्मीर भारत के साथ अच्छे संबंध रखता हुआ कमोबेश स्वतंत्र भी रह ले तो कोई गम नहीं।

पाकिस्तान द्वारा जम्मू-कश्मीर पर हमले के छह दिन बाद ही 28 अक्तूबर 1947 को उन्होंने अपनी बहन को लिखा, "मुझे बुरा नहीं लगेगा यदि कश्मीर किसी रूप में आजाद भी रह जाता है, लेकिन वह अपने शोषण के लिए पाकिस्तान का हिस्सा बने, इससे क्रूर आघात और क्या हो सकता है?"[1] दरअसल नेहरू को आगे करके शेख अब्दुल्ला भी इसी प्रयास में लगे हुए थे। शेख यह तो बर्दाश्त कर सकते थे कि सुरक्षा,संचार और विदेशी मामले भारत ले ले, लेकिन जम्मू-कश्मीर भारत का हिस्सा ही बन जाए,

यह उन्हें किसी भी हालत में स्वीकार नहीं था। ताज्जुब है कश्मीर के बारे में नेहरू और शेख के विचार कितने मिलते थे, लेकिन इसके बावजूद दोनों महाराजा हरि सिंह पर आरोप लगाते फिर रहे थे कि वे कश्मीर को आजाद रखना चाहते थे। संकट की इस घड़ी में भी नेहरू जम्मू-कश्मीर के मामले को भारत की सामरिक सुरक्षा की पृष्ठभूमि में न देखकर, हिंदू-मुसलमान की प्रिज्म में, घोर सांप्रदायिक दृष्टि से ही देख पा रहे थे। इसलिए वे रणभूमि में शेख अब्दुल्ला के सारथी बनकर ही स्वयं को गौरवान्वित महसूस कर रहे थे। वे सचमुच शेख अब्दुल्ला के भीतरी मानस को समझ पाने में अक्षम सिद्ध हो रहे थे, क्योंकि वे हवाई किलों में ज्यादा रहते थे।

2. जम्मू-कश्मीर को लेकर नेहरू-पटेल का मतभेद— महाराजा हरि सिंह समझ रहे थे कि देश की राजनीति में नेहरू-शेख की जो नई जोड़ी उभर रही है, जम्मू-कश्मीर को लेकर इनकी हरकतें भविष्य में देश के लिए संकट खड़ा करेंगी। इसलिए वे राष्ट्रहित में इस जोड़ी का जितना संभव हो सकता था, मुकाबला कर रहे थे। अपने तरीके से मुकाबला सरदार पटेल भी कर रहे थे, लेकिन यह जोड़ी सरदार पटेल के भी पैर नहीं लगने दे रही थी। सरदार पटेल कश्मीर की जमीन पर पैर जमाने की एक कोशिश 1947 के अंत में ही कर चुके थे। उन्होंने जम्मू-कश्मीर के मामले में जवाहर लाल की हवाई योजनाओं पर किसी सीमा तक अंकुश लगाने की अप्रत्यक्ष कोशिश की थी, लेकिन उस पर नेहरू ने जो चिट्ठी पटेल को लिखी, वह इतनी अपमानजनक थी कि पटेल ने आवेश में आकर मंत्रिमंडल से अपना त्यागपत्र तक लिख लिया था। यद्यपि गृह मंत्रालय और रियासती मंत्रालय पटेल के पास थे, लेकिन जम्मू-कश्मीर के मामले में नेहरू रियासती मंत्रालय को भी नजदीक नहीं फटकने दे रहे थे। उन्होंने जम्मू-कश्मीर का काम, बिना विभाग का मंत्री बनाकर रखे हुए एक पूर्व आई.सी.एस. अधिकारी गोपालस्वामी आयंगर को दे रखा था। आयंगर महाशय, नेहरू के पास पटेल की शिकायत करते रहते होंगे।

इस विषय को लेकर नेहरू ने 23 दिसंबर, 1947 को एक बहुत ही आपत्तिजनक, अपमानजनक भाषा में पटेल को पत्र लिखा। पत्र चाहे लंबा है, लेकिन स्थिति को समझने के लिए इसे उद्धृत किया जा रहा है। नेहरू ने लिखा, ''रियासती मंत्रालय ने अपने काम-काज के लिए जो तौर-तरीका चुना है, मैं उसकी प्रशंसा नहीं कर सकता। यह मंत्रालय या कोई भी अन्य मंत्रालय सत्ता के अंदर समानांतर सत्ता नहीं हो सकता। वह अन्य किसी मंत्रालय की कार्य प्रणाली के प्रति ईर्ष्यालु नहीं हो सकता। यदि ऐसा होता तो सरकार का ताना-बाना समान उद्देश्य की पूर्ति के लिए गठित न किया गया होता और न ही प्रधानमंत्री के पास कोई काम होता। मैं सैद्धांतिक रूप से अभी इस विषय पर कुछ नहीं कहना चाहता। बाद में इस पर चर्चा की जा सकती है। वर्तमान मामला कश्मीर के बारे में है।

कश्मीर की बात होती है तो उससे अन्य अनेक अंतरराष्ट्रीय मामले तथा सैनिक मामले इत्यादि जुड़ जाते हैं, जो रियासती मंत्रालय की क्षमता से परे हैं। यही कारण है कि कश्मीर पर मंत्रिमंडल द्वारा समय समय पर विचार किया जाता है। अन्य अनेक मंत्रियों द्वारा अलग-अलग या सामूहिक रूप से भी विचार किया जाता है। इसी कारण मैंने प्रधानमंत्री के रूप में इस विषय में विशेष रुचि ली, ताकि विभिन्न मंत्रालयों में समन्वय स्थापित किया जा सके। गोपालस्वामी आयंगर को कश्मीर मामले में सहायता के लिए मैंने ही कहा है और हमारे निवेदन पर वे दो बार वहाँ जा भी चुके हैं। उन्हें पूर्वी पंजाब तथा वहाँ के सैनिक संपदा संगठन से भी निपटना होता है। इन दोनों कारणों से तथा कश्मीर पर उनके व्यक्तिगत अनुभव व ज्ञान के कारण उन्हें पूरी छूट देनी होगी।...मैं नहीं समझता कि रियासती मंत्रालय इसमें कहाँ आता है? बस इतना ही कि विभिन्न क्षेत्रों में हो रही प्रगति से उसे अवगत करवाया जाता रहे। किसी भी मामले में रियासती मंत्रालय को हस्तक्षेप क्यों करना चाहिए, यह मेरी समझ से परे हैं। उसे इसमें रोड़े नहीं अटकाने चाहिए। यह सब मेरे कहने से हो रहा है और मैं अपने काम को छोड़ना नहीं चाहता।''[2] नेहरू, सरदार पटेल को आगाह कर रहे हैं कि उनके मंत्रालय को कश्मीर के मामले में पड़ना नहीं चाहिए, क्योंकि वहाँ जो किया जा रहा है, उनके कहने से ही किया जा रहा है। इस पत्र की अपमानजनक भाषा और तीव्र स्वर से सरदार पटेल जैसा शांत व्यक्ति भी उत्तेजित हो गया और उन्होंने तुरंत मंत्रिमंडल से अपना त्यागपत्र लिख दिया। पटेल ने लिखा, ''आपका आज का पत्र मुझे अभी अभी सायं सात बजे मिला और मैं तुरंत आपको यह बताने के लिए पत्र लिख रहा हूँ कि मुझे आपके पत्र से बहुत दुःख पहुँचा।...आपके पत्र से स्पष्ट हो गया है कि मुझे किसी भी प्रकार से सरकार का सदस्य नहीं रहना चाहिए। इसलिए मैं अपना त्यागपत्र भेज रहा हूँ।''[3] पटेल ने यह पत्र नेहरू को नहीं भेजा, क्योंकि उन्हें मना लिया गया था; लेकिन इतना स्पष्ट हो गया था कि नेहरू कश्मीर मसले पर शेख अब्दुल्ला के बिना किसी की भी सुननेवाले नहीं हैं।

3. हरि सिंह का जन संपर्क अभियान

जिस जमीन पर सरदार पटेल के पैर नहीं टिक पा रहे थे, उस पर महाराजा हरि सिंह भला कैसे टिक सकते थे? लेकिन इतना जरूर मानना पड़ेगा कि महाराजा हरि सिंह लड़कर हारने में विश्वास रखते थे, बिना लड़े हार स्वीकार करना उनके स्वभाव में नहीं था और यह लड़ाई तो राष्ट्रीय हितों की लड़ाई थी। अंग्रेजों के चले जाने के बाद और भारतीय रियासतों का देश की नई संवैधानिक व्यवस्था में अधिमिलन हो जाने के बाद महाराजा हरि सिंह इतना तो समझ ही चुके थे कि इतिहास का रथ जिस दिशा में जा रहा है, उसे वापस नहीं पलटा जा सकता। उन्होंने तो 1934 में ही रियासत में लोकतांत्रिक

शासन प्रणाली प्रारंभ कर दी थी। राज्य में लोकतांत्रिक ढंग से चुनी हुई विधानसभा (प्रजा सभा) काम कर रही थी, लेकिन बदली परिस्थितियों में महाराजा को भी जनता का ही प्रतिनिधि होना होगा। महाराजा हरि सिंह भविष्य में लिखा पढ़ रहे थे। उन्होंने राज्य के आम लोगों में जाने का निर्णय कर लिया। नए निजाम में लोक की इच्छा ही सर्वोपरि होगी। उधर सरदार पटेल भी राज्य में भविष्य की इबारत को बखूबी पढ़ रहे थे। उन्होंने भी महाराजा हरि सिंह को यही सलाह दी। जन-जन में प्रवास करो। भविष्य में आम जन ही निर्णय करेगा कि उसका शासक कौन हो।

महाराजा हरि सिंह ने राज्य का प्रवास प्रारंभ किया। जून-जुलाई की तपती दोपहरियों में जनता से मिलने के लिए निकल पड़े। वे अपने विचार, अपने भविष्य के सपने, राज्य के विकास की बातें जम्मू-कश्मीर की जनता से ही साझा करेंगे। राजशाही का युग तो खत्म हो ही चुका था। लोकतांत्रिक व्यवस्था स्थापित हो रही थी। अब तक तो महाराजा गुलाब सिंह के वंशज होने के नाते सत्ता में थे, लेकिन अब वे रियासत के लोकमत से स्वयं को एकाकार करना चाहते थे। उस लोकमत को, जिसकी दुहाई नेहरू, माउंटबेटन और शेख अब्दुल्ला की त्रिमूर्ति बार बार दे रही थी। सरदार पटेल ने भी उन्हें यही सलाह दी थी। उन्हीं के शब्दों में, ''पटेल ने मुझे कहा कि आप राज्य के लोगों में घूमिए। जनता आपको और जान सके।''[4] उधर महाराजा हरि सिंह ने जनता में जाना शुरू किया, उधर शेख मोहम्मद अब्दुल्ला के होश उड़ने लगे। शेख समझ गए थे कि यदि महाराजा लोकतंत्र के अखाड़े में भी ताल ठोक रहे हैं, तो परिणाम कुछ भी हो सकता है। अभी तक शेख स्वयं को रियासत की जनता का एक मात्र प्रतिनिधि कह रहे थे और दिल्ली में भी इसी दंत कथा पर विश्वास किया जा रहा था, लेकिन इसका कोई प्रमाण उसने प्रस्तुत नहीं किया था। कम-से-कम जनवरी, 1947 में प्रजा सभा के हुए चुनावों में तो बिल्कुल ही नहीं। शेख भी यह अच्छी तरह जानते थे कि उनकी जन लोकप्रियता की यह दंत कथा तब तक ही चल सकती थी, जब तक इसको चुनौती देनेवाला कोई न हो।

लेकिन अब महाराजा हरि सिंह राजशाही का अपना चोला उतारकर लोकतंत्र का पटका पहनकर इस मैदान में भी उतर आए थे। शेख अब्दुल्ला के लिए यह खतरे की घंटी थी। महाराजा के रियासत प्रवास से शेख का लोकप्रियता का मुल्लमा उतर जाता और जल्दी ही यह भी निर्णय हो जाता कि राज्य की जनता किसके साथ है—शेख के साथ या हरि सिंह के साथ। शेख इसी निर्णय से बचना चाहता था, क्योंकि यह शेख की पूरी योजना के लिए खतरे की घंटी थी। शेख ने इस मैदान में महाराजा का सामना करने की बजाय उन्हें राज्य से निष्कासित कर देने का ही षड्यंत्र रचना शुरू कर दिया। देश भर की रियासतों से राजशाही समाप्त हो रही थी और बड़ी रियासतों के शासकों को नई संवैधानिक व्यवस्था के अंतर्गत अपनी रियासतों का, जिन्हें नई संवैधानिक व्यवस्था में

बी श्रेणी के राज्य कहा गया था, राजप्रमुख नियुक्त करने का प्रावधान था। महाराजा हरि सिंह भी इसी व्यवस्था के तहत जम्मू-कश्मीर राज्य के राजप्रमुख बने रह सकते थे, लेकिन शेख मोहम्मद अब्दुल्ला का उद्देश्य तो महाराजा हरि सिंह को निकालकर कश्मीर में अपनी भावी योजनाओं को बिना किसी बाधा के लागू करना था। उन्होंने पहले तो उन मेहरचंद महाजन को, जिनकी योग्यता की धाक सारे देश में थी, रियासत का दीवान नहीं रहने दिया था और अब वे उन महाराजा हरि सिंह को, जिन्होंने नेहरू के आग्रह पर बिना कोई चुनाव करवाए शेख को रियासत का प्रधानमंत्री बना दिया था, राज्य से निष्कासित करना चाहते थे।

4. हरि सिंह के निष्कासन का षड्यंत्र

यह महाराजा हरि सिंह के लिए अपमान की पराकाष्ठा थी, लेकिन शेख अब्दुल्ला इसके लिए बजिद थे और नेहरू इस खेल में उसके साथी थे, पर इसमें एक बाधा थी। उस बाधा को दूर किए बिना महाराजा हरि सिंह को रियासत से निष्कासित करना संभव नहीं था। जब तक महाराजा की गैर-हाजिरी में उनका कोई रीजेंट यानी प्रतिनिधि न मिल जाए, तब तक उनको रियासत से बाहर नहीं निकाला जा सकता था। यह रीजेंट या प्रतिनिधि उनका बेटा ही हो सकता था। महाराजा हरि सिंह का केवल एक ही बेटा था, जिसका नाम कर्ण सिंह था/है और उसके पिता उसे टाइगर कहा करते थे। अब अगली कथा उसी टाइगर के शब्दों में, ''मेरे पिता को सरदार पटेल का निमंत्रण मिला, जिसमें उन्होंने पिताजी, माँ और मुझे, तीनों को बातचीत के लिए दिल्ली आने का सुझाव दिया था। अत: अप्रैल (1949) में हम सब एक चार्टर्ड विमान डी.सी.-3 में नई दिल्ली के लिए रवाना हो गए। जहाज में चढ़ते समय मुझे यह एहसास भी नहीं था कि अब सिर्फ मेरे पिताजी की अस्थियाँ ही उनके प्रिय शहर जम्मू लौटेंगी।''[5]

अस्थियों की कथा बाद में सबसे पहले तो दिल्ली कथा और वह भी टाइगर के ही शब्दों में, ''दिल्ली पहुँचकर पहले तो हम पुरानी दिल्ली के मेडंस होटल में ठहरे।...फिर इम्पीरियल होटल में चले गए।...29 अप्रैल को हमने सरदार पटेल के साथ खाना खाया।...डिनर के बाद मेरे माता-पिता और सरदार दूसरे कमरे में चले गए और कयामत वहीं बरपा हुई। सरदार ने मेरे पिता को बहुत ही शालीनता से, लेकिन दो टूक लहजे में बता दिया कि शेख अब्दुल्ला उनके राज त्याग के बारे में बहुत जोर दे रहे हैं, पर भारत सरकार यह महसूस करती है कि यदि वे और महारानी कुछ महीनों के लिए रियासत से अनुपस्थित रहें तो यही काफी होगा। उन्होंने कहा कि संयुक्त राष्ट्र में सक्रियता से उठाई माँग से उत्पन्न जटिलताओं को देखते हुए राष्ट्र हित में यह आवश्यक है। उन्होंने मेरे लिए भी कहा कि क्योंकि अब मैं अमेरिका से लौट आया हूँ, अत: पिता अपनी अनुपस्थिति

में अपनी जिम्मेदारियों और कर्तव्यों को निभाने के लिए मुझे अपना रीजेंट नियुक्त कर दें।''[6] लेकिन कर्ण सिंह को इस पूरी घटना का पता होटल में लौट आने पर ही चला। और आगे की कथा एक बार फिर कर्ण सिंह से ही। ''इस पूरी घटना से मेरे पिता तो हतप्रभ रह गए।···जब वे मीटिंग से बाहर आए तो उनका चेहरा जर्द था, माँ रुआँसा हो रही थीं और अपने आँसुओं को भरसक रोक रही थीं।···हम लोग होटल लौट आए, रास्ते भर सभी चुप रहे। कमरे में पहुँचकर पिताजी अपने सलाहकारों, बख्शी टेकचंद, मेहरचंद महाजन तथा स्टाफ के अन्य अधिकारियों के साथ तुरंत मंत्रणा में व्यस्त हो गए। माँ अपने कमरे में पलंग पर गिरकर फफक-फफक कर रोने लगीं। मैं भी उनके पीछे-पीछे कमरे में पहुँच गया। जब वे जरा शांत हुईं तो उन्होंने मुझे बताया कि उसे और पिताजी को रियासत से निकाला जा रहा है। उसने मुझे यह भी बताया कि भारत सरकार चाहती है कि पिता मुझे रीजेंट नियुक्त कर दें।''[7]

बहुत बाद में हरि सिंह ने राष्ट्रपति डॉ. राजेंद्र प्रसाद को दिए गए एक ज्ञापन में इस षड्यंत्र का उल्लेख भी किया। उन्हीं के शब्दों में, "Sheikh Abdullah and the men of his party took all power to themselves, ignored my existence and where they felt necessary, they got the consent of the Government of India to do what they liked in the State disregarding me and my wishes. This gradually led to a deterioration and to the outside world, the State and Sheikh Abdullah became convertible terms. The people of Kashmir were utterly ignored and everything that Sheikh Abdullah desired to do, was done in the name of the State with the express or tacit consent of the Government of India. At this juncture on a suggestion from Sardar Patel, I and my wife began a tour of the State. This did not suit the books of Sheikh Abdullah. He approached the Government of India with the result that I was asked to stay out of the State for a few months."[(8)] स्पष्ट है कि शेख अब्दुल्ला का असली कष्ट हरि सिंह द्वारा सरदार पटेल के सुझाव पर किया जा रहा रियासत का प्रवास ही था, लेकिन अब पटेल ही, जिन पर महाराजा को गहरा विश्वास था, उन्हें रियासत छोड़ने का सुझावनुमा आदेश दे रहे थे और यह सजा उन्हें बिना किसी कारण के दी जा रही थी।

जाहिर है कि सरदार पटेल के इस प्रस्ताव से महाराजा हरि सिंह को धक्का लगता। हरि सिंह खुद्दार और स्वाभिमानी व्यक्ति थे। ''हार या असफलता से उन्हें सख्त नफरत थी।''[9] अधिमिलन पत्र पर हस्ताक्षर करने के बाद उन्होंने वही किया था, जिसकी सलाह सरदार पटेल ने उन्हें दी थी, लेकिन शेख अब्दुल्ला अब तक भारत सरकार को लगभग ब्लैकमेल करने की स्थिति में आ गया था और दिल्ली उसके आगे झुकने लगी थी। सबसे दुःख की बात तो यह कि पंडित नेहरू पूरी स्थिति पर गुण-दोष के आधार पर विचार नहीं

कर रहे थे, बल्कि उनके निर्णय के पीछे कहीं-न-कहीं हरि सिंह के प्रति व्यक्तिगत विद्वेष भावना भी काम कर रही थी। नेहरू अभी भी रियासत में हिंदू-मुसलमान दायरे में फँसी अपनी संकीर्ण सांप्रदायिक सोच से बाहर नहीं निकल पा रहे थे। इतना तो स्पष्ट था कि सरदार पटेल महाराजा हरि सिंह को केवल पंडित जवाहर लाल नेहरू का संदेश ही पहुँचा रहे थे। यह संदेश अकेले पंडित नेहरू का भी नहीं था। यह नेहरू और शेख अब्दुल्ला का संयुक्त संदेश था। जम्मू-कश्मीर के भविष्य को धूमिल करनेवाली यह पटकथा इन दोनों की मंत्रणा से उपजी थी, लेकिन नेहरू महाराजा से सीधे बातचीत करने का साहस शायद नहीं बटोर पा रहे थे। उनको लग रहा होगा कि महाराजा उनके इस असंवैधानिक प्रस्ताव को मानने से इनकार कर देंगे। इसलिए उन्होंने सरदार पटेल को संदेशवाहक के रूप में चुना। पटेल इतना तो जानते ही थे कि जम्मू-कश्मीर का मामला रियासती मंत्रालय से संबंधित होने के बावजूद प्रधानमंत्री नेहरू ने अपने पास रखा हुआ है और वे इसमें किसी तीसरे की दखलंदाजी किसी भी कीमत पर सहन नहीं कर पाते।

5. जम्मू-कश्मीर के लिए नए रीजेंट की तलाश

नेहरू-शेख अब्दुल्ला की इस योजना और सरदार पटेल के इस दो टूक आदेश के बावजूद शेख के षड्यंत्रों को परास्त करने का एक रास्ता अभी भी बचा हुआ था। प्रदेश के संवैधानिक मुखिया राज प्रमुख को, चाहे अस्थायी रूप से ही सही, तब तक राज्य से बाहर नहीं भेजा जा सकता था, जब तक वे अपना रीजेंट या प्रतिनिधि नियुक्त न कर दें। यह रीजेंट महाराजा हरि सिंह का बेटा ही हो सकता था, क्योंकि प्रदेश में अभी राजशाही समाप्त नहीं हुई थी और न ही प्रस्तावित प्रादेशिक संविधान/विधानसभा के चुनाव हुए थे। रियासत में अभी राजकाज 'जम्मू-कश्मीर संविधान अधिनियम 1939' के तहत ही चलाया जा रहा था, जिसके अनुसार संवैधानिक शक्तियाँ महाराजा हरि सिंह के पास ही थीं। इसलिए अभी भी महाराजा हरि सिंह के पास शेख अब्दुल्ला के इस पूरे षड्यंत्र को समाप्त करने का एक रास्ता बचा था। वह था उनका अपना बेटा कर्ण सिंह। जीवन में आए इस सबसे बड़े संकट में महाराजा हरि सिंह की पूरी टेक अब अपने बेटे कर्ण सिंह पर ही टिकी हुई थी। यदि कर्ण सिंह रीजेंट बनने से इनकार देता है तो शेख अब्दुल्ला और नेहरू की जोड़ी चाहकर भी महाराजा हरि सिंह को जम्मू-कश्मीर से निष्कासित नहीं कर पाएगी।

शेख अब्दुल्ला और नेहरू भी जानते थे कि तुरप का पत्ता इस समय कर्ण सिंह ही है। कर्ण सिंह यदि अपने पिता महाराजा हरि सिंह के साथ खड़ा हो जाता है तो जीत महाराजा की होगी और कर्ण सिंह यदि शेख मोहम्मद अब्दुल्ला के साथ चला जाता है तो जीत नेहरू और शेख अब्दुल्ला की जोड़ी की होगी। इस समय कर्ण सिंह की उम्र

अठारह साल की थी। रियासतों का भारत की संवैधानिक व्यवस्था में अधिमलन हो गया था और भारत के आकाश पर नेहरू का सूर्योदय हो चुका है। चाहे कर्ण सिंह अपनी आत्मकथा में लाख लिखते रहें कि उनके पिता नए परिवर्तनों को समझ नहीं पा रहे थे, लेकिन उनके पिता से अच्छी तरह इन परिवर्तनों को कोई और समझ नहीं सकता था। महाराजा हरि सिंह इस नए सूर्योदय को देख भी रहे थे और उसकी तपिश भी झेल रहे थे। हरि सिंह भविष्य को देख लेने में ही पारंगत नहीं थे, बल्कि भविष्य गढ़ने में भी विश्वास रखते थे। यही कारण था कि उन्होंने 1934 से ही रियासत में संवैधानिक लोकतांत्रिक प्रक्रिया शुरू कर दी थी। जम्मू-कश्मीर का 1939 का संविधान अधिनियम उच्च कोटि में रखा जा सकता है। अलबत्ता कर्ण सिंह जरूर समझने लगे थे कि हवा किस ओर बह रही है।

उधर महाराजा हरि सिंह, सरदार पटेल के इस दो टूक आदेश के बाद रणभूमि के उस मुकाम पर पहुँच गए थे, जहाँ उन्हें अपने इकलौता बेटे की सहायता की सर्वाधिक आवश्यकता थी और आगे की कथा एक बार फिर कर्ण सिंह से ही। "घटनाक्रम के इसी नाजुक मोड़ पर जवाहर लाल नेहरू ने मुझे अपने निवास पर बातचीत के लिए कई बार नाश्ते पर बुलाया। तीन मूर्ति भवन के डाइनिंग रूम की सीढ़ियाँ चढ़ते वक्त, जो उत्तेजना मैं महसूस कर रहा था, उसे मैं आज भी नहीं भूला हूँ। मेज पर सिर्फ दो व्यक्तियों के लिए इंतजाम था। इंदिरा गांधी और उनके पुत्र पहले ही नाश्ता कर चुके थे। नेहरूजी चुस्ती से चलते हुए अंदर आए और हैलो टाइगर कहकर दोस्ताना ढंग से हाथ मिलाया। नाश्ता लगभग एक घंटे तक चला और इस दौरान नेहरूजी ने मुझसे कुछ सामान्य बातें पूछीं और फिर काफी देर तक स्वगत वार्त्तालाप करते रहे। अपने शुद्ध उच्चारण में उन्होंने एक नए भारत का निर्माण किया जा रहा है, प्राचीन सामंती व्यवस्था तेजी से खत्म होती जा रही है और एक नौजवान की हैसियत से मुझे तत्परता से स्वयं को नई परिस्थितियों के अनुरूप ढाल लेना चाहिए, इत्यादि कहा। इसके बाद वे कश्मीर समस्या, शेख अब्दुल्ला की भूमिका तथा राष्ट्रीय हित के लिए राज्य में सौहार्दपूर्ण वातावरण स्थापित करने के महत्त्व की चर्चा करने लगे। संक्षेप में उन्होंने कहा कि मेरे पिता स्पष्ट रूप से नई व्यवस्था को न तो स्वीकार करना चाहते हैं और न ही अस्वीकार कर पा रहे हैं। यह भी बताया कि वे खुद तथा शेख अब्दुल्ला—दोनों ही मुझे रीजेंट नियुक्त करना चाहते हैं, ताकि वर्तमान गतिरोध खत्म किया जा सके। मैंने देखा कि नए भारत की बात करते समय उनकी आँखों में सौम्य चमक आ गई थी और आवाज में सकारात्मक खनखनाहट। अपने स्कूली जीवन में मैं इस व्यक्ति का प्रशंसक रहा था...और उनके पास होना व उनकी बातें सुनना अपने आपमें एक अनूठा अनुभव था। जब उन्होंने विश्वभर में सक्रिय व्यापक ऐतिहासिक शक्तियों का जिक्र किया, तो मुझे ऐसा लगा मानो उनकी पुस्तक 'भारत की खोज' मेरे सामने साकार हो उठी हो।

अपने पिता के दरबारी दायरे तथा घर के रहस्यमय और षड्यंत्रजनित तनाव वाले वातावरण की तुलना में यह कितना भिन्न था। स्कूली जीवन में मैं एक कुशल शासक होने, अपनी जनता के लिए कुछ उल्लेखनीय करने की कल्पना किया करता था, लेकिन अब मुझे एहसास हो गया कि शासन करने के दिन हमेशा के लिए लद चुके हैं, लेकिन अब उससे भी कहीं सार्थक व्यापक राष्ट्रीय हित में कुछ करने का अवसर है और वह भी एक ऐसे व्यक्ति के निजी आग्रह पर, जो हमारे समय के महानतम नेताओं में से एक है।''[10] संकट की उस घड़ी में कर्ण सिंह ने अपने पिता के साथ खड़ा होने की बजाय अपने समय के 'महानतम नेताओं में से एक' नेहरू और शेख के साथ चले जाने का फैसला किया। उन्होंने रीजेंट बनने के नेहरू और शेख अब्दुल्ला के प्रस्ताव को स्वीकार कर लिया। महाराजा हरि सिंह के अपने टाइगर ने उन्हें जिंदगी का सबसे गहरा घाव दिया, जो उनके जीवन के अंतिम क्षणों तक रिसता रहा।

कर्ण सिंह जिस समय त्रिमूर्ति निवास में नाश्ता करते हुए नेहरू से अपने पिता का निंदा पुराण सुन रहे थे, उस समय नेहरू की उम्र साठ साल की थी और उनके पिता हरि सिंह की उम्र 54 साल की थी। कर्ण सिंह स्वयं मानते हैं कि उनके पिता उदारवादी व प्रगतिशील विचारधारा के थे। वे सत्ता के लिए किसी भी सीमा तक झुकने के लिए तैयार नहीं थे। गोलमेज सम्मेलन में जब उन्होंने ब्रिटिश सत्ता के गढ़ लंदन में जाकर गंभीर स्वर में कहा था कि हम सबने भारत की धरती पर जन्म लिया है और देश की सम्मानजनक स्थिति के लिए हम सब देशवासियों के साथ हैं, तो यकीनन उनके चेहरे पर भी वह सौम्य चमक आई होगी, जो कर्ण सिंह अब नेहरू के चेहरे पर देख रहे थे। उस समय हरि सिंह की उम्र 37 वर्ष की थी। तब उनके चेहरे की वह सौम्य चमक देखने के लिए कर्ण सिंह वहाँ नहीं थे, लेकिन ब्रिटिश साम्राज्य ने हरि सिंह के चेहरे की वह चमक देख ली थी और तभी से उनको अपनी लाल सूची में दर्ज कर लिया था। अब कर्ण सिंह साठ साल के नेहरू को युवा पीढ़ी की आशा बता रहे थे और 54 साल के अपने पिता को बीते युग की निशानी मान रहे थे। यह ठीक है कि महाराजा हरि सिंह को जम्मू-कश्मीर की सत्ता वंश परंपरा के कारण ही प्राप्त हुई थी, लेकिन उन्होंने परंपरा से प्राप्त राजशाही को लोकशाही में बदलने के लिए, उन दिनों जितना संभव था, उतना प्रयास किया, लेकिन अब जब कर्ण सिंह की माँ महारानी तारा देवी फफक-फफककर रो रही है और हरि सिंह का, नेहरू-शेख के इस व्यवहार से चेहरा जर्द था, तो वे नेहरू के घर में 'कहीं व्यापक राष्ट्रीय हितों के नाम पर' अपने लिए सत्ता के कुछ अवसर तलाश रहे थे। वे, ये अवसर जन संघर्षों के रास्ते पर चलकर नहीं, बल्कि उसी पुरानी सामंती परंपरा के रास्ते पर चलकर तलाश रहे थे, जिस परंपरा के लिए वे अपने पिता की निंदा कर व सुन रहे थे। यह अवसर उन्हें केवल और केवल एक गुण के कारण

मिल रहा था कि वे महाराजा हरि सिंह के सुपुत्र हैं और उन्होंने महाराजा गुलाब सिंह के खानदान में जन्म लिया है। सामंती परंपरा की निंदा करते हुए, सामंती परंपरा का सुफल चखने की यह अद्‌भुत गाथा है, जो लोकतंत्र के ध्वजवाहक पंडित जवाहर लाल के घर में नाश्ते की मेज पर बैठकर लिखी गई, लेकिन इस गाथा ने जम्मू-कश्मीर को ऐसा घाव दे दिया, जो अब तक रिसता है। ताज्जुब है, अब जब राज्य में लोकशाही स्थापित होने जा रही थी तो कर्ण सिंह ने रियासत में जाकर लोकतंत्र के माध्यम से अपना स्थान अर्जित करने का प्रयास क्यों नहीं किया?

खैर, शेख अब्दुल्ला और पंडित जवाहर लाल नेहरू ने मिलकर महाराजा हरि सिंह के घर में ही सेंध लगा ली थी। उस सेंध के बाद महाराजा हरि सिंह के लिए सारे रास्ते बंद हो गए थे। कर्ण सिंह के ही शब्दों में, ''मुझ पर रेजीडेंटशिप के प्रस्ताव को ठुकराने के लिए थोड़ा दबाव जरूर डाला जा रहा था, लेकिन मैंने यथासंभव पूरी विनम्रता से उस दबाव को मानने से इनकार कर दिया।''[11] जिसे वे थोड़ा दबाव बता रहे हैं, वह कितना था, इसका एक उदाहरण भी कर्ण सिंह स्वयं ही देते हैं। ''मेरे पिता ने एक दिन दोपहर का भोजन करते हुए, बहुत ही खिन्न मन से (मुझे) कहा कि भले ही मैं रीजेंट के रूप में श्रीनगर जा रहा हूँ, लेकिन शेख अब्दुल्ला मुझे कुछ ही महीनों में अपमानजनक तरीके से निकाल बाहर करेंगे।''[12] इससे ज्यादा स्पष्ट शायद कहा भी नहीं जा सकता था। इससे सहज ही अंदाजा लगाया जा सकता है कि हरि सिंह ने अपने बेटे पर इस पद को अस्वीकार करने के लिए कितना दबाव डाला होगा। हरि सिंह जानते थे कि राजप्रमुख का संवैधानिक पद तो खाली रह नहीं सकता। उस पर राजवंश के किसी वैधानिक उत्तराधिकारी को ही बिठाया जा सकता है। इसके लिए अठारह साल के कर्ण सिंह से बेहतर मुखौटा शेख अब्दुल्ला के लिए और कौन हो सकता था? कर्ण सिंह शेख के हाथ की कठपुतली बन सकता है। फिर कर्ण सिंह कभी चूँ-चूँ भी करेगा तो उसे डराने के लिए उसके पिता का इतिहास तो होगा ही। जिस शेख अब्दुल्ला ने महाराजा हरि सिंह जैसे व्यक्ति को रियासत से बाहर का रास्ता दिखा दिया, उससे टकराने पर कर्ण सिंह का क्या हश्र हो सकता था, शायद यह कर्ण सिंह को विस्तार से समझाने की जरूरत नहीं होगी, लेकिन कर्ण सिंह कुछ भी समझने को तैयार नहीं थे। उन्हीं के शब्दों में, ''पिताजी पूरी स्थिति से बिल्कुल ही संतुष्ट नहीं थे और उन्होंने अपना असंतोष, अपनी नाराजगी खुलकर व्यक्त की थी, हालाँकि उन्होंने अनहोनी के आगे सिर झुका दिया था, लेकिन मैंने महसूस किया इस पूरी प्रक्रिया में हमारे संबंधों में खटास आ गई थी। उधर माँ भी लगभग टूटने के कगार पर थी। इससे समूची स्थिति में भावनात्मक अस्थिरता का नया आयाम जुड़ गया था। मेरे लिए जवाहर लाल नेहरू के समर्थन और अपनी अंदरूनी शक्ति पर निर्भर रहने के सिवाय और कोई चारा नहीं था।''[13]

ताज्जुब है शेख अब्दुल्ला भी नेहरू के समर्थन से ही हरि सिंह को निर्वासित कर रहे थे और कर्ण सिंह भी नेहरू के समर्थन के बलबूते ही अपने पिता के दबाव और आग्रह को ठुकरा रहे थे। इन हालात में ''प्रारंभिक सदमे के बाद (हरि सिंह) कुछ समय के लिए रियासत से बाहर रहने के लिए तैयार हो गए थे, हालाँकि उन्होंने शायद यह भी महसूस कर लिया था कि कि उनके लिए लौटना अब कभी आसान नहीं होगा।''[14] विरोध के बावजूद कर्ण सिंह द्वारा रीजेंट बनने का प्रस्ताव स्वीकार कर लेने के बाद महाराजा हरि सिंह के लिए लगभग सभी विकल्प समाप्त हो गए थे।

6 मई, 1949 को सरदार पटेल को उन्होंने एक पत्र लिखा, जिसमें उन्होंने अपना हृदय उड़ेलकर रख दिया। उन्होंने लिखा, ''मुझे (आपके इस प्रस्ताव से) बहुत आघात पहुँचा। मैंने कभी यह सोचा भी न था कि आप मेरे सामने यह प्रस्ताव रख सकते हैं। आपके प्रति मेरी शुरू से ही अटूट आस्था और विश्वास रहा है। वर्तमान और भविष्य में व्यक्तिगत रूप में मुझे और मेरी रियासत को प्रभावित करनेवाले प्रश्नों पर हमेशा मैं आपकी सलाह मानता रहा हूँ। अब मैंने खुद को जैसे-तैसे इस प्रस्ताव के लिए तैयार कर लिया है। बहरहाल अगर मैं इस प्रस्ताव पर अपनी हताशा प्रकट न करता तो एक मनुष्य के नाते बहुत अस्वभाविक बात होती। जिस तरह मुझे अपनी प्रतिष्ठा, सम्मान और पद का बलिदान देने के लिए कहा जा रहा है, उससे मुझे आश्चर्य और घोर निराशा हुई है। यह तो तब है, जब मैं प्रधानमंत्री (नेहरू) अथवा आपकी ओर से, रियासत में अपनी संवैधानिक स्थिति के बारे में मिलनेवाली सलाह को, कभी-कभी अपने विवेक और आत्मा के विरुद्ध होते हुए भी मानता रहा हूँ। कभी-कभी तो ऐसा भी हुआ है कि कुछ महीने पहले हममें एक व्यवस्था पर सहमति बनी, पर बाद में उसे नकारते हुए एक बिल्कुल अलग सलाह दी गई। मैं आपसे, अपनी उस भावना को छिपाना भी ठीक नहीं समझता, जहाँ शेख अब्दुल्ला को लिखित और वायदा की गई बातों का, पक्षपातपूर्ण तरीके से अपनी सुविधानुसार उल्लंघन करने की इजाजत दी जाती रही है।...इस प्रकार के भेदभावपूर्ण व्यवहार से निश्चय ही मुझे काफी ठेस पहुँची है, लेकिन एक बार फिर आपके फैसले पर तथा तथा हमारे प्रति आपकी शुभेच्छा पर पूरी तरह विश्वास रखते हुए...मैं आपकी इच्छानुसार रियासत से तीन या चार महीने के लिए अनुपस्थित रहने के लिए तैयार हूँ।''[15] लेकिन शायद महाराजा हरि सिंह को भी लगता था कि अब जम्मू-कश्मीर वापस जाना संभव नहीं होगा। क्या वे विद्रोह कर सकते थे, लेकिन किसके प्रति विद्रोह करते? क्या उस भारत के प्रति, जिसकी स्वतंत्रता की बात उन्होंने 1930-31 में लंदन में उस वक्त कही थी, जब सभी रियासतों के शासक 'लॉन्ग लिव दि किंग' के गीत गाने में व्यस्त थे? उन्होंने चुपचाप यह गरलपान किया और अब कहाँ जाएँ, इस पर सोचना शुरू कर दिया।

उधर महाराजा हरि सिंह को उत्तर देने से पहले पटेल ने 11 मई, 1947 को इस योजना के जनक नेहरू को सूचित किया, "(मैंने महाराजा को बताया कि) उनके लिए उचित होगा कि वे कुछ समय के लिए रियासत से दूर रहें और युवराज को शासक नियुक्त कर दें। वे दोनों (महारानी भी वहीं थीं), इस सुझाव से सकते में आ गए थे और मैं समझ गया कि इससे उन्हें बहुत आघात पहुँचा है। वार्त्तालाप के अंत में तो वे व्याकुल हो गए थे। फिर भी मैंने उनसे इस बात पर सोचने के लिए कहा। मैंने शंकर से भी उनसे बातचीत करने के लिए कहा। शंकर ने महाराजा और महारानी से दो-तीन बार अलग-अलग लंबी बातचीत की। लगता है उन्होंने सुझाव को स्वीकार कर लिया है।"[16] पटेल को नेहरू का उत्तर 18 मई को मिला, लेकिन लगता था नेहरू महाराजा हरि सिंह को भारत से ही बाहर निकाल देने के इच्छुक थे। उन्होंने पटेल को लिखा, "मैं मान लेता हूँ कि महाराजा और महारानी कुछ महीनों के लिए रियासत से बाहर रहेंगे, जैसा कि उन्होंने स्वीकार किया है। बंबई का घर उनके लिए उपयुक्त रहेगा। अच्छा होता यदि वे दो तीन महीनों के लिए देश से ही बाहर चले जाते, किंतु इसका निर्णय उन्हें स्वयं ही करना है। मैं नहीं समझता कि महाराजा की अनुपस्थिति के लिए कोई समय सीमा निश्चित की जानी चाहिए। यह मामला अनिश्चित ही रखा जाना चाहिए।...वर्तमान में मैं सोचता हूँ कि सबके भले के लिए महाराजा और महारानी दोनों बाहर ही रहें। मुझे आशा है कि आप, महाराजा, महारानी और युवराज को समझा सकेंगे कि शेख अब्दुल्ला से क्या समझौता हुआ है।"[17] लगता है जम्मू-कश्मीर से महाराजा को बाहर करने की योजना नेहरू और शेख ने मिलकर काफी अरसा पहले ही, केवल बना ही नहीं ली थी, बल्कि उसकी बारीकियों पर भी विचार कर लिया था। यही कारण रहा होगा कि नेहरू ने 18 मई को लिखे अपने पत्र में स्पष्ट कर दिया, "यदि महाराजा रियासत से बाहर देश में ही रहना चाहते हैं तो उनको बंबई में रहना चाहिए।"[18]

नेहरू का पत्र मिल जाने के बाद पटेल ने 6 मई को महाराजा हरि सिंह द्वारा लिखे पत्र का उत्तर 23 मई को दिया। पटेल ने लिखा था, "...मुझे विश्वास है कि जब आप इतने ज्यादा परिवर्तनों को देख चुके हैं, उनके अभ्यस्त हो चुके हैं, तो यह कदम भी आप देश के प्रति कर्तव्य भावना से उठाएँगे। फिलहाल समझदारी इसी में है कि नियति चक्र की प्रबलता के आगे सहजता और शांति से सिर झुका दिया जाए।"[19] देश से ही बाहर चले जाने का नेहरू का परामर्श महाराजा तक पहुँचाने का साहस शायद पटेल भी नहीं जुटा पाए।

6. कर्ण सिंह की नियुक्ति

उधर पटेल, शेख अब्दुल्ला की मंशा और मानसिकता दोनों को बखूबी समझ रहे

थे। जब पटेल ने कर्ण सिंह को रीजेंट बनाने का प्रस्ताव रखा तो उसके बाद उनकी युवराज से कुछ अवसरों पर बातचीत भी हुई। कर्ण सिंह के ही अनुसार, ''उनसे बात करके ऐसा लगता था कि कि यह एक ऐसा आदमी है, जिसके लिए कोई भी समस्या इतनी जटिल नहीं है कि उसे सुलझाया न जा सके। सिर्फ कश्मीर का मसला ही एक ऐसी समस्या थी, जो नेहरूजी स्वयं देख रहे थे। जाहिर है सरदार, नेहरू की इस दखलंदाजी से खुश नहीं थे, हालाँकि उन्होंने मेरे सामने कभी भी नेहरूजी की आलोचना नहीं की थी, लेकिन उनसे बातचीत से यह साफ जाहिर था कि उन्हें नेहरूजी और शेख के संबंध पसंद नहीं थे। वे शेख को न केवल स्वयं नापसंद करते थे, बल्कि स्पष्टतः उस पर विश्वास भी नहीं करते थे।''[20] लेकिन पटेल रियासत से निष्कासन का, नेहरू-शेख अब्दुल्ला का यह प्रस्ताव महाराजा हरि सिंह तक पहुँचाते हुए स्वयं भी कहीं-न-कहीं आहत हुए थे। इस प्रसंग पर टिप्पणी करते हुए प्राणनाथ चोपड़ा लिखते हैं, ''...(शेख अब्दुल्ला) इस बात पर अड़े रहे कि महाराजा हरि सिंह को भी राज्य छोड़ने के लिए कहा जाए, ताकि वह स्वतंत्र रूप से कार्य कर सकें, किंतु सरदार पटेल किसी भी तरह शेख अब्दुल्ला की बातों पर विश्वास नहीं कर सके। उनको लगता था, जिस महाराजा के दिए अधिकार पत्र से शेख राज्य के प्रधानमंत्री हैं, उन महाराजा हरि सिंह को पदच्युत करना नैतिक दृष्टि से ठीक नहीं होगा। सरदार इस बात से अप्रसन्न थे कि शेख एक माँग पूरी हो जाने पर दूसरी माँग कर देते हैं। वे एक प्रकार से भारत सरकार को अपनी माँगे पूरी करने के लिए डराते-धमकाते हैं। फिर भी नेहरू द्वारा बार-बार आग्रह करने पर सरदार पटेल को महाराजा को रियासत छोड़ने जैसी अशोभनीय बात कहनी पड़ी, किंतु यह निर्णय उनके लिए इतना कड़वा था कि उन्होंने आगे संपर्क का काम अपने निजी सचिव वी. शंकर पर छोड़ दिया।''[21] सबकुछ तय हो चुका था। अब दिल्ली से वापस जाने का रास्ता बंद हो चुका था। महाराजा हरि सिंह ने बंबई जाने के लिए बीस जून का दिन तय कर दिया। उसी दिन कर्ण सिंह को सदर-ए-रियासत का पद सँभालने के लिए श्रीनगर की ओर प्रस्थान करना था, लेकिन कर्ण सिंह के श्रीनगर में जाकर सत्ता सँभालने के रास्ते में अभी एक और बाधा बची हुई थी।

20 जून, 1949 का दिन जम्मू-कश्मीर के इतिहास में महत्त्वपूर्ण स्थान रखता है। इम्पीरियल होटल में महाराजा हरि सिंह बंबई जाने के लिए तैयार हो रहे थे। उनका सामान बाँधा जा रहा था। इसी दिन उनके अठारह वर्षीय सुपुत्र कर्ण सिंह को सिंहासनारूढ होने के लिए श्रीनगर जाना था। क्या वे अपने सुपुत्र को श्रीनगर के लिए विदा करके बंबई प्रस्थान करेंगे? शायद महाराजा को लगा कि अब इसकी भी किसी को जरूरत नहीं है, लेकिन अभी भी कर्ण सिंह को कागज के एक टुकड़े की जरूरत थी, जिसके बिना उसका श्रीनगर जाना रुक सकता था। महाराजा हरि सिंह ने लिखा, ''स्वास्थ्य के

कारणों से मैंने अल्पकालिक अवधि के लिए रियासत से बाहर जाने का निर्णय किया है। इस अवधि में रियासत की सरकार से संबंधित अपने सभी अधिकारों और कर्तव्यों की जिम्मेदारी मैं युवराज कर्ण सिंहजी बहादुर को सौंपता हूँ। अत: मैं निर्देश देता हूँ और घोषणा करता हूँ कि मेरी अनुपस्थिति के दौरान रियासत तथा उसकी सरकार से जुड़े मेरे सभी अधिकारों और कर्तव्यों को युवराज को सौंपा जाए। ये अधिकार और कर्तव्य, चाहे विधायक हों या कार्यकारी, सभी युवराज में निहित रहेंगे। विशेष रूप से कानून बनाने, घोषणा-पत्र, आदेश जारी करने, अपराधियों की सजाएँ माफ करने के विशेषाधिकार भी युवराज के पास ही रहेंगे।''[22]

7. संघीय संविधान सभा के लिए मनोनयन

लेकिन जम्मू-कश्मीर छोड़कर जाने से पहले महाराजा हरि सिंह से एक और कार्य करवाना जरूरी था। भारत की संघीय संवैधानिक व्यवस्था में अधिमिलन के बाद जरूरी हो गया था कि राज्य में से भी कुछ प्रतिनिधि, भारत के लिए संविधान बना रही संविधान सभा में शामिल किए जाते। जनसंख्या के लिहाज से जम्मू-कश्मीर से संविधान सभा में जानेवाले सदस्यों की संख्या चार बनती थी। अभी तक इन सदस्यों को संविधान सभा में भेजे जाने के लिए यह विनियम था कि दो सदस्य महाराजा हरि सिंह द्वारा नामित किए जाने थे और शेष दो सदस्यों का चुनाव होना था। राज्य में निर्वाचित विधानसभा (प्रजा सभा) तो थी और उसके चुनाव भी कुछ दिन पहले ही दिसंबर, 1946 में हुए थे, लेकिन इससे शेख अब्दुल्ला के हितों की रक्षा नहीं होती थी, क्योंकि शेख अब्दुल्ला की नेशनल कॉन्फ्रेंस ने इन चुनावों का बहिष्कार किया था। इसलिए प्रजा सभा में उसका कोई सदस्य नहीं था। इधर महाराजा हरि सिंह को राज्य से बाहर करने के लिए जाल बुना जा रहा था और उधर दिल्ली में संघीय संविधान सभा में हरि सिंह के पर कतरे जा रहे थे। नेहरू और शेख मोहम्मद ने आपस में मिलकर इसका भी तोड़ निकाला। कांग्रेस ने 27 मई, 1949 को एक प्रस्ताव पारितकर संविधान सभा के नियमों को ही बदल दिया। नए नियमों में प्रावधान था कि जम्मू-कश्मीर राज्य के चारों सदस्यों का मनोनयन महाराजा हरि सिंह, अपने प्रधानमंत्री की सहमति से करेंगे। इस प्रकार महाराजा हरि सिंह की मनोनयन की शक्तियाँ उनके दिल्ली रहते ही छीन ली गई थीं। शेख अब्दुल्ला के कहने पर महाराजा हरि सिंह को, चार सदस्य शेख मोहम्मद अब्दुल्ला, मिर्जा अब्दुल्ला बेग, मौलाना मोहम्मद सैयद मसूदी और मोती लाल बैगरा मनोनीत करने पड़े। संघीय संविधान सभा में शेख अब्दुल्ला व उनके साथियों के मनोनयन के बाद महाराजा हरि सिंह के लिए घर वापसी का मार्ग अवरुद्ध हो गया था और नेहरू शेख के जाल में और गहरे उलझ गए।

8. महाराजा हरि सिंह की रवानगी

अपना राजपाट कर्ण सिंह को सौंपकर, उसकी श्रीनगर को रवानगी से पहले ही महाराजा हरि सिंह अपने स्टाफ और नौकरों-चाकरों के साथ सुबह ही बंबई के लिए रवाना हो गए। उनका नया पता था—कश्मीर हाउस, 19 नेपियन सी रोड, बंबई। अब वे अपनी यात्रा जहाज से करनेवाले नहीं थे, बल्कि उन्हें अपनी लंबी यात्रा दिल्ली से बंबई जानेवाली रेलगाड़ी से ही करनी थी। रेलगाड़ी में जानेवाले को जहाज में जानेवाले यात्री से पहले ही घर से निकलना चाहिए, क्योंकि रेलगाड़ी की गति जहाज की गति से बहुत कम होती है। जाने से पहले उन्होंने अपनी पत्नी तारा देवी की ओर देखा। शायद उनको आशा होगी कि वह उनके साथ जाएगी, लेकिन तारा देवी ने उनके साथ बंबई जाने की बजाय कसौली जाना श्रेयस्कर समझा, क्योंकि "वह बंबई की गरमी सहन नहीं कर सकती थीं।"[23] लेकिन कहा जाता है कि तारा देवी की शर्त थी कि उनका भाई नचिंत चंद भी बंबई में उनके साथ रहेगा, लेकिन महाराजा को यह शर्त मंजूर नहीं थी। तारा देवी अपने भाई के साथ कार में हिमाचल प्रदेश स्थित कसौली के लिए रवाना हो गईं। महाराजा हरि सिंह बंबई चले गए और जीवन भर वापस नहीं आए। माँ और बाप दोनों के चले जाने के बाद कर्ण सिंह जहाज में बैठकर 'अपनी' रियासत जम्मू-कश्मीर की ओर चले।

महाराजा हरि सिंह के निष्कासन के इस पूरे प्रसंग का शेख मोहम्मद अब्दुल्ला ने इस प्रकार उल्लेख किया है। "यद्यपि महाराजा ने दबाव में आकर लोकतांत्रिक सरकार का गठन कर दिया था, लेकिन अंदर-ही-अंदर वह गुस्से से आग उगल रहा था। जैसे ही उसे अवसर मिला, उसने हमारे प्रशासन में हस्तक्षेप करना शुरू कर दिया। उसने हमारे मंत्रिमंडल में कर्नल बलदेव सिंह पठानिया को वजीर-ए-हुजूर नियुक्त कर दिया, जिसे हमारे और उसके बीच संपर्क रखना था, लेकिन पठानिया कोई रचनात्मक भूमिका नहीं निभा पाया। परिणामस्वरूप हमारे और महाराजा के संबंध दिन-प्रतिदिन तनावपूर्ण होते गए। तब मैंने केंद्र को बता दिया कि हालात सुधारने का एक ही तरीका है कि महाराजा को निष्कासित कर दिया जाए। यद्यपि महाराजा को पटेल का समर्थन हासिल था, लेकिन केंद्र हमारी अवहेलना करने की स्थिति में नहीं था। इसलिए हरि सिंह को बंबई जाना पड़ा, लेकिन आयंगर ने पटेल को खुश करने का एक तरीका ढूँढ़ लिया। उसने कर्ण सिंह को, राज्य का संवैधानिक मुखिया नियुक्त करवा दिया। हमने जवाहर लाल के आग्रह पर इस नियुक्ति को स्वीकार कर लिया। इस पर भी जब हरि सिंह राज्य छोड़ रहा था तो उसने पटेल को लिखा, 'मैं तीन या चार महीने के लिए बाहर जा रहा हूँ। इसे मेरे निष्कासन की भूमिका न समझ लिया जाए।' लेकिन उसकी इस रवानगी से उसके शासन का अंत हो गया।"[24] संविधान के लिहाज से हरि सिंह अभी भी रियासत

के मुखिया थे। शेख अब्दुल्ला उन्हीं के कारण प्रधानमंत्री थे, लेकिन शेख ने निष्कासन को उनके शासन का अंत मान लिया था।

शेख को अब यह भी विश्वास हो गया था कि भारत सरकार और हरि सिंह के बीच खाई इतनी चौड़ी कर दी गई है कि उसे पाटने के सभी प्रयास निष्फल ही होंगे। यह खाई खोदने का शेख अब्दुल्ला का एक विशेष प्रयोजन भी था। हरि सिंह के रियासत में रहते एक संभावना अभी भी बची हुई थी कि यदि हरि सिंह पूरक अधिमिलन का प्रस्ताव गवर्नर जनरल को दे दें और अन्य विषयों पर कानून बनाने का अधिकार भी संघीय संविधान सभा को सौंप दें तो शेख की जम्मू-कश्मीर को लेकर सारी रणनीति ताश के महल की तरह ढेर हो जाएगी। शेख की रक्षा करनेवाले गवर्नर जनरल लार्ड माउंटबेटन भी अब राष्ट्रपति भवन से रुखसत हो चुके थे। उनकी जगह राजगोपालाचार्य ने ले ली थी। यदि भारत सरकार सीधे हरि सिंह से संवाद करने लगे तो शेख की सौदेबाजी की सारी ताकत का क्षण भर में क्षय हो जाए। हरि सिंह को रियासत से निष्कासित करवाकर शेख अब्दुल्ला इन्हीं संभावनाओं का अंत कर रहे थे और देश के दुर्भाग्य से नेहरू उसके साथ थे। हरि सिंह बंबई को प्रस्थान कर चुके थे। अब शुरू हुई शेख मोहम्मद अब्दुल्ला की राजनीति की असली पारी।

9. अनुच्छेद 370 और हरि सिंह की अवहेलना

नेहरू-शेख की जोड़ी ने महाराजा हरि सिंह की गैर-हाजिरी में अब अपना अगला मोर्चा सँभाला। संघीय संवैधानिक व्यवस्था में जो दूसरी साढ़े पाँच सौ से भी ज्यादा रियासतें शामिल हुई थीं, उन्होंने शुरू में चाहे केवल तीन विषयों के लिए ही संघीय संवैधानिक व्यवस्था स्वीकार की थी, धीरे-धीरे उन्होंने अन्य राज्यों के लिए बनाए गए सभी संघीय प्रावधानों को स्वीकार कर लिया, लेकिन शेख चाहते थे कि जम्मू-कश्मीर में संघीय संविधान के सभी प्रावधान लागू न किए जाएँ। ताज्जुब है इसके लिए वे जो तर्क दे रहे थे, वह खोखला और निराधार था। शेख के अनुसार—

1. रियासत का संघीय संवैधानिक व्यवस्था में अधिमिलन सशर्त है।
2. अधिमिलन पत्र में केवल तीन विषय संचार, सुरक्षा व विदेशी मामले व इनसे जुड़े सहायक विषय ही महाराजा हरि सिंह ने संघीय संवैधानिक व्यवस्था को दिए हैं। शेष विषयों के लिए पूरक संविदा का अधिकार महाराजा ने अपने पास सुरक्षित रखा है।

इस पृष्ठभूमि में शेख अब्दुल्ला चाहते थे कि संचार, सुरक्षा व विदेशी मामलों के विषयों को छोड़कर अन्य सभी प्रावधानों के बारे में निर्णय, महाराजा हरि सिंह की 5 मार्च, 1948 की अधिसूचना से गठित सरकार की सहमति से ही लिये जाएँ। इतना ही

नहीं, वे इस व्यवस्था को संघीय संविधान में भी शामिल करवाना चाहते थे। जहाँ तक रियासत के संघीय संवैधानिक व्यवस्था में सशर्त शामिल होने का प्रश्न था, उसे तो पंडित जवाहर लाल नेहरू स्वयं भी कई बार नकार चुके थे, लेकिन जहाँ तक महाराजा हरि सिंह द्वारा पूरक अधिमिलन पत्र पर हस्ताक्षर करने की बात है, भारत सरकार यदि चाहती तो इस मामले में उनसे सलाह कर सकती थी, क्योंकि वे ही राज्य के संवैधानिक मुखिया थे। वैधानिक दृष्टि से उन्हें ही इस विषय पर निर्णय लेने का अधिकार था। हरि सिंह से पूरक अधिमिलन प्रस्ताव लेने के बारे में बातचीत की जा सकती थी। इस प्रकार शेख अब्दुल्ला की सौदेबाजी को समाप्त किया जा सकता था। इसमें संशय नहीं है कि महाराजा हरि सिंह पूरक प्रस्ताव पर हस्ताक्षर कर देते और इस प्रश्न को सदा के लिए समाप्त कर देते, लेकिन नेहरू ने तो जम्मू-कश्मीर के मामले में महाराजा हरि सिंह को एक प्रकार से अछूत घोषित कर रखा था। उन्होंने महाराजा हरि सिंह के पास जाने की बजाय शेख अब्दुल्ला के तुष्टीकरण को ही सही रास्ता माना। पंडित जवाहर लाल नेहरू अपने विश्वस्त गोपालस्वामी आयंगर को संघीय संविधान में शेख अब्दुल्ला द्वारा निर्धारित प्रावधान शामिल करवाने का आदेश देकर स्वयं लंदन चले गए। शेख अब्दुल्ला की इस माँग को लेकर देश भर में बहस छिड़ गई। कांग्रेस के भीतर से ही भयंकर विरोध होने लगा। शेख अब्दुल्ला और उनके साथियों से इस विषय पर लंबी गोष्ठियाँ होने लगीं, लेकिन शेख अब्दुल्ला अपनी ढाई ईंट की मसजिद अलग बनाना चाहते थे। उनकी जिद थी कि संघीय संविधान के सीमित प्रावधानों के अलावा अन्य सभी प्रावधानों को रियासत में लागू करने या न करने का अंतिम अधिकार रियासत की विधानसभा के पास ही रहना चाहिए और इसको संघीय संविधान में स्पष्ट रूप से स्वीकार भी किया जाना चाहिए। "गोपाल स्वामी आयंगर ने शेख अब्दुल्ला को सुझाव दिया कि रियासत का जो क्षेत्र पाकिस्तान के कब्जे में जाने से बच गया है, वहाँ लोगों की राय जानने के लिए प्रक्रिया शुरू की जा सकती है। शेख ने यह प्रस्ताव ठुकरा दिया। शेख को राज्य की संविधान सभा चाहिए थी।"[25] जलमार्ग से विदेश यात्रा पर गए नेहरू को पूरी स्थिति की जानकारी देते हुए तार दिया गया, जिसका उन्होंने आयंगर को जवाब दिया, "शेख जो माँगता है, उसको सब दे दो।"[26] नेहरू शेख अब्दुल्ला को वह सबकुछ देने को तैयार थे, जो बाद में गले की हड्डी बन गया; लेकिन महाराजा हरि सिंह से वे वह प्रस्ताव लेने को भी तैयार नहीं थे, जिससे यह प्रश्न सदा के लिए समाप्त हो सकता था। गोपाल स्वामी आयंगर ने संविधान सभा की प्रकल्प समिति में शेख की इस जिद का प्रारूप, जिसे अनुच्छेद 306 (जो बाद में अनुच्छेद 370 बना) कहा गया प्रस्तुत किया। इसे प्रस्तुत करते समय जो कारण दिया, वह था, "जम्मू-कश्मीर को जिन विशेष समस्याओं से जूझना पड़ रहा है, उसको देखते हुए हमने राज्य के संघ के साथ संवैधानिक रिश्ते को

लेकर विशेष प्रावधान किए हैं, लेकिन ये प्रावधान अस्थायी हैं और हमें आशा है कि जम्मू-कश्मीर भी अन्य रियासतों की तरह शेष भारत से एकीकृत हो जाएगा।''[27]

लेकिन शेख मोहम्मद अब्दुल्ला, इस अनुच्छेद 370 का कारण वही नहीं मानते थे, जिसकी व्याख्या गोपालस्वामी आयंगर 17 अक्तूबर, 1949 को संघीय संविधान सभा में कर रहे थे। इस अनुच्छेद को लेकर शेख मोहम्मद अब्दुल्ला की अवधारणा और दृष्टि बिल्कुल अलग थी। उनके अनुसार, ''भारत में, देश के लिए एक नया संविधान तैयार किया जा रहा था। जब इसका काफी हिस्सा तैयार हो गया तो केंद्र ने कश्मीर के भी कुछ सदस्यों को इसमें नामित करने के बारे में सोचा। उस समय तक हम कुछ संशोधनों के साथ महाराजा हरि सिंह के संविधान से ही काम चला रहे थे। अब हम भी जम्मू-कश्मीर के भारत से अधिमिलन के बाद संविधान में अपनी रियासत की स्थिति निश्चित करवाना चाहते थे। इस मुद्दे पर दिल्ली में हमारे और केंद्रीय नेताओं के बीच बातचीत हुई। हमारी ओर से इस बातचीत में बख्शी गुलाम मोहम्मद, मीर कासिम, मिर्जा अफजल बेग और डी.पी. धर हिस्सा ले रहे थे। मैंने भी एकाध बार इस बातचीत में हिस्सा लिया था। हमने आपस में निर्णय कर लिया था कि हम अधिमिलन पत्र के प्रावधानों से रत्ती भर भी इधर-उधर नहीं होंगे, लेकिन केंद्रीय नेता अन्य रियासतों की तरह जम्मू-कश्मीर को भी भारत संघ में विलीन कर लेना चाहते थे। हम इससे सहमत नहीं थे। हमारा स्टैंड बिल्कुल स्पष्ट था। जम्मू-कश्मीर एक मात्र ऐसी रियासत है, जिसने मुसलिम-बहुल होते हुए भी भारत संघ से मिलने का निर्णय किया। इसकी सीमा तीन ओर से पाकिस्तान से लगती है और उसी के आधार पर वह जम्मू-कश्मीर पर अपना दावा जताता है। इसके अतिरिक्त भारत ने सहमति दी है कि कश्मीर के भविष्य का निर्णय जनमत संग्रह से ही किया जाएगा। वह संयुक्त राष्ट्रसंघ में भी गला फाड़कर कहता रहा है कि भारत को कश्मीर का लालच नहीं है, बल्कि भारत तो संयुक्त राष्ट्र संघ की निगरानी में जनमत संग्रह चाहता है, जिसमें राज्य के लोग निर्णय करेंगे कि वे भारत के साथ जाना चाहते हैं या पाकिस्तान के साथ या फिर आजाद ही रहना चाहते हैं। इन परिस्थितियों में रियासत का भारत में विलीन होने का तो प्रश्न ही पैदा नहीं होता था। इसको ध्यान में रखते हुए संघीय संविधान में अनुच्छेद 370 का समावेश किया गया था।...जिन दिनों हमारी केंद्रीय नेताओं के साथ अनुच्छेद 370 को लेकर बातचीत चल रही थी, हमें उसी वक्त लगने लगा था कि केंद्र से हमारे रिश्ते भविष्य में सामान्य नहीं रह पाएँगे। उनकी चालबाजियाँ हमारे ध्यान में आ रही थीं। वे मौखिक रूप से तो कुछ भी कहते रहे हों, लेकिन व्यावहारिक रूप से वे हमारे राज्य के साथ भी अन्य राज्यों के समान ही व्यवहार करना चाहते थे।

आजादी से पहले, अविभाजित भारत की रियासतों के शासकों में, कांग्रेस और

मुसलिम लीग के साथ एक लंबी बातचीत के बाद एक सहमति बनी थी। भारत संघ में शामिल होनेवाली रियासतों की क्या हैसियत होगी, इसको लेकर यह सहमति बनी थी। जिन शर्तों पर ये रियासतें भारत या पाकिस्तान में शामिल होंगी, उन पर भी समझौता हो गया था कि रियासतों के सुरक्षा, संचार व विदेशी मामलों के तीन विषय तो संघ या केंद्र को हस्तांतरित होंगे, बाकी सभी विषयों में रियासतों की आंतरिक स्वायत्तता सुरक्षित रहेगी। पटेल ने तो उन्हें यह आश्वासन भी दिया था कि सुरक्षा का खर्च भी उन्हें नहीं देना पड़ेगा, परंतु सत्ता प्राप्ति के बाद कांग्रेस ये सारे वायदे भूल गई। उन्होंने रियासतों को पूरी तरह भारत में विलीन होने के लिए विवश किया। रियासतों को कहा गया कि वे अपनी अलग संविधान सभाओं का गठन न करें, बल्कि संघीय संविधान सभा के निर्णय का इंतजार करें। मंशा यही थी कि कि सभी रियासतें संघीय संविधान को स्वीकार कर लें और इस प्रकार भारत संघ में विलीन हो जाएँ। इस उद्देश्य की प्राप्ति हेतु रियासतों को कुछ समूहों में बाँट दिया गया। प्रत्येक समूह के लिए एक राजप्रमुख और उप राजप्रमुख नियुक्त कर दिया गया। इस प्रकार अनेक राजाओं-महाराजाओं ने अपनी सत्ता गँवा दी। दूसरे चरण में इन राज प्रमुखों और उप-राजप्रमुखों को प्रशासकीय अधिकारों से फारिग कर दिया गया। उन्हें आज के राज्यपालों की तरह केवल संवैधानिक मुखिया रहने दिया गया। तीसरे चरण में इन राजाओं-महाराजाओं को मना लिया गया कि वे पूरी तरह अपने दायित्व त्याग दें। इसके बदले में उन्हें प्रिविपर्स और कुछ विशेष सुविधाएँ मसलन तोप की सलामी अलग ध्वज, शासकीय सुरक्षा और यात्रा भत्ता इत्यादि मिलेंगी। वैसे तो ये सुविधाएँ राजाओं को पहले से ही मिल रही थीं। इसलिए सरकार को अतिरिक्त खर्च भी नहीं करना पड़ा। बस उसने राजाओं का अहम बचाए रखा। स्वाभिमान और नैतिकता से शून्य राजा-महाराजा केंद्र सरकार के इस जाल में फँस गए और अपने नाश के लिए स्वयं ही सहमत हो गए। यह भी हो सकता है कि वे केंद्र सरकार की मंशा को ताड़ गए हों और भागते चोर की लँगोटी सही, का अनुसरण कर रहे हों, लेकिन कश्मीर की स्थिति भिन्न थी। इसका भविष्य अभी भी संयुक्त राष्ट्र संघ के पास अटका हुआ था। इसलिए यहाँ इस प्रकार के प्रयोग करना संभव नहीं था, लेकिन इसके बाबजूद केंद्रीय नेता हमें कश्मीर के महाराजा के साथ भी उसी प्रकार का व्यवहार करने के लिए कह रहे थे, जैसा अन्य राजाओं के साथ किया गया था, लेकिन हमने ऐसा करने के लिए बिल्कुल इनकार कर दिया।''[28]

अनुच्छेद 370 को लेकर दोनों पक्षों का रवैया अलग-अलग था। शेख अब्दुल्ला का तो स्पष्ट मत था कि जम्मू-कश्मीर ने केवल तीन विषयों पर विधि निर्माण का कार्य संघीय संसद् को दिया है। इस संविदा से ही राज्य और संघ का संवैधानिक रिश्ता पारिभाषित होता है। सबसे बड़ी बात यह कि राज्य मुसलिम बहुल होते हुए भी भारत में

शामिल होने का निर्णय किया है। इसलिए उसे विशेषाधिकार मिलने चाहिए और उसे विशेष दरजा दिया जाना चाहिए। अनुच्छेद 370 इसकी गारंटी है। जबकि भारत सरकार (आयंगर) यह मानती थी कि यह अनुच्छेद कोई विशेषाधिकार नहीं है, बल्कि राज्य में विशेष परिस्थितियों के कारण कुछ समय के लिए एक अस्थायी व्यवस्था है। भारत सरकार को आशा थी कि जैसे ही राज्य में ये विशेष परिस्थितियाँ समाप्त हो जाएँगी तो जम्मू-कश्मीर के लिंए अनुच्छेद 370 की व्यवस्था भी समाप्त हो जाएगी। उस समय जैसे अन्य रियासतों के लिए संघीय संविधान में व्यवस्था की गई है, वैसे ही जम्मू-कश्मीर के लिए भी की जाएगी। लेकिन दुर्भाग्य से इसके लिए भारत सरकार ने महाराजा हरि सिंह को विश्वास में लेना उचित नहीं समझा। नेहरू उसके स्थान पर हर पग पर शेख अब्दुल्ला को ही विश्वास में लेते रहे और शेख अब्दुल्ला बाद में कश्मीर को लेकर नेहरू के विश्वास के रास्ते की सबसे बड़ी बाधा बन गए। इसे अजीब विरोधाभास ही कहना चाहिए कि इस बाधा को सफल बनाने के लिए उसने महाराजा हरि सिंह द्वारा निष्पादित विलय पत्र का ही प्रयोग किया। उससे भी बड़ा विरोधाभास तो यह है कि यह विलय पत्र भारत सरकार के रियासती मंत्रालय द्वारा तैयार किया गया था, महाराजा हरि सिंह द्वारा नहीं। हरि सिंह ने तो अन्य रियासतों के शासकों की तरह मात्र इस पर हस्ताक्षर ही किए थे। इस विलय पत्र के भीतरी गुण-दोष से महाराजा हरि सिंह का कोई ताल्लुक नहीं था। इस प्रकार महाराजा हरि सिंह को किनारे कर शेख अब्दुल्ला ने पहली सफलता 17 अक्तूबर, 1949 को प्राप्त की, जब अनुच्छेद 370 को संघीय संविधान में शामिल कर लिया गया। यदि उस समय भी हरि सिंह को विश्वास में लिया गया होता तो अन्य रियासतों की तरह जम्मू-कश्मीर ने भी संघीय संविधान को समग्र रूप से उसी समय स्वीकार कर लिया होता, लेकिन अब दिल्ली में जम्मू-कश्मीर को लेकर जो नाटक चल रहा था, उसमें हरि सिंह बंबई में बैठकर केवल एक दृष्टा की भूमिका ही निभा सकते थे।

संदर्भ—

1. Pamela Mountbatten, India Remembered, p. 292
2. सरदार पटेल, कश्मीर और हैदराबाद (संपा. पी.एन. चोपड़ा, प्रभा चोपड़ा) पृ. 60
3. सरदार पटेल, कश्मीर और हैदराबाद (संपा. पी.एन. चोपड़ा, प्रभा चोपड़ा) पृ. 61
4. Jawaid Alam (ed), Jammu and Kashmir 1949-64, p.319
5. कर्ण सिंह, आत्मकथा पृ. 123
6. कर्ण सिंह, आत्मकथा, पृ. 124
7. कर्ण सिंह, आत्मकथा, पृ. 124-125
8. Jawaid Alam (ed), Jammu and Kashmir 1949-64, p.319

9. कर्ण सिंह, आत्मकथा पृ. 46
10. कर्ण सिंह, आत्मकथा पृ. 125
11. कर्ण सिंह, आत्मकथा पृ. 126
12. कर्ण सिंह, आत्मकथा पृ. 135
13. कर्ण सिंह, आत्मकथा पृ. 134
14. कर्ण सिंह, आत्मकथा, पृ. 126
15. कर्ण सिंह, आत्मकथा, पृ. 127–128
16. सरदार पटेल, कश्मीर और हैदराबाद (संपा. पी.एन. चोपड़ा, प्रभा चोपड़ा), 128
17. सरदार पटेल, कश्मीर और हैदराबाद (संपा. पी.एन. चोपड़ा, प्रभा चोपड़ा), 119
18. सरदार पटेल, कश्मीर और हैदराबाद (संपा. पी.एन. चोपड़ा, प्रभा चोपड़ा), पृ.119
19. कर्ण सिंह, आत्मकथा, पृ. 131
20. कर्ण सिंह, आत्मकथा, पृ. 133
21. सरदार पटेल, कश्मीर और हैदराबाद (संपा. पी.एन. चोपड़ा, प्रभा चोपड़ा), पृ. 30
22. कर्ण सिंह, आत्मकथा, पृ. 134–135
23. कर्ण सिंह, आत्मकथा, पृ. 133
24. Sheikh Mohammad Abdullah, The blazing chinar, p. 359
25. David Devdas, In search of a future, p. 78
26. David Devdas, In search of a future, p. 79
27. 17 अक्तूबर, 1949 को गोपाल स्वामी आयंगर का संविधान सभा में दिया गया भाषण।
28. Sheikh Mohammad Abdullah, The blazing chinar, p. 357-359

□

8

महाराजा हरि सिंह निष्कासन से पदमुक्ति तक

1. बंबई में एकाकी महाराजा

महाराजा हरि सिंह अपने बेटे और अपनी पत्नी के दिल्ली छोड़ने से पहले ही बंबई रवाना हो गए, परंतु इस समय की एक घटना का, जो जम्मू में अब लोक कथा ही बन गई है, जिक्र करना जरूरी है। महाराजा के स्टाफ में, चाहे वह जम्मू में था, या अब उनके साथ दिल्ली में, लगभग सभी को पता चल गया था कि देर-सवेर वे रियासत से बाहर जानेवाले हैं। शायद इस हालत में महाराजा के साथ उनका ए.डी.सी. बनकर जाने के लिए कोई तैयार नहीं था। राज्य के शासक का ए.डी.सी. होना किसी भी सैनिक अधिकारी के लिए गौरव की बात होती है, लेकिन यह आभास तो होने ही लगा था कि अब महाराजा के हाथों में सत्ता रहनेवाली नहीं है। वर्तमान परिस्थितियों में महाराजा के साथ ए.डी.सी. बनकर जाने का अर्थ था अपना सारा सैनिक कैरियर दाँव पर लगाना। जम्मू-कश्मीर रियासत की सेना भी जल्दी ही भारतीय सेना का अंग बननेवाली थी। कौन अपना भविष्य दाँव पर लगाता, वैसे भी जब महाराजा का अपना पुत्र ही उनके साथ रहकर अपना भविष्य दाँव पर नहीं लगाना चाहता था तो पराए भला यह खतरा क्यों मोल लेते?

कैप्टन दीवान सिंह उन दिनों राज्य के सेना मुख्यालय में स्टाफ ऑफिसर थे। कोई भी आवश्यक डाक इत्यादि महल तक पहुँचाना उनका काम था। ऐसे अवसर पर एक दिन कैप्टन दीवान सिंह महल में डाक लेकर पहुँचे तो महाराजा के निजी सचिव भीमसेन, जिन्हें सभी सम्मान से गुरुजी कहते थे, उदास दिखाई दे रहे थे। दीवान सिंह ने इसका कारण पूछा तो उन्होंने सहज भाव से कारण बता दिया। दीवान सिंह ने अपना

त्यागपत्र लिखा और महाराजा के चरणों में जाकर रख दिया। उसके बाद वे महाराजा हरि सिंह के साथ ही रहे। जब हरि सिंह शासक पद से मुक्त हुए, तब भी उन्होंने बंबई में उनका ए.डी.सी. बनकर रहना स्वीकार किया और 1961 में महाराजा की मृत्यु के बाद ही वापस जम्मू आए।[1]

20 जून, 1949 को हरि सिंह के साथ बंबई जानेवालों में यही कैप्टन दीवान सिंह प्रमुख थे। हरि सिंह बंबई पहली बार नहीं आए थे। इससे पहले भी वे अनेक बार बंबई आते रहते थे। लक्ष्मी रेसकोर्स की घुड़दौड़ में भाग लेने के लिए तो वे हर साल आते ही थे, लेकिन इस बार की दौड़ एक-दूसरे प्रकार की दौड़ थी। एक ऐसी दौड़, जिसका निर्णय न्यायाधीश ने दौड़ शुरू होने से पहले ही कर दिया था। महाराजा हरि सिंह का यह छोटा सा काफिला बंबई में जम्मू-कश्मीर सरकार के अतिथि गृह कश्मीर हाउस में उतरा। नेहरू ने कृपा भाव से कहा, यदि महाराजा चाहें तो इस अतिथि गृह में बिना किराया दिए ताउम्र रह सकते हैं।

शायद नेहरू ने शेख अब्दुल्ला के साथ मिलकर महाराजा को ताउम्र जम्मू-कश्मीर से बाहर रखने की ही योजना बनाई थी। इसका खुलासा भी उन्होंने, महाराजा के निष्कासन के कुछ समय बाद स्वयं जम्मू में आकर परेड ग्राउंड में एक सार्वजनिक सभा में किया। जम्मू में लोग महाराजा के साथ हुए इस दुर्व्यवहार और धोखे से भड़के हुए थे। लोगों ने नेहरू के खिलाफ प्रदर्शन किया और नारे लगाए। इस प्रदर्शन के उत्तर में गरजते हुए उन्होंने कहा—जिस शख्स ने मुझे गिरफ्तार कर लिया था, क्या अब मैं उसे वापस आने दूँगा?[2] महाराजा हरि सिंह भी समझ ही रहे थे कि नेहरू अब उन्हें जम्मू वापस नहीं आने देंगे। अब बंबई ही उनका निवास बनेगा। यदि बंबई में ही रहना है तो कश्मीर भवन में नेहरू की कृपा पर क्यों? उन्होंने Peddar Road पर जमीन खरीदकर फ्लैटों की बहुमंजिला इमारत तैयार करवानी शुरू कर दी। अब वे किसी दूसरे के भवन में नहीं, बल्कि अपने भवन में रहेंगे। छह मास में भवन बनकर तैयार हो गया तो उसका नाम रखा गया—हरि भवन। इस नए भवन को नगर-निगम ने क्रमांक दिया 64 और इस प्रकार महाराजा हरि सिंह का नया स्थायी पता बना, हरि भवन, 64 Peddar Road, बंबई। हरि सिंह इस भवन की छटी मंजिल पर जाकर रहने लगे। भवन का धरातल स्टाफ के लिए सुरक्षित था और बाकी सारी इमारत किराए पर चढ़ा दी गईं।

महाराजा अकेले थे। उनकी पत्नी उन्हें छोड़ गई थी। उनके एक मात्र बेटे ने उन्हें छोड़कर नेहरू और शेख अब्दुल्ला का हाथ पकड़ लिया था। अलबत्ता वे हर साल अपने पिता से मिलने बंबई अवश्य आते थे और उनके पैर भी छूते थे, लेकिन पैर छूने से आगे बढ़ने के लिए वे तैयार नहीं थे, क्योंकि आगे का रास्ता कंटकाकीर्ण रास्ता था। नेहरू ने स्पष्ट तो नहीं कहा था, लेकिन अघोषित संदेश सब जगह पहुँचा हुआ था कि

महाराजा अब नेहरू के शिकार हैं। जो उनसे सहानुभूति दिखाएगा, उसका नाम सूची में से कट जाएगा। जो कान भविष्य को सुनने के लिए सतर्क रहते हों, वे ऐसा खतरा नहीं उठा सकते थे। लेकिन महाराजा हरि सिंह ने इस विपरीत परिस्थिति में भी हार नहीं मानी थी। उन्हें अभी एक और लड़ाई लड़नी थी, लेकिन उससे पहले वे अपने बचे-खुचे पारिवारिक कर्तव्यों से उऋण हो लेना चाहते थे।

2. कर्ण सिंह की शादी

गृहस्थ आश्रम की एक जिम्मेदारी अभी भी हरि सिंह के खाते में बची हुई थी। वह थी अपने एकलौते बेटे कर्ण सिंह की शादी करना। महाराजा ने उसके लिए पंडितों से शुभ मुहूर्त निकलवाया। शादी का दिन 5 मार्च, 1950 निश्चित हुआ। महाराजा हरि सिंह को इस दिन जम्मू-कश्मीर से निकले हुए आठ मास पच्चीस दिन हो जाएँगे। कर्ण सिंह बंबई पहुँच गए। शादी नेपाल के राणा वंश की कन्या आशा से होनेवाली थी। शादी धूमधाम से हुई। दूल्हे के शब्दों में ही, ''अवसर के अनुरूप पिताजी ने भी राजसी वेशभूषा पहनी। पन्ने और जवाहरात जड़ा शानदार मुकुट और उसी के मुकाबले की तलवार। अपनी छाती पर उन्होंने तमाम तमगे भी सजा रखे थे। इन तमगों पर वे हमेशा गर्व करते थे।[3] विवाह के कारण कई दिन उत्सव का माहौल रहा। घर मेहमानों से भरा रहा, लेकिन एक तनाव तब भी शायद बना ही रहा। यह महाराजा हरि सिंह के भीतर का पारिवारिक तनाव था, जो समाप्त होने का नाम नहीं ले रहा था। ''बंबई में विवाह में उन्होंने अपने नजदीकी रिश्तेदार ही बुलाए थे। ऐसा लगता है कि विवाह में कटोच परिवार से किसी को नहीं बुलाया गया था या हो सकता है, वे कश्मीर हाउस से दूर किसी साथ के मकान में ठहरे हों।

अमर महल के पुस्तकालय में कर्ण सिंह की शादी के जो चित्र हैं, उनमें शादी की विभिन्न रस्मों में कहीं भी उनके मामा नचिंत चंद नहीं दिखाई देते। मामा की भूमिका भी वजीर परिवार के किसी वजीर अमीं चंद ने ही निभाई लगती है।''[4] कटोच परिवार महारानी तारा देवी का वंश था। महाराजा को इस बार शायद आशा थी कि उनकी पत्नी अब उनको छोड़कर नहीं जाएगी और उनके साथ ही बंबई रहेंगी। कर्ण सिंह के ही शब्दों में, ''माँ को बंबई की गरमी बिल्कुल भी पसंद नहीं थी। लिहाजा उसने कसौली वापस जाने का फैसला किया। माँ का यह निर्णय पिताजी को बहुत नागवार गुजरा। वे शायद यह मानकर चल रहे थे कि कि मेरे विवाह के बाद माँ उनके साथ ही रहेंगी, लेकिन माँ ने तय किया कि वह हमारी रवानगी से भी तीन दिन पहले ही चली जाएँगी। मुझे आज भी याद है, उस दिन शाम की गाड़ी पकड़ने के लिए जब माँ ने कश्मीर हाउस की सीढ़ियों से नीचे उतरकर दोनों हाथ जोड़ अच्छी तरह झुककर पिताजी को प्रणाम

किया था, लेकिन उस वक्त मैं यह नहीं जानता था कि अब उनके भाग्य में एक-दूसरे से मिलना नहीं है।''[5] इस दिन से चाहे वैधानिक रूप से न सही, लेकिन व्यावहारिक रूप से महाराजा हरि सिंह और महारानी तारा देवी एक-दूसरे से अलग हो गए। अब हरि सिंह बंबई में निपट अकेले थे। मानसिक रूप से भी और भौतिक रूप से भी। बेटे की शादी ने उन्हें सभी सांसारिक बंधनों से मुक्त कर दिया था। अब वे अपने इस अंतिम कर्तव्य से भी ऋण मुक्त हो गए थे, लेकिन जम्मू-कश्मीर में अभी असली लड़ाई तो शुरू होनेवाली थी।

3. जम्मू-कश्मीर में संविधान सभा का गठन

महाराजा हरि सिंह का जम्मू-कश्मीर से निष्कासन शेख अब्दुल्ला-नेहरू की जोड़ी की बहुत बड़ी जीत थी। यह अलग बात है, जिसे उस समय शेख अब्दुल्ला-नेहरू की यह जोड़ी अपनी जीत मान रही थी, कालांतर में वही भारत की सबसे बड़ी पराजय सिद्ध हुई। अब इस जोड़ी ने अपनी सफलता से उत्साहित होकर दूसरे मोर्चे पर लड़ाई लड़ने की रणनीति बनानी शुरू कर दी थी।

शेख अब्दुल्ला ने राज्य में नया संविधान बनाने के लिए संविधान सभा गठित करने की माँग उठानी शुरू कर दी। नेहरू को लगता था कि चुनी गई संविधान सभा के माध्यम से 'लोगों की राय जानने' के नाम से उछाले गए भूत को पुनः बोतल में बंद किया जा सकता है। इसलिए वे संविधान सभा के गठन को लेकर उत्साहित नजर आ रहे थे। लेकिन शेख अब्दुल्ला इसलिए उत्साह में थे कि वे एक बार संविधान सभा पर कब्जा जमाकर, राजशाही का अंत करने के बाद अपने मन-माफिक संविधान बना सकेंगे और शेखशाही स्थापित कर सकेंगे। परंतु नेहरू-शेख अब्दुल्ला की जोड़ी के दुर्भाग्य से जम्मू-कश्मीर में अपना संविधान, 'जम्मू-कश्मीर संविधान अधिनियम 1939' अभी भी लागू था। उसी के अंतर्गत शेख अब्दुल्ला रियासत के प्रधानमंत्री थे और उसी के अंतर्गत रियासत की विधानसभा, जिसका नाम प्रजा सभा था, के जनवरी, 1947 में चुनाव हो चुके थे और प्रजा सभा सैद्धांतिक रूप से विद्यमान थी। प्रजा सभा के रहते संविधान अधिनियम 1939 के अंतर्गत नई संविधान सभा के गठन में वैद्यानिक बाधा थी, परंतु नेहरू-शेख की जोड़ी इन सभी संवैधानिक प्रावधानों को दरकिनार कर नई संविधान सभा गठित करना चाह रही थी। कर्ण सिंह के शब्दों में, ''पिता को रियासत से बाहर भिजवाने के बाद भी उन्हें तसल्ली नहीं हुई थी। अब उन्होंने राजवंश के औपचारिक उन्मूलन के लिए दबाव बनाना शुरू कर दिया। इसके लिए शेख ने जो रास्ता चुना, वह रियासत के लिए संविधान सभा की अवधारणा का था। अब इसमें सबसे बड़ा पेंच यह था कि यह सभा मेरे अनुमोदन के बिना कानूनी रूप से अस्तित्व में नहीं आ सकती थी।''[6]

कर्ण सिंह भी रियासत में महाराजा हरि सिंह के प्रतिनिधि के तौर पर ही बैठे थे। अतः भारत सरकार अच्छी तरह जानती थी कि रियासत में नई संविधान सभा चुनने की अधिसूचना जारी करने का अधिकार महाराजा हरि सिंह के पास ही है। भारत सरकार ने जारी की जानेवाली इस अधिसूचना का प्रस्तावित प्रारूप बंबई में हरि सिंह के पास भेजा। अब तक संघीय संविधान देश में लागू हो चुका था। इसलिए महाराजा हरि सिंह के सामने तीन मुख्य प्रश्न थे।

(क) रियासत का जो संविधान यह नई संविधान सभा बनाएगी, उसका स्वरूप क्या होगा? वह संघीय संविधान से न टकराए, इसकी क्या व्यवस्था रहेगी, संविधान को स्वीकृति देने का अंतिम अधिकार किसके पास होगा? ये ऐसे प्रश्न थे, जिनका उत्तर नेहरू और शेख व्यक्तिगत मित्रता के आधार पर नहीं दे सकते थे, बल्कि इनके लिए आधारभूत संरचना का गठन करना जरूरी था। इसलिए महाराजा हरि सिंह ने इन सब प्रश्नों पर सचेत करते हुए 10 दिसंबर, 1950 को सरदार पटेल को लिखा, ''घोषणा-पत्र के उद्देश्य और भावना से मैं पूरी तरह सहमत हूँ, लेकिन जिस संविधान सभा के गठन का इरादा जताया जा रहा है, उसके अधिकार और कर्तव्य, सुस्पष्ट, अच्छी तरह पारिभाषित और उपयुक्त शब्दों में होने चाहिए, साथ ही जो विषय उसके अधिकार क्षेत्र में नहीं रखे गए हैं, वे उसकी जाँच और अधिकार क्षेत्र के दायरे में नहीं आने चाहिए। संविधान सभा को उस अधिकारी को रिपोर्ट करनी चाहिए, जिसने उन्हें सत्ता दी थी और वह अधिकारी रियासत का शासक है। शासक उस मसले पर भारत की संसद् की राय माँगेगा।''[7]

सरदार पटेल को पत्र लिखने के साथ महाराजा ने रियासत के रीजेंट को भी पत्र लिख दिया कि बिना उनकी अनुमति के वे राज्य के लिए संविधान सभा के गठन की अधिसूचना पर हस्ताक्षर न करें।[8] महाराजा हरि सिंह ने बहुत ही होशियारी से यह स्पष्ट कर दिया कि रियासत के नए प्रस्तावित संविधान पर भारत की संसद् की भी राय ली जानी चाहिए और संविधान सीमित क्षेत्रों के लिए ही हो और वे क्षेत्र अधिसूचना में ही स्पष्ट कर दिए जाने चाहिए। जाहिर है कि इससे जम्मू-कश्मीर रियासत की स्थिति भी दूसरी रियासतों की प्रक्रिया के मार्ग पर चलने की हो जाती, लेकिन इसे देश का दुर्भाग्य ही कहना चाहिए कि महाराजा हरि सिंह के इस पत्र के लिखे जाने के पाँच दिन बाद ही 15 दिसंबर को सरदार पटेल का देहांत हो गया। अब जम्मू-कश्मीर में नेहरू-शेख की जोड़ी के समस्यामूलक प्रयोग रोकनेवाला कोई नहीं बचा था।

महाराजा हरि सिंह ने गोपालस्वामी आयंगर को अपनी इन चिंताओं से अवगत करवाया। पटेल की मृत्यु के बाद नेहरू ने रियासती मंत्रालय गोपालस्वामी आयंगर के हवाले कर दिया था। महाराजा की चिंताएँ उचित थीं। पहली, यह कि संविधान सभा कहीं राज्य की संघीय संवैधानिक व्यवस्था में अधिमिलन को ही निरस्त न कर दे,

क्योंकि अब तक शेख अब्दुल्ला अपने सार्वजनिक भाषणों में स्वायत्त या स्वतंत्र कश्मीर की बातें करने लगा था। दूसरा कहीं शेख राज प्रमुख के पद से उन्हें या उनके वंश के उत्तराधिकारी को हटाकर राज्य में सभी पत्ते अपने हाथ में ही न कर ले। आयंगर ने 5 अप्रैल, 1951 को महाराजा हरि सिंह को स्पष्ट शब्दों में बता दिया कि "भारत सरकार संविधान सभा बुलाने के लिए वचनबद्ध है। इसके लिए राज्य में काफी तैयारियाँ चल रही हैं। वह संविधान सभा तो अब बुलाई ही जाएगी, चाहे औपचारिक घोषणा-पत्र जारी हो या न हो।"[9] दूसरी चिंताओं की चर्चा भी आयंगर ने अपने पत्र में की और आश्वासन दिया। आयंगर ने लिखा कि प्रस्तावित संविधान सभा राज्य के संघीय संवैधानिक व्यवस्था में अधिमिलन और राजप्रमुख के प्रश्न पर निर्णय नहीं लेगी। यह तो ऐसा प्रश्न है, जिस पर भारत सरकार और संसद् एवं जम्मू-कश्मीर सरकार और रियासती संविधान सभा आपसी समझौते द्वारा ही कोई निर्णय कर सकती है।[10] लेकिन आयंगर का यह पत्र तार्किक कम और धमकियोंवाला ज्यादा था। जाहिर है अब भारत सरकार शुद्ध धमकियों पर उतर आई थी। शेख मोहम्मद अब्दुल्ला सार्वजनिक सभाओं में धमकियाँ दे रहा था और नेहरू सरकारी पत्रों में धमकियाँ दे रहे थे। आयंगर के इस पत्र के चार दिन बाद ही शेख अब्दुल्ला ने कश्मीर में एक सार्वजनिक सभा में, "केवल हरि सिंह पर ही नहीं, बल्कि उनकी पत्नी तारा देवी पर भी जम्मू में सांप्रदायिक दंगे करवाने और मुसलमानों की हत्या करवाने के आरोप लगाने के साथ साथ उनके बेटे को भी धमकी दी कि यदि वह ठीक रास्ते पर न आया तो उसका भी वही हश्र कर दिया जाएगा, जो उसके बाप का किया गया है।"[11] महाराजा हरि सिंह ने संविधान सभा गठित करने की घोषणा पर हस्ताक्षर करने का निर्णय अपने बेटे कर्ण सिंह के विवेक पर छोड़ दिया और नेहरू के 'टाइगर' ने 21 अप्रैल, 1951 को घोषणा-पत्र पर हस्ताक्षर कर दिए।

तदुपरांत राज्य की संविधान सभा का चुनाव हो गया और सभी पचहत्तर सीटों पर शेख अब्दुल्ला की नेशनल कॉन्फ्रेंस ने बिना चुनाव लड़े शानदार विजय प्राप्त कर लोकतंत्र के इतिहास का एक नया अध्याय लिखा। 5 नवंबर, 1951 को शेख अब्दुल्ला ने नव निर्वाचित संविधान सभा की बैठक बुलाई और उसमें महाराजा हरि सिंह की एक बार फिर जमकर निंदा की। शेख ने कहा, "जनता द्वारा संपूर्ण सत्ता प्राप्त करने के बाद महाराजा हरि सिंह को राज्य का पहला संवैधानिक अध्यक्ष बनाना एक उचित और सद्भावनापूर्ण कदम होता, लेकिन मुझे अफसोस के साथ कहना पड़ रहा है कि उन्होंने जनता के हर वर्ग के विश्वास को तोड़ा है। बदलते हालात में खुद को न ढाल पाने की उनकी असमर्थता और महत्त्वपूर्ण समस्याओं पर उनके पुरातनपंथी विचार इस बात का स्पष्ट प्रमाण हैं कि वे लोकतांत्रिक प्रमुख जैसे ऊँचे पद के सर्वथा अयोग्य हैं।"[12] शेख अब्दुल्ला की नजर में महाराजा हरि सिंह तो लोकतांत्रिक पद के अयोग्य थे, लेकिन

महाराजा हरि सिंह ने संविधान सभा के गठन और नए संविधान को लेकर जो आशंकाएँ व्यक्त की थीं, वे बिल्कुल ठीक सिद्ध हो रही थीं। संविधान सभा पर पूरी तरह कब्जा कर लेने के बाद अब शेख अब्दुल्ला ने अपने असली रंग में आना शुरू कर दिया उन्होंने जम्मू-कश्मीर राज्य का जिक्र इस प्रकार करना शुरू कर दिया, मानो वह भारत और पाकिस्तान के साथ-साथ कोई तीसरा मुल्क हो। वे अब कश्मीर को एक अलग राष्ट्र बताने लगे थे। इसी भावना के अनुरूप उसने राज्य के नए संविधान की रूपरेखा बनानी शुरू कर दी। महाराजा हरि सिंह ने समय रहते सरदार पटेल को सुझाव दिया था कि राज्य के प्रस्तावित संविधान पर संघीय संसद् की राय भी ली जाएगी। उस स्थिति में यह दस्तावेज किसी सामान्य अधिनियम से ज्यादा अहमियत न रखता, लेकिन शेख इसे स्वतंत्र संविधान के तौर पर विकसित कर रहे थे।

24 मार्च, 1952 को शेख अब्दुल्ला के राजस्व मंत्री मिर्जा अफजल बेग ने राज्य की संविधान सभा में स्पष्ट किया, "जम्मू-कश्मीर राज्य भारत संघ में एक स्वायत्त गणतंत्र होगा। हम राज्य का संविधान इस प्रकार बनाएँगे कि हमारा राज्य भारत संघ के भीतर एक स्वायत्त गणतंत्र इकाई हो। यह गणतंत्र अन्य गणतंत्रों के समान ही होगा। हमारी अपनी योजना के अनुसार राज्य का अपना प्रधान होगा, अलग राष्ट्रीय विधायिका और न्यायपालिका होगी।"[13] इसके छह दिन बाद ही संविधान सभा में शेख अब्दुल्ला ने आगे की योजना स्वयं समझाई। "राज्य की संविधान सभा शत-प्रतिशत प्रभुसत्ता संपन्न है। किसी भी अन्य संसद् का हमारे राज्य में कोई अधिकार क्षेत्र नहीं है।"[14] लेकिन शेख ने असली धमाका तो 10 अप्रैल, 1952 को जम्मू के रणवीर सिंह पुरा में भारत-पाक सीमा पर एक सार्वजनिक सभा में किया। उनके अनुसार, "भारत के संविधान को जम्मू-कश्मीर पर लागू करने की बात करना बचपना है और असलियत से कोसों दूर है। ऐसा विचार पागलपन की मानसिकतावाला है।...बहुत से कश्मीरियों को डर है कि नेहरू को यदि कुछ हो गया तो हमारा और कश्मीर का क्या होगा। यथार्थवादी होने के नाते हम सभी कश्मीरियों को इसके लिए तैयार रहना चाहिए।"[15] इससे भी आगे, "शेख अब्दुल्ला दुनिया में किसी से नहीं डरता। मैं, भारत हो या पाकिस्तान, अमेरिका हो या कोई और देश, किसी के आगे सिर नहीं झुकाऊँगा।"[16] अमेरिका और ब्रिटेन के षड्यंत्रकारियों ने "शेख अब्दुल्ला को समझाना शुरू कर दिया कि यदि कश्मीर आजाद हो जाए तो वह एशिया का स्विट्जरलैंड बन सकता है।"[17] शेख अब्दुल्ला जिन्ना के द्विराष्ट्र के सिद्धांत से भी आगे त्रिराष्ट्र के रास्ते पर आगे बढ़ रहे थे।

4. राजशाही समाप्ति की घोषणा

देश के समाचार-पत्रों में इसकी चर्चा शुरू हो गई। शेख अब्दुल्ला यह अच्छी

तरह जानते थे कि वे जम्मू-कश्मीर संविधान सभा द्वारा संविधान की रचना तो करवा सकते हैं, लेकिन जब तक महाराजा हरि सिंह द्वारा स्वीकृत नहीं किया जाएगा, तब तक वह लागू नहीं हो सकेगा। महाराजा हरि सिंह ने इस विषय पर विधि के क्षेत्र में बंबई की जानी-पहचानी कांगा एंड कंपनी से सलाह लेनी भी शुरू कर दी थी। इसलिए शेख अब्दुल्ला ने संविधान बना लेने से भी पहले महाराजा हरि सिंह को शासक के पद से हटा देने की ओर अपना सारा ध्यान केंद्रित किया। शेख मोहम्मद अब्दुल्ला ने एक बार फिर नेहरू के साथ मिलकर महाराजा हरि सिंह के खिलाफ एक नया मोर्चा खोल दिया था। यह मोर्चा था महाराजा हरि सिंह को शासक के पद से हटाकर, उसके स्थान पर विधानसभा द्वारा निर्वाचित व्यक्ति को राज्य का संवैधानिक मुखिया नियुक्त करना। इस का प्रचार भी यह कहकर किया गया कि राज्य में से राजशाही समाप्त की जा रही है। ऊपर से देखने पर लगता है, यह सबकुछ प्रदेश में लोकतांत्रिक प्रणाली की स्थापना के लिए किया जा रहा था। महाराजा हरि सिंह के परिवार की राजशाही समाप्त करना अपने आपमें कोई घटना नहीं थी। जितनी भी रियासतें संघीय संवैधानिक व्यवस्था में शामिल हुई थीं, उन सभी में राजशाही समाप्त हो ही रही थी। शासन की लोकतांत्रिक पद्धति स्थापित हो रही थी।

जम्मू-कश्मीर रियासत द्वारा संघीय संवैधानिक व्यवस्था के लिए अधिमिलन पत्र पर हस्ताक्षर के बाद यदि रियासत में आगे की प्रक्रिया अन्य रियासतों की तरह होती, तब राजशाही समाप्त हो जाने की यह घटना एक महत्त्वहीन साधारण घटना होती, क्योंकि सभी रियासतों के लिए एक ही प्रक्रिया अपनाई जा रही थी और सभी में राजशाही समाप्त हो रही थी, लेकिन पंडित नेहरू ने जम्मू-कश्मीर रियासत को उस प्रक्रिया से निकालकर अलग कर दिया था। उसके कारण रियासत के संघीय संवैधानिक व्यवस्था का अंग बन जाने के बाद भी महाराजा हरि सिंह की संवैधानिक हैसियत समाप्त नहीं हुई थी, बल्कि इतिहास के इस नाजुक दौर में और भी महत्त्वपूर्ण हो गई थी। राज्य में लोकतांत्रिक व्यवस्था के लिए भी जरूरी था कि अनेक राजनैतिक दलों, दबाव समूहों, विचारधाराओं को समान अवसर मुहैया करवाने का प्रयास किया जाता। ऐसी कठिन और कूटनीति की दृष्टि से अति संवेदनशील परिस्थिति में महाराजा हरि सिंह का राज्य से निष्कासन ही बचकाना कदम था। अब उनको राजप्रमुख या महाराजा के पद से भी हटा देना, जम्मू-कश्मीर के समाधान के तमाम सूत्र शेख मोहम्मद अब्दुल्ला के हाथों में ही दे देना था। नेहरू के लिए, हरि सिंह से बदला लेने का यह मात्र एक और अवसर हो सकता था, शेख अब्दुल्ला की रणनीति की यह एक नई चाल हो सकती थी; लेकिन रियासत की जनता, खासकर हिंदू-सिख-बौद्धों के सिए तो यह स्थिति उनके भविष्य के आगे एक बड़ा प्रश्नचिह्न लगा सकती थी। महाराजा हरि सिंह इस

खतरे को बखूबी समझ रहे थे, लेकिन हरि सिंह के विरोध में आँखें बंद किए हुए नेहरू इसे समझने से इनकार कर रहे थे। उधर शेख अब्दुल्ला दिन-प्रतिदिन उग्र हो रहे थे।

चाहिए तो यह था कि ऐसे अवसर पर संतुलन बनाने के लिए ही महाराजा हरि सिंह की वैधानिक स्थिति को तब तक के लिए सुरक्षित रखा जाता, जब तक जम्मू-कश्मीर की तथाकथित समस्या समाप्त नहीं हो जाती। संतुलन स्थापित करने के लिए उस समय हरि सिंह सर्वाधिक उपयोगी व्यक्ति थे। सरदार पटेल अच्छी तरह जानते थे कि शेख अब्दुल्ला की भारत विरोधी महत्त्वाकांक्षाओं की काट केवल हरि सिंह ही हो सकते थे, लेकिन सरदार पटेल अब इस दुनिया से जा चुके थे। 12 जून, 1952 को जम्मू-कश्मीर संविधान सभा में राज्य के लिए निर्वाचित अध्यक्ष के प्रावधान का प्रस्ताव पारित किया गया। पंडित नेहरू अभी तक इस विषय पर चुप्पी धारण किए हुए थे। बोलने का काम शेख मोहम्मद अब्दुल्ला ही कर रहे थे, लेकिन जब इस असंवैधानिक मामले की गूँज पूरे देश में उठने लगी तो आखिर 20 जून, 1952 को नेहरू ने भी इस पर पहली बार अपना मुँह खोला। मीडिया से बातचीत करते हुए उन्होंने कहा कि कश्मीर सरकार बार-बार राज्य में से राजशाही समाप्त करने का आग्रह करती रही है। भारत सरकार ने उसकी यह बात स्वीकार कर ली है। अब केवल एक ही प्रश्न बचा है कि अब आगे का रास्ता किस प्रकार निर्धारित किया जाए, ताकि कश्मीर के लोगों की इच्छा की भी रक्षा हो सके और भारतीय संविधान के प्रावधानों का उल्लंघन भी न हो।[18] नेहरू की इस स्वीकारोक्ति ने स्पष्ट कर दिया कि भारत सरकार ने शेख के आगे समर्पण कर दिया है।

जम्मू-कश्मीर की अधूरी विधानसभा को, जिसकी पच्चीस सीटों का चुनाव अभी होना था, उस व्यक्ति को हटाने का अधिकार नहीं था, जिसने उसका गठन किया था। पहले शेख अब्दुल्ला को जम्मू-कश्मीर में नेहरू का आदमी कहा जाता था, लेकिन अब नेहरू को भारत में शेख अब्दुल्ला का आदमी कहा जाने लगा था। देश भर में इस बात की चर्चा होने लगी कि क्या जम्मू-कश्मीर संविधान सभा को राज्य के राजप्रमुख को हटाने का अधिकार है? यह अधिकार केवल संघीय संसद् को है और वह भी संघीय संविधान में संशोधन करने के बाद ही। इस पूरे मामले में नेहरू की भूमिका संदेह के घेरे में आनी शुरू हो गई थी। तब नेहरू ने लोकसभा में इस पूरे प्रसंग में भारत के संविधान की हैसियत पर ही सवाल लगा दिया। उन्होंने 26 जून को कुछ उत्तेजित स्वर में कहा, "मैं (भारत के) संविधान का पूरा सम्मान करता हूँ, लेकिन इससे कोई फर्क नहीं पड़ता कि आपका संविधान क्या कहता है और क्या नहीं कहता। इतना साफ है कि यदि कश्मीर के लोग नहीं चाहते तो संघीय संविधान उन पर नहीं लागू होगा। आप बताएँ, इसका विकल्प क्या है? इसका विकल्प तो विवशता और दमन ही हो सकता है।"[19] लेकिन ताज्जुब है, यहाँ तक आते-आते नेहरू ने भारतीय संविधान को 'आपका संविधान'

बताकर स्वयं को संविधान से भी निरपेक्ष मानना शुरू कर दिया था। लगता था महाराजा हरि सिंह के हटाने के मामले में नेहरू शेख के साथ बहुत दूर तक जा चुके थे।

प्रश्न रियासत में से राजशाही को हटाने का ही नहीं था। देश की संघीय संविधान व्यवस्था में शामिल हुई सभी 560 रियासतों में से राजशाही का अंत हो गया था और सभी शासक भूतपूर्व होकर प्रिविपर्स के हकदार हो गए थे। महाराजा हरि सिंह के मामले में भी यही हुआ था, लेकिन इस मामले में जो तरीका इस्तेमाल किया गया था, वह अत्यंत अपमानजनक था। हरि सिंह रियासत में से राजशाही को समाप्त करने का विरोध नहीं कर रहे थे। बाकी सभी रियासतों में से राजशाही समाप्त करने और वहाँ के शासक से व्यवहार करने के लिए एक तरीका इस्तेमाल किया जा रहा था, लेकिन जम्मू-कश्मीर और महाराजा हरि सिंह के साथ दूसरा तरीका इस्तेमाल किया जा रहा था। यह तरीका असंवैधानिक तो था ही, साथ ही व्यक्तिगत तौर पर अपमानजनक भी था। इसके साथ-साथ यह तरीका भविष्य में देश के लिए भी हानिकारक सिद्ध होनेवाला था, लेकिन नेहरू इसी मार्ग पर चलने के लिए आमादा थे। शेख अब्दुल्ला यह प्रयास कर रहे थे, यह आसानी से समझ में आ सकता है, क्योंकि शेख महाराजा को अपमानित कर अपना बदला ही नहीं ले रहे थे, बल्कि इस पूरे प्रयोग से उनको और उनकी पार्टी नेशनल कॉन्फ्रेंस को राजनैतिक लाभ हो सकता था। लेकिन नेहरू को इससे कुछ नहीं मिलनेवाला था, बल्कि भविष्य में नई उलझनें ही पैदा होनेवाली थीं। परंतु शायद नेहरू भी अपने पद की गरिमा के अनुरूप, व्यक्तिगत मान-अपमान से ऊपर नहीं उठ पाए और हरि सिंह से कोहाला की घटना का बदला लेने को ही अपना कूटनीतिक कौशल समझ रहे थे।

महाराजा हरि सिंह ने नेहरू के इस बयान के बाद 29 जून, 1952 को रियासती मंत्रालय के मंत्री डॉ. कैलाश नाथ काटजू को एक लंबा पत्र लिखा। गोपालस्वामी आयंगर की जगह काटजू रियासती मंत्रालय के नए प्रभारी नियुक्त हुए थे। हरि सिंह ने अपने इस पत्र में कुछ अति महत्त्वपूर्ण मुद्दे उठाए। उनके अनुसार[20]—

1. अभी तक भारत सरकार ने मुझे जितने सुझाव और निर्देश दिए, उन सभी का पालन मैंने इस आशा में किया, ताकि ऐसी स्थिति बन जाए, जिसमें जम्मू-कश्मीर का भारत की संघीय व्यवस्था में पूर्ण अधिमिलन हो जाए। इससे जम्मू-कश्मीर के भारत में पूरी तरह एकीकरण की प्रक्रिया प्रारंभ हो जाएगी।
2. संयुक्त राष्ट्र संघ में भविष्य में होनेवाली आलोचना का उत्तर देने के लिए जरूरी था कि राज्य में एक उत्तरदायी सरकार स्थापित की जाए। यदि भविष्य में जनमत संग्रह भी होता है, तो उसे अनुकूल बनाने के लिए जरूरी था कि प्रगतिशील दिशा का अनुसरण किया जाए और लोगों की इच्छानुसार सरकार

गठित की जाए। जम्मू-कश्मीर के लोगों को अपनी इच्छानुसार संविधान निर्माण का अवसर दिया जाए। इस उद्देश्य की पूर्ति के लिए मैंने भारत सरकार की नीति और सुझावों का पालन किया। इसी से राज्य में उत्तरदायी सरकार और संविधान सभा का गठन हो सका।

3. देश के व्यापक हितों को ध्यान में रखते हुए, मैंने भारत सरकार के निर्देशानुसार ऊपरलिखित जितने कदम उठाए, उनमें मैंने (जम्मू-कश्मीर के वर्तमान संविधान के) वैधानिक प्रावधानों को भी दरकिनार किया, ताकि राष्ट्रीय हितों को नुकसान न हो।
4. संघीय संविधान में अनुच्छेद 370 के चलते, मैंने मान लिया था कि राज्य की संविधान सभा, अपनी एक तरफा कार्रवाई से राज्य के राजप्रमुख को उसके पद से नहीं हटा सकती। वैधानिक दृष्टि से अनुच्छेद 370 में संशोधन किए बिना ऐसा संभव नहीं है।
5. संघीय संविधान ने राजप्रमुख के नाते मुझे जो विशेषाधिकार व प्रिविपर्स दिए हैं, राज्य की संविधान सभा एकतरफा कार्रवाई से उन्हें निरस्त नहीं कर सकती।
6. मैं समझता हूँ जम्मू-कश्मीर भारत संघ का एक अभिन्न अंग है, लेकिन जम्मू-कश्मीर की वर्तमान संविधान सभा भारत के आधारभूत संविधान के प्रावधानों को समझ नहीं पाई है। इसीलिए वह मुझे राजप्रमुख के पद से हटाने का कार्य कर रही है, जो संघीय संविधान का उल्लंघन है।

महाराजा हरि सिंह ने जो मुद्दे उठाए थे, वे वैधानिक दृष्टि से महत्त्वपूर्ण तो थे ही; लेकिन राष्ट्रीय हितों से भी ताल्लुक रखते थे। जब हरि सिंह उन उपायों को खोज रहे थे, जिनसे संघीय व्यवस्था में रियासत के एकीकरण की प्रक्रिया तेज हो, तब शेख मोहम्मद अब्दुल्ला पाकिस्तान की सीमा पर रणवीर सिंह पुरा में राज्य की स्वायत्तता से भी आगे, लगभग एक स्वतंत्र राज्य की परिकल्पना के तराने गा रहे थे। हरि सिंह और शेख अब्दुल्ला के प्रगतिशील रास्ते का अंतर स्पष्ट ही पकड़ में आने लगा था।

हरि सिंह ने उपरोक्त पत्र तो रियासती मंत्रालय और गृहमंत्रालय के प्रभारी डॉ. काटजू को लिखा था, लेकिन 5 जुलाई को इसका उत्तर पंडित नेहरू ने दिया। कल्पना के पंखों पर सवार होकर, भाषण और दर्शन की शैली में नेहरू ने हरि सिंह को जो उत्तर दिया, वह रियासत की जमीनी सच्चाइयों से कोसों दूर, जान-बूझकर तूफान को निमंत्रण दे रहा था। नेहरू ने अन्य अनेक बातों के अलावा लिखा[21]—

1. आप स्वयं अनुभव कर रहे होंगे कि जम्मू-कश्मीर के इस पूरे परिदृश्य में आपकी कोई हैसियत नहीं है। वास्तव में कश्मीर के लोगों को अपना भविष्य

स्वयं तय करना है। हमने इसका वायदा केवल सुरक्षा परिषद् में ही नहीं किया है, बल्कि कश्मीर के लोगों से भी इसका वायदा किया है। यदि जनमत में यह निर्णय होता है कि कश्मीर को भारत के साथ नहीं जाना है, तो स्वाभाविक ही हमें वह निर्णय स्वीकार करना होगा। इस स्थिति में आपके व्यक्तिगत अधिकारों का प्रश्न अपने आप समाप्त हो जाएगा। यदि कश्मीर के लोग भारत के पक्ष में निर्णय करते हैं, जिसकी हमें आशा और विश्वास है, तब भविष्य में आपकी स्थिति के बारे में फैसला भी वहाँ के लोग ही करेंगे। हम कश्मीर में (वहाँ के शासक के आग्रह पर नहीं) वहाँ के लोगों के आग्रह पर गए थे। यदि वहाँ के लोग नहीं चाहेंगे तो हम वहाँ एक दिन भी नहीं रुकेंगे।

2. मुझे बड़ा आश्चर्य होता है कि इतने दारुण अनुभवों के बाद भी आप अभी तक जम्मू-कश्मीर, भारत और विश्व भर में हो रहे परिवर्तनों की प्रकृति को समझ नहीं पा रहे हैं। भारत में जिन शासकों/महाराजाओं ने इन घटनाक्रमों और नव क्रियाशील शक्तियों को थोड़ा-बहुत समझ ही नहीं लिया, बल्कि उसके अनुरूप स्वयं को ढाल भी लिया, उनकी शक्ति और सत्ता तो चाहे खत्म हो गई हो, लेकिन अपने लिए सम्मानजनक स्थान उन्होंने तब भी प्राप्त कर लिया। कश्मीर युद्धग्रस्त रहा और भारत ने वहाँ अपना खून और खजाना दोनों बहाए हैं। कश्मीर के लोगों ने बहुत कुछ सहा है। इसके बाबजूद इस संकटकाल में आप कल्पना कर रहे हैं कि आपके व्यक्तिगत हितों को वरीयता दी जाएगी।...आपने संविधान सभा का जिक्र किया है।...मैं स्पष्ट कर दूँ कि चाहे आप चाहते या न चाहते, संविधान सभा का गठन तो किया ही जाना था।
3. सैद्धांतिक/वैधानिक रूप से आपकी कोई भी हैसियत हो, लेकिन व्यावहारिक रूप से अब आपके पास ऐसी कोई शक्ति नहीं है, जिसके बल पर आप कश्मीर के भविष्य को प्रभावित कर सको।...हमने आपको सम्मानजनक स्थान देने का प्रयास किया था, लेकिन आप नए अवश्यम्भावी परिवर्तनों के रास्ते में आने का दुस्साहस करेंगे तो आपका बचा हुआ स्थान भी खतरे में पड़ जाएगा।...आपने राज्य के लोगों का विश्वास और प्यार खो दिया है, इसलिए आपके अधिकार भी उसी के साथ समाप्त हो गए।

नेहरू का यह पत्र धमकीभरी भाषा का प्रतीक तो है ही, लोकतांत्रिक व संवैधानिक परंपराओं का उपहास भी है। महाराजा हरि सिंह ने तो राष्ट्र हित में एक अत्यंत ही उचित प्रश्न उठाया था कि क्या जम्मू-कश्मीर की संविधान सभा, जिसका गठन राज्य के राजप्रमुख ने ही किया हो, संघीय संविधान के अनुच्छेद 370 में संशोधन किए बिना

राज प्रमुख का पद समाप्त कर सकती है? क्योंकि वे जानते थे कि शेख अब्दुल्ला के हाथ में सभी शक्तियाँ केंद्रित हो जाने के बाद वे अनुचित सौदेबाजी करने की स्थिति में आ जाएँगे। इसके उत्तर में नेहरू ने यह लंबा चिट्ठा लिखा और उसमें मूल प्रश्न को कहीं भी नहीं छुआ, लेकिन उन्होंने इतना जरूर सूचित किया कि आपके पत्र का आधिकारिक उत्तर तो रियासती मंत्रालय के मंत्री डॉ. कैलाशनाथ काटजू ही देंगे। डॉ. काटजू केवल मंत्री ही नहीं थे, बल्कि वरिष्ठ वकील और देश के जाने-माने विधि विशारद भी थे। इसलिए हरि सिंह को लगा कि वे उनके मूल प्रश्न पर विचारकर अवश्य सारी स्थिति को स्पष्ट करेंगे। प्रश्न केवल महाराजा हरि सिंह और उनके पद का भी नहीं था, बल्कि मूल प्रश्न तो अनुच्छेद 370 की व्याख्या का था। लेकिन काटजू शायद उस बातचीत के परिणाम की प्रतीक्षा कर रहे थे, जो पिछले कई दिनों से नेहरू और शेख मोहम्मद अब्दुल्ला के प्रतिनिधियों के बीच जम्मू-कश्मीर के भावी संविधान को लेकर हो रही थी। इस बातचीत में धीरे-धीरे खेल के सभी महत्त्वपूर्ण पत्ते शेख के हाथ में आ गए थे। नेहरू ने पहल की सभी शक्तियाँ हरि सिंह से छीनकर अपने हाथों में ले ली थीं, लेकिन अब वह पहल भी नेहरू के हाथों से छिनती जा रही थी और पहल की व्यावहारिक ताकत शेख के हाथों में ही आ गई थी। इसके लक्षण भी जल्दी ही प्रकट होने शुरू हो गए थे। नेहरू ने शेख अब्दुल्ला को राज्य के भावी संविधान के प्रारूप पर बातचीत के लिए दिल्ली आमंत्रित किया, लेकिन उसने आने से इनकार कर दिया। बहुत आग्रह करने पर वह स्वयं तो नहीं आया, बल्कि बातचीत के लिए अपने प्रतिनिधि भेजे। अंत में वह स्वयं आया और उसने प्रस्तावित संविधान में लगभग वे सभी मुद्दे मनवाए, जिन पर वह अब तक अड़ा हुआ था।

मीडिया में नेहरू और शेख के बीच 24 जुलाई, 1952 को बने सहमति के इन मुद्दों को दिल्ली समझौता कहकर प्रचारित किया गया। नेहरू ने सहमति के इन बिंदुओं की सूचना संसद् में भी दी। शेख ने तो राज्य की संविधान सभा में इन बिंदुओं को स्वीकार करते हुए बाकायदा एक प्रस्ताव भी पारित करवाया। दिल्ली और श्रीनगर में ऐसा वातावरण बनाया जा रहा था, मानो नेहरू और शेख के बीच की यह व्यक्तिगत सहमति कानूनी प्रावधान बन गई हो। अन्य मुद्दों के अतिरिक्त सहमति का प्रमुख मुद्दा था, "अन्य राज्यों में संवैधानिक मुखिया राज्यपाल होता है और उसकी नियुक्ति राष्ट्रपति करता है, लेकिन जम्मू-कश्मीर में संवैधानिक मुखिया निर्वाचित होगा। उसका मनोनयन केंद्र सरकार व राष्ट्रपति द्वारा नहीं होगा। उसका निर्वाचन राज्य विधानसभा करेगी। अलबत्ता राष्ट्रपति द्वारा स्वीकृति मिलने पर ही वह व्यक्ति कार्यभार सँभालेगा। इस पद का नाम बाद में तय किया जाएगा।"[22] दिल्ली समझौता के नाम से प्रचारित इस सहमतिपत्र में और अनेक बिंदु थे, लेकिन शेख अब्दुल्ला ने सबसे पहले इसी एक मुद्दे को गिद्ध

की तरह झपट लिया, लेकिन यह तभी संभव था यदि संघीय संविधान के अनुच्छेद 370 को संशोधित किया जाता।

5. अनुच्छेद 370 में संशोधन

अब शेख अब्दुल्ला राज्य का संविधान बनाए जाने से पूर्व ही चाहते थे कि अनुच्छेद 370 में संशोधन किया जाए। उनका कहना था कि अनुच्छेद 370 में, 5 मार्च, 1948 की अधिसूचना के स्थान पर सदरे रियासत शब्द लिखा जाए। राष्ट्रपति रियासत की संविधान सभा/सरकार की सिफारिश पर अनुच्छेद 370 को संशोधित करने के लिए अधिसूचना जारी करें। शेख अब्दुल्ला एक साथ ही संघीय संविधान और जम्मू-कश्मीर के संविधान अधिनियम 1939 के प्रावधानों को घूरे पर फेंक रहे थे। इस बार तो नेहरू भी अनुभव कर रहे थे कि यह आग्रह संघीय संविधान के प्रावधानों के अनुरूप नहीं है। इससे संवैधानिक व्यवस्थाओं को धक्का लगेगा। नेहरू ने 29 जुलाई को शेख अब्दुल्ला को लिखा भी, ''कानूनी लिहाज से यह स्पष्ट नहीं है कि अनुच्छेद 370 के अंतर्गत क्या राष्ट्रपति बार-बार अधिसूचना जारी कर सकते हैं?''[23]

29 जुलाई को नेहरू द्वारा शेख को पत्र लिखे जाने के दूसरे दिन 30 जुलाई को काटजू ने महाराजा हरि सिंह को उनके 29 जून के पत्र का उत्तर दिया, लेकिन ताज्जुब था कि उन्होंने महाराजा द्वारा उठाए गए किसी भी मुद्दे पर टिप्पणी करना उचित नहीं समझा, क्योंकि उनके अनुसार प्रधानमंत्री ने आपको पहले ही एक लंबा पत्र लिख दिया है। नेहरू कह रहे थे कि आधिकारिक उत्तर काटजू देंगे और काटजू कह रहे थे कि नेहरू ने उत्तर दे ही दिया है, इसलिए मेरे उत्तर की जरूरत नहीं है। काटजू ने इतना जरूर संकेत दे दिया, ''आप हालात को अच्छी तरह समझते ही हो, इसलिए मुझे विश्वास है, कश्मीर के और अपने परिवार के हितों को ध्यान में रखकर ही कोई कदम उठाएँगे।''[24] लेकिन इतना जाहिर है नेहरू व काटजू दोनों ही शेख अब्दुल्ला के आग्रह की वैधानिकता को लेकर आश्वस्त नहीं थे, इसलिए दोनों ही महाराजा हरि सिंह के मूल प्रश्न से बच रहे थे। नेहरू और काटजू दोनों ही लगभग धमकी की भाषा में महाराजा को सचेत कर रहे थे कि आप कोई भी कदम उठाने से पहले अपने परिवार के हितों को ध्यान में रख लें। महाराजा हरि सिंह का एक और गहरा प्रश्न था, जिसका उत्तर न नेहरू के पास था और न ही उनके किसी मंत्री के पास। यह प्रश्न था, मेरे साथ हैदराबाद के निजाम से भी बदतर व्यवहार क्यों किया जा रहा है? अब नेहरू यह तो कह नहीं सकते थे कि वे व्यक्तिगत प्रतिशोध ले रहे हैं।

लेकिन दिल्ली में शेख अब्दुल्ला और नेहरू की कई दिनों की लंबी बातचीत के बाद तथाकथित दिल्ली समझौता की जो खिचड़ी पकी थी, उसने संसद् के अंदर और

बाहर चिंता पैदा कर दी थी। जम्मू-कश्मीर में एक तरफा निर्णय किए जा रहे थे। इनका संवैधानिक औचित्य भी संदेह के घेरे में था। लगता था कि नेहरू हर पग पर शेख के आगे आत्मसमर्पण करने की मुद्रा में आ गए थे, लेकिन इसको लेकर हो रही आलोचना ने नेहरू को उत्तेजित करना शुरू कर दिया था। 7 अगस्त को उन्होंने लोकसभा में बोलते हुए सदन की हैसियत को ही ललकारा। नेहरू ने कहा, "We have fought the good fight about Kashmir on the field of battle...(and)...in many a chancellery of the world and in the United Nations, but, above all, we have fought this fight in the hearts and minds of men and women of that State of Jammu and Kashmir. Because, ultimately—I say this with all deference to this Parliament—the decision will be made in the hearts and minds of the men and women of Kashmir; neither in this Parliament, nor in the United Nations nor by anybody else,"[(25)]

नेहरू के लोकसभा में दिए गए इस वक्तव्य के दूसरे दिन ही आठ अगस्त को महाराजा ने डॉ. काटजू को दूसरा पत्र लिखा।[26] उन्होंने लिखा—

1. प्रधानमंत्री नेहरू ने अपने उत्तर में आदर्श और सिद्धांत की जो बातें की हैं, उनसे मोटे तौर पर कोई भी असहमत नहीं हो सकता, लेकिन इतना तो स्पष्ट है कि ये सिद्धांत और आदर्श भी संबंधित पक्षों के लिए तभी हितकारी हो सकते हैं, यदि इनका यथार्थ से कोई तालमेल हो। यह ठीक है कि लोकमत सर्वोपरि होता है और होना भी चाहिए, लेकिन उससे भी महत्त्वपूर्ण, किसी लोकतांत्रिक पद्धति से यह जान लेना जरूरी है कि किसी प्रश्न पर असल में लोकमत क्या है? इसलिए हमें ये सिद्धांत और आदर्श राजनैतिक विवशताओं के तुष्टीकरण के लिए ही प्रयोग नहीं करने चाहिए, इनका प्रयोग बिना किसी भय के प्राप्त किए गए लोकमत की पूर्ति के लिए किया जाना चाहिए। यह ध्यान रखना और भी जरूरी है कि लोकमत की पूर्ति के साधन उर्ध्वोन्मुखी हों। तभी उद्देश्य की प्राप्ति हो सकती है।
2. ऐसा लगता है कि प्रधानमंत्री नेहरू की यह अवधारणा है कि वर्तमान युग वंशानुगत राजशाही को किसी भी रूप में स्वीकार करने के खिलाफ है। फिर चाहे यह राजशाही लोकमत पर आधारित लोकतांत्रिक संविधान के माध्यम से ही स्वीकृत क्यों न हो। लेकिन संघीय संविधान में तो बी व सी श्रेणी के राज्यों के लिए वंश-आधारित राज प्रमुखों की व्यवस्था की गई है। इसका अर्थ यह हुआ कि वंशानुगत राज प्रमुखों के प्रश्न पर प्रधानमंत्री का अपना मत भारत के संविधान से मेल नहीं खाता। मैं यह नहीं कहता कि भारत सरकार जम्मू-कश्मीर के मामले में अपवाद स्वरूप कोई निर्णय ले। जहाँ तक जम्मू-कश्मीर

का प्रश्न है, हम वहाँ से वंशानुगत राजप्रमुख हटाने के लिए तैयार हो सकते हैं, लेकिन यह माँग वहाँ के लोकमत पर आधारित तो होनी चाहिए। मेरी भारत सरकार से केवल इतनी गुजारिश है कि वह कोई भी निर्णय लेने से पहले इतना तो सुनिश्चित कर ले कि जिसे वह रियासत का लोकमत मान रही है, क्या जम्मू-कश्मीर का सचमुच वही लोकमत है? कहीं यह काल्पनिक लोकमत, उस एक वर्ग की ही माँग तो नहीं है, जिसे राजनैतिक विवशताओं के कारण समर्थन दिया जा रहा है?

3. मैंने संघीय संविधान के अनुच्छेद 370 का प्रश्न उठाया था। आपने स्पष्ट नहीं किया कि भारत सरकार अब राज्य के राजप्रमुख को हटाने का जो कदम उठाने जा रही है, वह इस अनुच्छेद के अनुरूप है या नहीं, कहीं ऐसा तो नहीं कि अनुच्छेद 370 को भी नेहरू और शेख की व्यक्तिगत सुविधा के अनुसार ही संशोधित किया जाता रहेगा?

दुर्भाग्य से हरि सिंह ने जो मुद्दे उठाए थे, उनका उत्तर न काटजू के पास था और न ही नेहरू के पास। नेहरू के पास अंतरराष्ट्रीय स्थिति को लेकर लंबे भाषण थे और वे शेख अब्दुल्ला को ही पूरा जम्मू-कश्मीर समझे बैठे थे। अपनी पुरानी आदत के अनुसार वे अपनी राजनैतिक प्रतिभा और भारत की सत्ता का इस्तेमाल शेख के तुष्टीकरण के लिए ही कर रहे थे। लेकिन महाराजा हरि सिंह भी हार माननेवालों में से नहीं थे। अब वे नेहरू को उन्हीं का आईना दिखा रहे थे। यह लड़ाई एक ओर देश की अखंडता की लड़ाई थी तो दूसरी ओर हरि सिंह के अपने सम्मान की लड़ाई भी बन गई थी।

महाराजा ने अब सारा मामला राष्ट्रपति के दरबार में ले जाने का निर्णय किया। उन्होंने मध्य अगस्त में पुणे से राष्ट्रपति डॉ. राजेंद्र प्रसाद को एक ज्ञापन भेजा। ज्ञापन में उन्होंने सिलसिलेवार तर्क प्रस्तुत किए और नेहरू के दर्शनशास्त्र का उत्तर भी दिया। ज्ञापन में हरि सिंह ने लिखा[27]—

1. यहाँ यह इंगित करना अप्रासंगिक नहीं होगा कि संघीय संविधान के अनुच्छेद 370 में मेरी पाँच मार्च, 1948 की अधिसूचना का उल्लेख है। जब तक जम्मू-कश्मीर का नया संविधान तैयार नहीं हो जाता, स्वीकृत नहीं हो जाता, उसके बाद राज्य की संविधान सभा द्वारा पारित नहीं हो जाता, इतना ही नहीं, संविधान सभा द्वारा पारित हो जाने के बाद भी पहले मुझसे और बाद में राष्ट्रपति द्वारा स्वीकृत नहीं हो जाता, तब तक राज्य मेरी इस अधिसूचना द्वारा ही शासित है, लेकिन मुझे पता चला है कि प्रधानमंत्री नेहरू युवराज (जो मेरे रीजेंट हैं और मेरा प्रतिनिधित्व करते हैं) से राज्य के निर्वाचित मुखिया का पद स्वीकार कर लेने की बातचीत कर रहे हैं। यह सबकुछ उस समय किया

जा रहा है, जब राज्य का नया संविधान अभी बना भी नहीं है।

2. प्रधानमंत्री बार-बार कह रहे हैं कि कश्मीर के लोगों को ही अपने भविष्य का निर्णय करना है। मैं पूछना चाहता हूँ कि क्या कश्मीर का लोकमत और शेख अब्दुल्ला अब पर्यायवाची हो गए हैं। दुर्भाग्य से कश्मीर के लोगों को तो कोई पूछ ही नहीं रहा है।...संविधान सभा में शेख के आदमी भर दिए गए हैं। इस बात को रहने भी दिया जाए, तब भी अभी तक न तो संविधान सभा ने कोई निर्णय किया है, न अभी तक नया संविधान ही बना है, जिसमें वंशानुगत या निर्वाचित राज प्रमुख के अधिकारों व कामों को निश्चित किया गया हो। सबसे बड़ी बात तो यह है कि बिना संविधान के मुझे हटाने की इतनी जल्दी क्या है?

3. प्रधानमंत्री कह रहे हैं कि पिछले साढ़े चार साल से कश्मीर के लोगों ने बहुत कष्ट सहे हैं, लेकिन मेरा प्रश्न है कि इसके लिए जिम्मेदार कौन है? क्या भारत सरकार ने पिछले साढ़े चार साल में राज्य में मुझे कोई भी निर्णय स्वविवेक से लेने दिया है? क्या भारत सरकार ने कभी शेख अब्दुल्ला से कहा कि वह वायदा करके बार-बार मुकर क्यों जाता है? मैं पूरे विश्वास से कहना चाहता हूँ कि पिछले कुछ अरसे से राज्य में जो कुछ हो रहा है, वह वहाँ के लोगों की इच्छाओं के अनुसार नहीं हो रहा। क्या वहाँ सचमुच लोगों को प्रभुसत्ता हस्तांतरित हो गई है? भारत सरकार के समर्थन से राज्य में जो कुलीन वर्ग सभी सूत्रों का संचालन कर रहा है, क्या उसे सचमुच जन समर्थन प्राप्त है? भारत सरकार को शेख अब्दुल्ला के आगे पूरी तरह लेट नहीं जाना चाहिए, बल्कि मेरे और उसके बीच कम-से-कम एक संतुलन तो बनाकर रखना ही चाहिए, ताकि भविष्य में काम आए।

राष्ट्रपति को दिए गए इस ज्ञापन के अंत में जनता के नाम की दुहाई देनेवाली नेहरू-शेख की जोड़ी को हरि सिंह ने जनता के नाम पर ही चुनौती दी। "मैं चुनौती देता हूँ कि भारत सरकार पक्षपात से दूर रहकर, राज्य के लोगों को मेरे और शेख अब्दुल्ला के बीच निर्णय कर लेने दिया जाए। तब अपने आप पता चल जाएगा कि लोकमत किसके साथ है। मेरे साथ या फिर शेख अब्दुल्ला के साथ।"[28] महाराजा हरि सिंह के इस प्रश्न उत्तर देने के लिए नेहरू स्वयं को बाध्य नहीं मानते थे, क्योंकि इस प्रश्न का कोई उत्तर उनके पास था ही नहीं। यही कारण होगा कि भारत सरकार ने जम्मू-कश्मीर के प्रधानमंत्री शेख मोहम्मद अब्दुल्ला का वह प्रस्ताव, जिसमें अनुच्छेद 370 में संशोधन करने की सिफारिश की गई थी, राष्ट्रपति के पास स्वीकृति के लिए भेज दिया। राष्ट्रपति ने भी इस प्रस्ताव के संवैधानिक औचित्य पर अनेक प्रश्न खड़े कर दिए। उन्होंने 6 सितंबर, 1952 को सरकार

को लिखा, "the competence of the President to have repeated recourse to the extraordinary powers conferred on him" by Article 370. "Any provision authorising the executive government to make amendments in the Constitution" was an incongruity. He endorsed Ayyangar's views on the finality of a single Order under Article 370. "I have little doubt myself that the intention is that the power is to be exercised only once, for then alone would it be possible to determine with precision which particular provisions should be excepted and which modified." The President concluded: "The conclusion, therefore, seems to me to be irresistible that Clause (3) of Article 370 was not intended to be used from time to time as occasion required. Nor was it intended to be used without any limit as to time. The correct view appears to be that recourse is to be had to this clause only when the Constituent Assembly (sic) (Constitution) of the State has been fully framed."(29) लेकिन अंततः वे भी नेहरू के जवाब से विवश हो गए और 15 नवंबर, 1952 को अनुच्छेद 370 को संशोधित करने की अधिसूचना जारी कर दी।

यह ठीक है कि महाराजा की इस वैधानिक चुनौती को स्वीकार करने की हिम्मत किसी में नहीं थी। न ही इस पूरे महाभारत में कोई युधिष्ठिर बचा था, जो महाराजा के इन संवैधानिक यक्ष प्रश्नों का उत्तर दे। काटजू जैसे विधि विशारद भी मौन हो गए थे। लेकिन दुर्भाग्य से इतिहास के इस मोड़ पर कश्मीर नरेश के पास इतनी ताकत नहीं बची थी कि बिना अनुमति के तालाब पर पानी पीनेवालों को दंड दे सकते। नेहरू सदा तर्क से लड़ाई लड़ने की वकालत करते रहते थे, लेकिन जब हरि सिंह तर्क की किताब लेकर मैदान में आए तो नेहरू ने मुकाबले के लिए सत्ता की तलवार निकाल ली थी। उन्होंने कर्ण सिंह के पास हरि सिंह की निंदा करना भी जरूरी समझा। ज्ञापन का उल्लेख करते हुए 9 सितंबर, 1952 नेहरू ने कर्ण सिंह को लिखा, ''मैंने तुम्हारे पिता का वह लंबा ज्ञापन देखा है, जो उन्होंने राष्ट्रपति को भेजा है।...वह ज्ञापन तो गुस्से और पक्षपातपूर्ण आरोपों से भरा एक दस्तावेज है। तुम्हारे पिता यह बिल्कुल नहीं समझ पा रहे हैं कि दुनिया कितनी बदल चुकी है और कितनी तेजी से बदल रही है।''[30] महाराजा हरि सिंह बदलती दुनिया की चाल समझ पा रहे थे या नहीं, इसके बारे में तो दो राय हो सकती हैं; लेकिन शेख मोहम्मद अब्दुल्ला की दुनिया कितनी तेजी से बदल रही है, कम-से-कम जवाहर लाल नेहरू यह नहीं समझ पा रहे थे।

6. सदर-ए-रियासत की ताजपोशी

शेख अब्दुल्ला जानते थे कि यदि राज्य में संविधान बना भी लिया जाता है और

महाराजा हरि सिंह उसे स्वीकृति देने से ही इनकार कर देते हैं तो वह लागू नहीं हो सकेगा। तब हो सकता है, उन परिस्थितियों में राज्य में संघीय संविधान पूरा लागू हो जाए। यदि भविष्य में केंद्रीय नेताओं का महाराजा हरि सिंह से समझौता ही हो जाता है और महाराजा संघीय संविधान लागू करने की अनुमति दे देते हैं तो शेख की भविष्य की सब योजनाएँ धरी-की-धरी रह जाएँगी। जब तक राज प्रमुख की सत्ता महाराजा के हाथ रहेगी, तब तक भविष्य के अनेक प्रश्न और उनके संभावित उत्तर शेख अब्दुल्ला की रातों की नींद हराम करते रहेंगे। बी और सी श्रेणी के राज्यों, जो पुरानी रियासतें ही थीं, के लिए वहाँ के पूर्व शासकों को ही राजप्रमुख नियुक्त किया गया था। ए श्रेणी के राज्यों के लिए संवैधानिक मुखिया के नाते राज्यपाल की व्यवस्था थी, लेकिन दोनों ही स्थितियों में राज्य के प्रमुख की नियुक्ति राष्ट्रपति को ही करनी थी। यद्यपि शेख ने नेहरू की सहायता से जम्मू-कश्मीर के अनेक सूत्र अत्यंत चतुराई से अपने अधिकार में कर लिये थे, लेकिन निर्णय का अंतिम अधिकार अभी भी वैधानिक दृष्टि से महाराजा हरि सिंह के पास ही सुरक्षित था। इसलिए शेख के लिए जरूरी था कि सबसे पहले महाराजा हरि सिंह को ही राजप्रमुख के पद से मुक्त करवा दिया जाए, ताकि न रहेगा बाँस और न बजेगी बाँसुरी।

लेकिन नेहरू-शेख की जोड़ी यह भी जानती थी कि इस प्रकार अपमानजनक तरीके से महाराजा हरि सिंह को राजप्रमुख के पद से हटाने की राज्य में भयंकर प्रतिक्रिया हो सकती है, जिसे सँभालना न नेहरू के वश में होगा और न ही शेख मोहम्मद अब्दुल्ला के। यह प्रश्न इसलिए भी संवेदनशील हो उठा था, क्योंकि राज्य के एक राजनैतिक दल प्रजा परिषद् ने पूरे प्रदेश में प्रस्तावित संविधान के खिलाफ जबरदस्त आंदोलन छेड़ रखा था। इसलिए उन्हें कोई ऐसा रास्ता चाहिए था, जिससे साँप भी मर जाए और लाठी भी न टूटे। महाराजा को पदमुक्त कर किसी ऐसे व्यक्ति को मुखिया बना दिया जाए, जो जनता के गुस्से की पहली लहर को झेल जाए। लोहे को लोहे से काटने की तैयारियाँ शुरू हो गई थीं। नेहरू और शेख अब्दुल्ला जनता का रुख देखकर इतना तो समझ ही गए थे कि महाराजा की पदमुक्ति पर उन्हीं के घर में सेंध लगाकर किसी को मुखिया बनाना पड़ेगा। नेहरू-शेख जोड़ी की नजर एक बार फिर महाराजा हरि सिंह के पुत्र कर्ण सिंह पर पड़ी। वे ही संकट की इस घड़ी में उनके काम आ सकते थे। नेहरू ने उन्हें भारत के भविष्य की कहानियाँ सुनाईं और शेख अब्दुल्ला ने महाराजा हरि सिंह की निंदा के साथ साथ नई पीढ़ी के उनके बेटे की प्रशंसा में गीत गाने शुरू किए। महाराजा के निष्कासन के समय संकट की उस घड़ी में, कर्ण सिंह ने अपने पिता की बजाय इसी नेहरू-शेख जोड़ी का साथ दिया। वे भी अपने पिता का साथ छोड़कर नेहरू-शेख की जोड़ी के साथ मिल गए और उनकी योजना से अपने पिता को हटाकर उनके स्थान पर स्वयं बैठने के लिए तैयार

हो गए। उसके बाद की कथा केवल कुछ दिनों की है। 20 अगस्त, 1952 को महाराजा हरि सिंह के अधिकार से ही गठित हुई स्थानीय संविधान सभा ने एक प्रस्ताव पारितकर रियासत में से राजशाही का अंत कर दिया। नई व्यवस्था में राज्य के संवैधानिक मुखिया के लिए सदर-ए-रियासत का पद सृजित किया गया। 15 नवंबर, 1952 को कर्ण सिंह सदर-ए-रियासत चुने गए और 19 नवंबर, 1952 को पद और गोपनीयता की शपथ ग्रहणकर महाराजा हरि सिंह की जम्मू-कश्मीर में वापस लौट आने की सभी संभावनाओं का अंत कर दिया। कर्ण सिंह के अपने शब्दों में ही, ''मैं जानता था कि मैंने अब सामंती व्यवस्था से कभी नहीं जुड़ने वाली सीमा तक अपने संबंध तोड़ लिये हैं। मुझे यह एहसास भी था कि जाहिरा तौर पर हमारे संबंध कितने भी सौहार्दपूर्ण दिखें, इस नए पद को स्वीकार करने के कारण मेरे पिता मुझे आसानी से माफ नहीं करेंगे।''[31] यह अलग बात है कि जिसे कर्ण सिंह सामंती व्यवस्था से टूटना कहते थे, वह परोक्ष रूप से उसी सामंती व्यवस्था का अत्यंत चतुराई से फल उपभोग ही था, क्योंकि सदर-ए-रियासत का पद उन्हें केवल महाराजा हरि सिंह के सुपुत्र होने के कारण मिला था। इतना जरूर कहा जा सकता है कि कर्ण सिंह ने वंश की चली आ रही सामंती व्यवस्था का अंतिम फल चखने की व्यवस्था कर ली थी।

लेकिन फल उपभोग की उनकी इसी इच्छा ने महाराजा हरि सिंह को जीवन भर का जख्म दे दिया। यह जख्म राज प्रमुख के पद से हटाए जाने का नहीं था, बल्कि हटाए जाने के अपमानजनक तरीके को लेकर था और उससे भी बड़ा जख्म यह था कि उनका अपना बेटा इसमें शामिल था। नेहरू-शेख के दिए जख्म को तो शायद वे भूल भी जाते, लेकिन अपने ही बेटे द्वारा दिए जख्म को भला कैसे भूल सकते थे? उनका यह जख्म सारी उम्र रिसता रहा।

संदर्भ—

1. Early Times, Jammu 11/11/14
2. Christopher Thomas, Faultline kashmir, p. 94
3. कर्ण सिंह, आत्मकथा, पृ. 147
4. Somnath Wakhlu, Hari Singh : The Maharaja, The Man, The Times, p. 248
5. कर्ण सिंह, आत्मकथा, पृ. 151
6. कर्ण सिंह, आत्मकथा, पृ. 156
7. कर्ण सिंह, आत्मकथा, पृ. 156-57
8. कर्ण सिंह, आत्मकथा, पृ. 157

9. कर्ण सिंह, आत्मकथा, पृ. 159
10. Jawaid Alam (ed), Jammu and Kashmir 1949-64, p. 323
11. कर्ण सिंह, आत्मकथा, पृ. 160
12. कर्ण सिंह, आत्मकथा, पृ. 164
13. Nehru-Abdullah pact : An unholy agreement and a fraud, p. 1
14. कर्ण सिंह, आत्मकथा, पृ. 155
15. M.J. Akbar, Kashmir- Bhind the vale, p. 148
16. कुलदीप चंद अग्निहोत्री, जम्मू-कश्मीर की अनकही कहानी, पृ. 112
17. Mir Qasim, My life and times, p. 65
18. Jawaid Alam (ed), Jammu and Kashmir 1949-64, p. 342
19. Selected works of Jawaharlal Nehru, Vol. 18, p. 418
20. Jawaid Alam (ed), Jammu and Kashmir 1949-64, p. 342-345
21. Jawaid Alam (ed), Jammu and Kashmir 1949-64, p. 345-349
22. कुलदीप चंद अग्निहोत्री, जम्मू-कश्मीर की अनकही कहानी,पृ. 131
23. Frontline, chennai, Volume 17-Issue 19, Sep. 16 - 29, 2000, Article 370 : Law and politics, A.G.Noorani से उद्धृत
24. Jawaid Alam (ed), Jammu and Kashmir 1949-64, p. 350
25. Selected works of Jawaharlal Nehru, vol. 19, p. 295-6
26. Jawaid Alam (ed), Jammu and Kashmir 1949-64, p. 350
27. Jawaid Alam (ed), Jammu and Kashmir 1949-64, p. 350
28. Jawaid Alam (ed), Jammu and Kashmir 1949-64, p. 326
29. Frontline, Chennai, Volume 17-Issue 19, Sep. 16 - 29, 2000, Article 370 : Law and politics, A.G. Noorani से उद्धृत
30. कर्ण सिंह, आत्मकथा, पृ. 172
31. कर्ण सिंह,आत्मकथा, पृ. 179

□

9

राज्य प्रबंध और विकास कार्य

1. प्रगतिवादी और जनकल्याणकारी प्रशासन

भारतीय परंपरा में राजतिलक के समय का एक विधान है। राजतिलक हो जाने पर राजा घोषणा करता है कि मैं राजा होने के कारण दंड से ऊपर हूँ। कोई मुझे दंड नहीं दे सकता। तब पुरोहित उसके सिर पर पलाश से प्रहार करता हुआ सार्वजनिक रूप से घोषणा करता है कि धर्म तुम्हें दंड दे सकता है। तुम धर्म से ऊपर नहीं हो। महाराजा हरि सिंह का राजतिलक 25 फरवरी, 1926 को हुआ। उन्होंने 1926 में अपने राजतिलक के समय ही अपने राज्य प्रशासन का आधारभूत सिद्धांत सार्वजनिक रूप से घोषित कर दिया था। उन्होंने जीवन भर उसको निभाने का प्रयास किया। अपने राजतिलक के अवसर पर अपने पहले संबोधन में महाराजा ने इस धर्म का अर्थ स्पष्ट किया। उन्होंने कहा, "न्याय ही मेरा धर्म है। मैं जन्म से चाहे हिंदू हूँ, लेकिन शासक के नाते मेरा कोई मजहब नहीं है। न्याय ही मेरा धर्म होगा। मेरी प्रजा की प्रसन्नता ही मेरी प्रसन्नता होगी। अपनी प्रजा के कल्याण में ही मेरा कल्याण निहित होगा। जो मुझे अच्छा लगता है, मैं उसे अच्छा नहीं मानूँगा। जो मेरी प्रजा को अच्छा लगता है, मैं उसे ही अच्छा मानूँगा।"[1] आज जिस को पंथ निरपेक्षता कहा जाता है और जिसे किसी भी प्रगतिशील और समाज कल्याणकारी प्रशासन की धुरी माना जाता है, उस पंथ निरपेक्षता को हरि सिंह ने स्वेच्छा से राज्य के प्रशासन का मूलाधार घोषित किया था।

किन्हीं मापदंडों से भी मूल्यांकन किया जाए, जम्मू-कश्मीर में महाराजा हरि सिंह का शासनकाल प्रगतिवादी और जनकल्याणकारी ही कहा जा सकता है, विशेषकर यदि उसकी तुलना उस समय की अन्य रियासतों के शासन से की जाए। राज्य के सामाजिक उत्थान, शैक्षिक विकास, औद्योगिकीकरण के क्षेत्र में उनका विशेष योगदान है। हरि सिंह राजकुल परंपरा में पले-बढ़े होने के बावजूद आम जनता के कल्याण के प्रति

निष्ठावान थे। इसका प्रमाण उनके राज्यकाल में हुआ विकास है। आज समाज में भ्रष्टाचार इतना बढ़ गया है कि आम जनता ने भ्रष्टाचार को आम प्रचलन और प्रशासन में ईमानदारी की किसी घटना क़ो अपवाद के रूप में स्वीकार करना शुरू कर दिया है। उनके प्रशासन में भ्रष्टाचार की स्थिति पर टिप्पणी करते हुए देवी दास ठाकुर लिखते हैं, ''आजादी के बाद जितना भ्रष्टाचार फैला है, महाराजा के शासन में उससे कहीं-कहीं कम था। यदि था भी तो संबंधित पक्ष पर तुरंत कार्रवाई होती थी।''[2] तुरंत कार्रवाई करना ही महाराजा के प्रशासन की मूल नीति थी, जिसने उस काल में उनके राज्य प्रशासन की गतिशीलता बनाए रखी। हरि सिंह शायद अपनी प्रजा के लिए और भी कितना कुछ करते, यदि अंग्रेज सरकार अप्रत्यक्ष रूप में उसमें बाधा न पहुँचाती। अंग्रेज सरकार को डर रहता था कि रियासती सरकारें, यदि जनहित के काम करने लगेंगी तो अपनी प्रजा में भारतीय शासक वर्ग लोकप्रिय भी होने लगेगा और भारतीय रियासतों का प्रशासन यदि बेहतर हो गया, तो लोग उसकी तुलना ब्रिटिश सरकार द्वारा शासित प्रांतों से करने लगेंगे। इससे अंदरखाने रियासतों में तैनात ब्रिटिश रेजीडेंट विकास कार्य रुकवाने का ही काम करते थे। हिंदी की जानी-मानी लेखिका चंद्रकांता के उपन्यास, कथा सतीसर का एक पात्र कहता है, ''महाराजा हरि सिंह का प्रशासन प्रगतिशील प्रशासन के तौर पर याद किया जाता है। वे अपनी प्रजा के लिए और भी कितना कुछ करना चाहते थे, लेकिन महाराजा के ऊपर यह जो ललमुँहा रेजीडेंट रहता है, न रहता, तो राजा अपनी प्रजा के लिए क्या न करता।''[3]

डोगरी संस्कृति और साहित्य के जाने-माने विद्वान् शिव नाथ, हरि सिंह के राज्य प्रशासन पर टिप्पणी करते हुए लिखते हैं, ''वे प्रबुद्ध शासक थे। वे भविष्योन्मुखी प्रगतिवादी विचारों के ऐसे शासक थे, जो भीतर से राष्ट्रवादी चेतना से अनुप्राणित थे। उन्होंने अनेक सामाजिक, प्रशासकीय और राजनैतिक सुधार लागू किए। उन्होंने 1925 में ही अपने जाति भाइयों को कन्या भ्रूण हत्या, बाल-विवाह और जाति-भेद को समाप्त करने की सलाह दी थी। 1929 में सोलह साल से कम आयु के किशोरों के लिए धूम्रपान की मनाही कर दी। 1932 में मंदिरों के द्वार हरिजनों के लिए खोल दिए गए। 1933 में विधवा पुनर्विवाह को वैधानिक हैसियत दी गई। 1940 में पैसे लेकर कन्या विवाह को प्रतिबंधित कर दिया और 1941 को लद्दाख में बहुतत्त्व विवाह को प्रतिबंधित किया। अपनी प्रजा को नि:शुल्क शिक्षा प्रदान करने की व्यवस्था करने, नगरों व कस्बों में अनिवार्य प्राथमिक शिक्षा का प्रावधान करने, नए शिक्षा संस्थान खोलने, प्रतिभाशाली छात्रों को राज्य के बाहर जाकर भी वानिकी, पशु चिकित्सा,अभियांत्रिकी, मुद्रण कला में प्रशिक्षण प्राप्त करने के लिए छात्रवृत्तियाँ प्रदान करने में गहरी रुचि ले रहे थे। हस्पताल खोलने, चिकित्सा सुविधाएँ मुहैया करवाने, कंडी के इलाकों में जल वितरण

योजना बनाने, बनिहाल कार्ट सड़क और कोहाला जेहलम घाटी सड़कों में सुधार करने के लिए उन्होंने वित्तीय प्रावधान किए। प्रशासन में सुधार हेतु उन्होंने प्रशासन सुधार आयोग बनाया, कुछ पुराने विभागों को सुव्यवस्थित करने के अतिरिक्त उन्होंने कृषि, ग्राम विकास, नगर नियोजन, उद्योग, चिकित्सा और पर्यटन इत्यादि के नए विभाग स्थापित किए। जम्मू-कश्मीर बैंक की स्थापना की। उन्होंने 1928 में ही हाई कोर्ट ऑफ एडज्यिकेटर और ज्यूडीशियल एडवाइजरी बोर्ड की स्थापना की।''[4]

महाराजा हरि सिंह के शासनकाल की दिशा, नीति और विकास का संक्षिप्त विवरण यहाँ वर्णित किया गया है।

2. वेश्यावृत्ति पर प्रतिबंध

वेश्यावृत्ति शायद ऐसा पेशा है, जिसका उल्लेख मानव सभ्यता के विकास के साथ ही मिलना शुरू हो जाता है। कश्मीर के इतिहास की साक्षी राजतरंगिनी में भी इस कुरीति का उल्लेख मिलता है। मुगलों और अफगानों के राज में तो कश्मीर की लड़कियों को पेशावर और काबुल के बाजारों में बेचने तक के लिए ले जाया जाता था। ''रियासी, रामनगर, बोली, किश्तवाड और भद्रवाह के ऊपरी क्षेत्रों से लड़कियों को पंजाब, सिंध, राजपूताना और पूर्वी भारत के अनेक हिस्सों में बेच दिया जाता था। जम्मू के कुछ हिस्सों में तो वेश्यालय खुल्लमखुल्ला व्यवसाय करते थे।[5] राजशाही सरकारों में तो वेश्यावृत्ति को कहीं-कहीं राज्यश्रय भी प्राप्त होता था, क्योंकि अनेक राजा व्यसनी और चरित्रहीन प्रकार के होते थे। लेकिन महाराजा हरि सिंह, रियासती शासकों में से शायद पहले ऐसे शासक थे, जो किसी प्रकार अपने राज्य से इस सामाजिक कलंक को खत्म करना चाहते थे। उन्होंने इस विषय पर लोगों से सुझाव भी माँगे। उस समय सामाजिक स्थिति यह थी कि जब रियासत के अखबार रणवीर ने वेश्यावृत्ति के खिलाफ लेख छापे तो अनेक लोगों ने इसका विरोध किया। अखबार में लोगों ने संपादक के नाम पत्र लिखकर रणवीर के इस अभियान को समाज विरोधी बताया।'' इससे इस प्रथा के पक्ष-विपक्ष में बहस शुरू हो गई।[6] श्रीनगर के एक नाई मोहम्मद सुभान ने हरजाने की फरियाद नाम से एक पंफलैट निकाला। वह रात्रि को गलियों में इस प्रथा के खिलाफ गाते हुए घूमता था। इससे वेश्यावृत्ति के खिलाफ राज्य में वातावरण बनने लगा। महाराजा हरि सिंह ने राजपूत सभा को इस प्रथा के विरोध में आगे आने के लिए कहा।

उन्होंने 1934 में एक अधिनियम बनाकर वेश्यावृत्ति को दंडनीय अपराध घोषित कर दिया और वेश्यालय चलाने पर प्रतिबंध लगा दिया। दंड संहिता में इस बात का प्रावधान किया गया कि नाबालिग लड़की से यौन संबंध बनाना, चाहे ये संबंध नाबालिग की इच्छा से ही क्यों न बनाए गए हों, दंडनीय अपराध माना जाएगा। इस उद्देश्य की

पूर्ति के लिए रणवीर दंड संहिता की धारा 272, 278 और 279 को संशोधित भी किया गया। वेश्यावृत्ति उन्मूलन अधिनियम 1934 में ऐसे व्यक्तियों के लिए, जो वेश्यालय चलाते हैं, इस काम के लिए अपना भवन किराए पर देते हैं, लड़कियों को वेश्यावृत्ति के लिए उनकी इच्छा से या बलपूर्वक उकसाते हैं, उन्हें वेश्यालयों में बंधक बनाकर रखते हैं, उनके साथ धोखे से यौन संबंध बनाते हैं, सख्त सजाओं का प्रावधान किया गया था। आम तौर पर वेश्यावृत्ति का धंधा शहरों में ही होता है और वहीं वेश्यालय चलते हैं, इसलिए इस अधिनियम को सबसे पहले रियासत के शहरों में ही लागू किया गया, लेकिन इसमें यह प्रावधान भी रखा गया था कि यदि महाराजा बहादुर चाहें तो इसे रियासत के दूसरे हिस्सों में भी लागू कर सकते थे। इतना ही नहीं, इस अधिनियम में वेश्यालयों से छुड़ाई गई लड़कियों के भरण-पोषण की व्यवस्था भी की गई।[7]

3. बाल-विवाह पर रोक

बाल-विवाह भी इस देश में पुराने काल से प्रचलित है। यह प्रथा भारतीय समाज के भीतर कैंसर के समान फैली हुई है। अभी, जब प्रगति और शिक्षा प्रसार की इतनी बातें की जाती हैं, तब भी बाल-विवाह को पूरी तरह रोका नहीं जा सका है। राजस्थान में अक्षय तीज के अवसर पर बड़ी संख्या में बाल-विवाह होते हैं। जम्मू-कश्मीर भी शेष देश की तरह इस बीमारी का शिकार था। बाल-विवाह से लड़कियों की जिंदगियाँ तबाह हो रही थीं। बाल-विवाह के उपरांत किसी छोटी बच्ची के पति की किसी वजह से मृत्यु हो जाती थी, तो वह बेचारी सारी उम्र विधवा का जीवन जीने के लिए अभिशप्त हो जाती थी। महाराजा हरि सिंह ने अपनी रियासत से इस सामाजिक बुराई को समाप्त करने के लिए प्रयास शुरू कर दिए थे। लेकिन वे जानते थे कि इस प्रकार की सामाजिक बुराइयाँ केवल कानून बनाने से दूर नहीं हो सकतीं। उसके लिए समाज का सहयोग मिलना भी जरूरी है। समाज के भीतर जागृति आनी चाहिए, तभी कानून कारगार हो सकता है। समाज के विभिन्न वर्गों से इन विषयों पर विचार-विमर्श करने के लिए उन्होंने जम्मू में मई, 1927 को एक बैठक बुलाई। ''एकत्रित सभी प्रतिनिधियों ने बाल-विवाह के खिलाफ राय दी और महाराजा से आग्रह किया कि इसको रोकने के लिए कानून बनाया जाना चाहिए।''[8] तदनुसार रियासत के गृह व न्याय मंत्रियों ने समस्या के सभी पक्षों पर विचार करने के बाद अधिनियम मसौदा तैयार किया, जिसे महाराजा ने 18 जून, 1928 को लागू कर दिया। नए नियमों के अनुसार विवाह के लिए कन्या की उम्र 14 और वर की 18 साल निर्धारित की गई। बाल-विवाह निषेध अधिनियम 1985 (1985 का पहला अधिनियम) के नाम से जानेवाले इस अधिनियम में प्रावधान था कि यदि कोई बालिग व्यक्ति 14 साल से कम उम्र की लड़की से शादी करवाता था तो उसे

एक साल की कैद हो सकती थी। इसी प्रकार जो व्यक्ति बाल-विवाह में सहायक होगा, उसे भी एक साल की कैद हो सकती थी।[9]

बाद में इस अधिनियम में भी संशोधन करके विवाह के लिए निर्धारित उम्र कन्या के लिए 16 साल और वर के लिए 21 साल कर दी गई। कुछ पुरातन पंथी लोगों ने इसका विरोध भी किया, लेकिन महाराजा टस से मस नहीं हुए। ध्यान रहे जिस समय महाराजा हरि सिंह ने बाल-विवाह निषेध अधिनियम पारित किया था, उस समय ब्रिटिश इंडिया में भी बाल-विवाह निषेध नहीं था और लाखों बच्चों का भविष्य तबाह हो जाता था। ब्रिटिश इंडिया में बाल-विवाह निषेध अधिनियम, जो शारदा अधिनियम के नाम से जाना जाता है, 1929 में लागू हुआ था। महाराजा हरि सिंह के प्रशासन की इस प्रगतिशील दिशा का इतना प्रभाव हुआ कि श्रीनगर में उस समय तैनात ब्रिटिश रेजीडेंट कर्नल ओ गिलिन को भी लिखना पड़ा, ''जिन्हें जम्मू-कश्मीर के प्रशासन की दिशा का गहरा ज्ञान नहीं है, वे नहीं जान सकते कि यहाँ किस प्रकार की मौन क्रांति हो रही है। यूरोपीय लोगों को और कश्मीरी जनता को जैसे-जैसे पता चलेगा कि किस प्रकार चुपचाप लोकोपयोगी सुधार लागू किए जा रहे हैं, तो वे आश्चर्यचकित रह जाएँगे। जहाँ तक बाल-विवाह निषेध अधिनियम का प्रश्न है, देश में शायद ही कोई दूसरा राज्य होगा, जिसने ऐसा जनकल्याणकारी कानून बनाया गया हो। ब्रिटिश इंडिया में भी अब इस प्रकार का कानून बनाने की चर्चा हो रही है।''[10] डोगरी की प्रसिद्ध साहित्यकार पद्मा सचदेव अपने उपन्यास 'जम्मू जो कभी शहर था' में एक पात्र के माध्यम से लिखती हैं, ''पहले तो थाली में लिटाकर लड़की ब्याह दी जाती थी, दूल्हा भी दो तीन साल का रहता था। फिर महाराजा हरि सिंह ने कानून बनाया कि लड़की चौदह की और लड़का अठारह का होने पर ही शादी होनी चाहिए।''[11] इतना ही नहीं, इसी अधिनियम में असमान या बेमेल विवाह पर सजा का प्रावधान और भी सख्त था। पचास साल या उससे अधिक आयु का कोई व्यक्ति किसी नाबालिग कन्या से शादी करता था, या ऐसी किसी शादी में सहायक होता था तो उसे चार साल की सख्त कैद का प्रावधान था।

4. विधवा पुनर्विवाह

भारतीय सामाजिक व्यवस्था में विधवा का जीवन नारकीय जीवन से कम नहीं था। बाल-विवाह के कारण विधवाओं की संख्या अन्य किसी समाज की तुलना में कहीं ज्यादा भी थी। सामाजिक व्यवस्था ऐसी कि विधवा विवाह को सामाजिक मान्यता नहीं थी और यदि कोई इक्का-दुक्का विधवा विवाह हो भी जाता था तो उसे हेय दृष्टि से देखा जाता थी। यह ठीक है कि विधवा स्त्रियों से विवाहों की संख्या में वृद्धि हुई है, लेकिन अभी भी समाज में उसे हेय दृष्टि से ही देखा जाता है। हिंदू समाज में, खासकर

तथाकथित सवर्ण जातियों में विधवा विवाह आज भी सामाजिक मान्यता की प्रतीक्षा में है। उन दिनों विधवा विवाह की डोगरा समाज में क्या स्थिति होगी, इसका सहज ही अनुमान लगाया जा सकता है। राजपूतों एवं ब्राह्मणों में तो यह पूरी तरह वर्जित था। इसलाम में मतांतरित हो चुके राजपूत भी अपनी सामाजिक व्यवस्था में विधवा विवाह को अमान्य करते थे। महाराजा हरि सिंह ने विधवा विवाह के समर्थन में वातावरण बनाने के लिए जहाँ राज्य में सामाजिक संगठनों को प्रोत्साहित किया, वहीं कानून का सहारा भी लिया। उन्होंने 1931 में एक राजाज्ञा द्वारा अपने राज्य में विधवा विवाह को वैधानिक मान्यता प्रदानकर एक नई शुरुआत की। इस राजाज्ञा का इतना प्रभाव तो पड़ा ही कि जो माता-पिता अपनी विधवा बेटी का पुनर्विवाह करना चाहते थे, उन्हें लगा कि समाज चाहे न सही, कम-से-कम राज्य तो उनके पक्ष में आ ही गया है। इस राजकीय समर्थन ने विधवा विवाह को प्रोत्साहित करने में महत्त्वपूर्ण भूमिका निभाई।

5. कन्या मारना अपराध

भारत पर विदेशी आक्रमण और देश के अनेक हिस्सों पर आक्रमणकारियों द्वारा कब्जा कर लेने के बाद देश में स्वतंत्रता हेतु एक लंबा संघर्ष शुरू हुआ। मध्य एशिया व अरब के ये आक्रमणकारी पराजित क्षेत्रों में औरतों के साथ बहुत ही अपमानजनक व्यवहार करते थे, जिसके कारण अनेक क्षत्रिय जातियों ने लड़की को जन्म के समय ही मारना शुरू कर दिया। धीरे-धीरे राजपूतों में जन्म लेते ही लड़की मार देने की इस कुरीति को परिवार व वंश के सम्मान के साथ जोड़कर देखा जाने लगा। राजस्थान व उत्तरी भारत में यह प्रथा ज्यादा प्रचलित थी। कूका आंदोलन के प्रवर्तक सद्गुरु राम सिंह ने पंजाब में बार-बार अपने शिष्यों को निर्देश दिया है कि 'कुड़ी मार' परिवारों के साथ कोई संबध न रखें। इससे अंदाजा लगाया जा सकता है कि कुछ दशक पहले तक यह कुप्रथा कितनी भयावह रही होगी। गाँवों में जन्म लेते ही कन्या को मारने का काम दाई ही सरलता से निपटा देती थी। रियासतों में यह बीमारी और भी भयानक थी। जम्मू-कश्मीर भी इस कलंक से अछूता नहीं था। महाराजा हरि सिंह ने इस बुराई को समाप्त करने के लिए तरीके सुझाने के लिए एक समिति का गठन किया। इस कमेटी ने 15 दिसंबर, 1925 को अपनी बैठक कर निम्न सुझाव दिए—

(क) कन्या हत्या को रोकने के लिए पुलिस कारगार नहीं सिद्ध हो सकती।

(ख) यह अपराध इतने बढ़े स्तर पर हो रहा है कि यदि इसे रोकने का प्रयास किया गया तो जम्मू क्षेत्र का प्रभावशाली राजपूत डोगरा समाज नाराज हो जाएगा।

(ग) इस प्रथा के मूल में पहला तो लोगों की गरीबी है और उनको चिंता रहती है कि लड़की के बड़ा होने पर पति ढूँढ़ पाना कठिन होगा।

(घ) इस कलंक को मिटाने का एक ही तरीका है कि राजपूत सभा आगे आए और सरकार की सहायता से इस कुप्रथा के खिलाफ जन जागरण अभियान चलाए।[12]

इस कमेटी की रपट के आधार पर व्यावहारिक सुझाव देने के लिए हरि सिंह ने एक दूसरी कमेटी का गठन 18 मई, 1929 को किया। इस कमेटी ने कन्या हत्या के कारणों पर गहराई से विचार करते हुए कुछ व्यावहारिक सुझाव दिए। इतना तो स्पष्ट ही था कि राजपूत समाज ही ज्यादातर कन्या हत्या करता है। इसके लिए इस समाज को कन्या पालने के लिए यदि प्रोत्साहन दिया जाए तो यह कुप्रथा कुछ सीमा तक काबू में आ सकती है। इसे ध्यान में रखते हुए सरकार ने निर्णय किया कि लड़की के पैदा होने पर उसके पिता को एक एकड़ जमीन सरकार की ओर से दी जाएगी। इसके अतिरिक्त लड़की की शादी के समय भी सरकार निश्चित राशि परिवार को देगी। इसके लिए महाराजा हरि सिंह ने धनदेवी मैमोरियल कन्या फंड नाम से एक ट्रस्ट का गठन किया, जिसमें से यह राशि दी जीती थी।[13] महाराजा हरि सिंह ने अपने राज्य में कन्या हत्या को अपराध घोषित किया और इसे करनेवाले को सौ रुपया जुर्माना निश्चित किया। उस समय एक ऐसे प्रदेश में जहाँ, क्षत्रिय वंशों की ही भरमार थी, इस प्रकार का कानून बनाना बड़े साहस का काम था, लेकिन हरि सिंह ने इसे कर दिखाया।

6. सती प्रथा पर प्रतिबंध

सती प्रथा भारत के अनेक हिस्सों में लंबे समय से प्रचलित रही है। प्रथा जितनी भी पुरानी क्यों न हो, इसे रोकने के प्रयास भी होते रहे हैं। ब्रिटिश काल में बंगाल प्रेसिडेंसी में इसे कानून की सहायता से बंद करवाने के प्रयास राजा राममोहन राय ने किए थे, जिसके फलस्वरूप 1829 में सरकार ने सती होने को प्रतिबंधित करते हुए कानून बनाया। परंपरा के नाम पर इस कानून का विरोध करनेवालों ने इस कानून को प्रिवी कौंसिल तक में चुनौती दी, लेकिन वहाँ पराजित हुए और इस प्रकार 1932 में यह कानून वहाँ लागू हो सका। इससे इतना अंदाजा तो लगाया ही जा सकता है कि परंपरा का आधार लेकर, पुरातनपंथी विरोध का स्वर कितना ऊँचा कर सकते थे। ऐसी हालत में रियासतों में सती प्रथा को अपराध ठहराने की व्यवस्था करने के बारे में तो कोई सोच भी नहीं सकता था, लेकिन महाराजा हरि सिंह ने प्रिवी कौंसिल में निर्णय हो जाने के एक साल बाद ही 1933 में अपने राज्य में सती प्रथा को बंद कर दिया और इसमें सहायता करनेवालों को अपराधी घोषित किया। यद्यपि जम्मू संभाग में यह प्रथा बहुत ज्यादा प्रचलित नहीं थी, फिर भी इसको शास्त्रसम्मत बतानेवालों ने सैद्धांतिक आधार पर इसका विरोध किया, लेकिन महाराजा हरि सिंह इस विरोध को नकारते हुए अपने निश्चय पर दृढ रहे।

7. औरतों की खरीद-फरोख्त पर पाबंदी

औरतों की खरीद-फरोख्त की परंपरा पुरानी है। यह परंपरा औरत को संपत्ति समझने की मानसिकता से ही उत्पन्न होती है। यह धंधा करनेवाले दलाल लोगों की गरीबी का लाभ उठाकर माता-पिता से उनकी जवान लड़कियों को सस्ते में खरीद लेते थे और फिर उनको विवाह करवाने के इच्छुक अधेड़ों को बेच देते थे या वेश्याओं के चकले पर भेज देते थे। नेपाल से लेकर कश्मीर तक के पहाड़ी क्षेत्रों में यह धंधा ज्यादा चलता था। उन दिनों कश्मीर, विशेषकर बल्तीस्तान से औरतों को ले जाकर दूसरे प्रांतों में बेच देने का धंधा दलाल करते थे। कोलकाता, चेन्नई में इन औरतों की अच्छी कीमत मिल जाती थी। 1929 में हरि सिंह ने कश्मीर से औरतों को ले जाने पर पाबंदी आयद की। ऐसा करनेवालों को जेल की सजा तीन साल से बढ़ाकर सात साल करने के अतिरिक्त कोड़े मारे जाने का भी प्रावधान किया। कुल मिलाकर कहा जा सकता है कि महाराजा हरि सिंह के शासनकाल में स्त्रियों की सामाजिक स्थिति सुधारने के लिए अभूतपूर्व प्रयास किए गए। महाराजा ने ये प्रयास दोनों स्तरों पर किए। सामाज़िक स्तर पर भी और कानून के स्तर पर भी। महाराजा स्वयं आर्य समाज से प्रभावित थे। इसलिए स्त्रियों की स्थिति सुधारने के लिए आर्य समाज के जन जागरण अभियान को भी उन्होंने प्रोत्साहित किया। आज ये प्रयास और हरि सिंह द्वारा इन विषयों को लेकर बनाए कानून सामान्य लगते हैं, लेकिन पिछली शताब्दी के पूर्वार्ध में ये कानून सचमुच क्रांतिकारी ही माने जाएँगे।

8. शिक्षा के क्षेत्र में प्रगति

जम्मू-कश्मीर में शिक्षा की स्थिति में सुधार के प्रयास महाराजा प्रताप सिंह के समय से ही चालू हो गए थे। इसे समझने के लिए ब्रिटिश इंडिया में ऐसे ही किए जा रहे प्रयासों को जान लेना जरूरी है। भारत के उस हिस्से में, जिस पर अब अंग्रेजों का कब्जा हो गया था, शिक्षा के विस्तार एवं शिक्षा पद्धति को ब्रिटिश मॉडल के अनुरूप डालने को लेकर नए प्रयोग हो रहे थे। 1857 के प्रथम स्वतंत्रता संग्राम में विदेशी सत्ता को उखाड़ फेंकने में विफल हो जाने के बाद, जब ब्रिटिश सरकार ने प्रत्यक्ष ही सत्ता सँभाल ली, तब लंदन में भारतीय शिक्षा को लेकर भी विचार हुआ और यहाँ लंदन विश्वविद्यालय की तर्ज पर कुछ विश्वविद्यालय खोले गए। उसी कड़ी में लाहौर में पंजाब विश्वविद्यालय की स्थापना हुई। अपनी रियासत के आसपास आधुनिक शिक्षा पद्धति का विस्तार और प्रभाव देख, जम्मू-कश्मीर के शासकों के पास दो ही रास्ते थे। पहला तो यह कि वे अपनी प्रजा को इस नव जागरण से दूर रखते और निरंकुश सत्ता को ही मजबूत बनाते, जैसा कई रियासतें कर रहीं थीं, दूसरा रास्ता था कि रियासत स्वयं भी इस नव जागरण आंदोलन का हिस्सा बनती और अपनी प्रजा को इन नव प्रयासों का हिस्सा बनाती।

जम्मू-कश्मीर रियासत ने जन कल्याण हेतु दूसरा रास्ता ही श्रेयस्कर समझा और शिक्षा के प्रचार-प्रसार में लंबी छलाँग लगाई।

इस पृष्ठभूमि में तत्कालीन शासक महाराजा प्रताप सिंह ने 1915 में ब्रिटिश इंडिया के शिक्षा आयुक्त हैनरी शार्प को आमंत्रित किया और उसे रियासत में शिक्षा पद्धति,शैक्षिक संस्थाओं की दशा-दिशा का मूल्यांकन करने एवं उसमें सुधार व परिवर्तन करने एवं रियासत में शिक्षा के प्रसार के लिए उपाय सुझाने के लिए कहा। इस संबंध में हैनरी शार्प ने जून, 1916 को अपनी रपट प्रस्तुत की। यद्यपि इस रपट को महाराजा प्रताप सिंह के काल में ही स्वीकार कर लिया गया था और इस पर किसी सीमा तक अमल भी शुरू हो गया था, लेकिन इसने गति महाराजा हरि सिंह के शासनकाल 1925 में ही पकड़ी। प्राथमिक शिक्षा, सेकेंडरी शिक्षा, उच्च शिक्षा, कन्या शिक्षा, तकनीकी व व्यावसायिक शिक्षा, सभी क्षेत्रों में हरि सिंह के शासनकाल में अभूतपूर्व परिवर्तन देखा गया।

(क) प्राथमिक शिक्षा अनिवार्य—महाराजा हरि सिंह जानते थे कि यदि राज्य को आधुनिक युग की आवश्यकताओं के अनुरूप विकसित करना है तो उसके लिए राज्य में सर्वसाधारण को बिना किसी भेदभाव के शिक्षित करना अनिवार्य है। यदि राज्य में निरक्षरता विद्यमान रहेगी तो राज्य विकास के पथ पर अग्रसर नहीं हो सकेगा। प्राथमिक शिक्षा विकास की आधारभित्ति बन सकती है। यह ठीक है कि यदि माता-पिता में भी अपने बच्चों को स्कूल भेजने की इच्छा होगी, तभी प्राथमिक शिक्षा के अभियान को सफल बनाया जा सकता है, लेकिन इस काम में कानून भी अपनी भागीदारी निभा सकता है। इस उद्देश्य की पूर्ति के लिए हरि सिंह ने 'निःशुल्क एवं अनिवार्य प्राथमिक अधिनियम 1930' लागू किया। पहले चरण में इस अधिनियम को राज्य की सभी नगरपालिकाओं और अधिसूचित क्षेत्र समितियों में लागू किया गया। इस अधिनियम में स्कूल आनेवाले बच्चों को मुफ्त पुस्तकें देने का भी प्रावधान किया गया। सत्तर साल बाद उन दिनों का स्मरण करते हुए पाकिस्तान में बस गए रहमतुल्लाह राड ने लिखा, "इसी कालखंड में रियासत में प्राथमिक शिक्षा अनिवार्य कर दी गई और शहर के हर मोहल्ले में स्कूल खुल गए, जिनमें किताबें और स्टेशनरी निःशुल्क दी जा रही थी।"[14]

(ख) कन्या शिक्षा हेतु प्रयत्न—लेकिन यह प्राथमिक शिक्षा केवल लड़कों तक सीमित नहीं रहनी चाहिए। इसका लाभ लड़के और लड़कियों को समान रूप से मिलना चाहिए। जम्मू-कश्मीर जैसे राज्य में, जहाँ मुसलमानों की जनसंख्या बहुत ज्यादा थी और मुसलमान आमतौर अपनी लड़कियों को स्कूल में भेजना ठीक नहीं समझते थे, लड़कियों को साक्षर बनाना और भी जरूरी है। महाराजा जानते थे कि राज्य में प्राथमिक पाठशालाओं की स्थापना और प्राथमिक शिक्षा की सुविधा प्रदान कर देने मात्र से रूढ़िवादी समाज लड़कियों को स्कूल भेजना शुरू नहीं कर देगा। इसलिए उन्होंने राज्य में लड़के और लड़कियों, दोनों

के लिए ही प्राथमिक शिक्षा अनिवार्य कर दी। अब बच्चों को प्राथमिक स्तर तक स्कूल भेजना अनिवार्य हो गया था। सह शिक्षा का उस समय इतना प्रचलन नहीं था। यही कारण है कि कन्या शिक्षा को प्रोत्साहित करने के लिए सरकार ने कन्या विद्यालय खोलने की ओर भी ध्यान दिया। राज्य के शिक्षा विभाग में 1928 से कन्या शिक्षा विभाग को अलग से स्थापित कर दिया गया, ताकि लड़कियों की शिक्षा के मामले में ठोस काम किया जा सके। लड़कियों को स्कूल जाने के लिए प्रोत्साहित करने के लिए कन्या छात्रवृत्ति का प्रावधान किया गया। लड़कियों को पढ़ाए जानेवाले पाठ्यक्रमों में भी आवश्यकतानुसार परिवर्तन किया गया। उच्च शिक्षा के क्षेत्र में लड़कियों के लिए अलग महाविद्यालय खोले गए। इतना ही नहीं, हरि सिंह ने निर्धन बच्चों के लिए पाँच सौ छात्रवृत्तियाँ सृजित कीं। इससे राज्य में एक नए साक्षरता आंदोलन की शुरुआत हुई। 1941 तक आते-आते केवल जम्मू संभाग में ही, मोटे तौर पर 3602 की जनसंख्या पर एक प्राथमिक स्कूल विद्यमान था।[15]

(ग) सेकेंडरी स्तर की शिक्षा—राज्य में सेकेंडरी शिक्षा भी संतोषजनक नहीं कही जा सकती थी। 1929 में जम्मू संभाग की बात की जाए तो वहाँ सात हाईस्कूल थे और उनमें कुल मिलाकर 2665 छात्र पढ़ रहे थे।[16] ये सभी स्कूल पंजाब विश्वविद्यालय लाहौर से संबंधित थे। हरि सिंह के शासनकाल में स्कूलों की संख्या बढ़ाने पर जोर दिया गया और इस दिशा में राज्य की सामाजिक संस्थाओं को भी स्कूल खोलने के लिए प्रोत्साहित किया गया। इस प्रकार 1941 तक आते-आते जम्मू संभाग में रियासी को छोड़कर सभी जिला केंद्रों में हाईस्कूल विद्यमान था।[17]

(घ) शिक्षा में कौशल विकास—लेकिन जैसे-जैसे राज्य में शिक्षा का विस्तार होता गया, वैसे-वैसे आम लोगों में एक और भी बहस शुरू हो गई। इस शिक्षा से क्या लाभ है। जो पढ़-लिख जाता है, वह पुश्तैनी काम को भी छोड़ देता है और नौकरी के पीछे भटकना शुरू कर देता है। नौकरियों की संख्या इतनी कम है कि सभी को नहीं मिल सकतीं। इसलिए पढ़ा-लिखा यानी घर का, न घाट का। मलिका पुखराज ने जम्मू-कश्मीर के अपने संस्मरणों में इसका रोचक ढंग से उल्लेख किया है। "गरीब लोगों की पढ़ी-लिखी संतानें बेरोजगार निठल्ली घूमतीं थीं। उनकी यह दशा दूसरे लोगों के लिए उदाहरण का काम करने लगी थी। लोग आमतौर पर बातें करते थे, देखो इन लोगों को पढ़-लिखकर क्या मिला? यदि ये भी अपने बाप-दादा के पुश्तैनी धंधे में लगे रहते तो आज खुश होते। कम-से-कम अपने माता-पिता पर बोझ तो न बनते। अब तो उन्हें पैसे भी अपने घरवालों से ही माँगने पड़ते हैं। वे अपना सारा दिन शतरंज खेलने, सिगरेटें पीने और पान खाने में बिता देते हैं। अपनी इसी पढ़ाई के कारण तो वे पुश्तैनी लोहारी, तरखान और मिस्त्री का काम करने लायक भी न रहे।"[18] इस नई बहस को ध्यान में रखते हुए महाराजा हरि सिंह ने 27 जून, 1938 को राज्य के शिक्षा निदेशक की अध्यक्षता में 'शिक्षा पुनर्गठन समिति'

का गठन किया। इस समिति ने अन्य सुझावों के अतिरिक्त दो महत्त्वपूर्ण सुझाव दिए। पहला, शिक्षा में प्राथमिक वर्ग से ही बच्चों को व्यावसायिक प्रशिक्षण भी दिया जाना चाहिए, ताकि वे पढ़ने के साथ-साथ कोई काम-धंधा भी सीख सकें।

(ङ) अध्यापक-प्रशिक्षण की व्यवस्था—समिति की दूसरी सिफारिश थी कि विद्यालयों में पढ़ानेवाले अध्यापकों के प्रशिक्षण की भी समुचित व्यवस्था होनी चाहिए, ताकि स्कूलों में उच्च कोटि के अध्यापक पढ़ाने के लिए नियुक्त हों। इस उद्‌देश्य की पूर्ति के लिए अध्यापक-प्रशिक्षण महाविद्यालय खोले जाने चाहिए। राज्य सरकार ने समिति के सुझावों को स्वीकार करते हुए तकनीकी शिक्षा और अध्यापक प्रशिक्षण शिक्षा के क्षेत्र में अनेक कदम उठाए। अध्यापक-प्रशिक्षण महाविद्यालय खोले गए। बाद में लड़कियों के लिए अध्यापक-प्रशिक्षण की अलग से व्यवस्था भी की गई। इसी प्रकार स्कूलों में बढ़ईगीरी, रंगसाजी, सुनार का काम, शार्टहैंड, टंकण कार्य, मिट्‌टी के बरतन बनाने का काम इत्यादि के प्रशिक्षण की व्यवस्था की गई। इसी प्रकार राज्य सरकार की ओर से छात्रों को राजकीय छात्रवृत्ति पर राज्य के बाहर के विश्वविद्यालयों में पढ़ने के लिए भेजा जाता था। काशी हिंदू विश्वविद्यालय, अलीगढ़ मुसलिम विश्वविद्यालय, पंजाब विश्वविद्यालय में प्रतिवर्ष राज्य से छात्रों को उच्च शिक्षा के लिए भेजा जाता था। उन्होंने लाहौर के मेडिकल कॉलेज में जम्मू-कश्मीर के पाँच छात्रों के लिए स्थान आरक्षित करवाने के लिए कॉलेज को राज्य की ओर से प्रतिवर्ष पाँच लाख रुपए का अनुदान देना शुरू किया। महाराजा हरि सिंह के राज्य में शिक्षा की प्रगति का अंदाजा इसी से लगाया जा सकता है कि, "1931-1941 के दौरान श्रीनगर में साक्षर लोगों की संख्या में 12 प्रतिशत की वृद्धि हुई। श्री नगर में कार्यरत सरकारी, गैर सरकारी प्राथमिक, माध्यमिक और हाईस्कूलों की शैक्षिक गतिविधियाँ इसका प्रमाण हैं।"[19] रियासत में शिक्षा के प्रचार-प्रसार के लिए किए गए कामों को मान्यता देते हुए 1938 में पंजाब विश्वविद्यालय लाहौर ने महाराजा हरि सिंह को एलएल.डी. की मानद उपाधि प्रदान की।

9. स्वतंत्र न्यायपालिका की स्थापना

निष्पक्ष न्याय व्यवस्था किसी भी प्रशासन की रीढ़ की हड्‌डी कही जा सकती है। दरअसल किसी भी राज्य की प्रशासनिक श्रेष्ठता की सबसे बड़ी कसौटी यही है कि उसकी न्यायपालिका कितनी निष्पक्ष है। रियासतों में इस प्रकार की व्यवस्था की आमतौर पर आशा नहीं की जाती थी, लेकिन महाराजा हरि सिंह जिस प्रकार प्रशासन के अन्य विभागों का आधुनिकीकरण कर रहे थे, उसी प्रकार उन्होंने न्याय प्रशासन को भी विश्वसनीय बनाने के अनेक उपाय किए। उन्होंने राज्य में निष्पक्ष न्याय व्यवस्था को सुदृढ करने के लिए 1928 में ही उच्च न्यायालय की स्थापना की। भारतीय रियासतों में शायद यह पहली

रियासत थी, जिसने अपने राज्य में उच्च न्यायालय की स्थापना की थी। ''इस उच्च न्यायालय में एक मुख्य न्यायाधीश और दो अन्य न्यायाधीश थे। 1930 में रेजीडेंसी न्यायालयों के अधिकार क्षेत्र को भी रियासती न्यायालयों को स्थानांतरित कर दिया गया। इससे रियासत के स्थानीय प्रशासन में ब्रिटिश सरकार के पोलिटिकल विभाग का प्रभाव कम हुआ। महाराजा हरि सिंह न्याय के मामले में किसी जाति या मजहब के आधार पर भेदभाव के खिलाफ थे।'' राज्य के दंड विधान में अभी तक यह प्रावधान था कि ब्राह्मण और राजपूत को किसी भी व्यवस्था में मृत्यु दंड नहीं दिया जा सकता था। महाराजा ने 1936 में कानून में संशोधन करके ब्राह्मणों व राजपूतों का यह विशेषाधिकार समाप्त किया।[20] ''जिस प्रकार ब्रिटिश इंडिया में प्रिवी कौंसिल कार्य करती थी, उसी की तर्ज पर न्यायिक सलाहकार बोर्ड की स्थापना की गई। यह बोर्ड उन मामलों में, जिनमें अधीनस्थ न्यायालयों के निर्णयों की अपील महाराजा के पास आती थी, महाराजा को सलाह देता था। इतना ही नहीं 10 सितंबर, 1943 को प्रदेश के हाई कोर्ट को लैट्रज पेटेंट का अधिकार दिया गया, जिससे विधि की आधुनिक अवधारणाओं के अनुरूप प्रदेश हाई कोर्ट को स्थापित कर दिया गया। प्रदेश में न्यायपालिका को कार्यपालिका से बिल्कुल स्वतंत्र कर दिया गया।''[21]

महाराजा की न्यायप्रियता का एक उदाहरण देना समुचित होगा। जम्मू के कर्ण नगर में शासन ने सार्वजनिक हित के लिए जमीन का अधिग्रहण किया था। बाकी निवासियों ने जमीन खाली कर दी थी, लेकिन शंभु नाथ ने जमीन खाली करने से इनकार कर दिया। (शंभु नाथ स्वर्गीय राम नाथ शास्त्री के पिता थे) शंभु नाथ इस राजाज्ञा के खिलाफ महाराजा के खिलाफ मुकदमा करना चाहते थे, लेकिन वैधानिक दृष्टि से इसके लिए महाराजा की अनुमति मिलना जरूरी था। शंभु नाथ ने इस अनुमति के लिए बाकायदा महाराजा हरि सिंह के पास आवेदन किया। महाराजा ने अपने खिलाफ यह मुकदमा दर्ज करने की अनुमति ही नहीं दी, बल्कि अपना पक्ष स्वयं न्यायालय में उपस्थित किया। महाराजा यह मुकदमा हार गए, लेकिन उन्होंने राज्य में न्यायप्रियता और निष्पक्षता की नई मिसाल कायम कर दी।[22] रियासतों में जहाँ सबकुछ राजा की भृकुटी पर ही निर्भर करता था और वहाँ प्रशासन में शक्तियों के विभाजन की कल्पना करना भी कठिन था, वहीं महाराजा हरि सिंह ने पिछली सदी के दूसरे दशक में ही उच्च न्यायालय की स्थापना करके स्वतंत्र न्यायपालिका की दिशा में एक नई शुरुआत की।

10. सार्वजनिक स्थानों पर धूम्रपान वर्जित

धूम्रपान निषेध को लेकर आज भी जब कोई सरकार कानून बनाती है तो उसकी खूब वाहवाही होती है। हिमाचल प्रदेश सरकार ने दो साल पहले सार्वजनिक स्थानों पर धूम्रपान न करने का कानून पारित किया था। यह आज इक्कीसवीं शताब्दी में भी बहुत

ही प्रगतिवादी और साहसिक कार्य माना जा रहा है। लेकिन कल्पना करिए जम्मू-कश्मीर में महाराजा हरि सिंह ने बीसवीं शताब्दी के चौथे दशक में ही राजाज्ञा द्वारा किशोरों द्वारा सार्वजनिक स्थानों पर धूम्रपान को प्रतिबंधित किया। महाराजा के प्रशासन ने किशोर धूम्रपान निषेध अधिनियम 8 जुलाई, 1929 को लागू किया। इस अधिनियम के अनुसार न तो किसी किशोर को तंबाकू या उससे बने उत्पाद बेचे जा सकते हैं और न ही कोई किशोर किसी सार्वजनिक स्थान पर धूम्रपान कर सकता है या तंबाकू खा सकता है। यदि कोई किशोर ऐसा करता पकड़ा जाता है तो प्रथम अपराध पर पच्चीस रुपए, दूसरी बार वही अपराध करने पर पचास रुपए और बार-बार वही अपराध करनेवाले अधिकतम सौ रुपया तक जुर्माना हो सकता था, लेकिन आखिर ऐसे किशोरों को सार्वजनिक स्थानों पर धूम्रपान करने पर पकड़ेगा कौन? हर जगह हर समय पुलिस तो हो नहीं सकती। अत इस अधिनियम में ही प्रावधान था कि ऐसे किशोर को लंबरदार, जैलदार, मान्यताप्राप्त स्कूल या कॉलेज का अध्यापक, वकील, चिकित्सक या मजिस्ट्रेट पकड़ सकता था और पकड़े गए किशोर से मिला तंबाकू या उससे बने उत्पाद नष्ट कर सकता था। हरि सिंह का यह कार्य, दरअसल राज्य की प्रगति को लेकर उनकी भीतरी सोच को प्रतिबिंबित करता है।

11. साहूकारों से मुक्ति

शेष भारत की तरह जम्मू-कश्मीर में भी किसान या जमींदार किसी-न-किसी रूप में साहूकारों के चंगुल में फँसे हुए थे और साहूकार उनका शोषण करते थे। किसानों को विवाह-शादी में, बीमारी में, फसल बरबाद हो जाने की स्थिति में पैसे की जरूरत रहती ही थी और उनकी यही जरूरत उनको साहूकार के पास ले जाती थी। किसान की विवशता का लाभ उठाकर साहूकार उनसे मनमाना ब्याज तो वसूलते ही थे, साथ ही उनकी निरक्षरता व भोलेपन का लाभ उठाकर कहीं भी अँगूठे का निशान लगवा लेते थे। इस चक्रव्यूह में एक बार फँसा किसान आमतौर पर निकल नहीं पाता था। यह कर्ज परंपरा से पिता से पुत्र को विरासत में मिलता था। साहूकार के अतिरिक्त किसान के पास और कोई स्रोत नहीं होता था, जिससे संकटकाल में कर्ज लिया जा सके। जब खेत में फसल पक जाती थी तो साहूकार के प्यादे अपने हिस्से की फसल लेने आ धमकते थे। अनेक बार जब किसान समय पर साहूकार का कर्जा नहीं चुका पाता था तो साहूकार उसकी जमीन व अन्य संपत्ति पर भी कब्जा कर लेता था। इन सारे मामलों में साहूकार का अपनी बही-खाता ही सबसे बड़ा सबूत माना जाता था। महाराजा हरि सिंह ने किसानों को साहूकारों के चंगुल से बचाने के लिए अनेक उपाय किए। 1928 में उन्होंने 'काश्तकार राहत अधिनियम' और 1936 में 'भूमि सुधार एवं काश्तकार सहायता अधिनियम' कानून बनाए। किसानों की जमीन पर साहूकार कब्जा न कर सकें, इसका उन्होंने प्रावधान किया। "1928 के

अधिनियम के अंतर्गत यदि कोई साहूकार किसान से कर्जा वसूली के लिए बल प्रयोग करता है तो किसान या काश्तकार अपना केस कचहरी में ले जा सकता है। कचहरी हिसाब-किताब की जाँच करने के बाद दोनों पक्षों का सैटलमेंट करवा सकती थी। नियम के अनुसार कचहरी के लिए यह जाँचना जरूरी होगा कि साहूकार ने पिछले पाँच साल में काश्तकार से मूलधन के पचास प्रतिशत से ज्यादा ब्याज तो नहीं ले लिया है।

किसान की माली हालत को देखते हुए, कचहरी कर्ज अदायगी के लिए आसान किश्तें निर्धारित कर सकती थी।''[23] पंजाब में यूनियनिस्ट पार्टी में मंत्री बनकर किसानों को जमीन व बैल की कुर्की से राहत देनेवाला कानून सर छोटू राम ने तो बहुत बाद में बनाया था। उससे कहीं पहले महाराजा हरि सिंह ने ऐसे प्रावधान अपने राज्य में लागू कर दिए थे। आश्चर्य की बात है कि इन कानूनों से ज्यादा लाभ मुसलमानों को ही होनेवाला था, लेकिन तब भी वे नहीं हिचकिचाए। इतना ही नहीं, दूसरे अधिनियम में काश्तकारों को अपनी भूमि के सुधार के लिए और संकट काल में जरूरत के समय कर्ज व सहायता देने की व्यवस्था की गई। राज्य में सहकारी संस्थाओं की स्थापना को प्रोत्साहित किया गया, ताकि काश्तकार जरूरत के समय इन सहकारी समितियों से कर्ज ले सकें। इसी प्रकार महाराजा हरि सिंह ने The Land Alienation Act लागू किया, जिसके अनुसार काश्तकार की जमीन किसी गैर काश्तकार को स्थानांतरित नहीं की जा सकती थी। इससे कर्ज की आड़ में साहूकारों द्वारा किसानों की जमीन हड़पने की साजिशों को कुछ सीमा तक रोकने में सहायता मिली।

12. स्टेट सब्जैक्ट अधिनियम

राज्य के विकास और उसके आधुनिकीकरण की वजह से अब जम्मू-कश्मीर, खासकर कश्मीर घाटी शेष देश से कटी हुई नहीं रही थी, बल्कि सड़कों के माध्यम से देश के बाकी हिस्सों से जुड़ गई थी। मौसम के लिहाज से अंग्रेजों को घाटी की जलवायु अपने देश के अनुकूल ही लगती थी। गुलमर्ग अंग्रेज पर्यटकों का अड्डा ही बन गया था। अनेक अंग्रेज घाटी में जमीन खरीदकर राज्य के स्थायी निवासी बनना चाहते थे। महाराजा हरि सिंह जानते थे कि यदि प्रभावशाली अंग्रेज राज्य में संपत्ति अर्जित कर रहने लगे तो यह राज्य भी परोक्ष रूप से अंग्रेजों का उपनिवेश ही बन जाएगा। महाराजा प्रताप सिंह के राज्यकाल से ही रियासत में बढ़ते अंग्रेजी प्रभाव को वे देख ही रहे थे। अंग्रेज राज्य में जमीन न खरीद सकें, इसके लिए कोई-न-कोई रास्ता खोजा जाना जरूरी था।

इसके अतिरिक्त राज्य में एक नई स्थिति पैदा हो रही थी। प्रदेश में शिक्षा की सुविधाएँ मुहैया हो जाने के कारण डिग्रीधारी युवकों की संख्या बढ़ती जा रही थी, लेकिन राज्य में नौकरियों की संख्या तो सीमित थी। उन सीमित संख्या पर भी बाहर के

प्रदेशों के लोग आ जाते थे। महाराजा हरि सिंह ने इस स्थिति से निपटने के लिए 20 अप्रैल, 1927 में स्टेट सब्जेक्ट अध्यादेश जारी किया। इसके अनुसार सरकारी नौकरियाँ रियासत के बाशिंदों को ही मिल सकतीं थीं। इसी प्रकार रियासत के स्थायी बाशिंदे ही रियासत में संपत्ति इत्यादि खरीद सकते थे। स्टेट सब्जेक्ट की परिभाषा निर्धारित कर दी गई। 1927 के अध्यादेश के अनुसार शिक्षा छात्रवृत्ति, काश्तकार के लिए या मकान बनाने के लिए राज्य की ओर से जमीन स्टेट सब्जेक्ट को ही मिल सकती थी। इस कानून से उन दिनों जब ब्रिटेन का सूर्य अस्त नहीं होता था, महाराजा ने किसी सीमा तक राज्य को ब्रिटिश कॉलोनी बन जाने से बचाया। इस कानून के कारण ही श्रीनगर की डल झील में हाउस बोट का निर्माण और प्रचालन शुरू हुआ, जिसका इस्तेमाल उन दिनों ज्यादातर अंग्रेज ही करते थे। हाउस बोट जमीन की परिभाषा में नहीं आता था। इसलिए वे श्रीनगर में हाउस बोट खरीद लेते थे।

13. बेगार प्रथा की समाप्ति

जम्मू-कश्मीर के दुर्गम पर्वतीय क्षेत्रों में सामान ढोने एवं सरकारी कार्य निपटाने के लिए बेगार प्रथा का प्रचलन था। इसके अनुसार किसी एक स्थान से दूसरे स्थान तक सामान पहुँचाना प्रजा के लिए अनिवार्य कर्तव्य था और इसके लिए कोई पारिश्रामिक भी नहीं दिया जाता था। बेगार प्रथा एक प्रकार से निरीह प्रजा का शोषण करने की सामंतवादी पद्धति थी। महाराजा हरि सिंह ने अपने शासन काल में राज्य से बेगार की इस बेकार प्रथा को समाप्त किया और इसे अपराध घोषित किया। यदि किसी से काम करवाया जाना अनिवार्य हो तो उसको उसका पारिश्रामिक देना भी अनिवार्य किया गया। अपने समय में यह कदम, खासकर किसी रियासत में, सचमुच क्रांतिकारी ही कहा जाएगा।

14. औद्योगिकीकरण के प्रयास

जम्मू-कश्मीर सरकार ने 1923 में राज्य में अलग से उद्योग विभाग की स्थापना की, जिसने रियासत में उद्योगों के प्रसार में महत्त्वपूर्ण भूमिका निभाई। महाराजा हरि सिंह जानते थे कि राज्य के विकास की धुरी, संरचनात्मक ढाँचे का निर्माण और राज्य में उद्योगों का विकास ही है। 1935 में उन्होंने उद्योग सहायता अधिनियम लागू किया, जिसके तहत प्रदेश में उद्योगों को प्रोत्साहित करने के लिए सहायता का प्रावधान किया गया था। इस अधिनियम के तहत राज्य में पंजीकृत ऐसी ज्वांइट स्टॉक कंपनियों को, जिनमें निदेशक मंडल में स्टेट सब्जैक्ट साठ प्रतिशत हों और अंशधारकों में भी स्टेट सब्जैक्ट का बहुमत हो, विविध प्रकार की सहायता के प्रावधान थे। इनमें प्रमुख तौर पर 1. उद्योग को कर्ज देना 2. बैंक से कर्ज लेने की स्थिति में गारंटी देना 3. मशीनरी की

खरीद के लिए सब्सिडी देना 4. आसान शर्तों पर जमीन, लकड़ी, जल संसाधन मुहैया करवाना 5. हायर-परचेज पद्धति से मशीनरी उपलब्ध करवाना, उद्योग के लिए जरूरी कच्चे माल को कंस्ट्रक्शन ड्यूटी से मुक्त करना इत्यादि शामिल था।[24]

इसी शृंखला में उद्योगों की सहायता हेतु औद्योगिक क्रेडिट सहकारी समितियों का सशक्तिकरण किया गया। केवल जम्मू संभाग में ही 1925 में ऐसी 25 समितियाँ थीं, जो 1929 तक आते-आते 59 तक पहुँच गई।[25] इसी उद्देश्य की पूर्ति के लिए 1938 में जम्मू-कश्मीर बैंक की स्थापना की गई। 1935 में राज्य में पहला बिजलीघर स्थापित किया। 1940 में ही राज्य बिरोजा फैक्टरी स्थापित की। 1941 में श्रीनगर एंपोरियम की स्थापना की गई। 1945 में रणवीर सिंह पुरा में चीनी मिल की स्थापना की। महाराजा हरि सिंह जानते थे कि उद्योगों के विकास के लिए प्रदेश में परिवहन सुविधाओं का विकास भी उतना ही जरूरी है। उनकी सरकार ने उद्योगों को सहायता देने के साथ-साथ संचार परिवहन को सुधारने के भी प्रयास किए। 1932 में जम्मू में तवी पर और अखनूर में चिनाब पर दो लौह सेतु बनवाए गए। 1940 में ही राज्य बिरोजा फैक्टरी स्थापित की।

15. चिकित्सा सुविधाओं का विस्तार

1940 में उन्होंने जम्मू,श्रीनगर और कोटली में तीन हस्पतालों की स्थापना की। ''महाराजा हरि सिंह के शासन काल में जम्मू में महाराजा गुलाब सिंह अस्पताल और श्रीनगर में हरि सिंह अस्पताल खोला गया। इसी प्रकार मीरपुर में एक आधुनिक अस्पताल स्थापित किया गया। तपेदिक के उपचार के लिए सरकार ने एक अलग से विभाग स्थापित किया गया। टंगमार्ग में तपेदिक अस्पताल बनाया गया। मलेरिया और प्लेग उन्मूलन के लिए नए विभाग स्थापित किए गए।''[26] जम्मू और श्रीनगर में खोले गए ये दोनों हस्पताल उन दिनों बहुत बड़ी उपलब्धि थी। जम्मू के हस्पताल पर उन दिनों आठ लाख और श्रीनगर के हस्पताल पर पैंतीस लाख रुपए खर्च हुए थे।

16. संसदीय प्रणाली की स्थापना

महाराजा हरि सिंह ने जम्मू-कश्मीर में सबसे पहले 1934 के संविधान अधिनियम के तहत लोकतांत्रिक विधान मंडल की स्थापना की। विधानमंडल के दो हिस्से थे। (क) राज्य परिषद्, जिसमें प्रधानमंत्री और अन्य मंत्री शामिल थे और उनकी नियुक्ति महाराजा स्वयं करते थे। (ख) विधानसभा को प्रजा सभा कहा जाता था। प्रजा सभा के कुल 75 सदस्य थे। इनमें से 33 सदस्य, जम्मू-कश्मीर प्रजा सभा निर्वाचन नियमों की प्रक्रिया के अनुसार आम जनता द्वारा चुनकर आते थे। शेष सदस्यों में राज्य के मंत्री, पदेन सदस्य

और महाराजा द्वारा मनोनीत व्यक्ति शामिल थे। मताधिकार द्वारा चुने जानेवाले सदस्यों में भी राज्य की जनसंख्या के अनुपात का ध्यान रखा गया था। इनमें 21 स्थान मुसलमानों के लिए, 12 हिंदू-सिखों के लिए निर्धारित थे। प्रजा सभा के लिए बाकायदा चुनाव करवाए गए। महाराजा द्वारा मनोनीत किए जानेवाले सदस्यों के लिए भी तार्किक आधार निर्धारित किया गया। ''ये मनोनयन, जनसंख्या के उस हिस्से का अप्रत्यक्ष प्रतिनिधित्व सुनिश्चित करने के लिए रखे गए, जिनका साधारणतया चुनाव विधि से शायद प्रतिनिधित्व न हो सके।''[27] अधिनियम में ही यह सुनिश्चित किया गया कि महाराजा किस क्षेत्र से, किस समुदाय को मनोनीत करेंगे। लद्दाख बजारत से दो बौद्ध ही मनोनीत किए जा सकते थे। स्कर्दू तहसील,कारगिल तहसील, गिलगित बजारत, उत्तर कश्मीर व दक्षिण कश्मीर बजारत और मुजफ्फराबाद वजारत से मुसलिम समुदाय के लोग ही मनोनीत किए जा सकते थे। जम्मू वजारत और उधमपुर वजारत से हिंदू को ही मनोनीत किया जाना था, लेकिन उसमें भी केवल मेघ जाति के हिंदू ही मनोनीत किए जा सकते थे, ताकि पिछड़े वर्ग को भी प्रतिनिधित्व मिल सके।

श्रीनगर शहर से एक हिंदू प्रतिनिधि का मनोनयन होना था, लेकिन यह हिंदू कश्मीरी हिंदुओं में से नहीं हो सकता था। इसी प्रकार प्रजा सभा में जम्मू, उधमपुर, रियासी, दक्षिणी कश्मीर और श्री प्रताप सिंह पुरा तहसील में से एक सिख समुदाय के प्रतिनिधि का मनोनयन अनिवार्य था। चनानी जागीर और पुंछ जागीर के इलाकेदारों की सिफारिश पर वहाँ से भी एक-एक हिंदू प्रतिनिधि का मनोनयन अनिवार्य था।[28] इससे सहज ही अंदाजा लगाया जा सकता है कि महाराजा के पास प्रजा सभा में प्रतिनिधियों के मनोनयन का जो अधिकार था, वह निरंकुश नहीं था। यह ठीक है कि इन चुनावों में केवल दस प्रतिशत जनता को ही मताधिकार दिया गया था, लेकिन भारत के दूसरे हिस्से ब्रिटिश इंडिया में तो दस प्रतिशत से भी कम लोगों को ही यह मताधिकार प्राप्त था। लेकिन इस बात से इनकार नहीं किया जा सकता कि महाराजा हरि सिंह के इस कदम से रियासत के इतिहास में एक नई शुरुआत हुई। ''जो भी हो,चुनावों की इस प्रक्रिया ने रियासत में फ्रेंचाइजी की अवधारणा को स्थापित किया और लोगों को मताधिकार के प्रति जागरूक किया। इसलिए इस प्रयोग को, जन प्रतिनिधित्व प्रणाली का उद्घाटन कहा जा सकता है। आम लोगों के लिए यह एकतंत्र की शक्तियों के ह्रास की शुरुआत थी। यही शुरुआत उन दिनों जन-जन में चर्चा का विषय था।''[29]

जिन दिनों जम्मू-कश्मीर में लोकतंत्र का यह प्रयोग शुरू हुआ, उन्हीं दिनों ब्रिटिश इंडिया में भी तेजी से राजनैतिक परिवर्तन हो रहे थे। ब्रिटिश सरकार ने 1935 में भारत के लिए भारत सरकार अधिनियम पारित किया। इस अधिनियम में विधानमंडलों में प्रतिनिधियों को ज्यादा अधिकार दिए गए। महाराजा हरि सिंह ने भी अपनी रियासत में

1934 के संविधान के स्थान पर नया संविधान लागू करने का निर्णय किया, जो 1935 के अधिनियम के ज्यादा अनुकूल हो। इस पृष्ठभूमि में जम्मू-कश्मीर में 1934 के संविधान अधिनियम को निरस्त करते हुए जम्मू-कश्मीर संविधान अधिनियम 1939 लागू किया गया। इसके अनुसार आम जनता द्वारा चुने जानेवाले सदस्यों की संख्या बढ़ाकर चालीस कर दी गई। महाराजा ने चुने गए सदस्यों में से भी मंत्री बनाए जाने का भी निर्णय किया। उन्होंने प्रजा सभा के पास संदेश भिजवाया कि सभा छह सदस्यों की एक सूची उनके पास भेज सकते हैं। इस सूची में से दो जन प्रतिनिधि राज्य के मंत्री बनाए जाएँगे। प्रजा सभा ने जो सूची भेजी, उसमें से नेशनल कॉन्फ्रेंस के मिर्जा अफजल बेग एवं गंगा राम को मंत्री बनाया। बेग को राजस्व मंत्रालय दिया गया और वे कश्मीर घाटी का प्रतिनिधित्व करते थे। गंगा राम जम्मू संभाग का प्रतिनिधित्व करते थे। मिर्जा अफजल बेग, महाराजा हरि सिंह के शासन के खिलाफ आंदोलन चलानेवाले लोगों में प्रमुख थे। उन दिनों रियासतों में राज्य प्रशासन के खिलाफ आंदोलन चलानेवालों को दंडित करने की परंपरा थी, उन्हें मंत्री बनाने की नहीं, लेकिन हरि सिंह ने राज्य में लोकतांत्रिक प्रणाली को मजबूत करने के लिए अपने विरोधियों को भी मंत्रिमंडल में शामिल कर एक नई मिसाल कायम की।

लेकिन हरि सिंह समय की परिवर्तनशीलता को बखूबी जानते थे। उन्होंने 1939 के इस संविधान में भी युगानुकूल संशोधन करने का मन बनाया। संविधान का व्यावहारिक मूल्यांकन करने एवं उसमें संशोधन का सुझाव देने के उद्देश्य से ''जुलाई, 1943 में मुख्य न्यायाधीश गंगा नाथ की अध्यक्षता में एक आयोग स्थापित किया। इस आयोग में नेशनल कॉन्फ्रेंस के दो प्रतिनिधि मिर्जा अफजल बेग और गुलाम मोहम्मद सादिक को भी शामिल किया गया। आयोग की पहली बैठक अगस्त में हुई, लेकिन जल्दी ही नेशनल कॉन्फ्रेंस में मतभेद हो गए और उसके सदस्यों ने त्यागपत्र दे दिया।''[30] जिससे इस आयोग का काम आगे नहीं बढ़ पाया। इसलिए 1939 के संविधान के अंतर्गत ही प्रजा सभा के अंतिम चुनाव 1946 के अंत व 1947 के शुरू के दिनों में हुए थे। शेख अब्दुल्ला की नेशनल कॉन्फ्रेंस में तब आंतरिक विवाद काफी गहरे होने लगे थे। इसलिए उसने चुनावों में हिस्सा न लेकर उनका बहिष्कार किया था। जम्मू-कश्मीर में 1939 के इसी संविधान अधिनियम के अंतर्गत 1957 तक प्रशासन चलता रहा है।

17. स्थानीय स्वशासन का विकास

महाराजा हरि सिंह ने अपने राज्य में सत्ता का विकेंद्रीयकरण करने के लिए काफी अरसा पहले से ही पग उठाने शुरू कर दिए थे। राज्य में पंचायत व्यवस्था की शुरुआत इसका प्रमाण है। वैसे तो भारतीय समाज में पंचायत की अवधारणा बहुत पुरानी है और

सामाजिक स्तर पर पंचायतें समाज में व्यवस्था स्थापन का कार्य करती रही हैं, लेकिन प्रशासकीय स्तर पर पंचायतों की भागीदारी सुनिश्चित करने के लिए पहल महाराजा हरि सिंह ने ही की। उन्होंने ग्राम स्तर पर लोकतांत्रिक व्यवस्था को मजबूत करने के लिए 1935 में जम्मू-कश्मीर ग्राम पंचायत रेगुलेशन-1 जारी किया और इसके माध्यम से राज्य में पंचायत प्रणाली की स्थापना की। इसी शृंखला में 1937 में पंचायत व ग्राम विकास विभाग स्थापित किया। 1941 में पंचायत रेगुलेशन में संशोधनकर उसके दायरे को विस्तृत किया गया और उन्हें और अधिकार दिए गए। महात्मा गांधी जिस ग्राम स्वराज्य की कल्पना करते थे, उसके मूल में पंचायती व्यवस्था ही थी। हरि सिंह ने उसी दिशा में पहल की थी।

जम्मू-कश्मीर के दो बड़े नगरों मसलन जम्मू व श्रीनगर में 1881 में ही नगरपालिका स्थापित हो गई थीं, लेकिन उनके सभी सदस्य मनोनीत होते थे। चुनाव का प्रावधान नहीं होता था। महाराजा हरि सिंह ने अपने शासनकाल में नगरपालिकाओं की संरचना में सुधार किए। 1940 में टाउन एरिया कमेटी एक्ट लागू किया गया। ''उनके कार्यकाल में नगरीकरण की रफ्तार में तेजी आई। इसलिए नगरपालिकाओं के अधिकारों और कार्यक्षेत्र का विस्तार किया गया। इतना ही नहीं, कई कस्बों में नोटिफाइड एरिया कमेटियों की स्थापना की गई। नगरों का विकास व विस्तार किसी निश्चित वैज्ञानिक योजना के अंतर्गत हो, इसलिए नगर योजना विभाग स्थापित किया गया।''[31]

18. कर्मचारी चयन पद्धति गुणवत्ता पर आधारित

महाराजा के शासनकाल में राज्य में सरकारी नौकरियों में नियुक्तियाँ केवल योग्यता पर आधारित थीं। 1935 तक आते-आते उन्होंने सरकारी कर्मचारियों की भरती में पारदर्शिता और निष्पक्षता के लिए राज्य में लोक सेवा आयोग का गठन कर दिया था। राज्य के उपमुख्यमंत्री रहे देवी दास ठाकुर उस समय का वर्णन करते हुए लिखते हैं, ''एकतंत्रीय सरकार की और चाहे कितनी भी कमियाँ क्यों न रही हों, राज्य प्रशासन में कर्मचारी चयन में किसी प्रकार का पक्षपात नहीं होता था। यदि था तो वह नगण्य ही था। चयन का आधार केवल योग्यता ही थी।''[32]

19. सामाजिक कुरीतियों के खिलाफ संघर्ष

हिंदू समाज की अनेक रूढ़िवादी मान्यताएँ उसके विकास में बाधा बन रही थीं। महाराजा जानते थे कि सामाजिक परिवर्तन केवल कानून से नहीं लाया जा सकता। महाजनो येन गता सः पन्था। राजपूतों में उन दिनों हल चलाने की परंपरा नहीं थी। वे स्वयं खेती नहीं करते थे। इसलिए जमीन के मालिक होते हुए भी उनकी आर्थिक हालत अच्छी नहीं थी। हरि सिंह ने उदाहरण उपस्थित करने के लिए स्वयं खेत में हल

चलाया, ताकि अन्य राजपूत उनका अनुसरण करें। पद्मा सचदेव की एक पात्र कहती है, ''पहले ये राजपूत भूखे मर जाते थे, पर हल नहीं चलाते थे, फिर जब महाराजा हरि सिंह ने गद्दी सँभाली, तब उन्होंने देखा, जिनके घर का कोई भी फौज में नहीं है, उनका तो घर नहीं चलता। इसलिए महाराजा हरि सिंह ने पहले खुद हल पकड़ा, ताकि राजपूतों को हल चलाने में शर्म न आए। तब जाकर राजपूतों का संकोच कम हुआ। देखो क्या अकल लड़ाई महाराजा ने। मैंने तो सुना है महारानी तारामती रोटी-लस्सी लेकर खेत में खुद गई थी।''[33] इसी उपन्यास में एक अन्य जगह महाराजा का मूल्यांकन करते हुए एक पात्र परषोत्तमा कहती है, ''महाराजा तो थे लाखों में एक। कितनी ही कुरीतियाँ को दूर किया। छोटी लड़कियों की शादी के खिलाफ कानून बनाया। लड़की की आयु कम-से-कम चौदह और लड़के की अठारह होनी ही चाहिए। पैदा होते ही लड़की मार देने पर सौ रुपया जुर्माना चलाया। तब तो रुपया देखने को भी नहीं मिलता था।''[34] अस्पृश्यता हिंदू समाज का भीतरी कैंसर है। इसे समाप्त करने के लिए मध्यकालीन भक्ति आंदोलन से लेकर बीसवीं शताब्दी के महात्मा ज्योतिबा फुले और भीम राव आंबेडकर समेत अनेक समाज सुधारकों ने प्रयास किया। महात्मा गांधी, डॉ. केशव राम बलिराम हेडगवार ने तो इसे समाप्त करने के लिए बाकायदा संगठनों के माध्यम से व्यावहारिक प्रयोग किए। कालांतर में आंबेडकर के प्रयासों से भारतीय संविधान में भी अस्पृश्यता को नकारा गया। महाराजा हरि सिंह भी समाज से इस अमानवीय प्रथा को समाप्त करने के लिए प्रयत्नशील थे।

महाराजा हरि सिंह पर आर्य समाज का बहुत प्रभाव था। आर्य समाज ने भारतीय समाज की इन सामाजिक कुरीतियों के खिलाफ आंदोलन छेड़ा हुआ था। स्त्री शिक्षा, सामाजिक बराबरी, जाति भेद के खिलाफ अप्रिय समाज ने एक नई जागृति पैदा कर दी थी। जम्मू-कश्मीर में भी आर्य समाज का काम काफी फैला हुआ था। भारतीय समाज की इन कुरीतियों के खिलाफ सामाजिक स्तर पर आर्य समाज जनमत तैयार कर रहा था, महाराजा हरि सिंह ने इस अभियान को वैधानिक सहायता प्रदान करने का कार्य किया। उन्होंने 1931 में ही एक राजाज्ञा से प्रदेश के सभी शिक्षा संस्थान और कुएँ दलित समाज के प्रयोग के लिए भी खोल दिए। इससे पहले तथाकथित निम्न जातियों के लोगों को सार्वजनिक कुँओं से पानी लेने की अनुमति नहीं थी। अनेक स्थानों पर स्कूल भी निम्न जातियों के बच्चों को स्कूल में दाखिला नहीं देते थे। महाराजा हरि सिंह ने एक अन्य आदेश द्वारा, उन सभी व्यवधानों को समाप्त किया, जो दलित लोगों को सरकारी नौकरी में जाने के रास्ते में रोड़ा थे।

अगले ही साल 1932 में महाराजा ने राज्य के सभी देवस्थान हरिजनों के लिए भी खोल दिए। देवस्थानों में अब दलित समाज के लोग भी पूजा-अर्चना के लिए जा सकते

थे। शुरू में ब्राह्मणों ने इसका विरोध किया, लेकिन महाराजा ने इसकी चिंता नहीं की। रघुनाथ मंदिर के पुजारी "राजगुरु पंडित देवराज ने जब कहा कि वे उनकी इस नीति से सहमत नहीं हैं तो उन्होंने उसकी छुट्टी कर दी और उसके भाई पंडित बालकिशन को बुलाया और उसे मंदिरों के दरवाजे दलितों के लिए भी खोलने के लिए कहा, लेकिन साथ ही उसे यह भी स्पष्ट कर दिया कि यदि वह भी यह नहीं कर सकता तो वह भी जा सकता है, ताकि कोई दूसरी वैकल्पिक व्यवस्था की जा सके।"[35] महाराजा अपने निर्णय पर अडिग थे। सभी सार्वजनिक स्थानों—यथा विद्यालयों, मंदिरों, कुओं में दलितों को जाने का अधिकार मिला। 1931 में लंदन में गोलमेज सम्मेलन में भाग लेने के लिए महाराजा हरि सिंह भी गए हुए थे। वहाँ हिंदू समाज में व्याप्त अस्पृश्यता की समस्या पर चिंतन करनेवाले भीम राव आंबेडकर भी आए हुए थे। ऐसा कहा जाता है कि हरि सिंह की आंबेडकर से हिंदू समाज की इन कुरीतियाँ पर लंबी बातचीत हुई। वे आंबेडकर की हिंदू समाज की इन भीतर की कमजोरियों को लेकर चिंता से अत्यंत प्रभावित हुए। उन्होंने आंबेडकर को आश्वासन दिया कि वे अपनी रियासत में इन बीमारियों को दूर करेंगे। लंदन से वापस आकर उन्होंने जाति-आधारित भेदभाव को समाप्त करने के लिए इस प्रकार के कदम उठाए। इतना ही नहीं; 1939 में रणवीर दंड विधि में संशोधन करके दलित समाज को सार्वजनिक जल स्रोतों से पानी लेने से रोकने, मंदिरों में प्रवेश न देने के लिए सजा का प्रावधान किया गया।

महाराजा हरि सिंह ने भारतीय समाज की जिन कुरीतियों को समाप्त करने के प्रयास किए, उनको अपने आचरण से भी प्रजा के सामने प्रस्तुत किया। वे परदे के खिलाफ थे। वे जानते थे कि इस प्रथा को समाज में से केवल कानून बनाकर तो समाप्त किया नहीं जा सकता। इसलिए उन्हें इस प्रथा को अपने वंश और परिवार में से समाप्त कर एक उदाहरण प्रस्तुत किया। महारानी तारा देवी, इस खानदान की पहली महारानी थीं, जो बिना किसी परदे के सार्वजनिक स्थानों व सभाओं में जाती थीं। सुग्गी ने कहा, "ये राजपूत सिर्फ फौज में जाते थे। जमीनों पर खेती नहीं करते थे। चाहे भूखे मर जाएँ। महाराजा ने खुद खेत में हल चलाकर यह रस्म तोड़ी। महारानी तारादेवी खेत में खाना लेकर भी गई थीं। हरिजनों को मंदिरों में आने के लिए दरवाजे खोल दिए। पंडित नाराज होकर नौकरियाँ छोड़ गए, पर महाराजा अपनी बात पर अटल रहे। उनके गुणों के बखान कोई कम हैं क्या?"[36] "अरे सुग्गी,आज वही महाराजा हरि सिंह, हमारे सिरों का ताज, बंबई में देस निकाला भोग रहा है। कभी-कभी तो मन करता है कि नेहरू के साथ जाकर लड़ आऊँ।"[37]

20. समाचार-पत्र एवं जन संचार

ब्रिटिश सरकार अपने अधिकार क्षेत्रवाले भारत और रियासतों के अंतर्गत आनेवाले भारत में कहीं भी समाचार-पत्रों को प्रोत्साहित करने के पक्ष में नहीं थी। उसकी यह नीति जम्मू-कश्मीर रियासत, जिसकी सीमाएँ तीन साम्राज्यों से मिलतीं थी, में तो और भी सख्त थी। वे नहीं चाहते थे कि रियासत में अखबारों का प्रकाशन हो। यद्यपि प्रदेश में प्रेस एवं प्रकाशन नियम 1914 से लागू थे, लेकिन इसके अंतर्गत किसी को अखबार प्रकाशित करने की अनुमति नहीं दी गई थी। 1924 में मुल्क राज सर्राफ को जम्मू से उर्दू दैनिक रणवीर शुरू करने की अनुमति दी गई। राज्य में पहला अखबार छपने जा रहा था। ''महाराजा प्रताप सिंह ने दो सौ रुपए प्रति वर्ष दिए और सर राजा हरि सिंह ने पचास रुपए प्रति वर्ष इस अनुकरणीय उद्यम के लिए दिए।''[38] राज परिवारों में आलोचना को दंडित करने की मनोवृत्ति होती है, लेकिन जम्मू-कश्मीर का यह डोगरा राजवंश पत्रकारिता की स्वस्थ्य परंपरा के अनुरूप आलोचना को पुरस्कृत कर रहा था। राज्य से प्रकाशित होनेवाले प्रथम अखबार के संपादक-मालिक मुल्क राज सर्राफ के ही शब्दों में, ''उन दिनों राजमहल में काम करनेवाले रसोइए अपने साथ हुक्का भी लेकर जाते थे, ताकि काम के बीच में कश भी लगाए जा सकें, लेकिन काम करने के बाद जब वे वापस आते थे तो हुक्के का सारा पानी निकालकर उसमें घी भर लेते थे। राजमहल से इस प्रकार चोरी होती थी। रणवीर ने इसकी व्यंग्यात्मक शैली में आलोचना की। अखबार में छपने के कारण यह खबर महाराजा प्रताप सिंह के ध्यान में भी आई। उन्होंने मुझे दरबार में बुलाया और अपने पास बिठाकर मेरी प्रशंसा की व इस साहस के लिए मुझे दो सौ रुपए देकर पुरस्कृत भी किया।''[39]

परंतु अंग्रेजों को रियासत में इस प्रकार के अखबार का छपना रास नहीं आ सकता था, क्योंकि ब्रिटिश अधिकारी, जो रियासत की सेवा में थे, ब्रिटेन के साम्राज्यवादी हितों के लिए रियासत में भी अपनी चालें चल रहे थे। दरबार (सरकार) भी इनके आगे कुछ सीमा तक विवश ही था। महाराजा प्रताप सिंह के समय तो ब्रिटिश सरकार ने परोक्ष रूप से रियासत की सत्ता हथिया ही ली थी, लेकिन समाचार-पत्रों के छपने को राज परिवार प्रोत्साहित कर रहा था, इसमें कोई शक नहीं। 1925 की घटना है। बी.जे. गलैंसी रियासत के वित्त व गृह मंत्री थे। अंग्रेजों ने शेष भारत की तरह रियासत में भी अपने दीर्घकालीन हितों को देखते हुए हिंदू-मुसलिम विवाद की रचना शुरू कर दी थी। गलैंसी लाहौर जाकर मुसलमानों के एक प्रतिनिधिमंडल, जिसे शायद उन्होंने स्वयं ही खड़ा किया था, मिल आए। रियासत के मुसलमानों के रक्षक के तौर पर अपने आपको स्थापित करते हुए उन्होंने अखबारी वक्तव्य दिए। संदेश ऐसा था कि रियासत में मुसलमानों की दुर्दशा हो रही है और अंग्रेज ही उनके एक मात्र रक्षक हो सकते हैं। रियासत से छपनेवाले अखबार रणवीर ने गलैंसी के इस व्यवहार की कटु आलोचना की। अखबार के संपादक के शब्दों में ही,

''22 आषाढ़, 1982 को यह आलोचना प्रकाशित हुई और उसी दिन रियासती सेना के सेनापति और राज्य परिषद् के वरिष्ठ सदस्य राजा हरि सिंह के ए.डी.सी. बलदेव सहाय साम्याल मेरे पास आए और इस निर्भीकता के लिए हरि सिंह की ओर से मुझे बधाई दी।''[40] गलैंसी ने अखबार को दंडित करवाने का प्रयास किया, लेकिन सफल नहीं हुया।

अखबार ने महात्मा गांधी के आंदोलनों के बारे में लिखना शुरू किया तो अंग्रेज तिलमिला उठे। उन दिनों राज्य में मुख्य सचिव के पद पर एक अंग्रेज जी.ई.सी. वेकफील्ड था। उसने अखबार को प्रतिबंधित कर दिया, लेकिन आदेश तो महाराजा हरि सिंह की ओर से ही निकाला जानेवाला था। अतः हरि सिंह ने 9 मई, 1930 को अखबार को बंद करने का आदेश जारी करते समय उसमें एक और नीतिगत खंड भी जोड़ दिया। इसके अनुसार, ''मैं यह स्पष्ट कर देना जरूरी समझता हूँ कि मेरी और मेरी सरकार की नीतियों या कामकाज के बारे में किसी प्रकार की भी राय की अभिव्यक्ति या आलोचना को दबाने की मेरी मंशा नहीं है। इस मामले में मेरी सरकार की नीति पूर्ववत ही रहेगी। जम्मू या श्रीनगर या रियासत के अधिकार क्षेत्र में कहीं भी समाचार-पत्र शुरू करने के लिए पत्रकारों के आवेदनों पर विचार करने के लिए तत्पर हूँ, बशर्तें कि मंशा साफ हो।''[41] रणवीर वह अखबार था, जिसकी प्रशंसा हरि सिंह ही नहीं, उनसे पूर्व महाराजा प्रताप सिंह भी करते थे, लेकिन ब्रिटिश अधिकारियों ने, ''एक प्रकार से महाराजा को यह आदेश निकालने के लिए विवश किया।''[42] लेकिन इतना स्पष्ट है कि रियासत के पहले समाचार-पत्र को बंद करना महाराजा हरि सिंह की मंशा नहीं रही थी। वे तो स्वयं ब्रिटिश साम्राज्य से कई मोर्चों पर जूझ रहे थे। गलैंसी की ही तरह वेकफील्ड भी रियासत में हिंदू-मुसलमान विवाद को बढ़ावा देने में अपनी नकारात्मक भूमिका अदा कर रहे थे, जिसके कारण रियासत का वातावरण विषाक्त हो रहा था। इसलिए 1931 में उन्हें रियासत से रुखसत कर दिया गया और 13 नवंबर, 1931 को, ''रणवीर को पुनः शुरू करने के आदेश जारी किए जाते हैं''[43] का फरमान जारी हो गया।

महाराजा हरि सिंह अच्छी तरह जानते थे कि जैसे-जैसे प्रदेश में शिक्षा का प्रसार होगा, वैसे-वैसे मीडिया की भूमिका भी बढ़ती जाएगी। समाचार-पत्रों पर रोक लगाने से ज्यादा नुकसान होता है। यदि मीडिया को आजादी से काम करने दिया जाए तो शासक को जनमत का पता चलता रहता है। 1931 में उन्होंने मीडिया से संबंधित 1914 के नियमों के स्थान पर प्रेस एंड पब्लिकेशन एक्ट 1932 लागू किया। इस नए अधिनियम के तहत अनेक समाचार-पत्र छपने शुरू हुए। ओम प्रकाश शर्मा के अनुसार मीडिया के प्रति महाराजा हरि सिंह की नीति का अंदाजा इसी से लगाया जा सकता है कि 1925 में ''जब उन्होंने राजगद्दी सँभाली थी तो प्रदेश में एक अखबार छपता था और 1949 में जब उन्होंने गद्दी छोड़ी तो 67 अखबार रियासत में छपते थे।''[44]

21. हरि सिंह द्वारा अपने प्रशासन का स्वमूल्यांकन

महाराजा हरि सिंह के शासन काल के कुछ क्षेत्रों की शासन व्यवस्था और उससे जुड़े चिंतन की यहाँ चर्चा की गई है। उनके प्रशासन की ये उपलब्धियाँ लोक संपर्क विभाग की प्रचार सामग्री पर आधारित नहीं हैं, बल्कि ठोस तथ्यों पर आधारित है। उपरोक्त विवेचन को यदि बाह्य साक्ष्य माना जाए तो अंत:साक्ष्य की जरूरत भी रहेगी ही। इसके लिए महाराजा हरि सिंह स्वयं अपने राज्य के प्रशासन के बारे में क्या कहते हैं, यह जान लेना भी आवश्यक है। अगस्त, 1952 में उन्होंने राष्ट्रपति डॉ. राजेंद्र प्रसाद को जो चिट्ठी लिखी थी, उसमें उन्होंने उल्लेख किया है। महाराजा के अनुसार—राजगद्दी सँभालते ही मैंने अपनी प्रजा की हालत को सुधारने और सरकार को प्रगतिवादी लोकतांत्रिक तरीके से स्थापित करने के प्रयास किए। मैंने ग्रामीण क्षेत्र के लोगों के कर्जे माफ किए, ताकि किसानों की सामाजिक और आर्थिक दशा में सुधार हो सके। इस प्रकार के कुछ कानूनों पर तो हिंदुओं ने विरोध भी दर्ज कराया। उनके अनुसार मैं मुसलमानों की उन्नति के लिए हिंदुओं के हितों का बलिदान कर रहा हूँ। मैंने अपने राज्य में उद्योग स्थापित किए और शिक्षा के लिए प्रावधान किया। मैंने लोगों की सहायता के लिए चिकित्सा की सुविधाएँ मुहैया करवाईं। शायद तब तक किसी भी रियासत ने ऐसा नहीं किया था। उन दिनों मुसलमान पिछड़े माने जाते थे, इसलिए मैंने उनको शिक्षा प्रदान करने के लिए विशेष प्रयास किए। मैं अपने राज्य-प्रशासन को सुसंगठित करने के लिए और प्रजा को सुशासन देने के लिए अत्यंत उत्साह में था, इसलिए मैंने ब्रिटिश भारत से योग्य और असंदिग्ध निष्ठावाले लोगों को प्रधानमंत्री, मंत्री और विभिन्न विभागों के अध्यक्ष नियुक्त किया। उनमें से हरिकृष्ण कौल, मिर्जा सर जाफिर अली, बी.आर.मेहता, वजाहत हुसैन, सर अब्दुस शम्स खान, लाल गोपाल मुखर्जी, सर एन. गोपाल स्वामी आयंगर, सर बी.एन.राऊ प्रमुख हैं। इसका परिणाम यह हुआ कि मेरे राज्य का प्रशासन, संगठन एवं निपुणता में ब्रिटिश भारत के कुछ प्रांतों से भी बेहतर था।

मैं अपना प्रशासन मंत्रिमंडल की सलाह पर ही चलाता था। न तो मैंने उनके काम में कभी दखलंदाजी की और न ही उन्हें दिशा-निर्देश दिए। इसलिए यदि आज मेरे राज्य के प्रशासन में कमियाँ गिनाई जा रही हैं तो उसकी जिम्मेदारी अकेले मुझ पर ही नहीं डाली जा सकती। उल्लेखनीय है कि 1938 से लेकर 1943 तक 6 वर्षों के लिए तो श्री एन.गोपाल स्वामी आयंगर ही प्रधानमंत्री थे। वे आज भी इस बात की गवाही देंगे कि उन्होंने समय-समय पर जो नीतियाँ लागू कीं और निर्णय लिये, मैंने कभी भी उनमें दखलअंदाजी नहीं की। मैंने तो 1945 में ही स्वयं को केवल एक संविधानिक मुखिया रखने का निर्णय कर लिया था। तब मैंने सर तेज बहादूर सप्रू और कैलाशनाथ हकसर की हाजिरी में राज्य के प्रधानमंत्री बी.एन. राऊ से चर्चा की थी कि राज्य में पूरी तरह

जिम्मेदार लोकतांत्रिक सरकार स्थापित कर ली जाए और राज्य के विभिन्न संभागों को स्वायत्तता दे दी जाए। केंद्रीय सरकार में इन संभागों के प्रतिनिधियों और एक न्यायिक सलाहकार बोर्ड हो और मेरी भूमिका इसमें संवैधानिक मुखिया की ही रहे। मुझे पता था कि ब्रिटिश सरकार इसे पसंद नहीं करेगी, लेकिन इसके बावजूद मैं इसे लागू करने के लिए तैयार था। मतभेद केवल इसी बात को लेकर था कि श्री बी.एन. राऊ इसे तुरंत 15 दिनों में ही लागू करना चाहते थे, जबकि मेरा कहना था कि इस योजना को 6 महीनों के बीच लागू किया जाना चाहिए, ताकि इसकी भली-भाँति तैयारी हो सके। यह योजना किसी तरह सार्वजनिक हो गई, स्थितियाँ कठिन होती गईं और कुछ देर बाद ही बी.एन. राऊ पद त्याग कर चले गए। मेरी रियासत का वित्तीय प्रशासन पूरी तरह से आधुनिक सिद्धांतों पर संचालित किया जाता था। मेरा व्यक्तिगत खर्चा सख्ती से सीमा में ही था और वह राज्य के बजट से बाहर था। राज्य के वित्त और मेरे व्यक्तिगत वित्त को रेखांकित करने के लिए बहुत स्पष्ट सीमाएँ थी। इसलिए मेरे राज्य में एक सुसंगठित और सक्षम कार्यपालिका थी, लोकतांत्रिक विधि से चुनी गई विधानपालिका थी और स्वतंत्र न्यायपालिका थी। एक जन कल्याणकारी राज्य के दायित्व के नाते शिक्षा, चिकित्सा और अन्य मदों के लिए सुनिश्चित नीति थी। जिन योग्य न्यायाधीशों और प्रशासकों ने समय-समय पर मेरे राज्य में कार्य किया है, वे इस बात की गवाही देंगे। उन दिनों भारतीयों रियासतों के शासकों का मूल्यांकन उनकी प्रजा की हालत और उसके भावों से किया जाता था और मैं बिना किसी खंडन के भय से पूरी तरह से कह सकता हूँ कि मेरे राज्य के लोग पूरी तरह संतुष्ट थे। मेरे खिलाफ या मेरे राज्य के प्रशासन के खिलाफ असंतोष का कोई कारण नहीं था।[45]

कुल मिलाकर यह निर्विवाद कहा जा सकता है कि महाराजा हरि सिंह का राज्य प्रशासन आधुनिक युग के लोक प्रशासन के सिद्धांतों पर आधारित था और उन्होंने अपने राजधर्म का पालन जाति, पंथ, मजहब और समुदाय के भेदभाव से ऊपर उठकर किया। कुल मिलाकर कहा जा सकता है कि स्वतंत्र स्रोतों से महाराजा के प्रशासन और उसकी नीतियों को लेकर जो निष्कर्ष निकाले गए हैं, वे लगभग महाराजा के अपने बयान से मेल खाते हैं। महाराजा अपने समय के योग्य प्रशासकों में से एक थे। उनकी प्रशासन पद्धति लोक प्रशासन के आधुनिक सिद्धांतों पर टिकी हुई थी।

संदर्भ—

1. J.P.Singh, daily Excelsior 23/9/2012
2. D.D.Thakur, My Life and years in Kashmir politics, p. 69
3. चंद्रकांता, कथा सतीसर पृ. 366

4. Shivnath, Reminiscences of a jammuite, p. 119
5. Surjit Singh Sooden, Jammu under the reign of Maharaja Hari Singh, p. 81
6. Surjit Singh Sooden, Jammu under the reign of Maharaja Hari Singh, p. 82
7. यह अधिनियम सुरजीत सिंह सूदन की पुस्तक Jammu under the reign of Maharaja Hari Singh में परिशिष्ट 3 देखें
8. Surjit Singh Sooden, Jammu under the reign of Maharaja Hari Singh, p. 134
9. यह अधिनियम अमर सिंह सूदन की पुस्तक Jammu under the reign of Maharaja Hari Singh में परिशिष्ट 2 पर देखें
10. Surjit Singh Sooden, Jammu under the reign of Maharaja Hari Singh, p. 135
11. पद्मा सचदेव, जम्मू जो इक शहर था, पृ. 100
12. Surjit Singh Sooden, Jammu under the reign of Maharaja Hari Singh, p. 79
13. Surjit Singh Sooden, Jammu under the reign of Maharaja Hari Singh, p. 80
14. Rehmatullah Rad (ed), Memory lane to Jammu, p. 39
15. Rehmatullah Rad (ed), Memory lane to Jammu, p. 159
16. Surjit Singh Sooden, Jammu under the reign of Maharaja Hari Singh, p. 160
17. Surjit Singh Sooden, Jammu under the reign of Maharaja Hari Singh, p. 160
18. Surjit Singh Sooden, Jammu under the reign of Maharaja Hari Singh, p. 98
19. दैनिक रणवीर 7 जून, 1943, इतिहास दर्पण पेज 375, खंड 18 (2) डॉ. जवाहिरी अब्बास भट्ट का आलेख
20. Somnath Wakhlu, Hari Singh : The Maharaja, The Man, The Times, p. 92
21. S.R.Sharma & S.R.Bakshi, Encyclopedia of Kashmir vol-3, p. 270
22. Excelsior 23/9/2013/J.P.Singh retired col

23. Surjit Singh Sooden, Jammu under the reign of Maharaja Hari Singh, p, 207
24. Surjit Singh Sooden, Jammu under the reign of Maharaja Hari Singh, p. 249
25. Surjit Singh Sooden, Jammu under the reign of Maharaja Hari Singh, p. 244
26. Somnath Wakhlu, Hari Singh : The Maharaja, The Man, The Times, p. 101
27. G.N.Gauhar, Elections in Jammu & Kashmir, p. 20
28. देखें संविधान अधिनियम 1934 शैडयूल—2
29. G.N.Gauhar, Elections in Jammu & Kashmir, p. 21
30. M.L.Kapoor, Maharaja Hari Singh, 1895-1961, p. 99
31. Somnath Wakhlu, Hari Singh : The Maharaja, The Man, The Times, p. 103
32. D.D.Thakur, My Life and years in Kashmir politics, p. 69
33. पद्मा सचदेव, जम्मू जो कभी शहर था, पृ. 100
34. पद्मा सचदेव, जम्मू जो कभी शहर था, पृ. 186
35. Harbans Singh, Maharaja hari Singh-The troubled years, page e-f
36. पद्मा सचदेव, जम्मू जो कभी शहर था, पृ. 186
37. पद्मा सचदेव, जम्मू जो कभी शहर था, पृ. 100
38. Mulk Raj Saraf, Fifty years as a journalist, p. 34
39. Mulk Raj Saraf, Fifty years as a journalist, p. 48
40. Mulk Raj Saraf, Fifty years as a journalist, p. 49
41. Somnath Wakhlu, Hari Singh : The Maharaja, The Man, The Times, p. 105
42. Mulk Raj Saraf, Fifty years as a journalist, p. 60
43. Mulk Raj Saraf, Fifty years as a journalist, p. 63
44. M.L.Kapoor, Maharaja Hari Singh, 1895-1961, p. 105
45. Jawaid Alam (ed), Jammu and Kashmir 1949-64, p. 309-310

□

10

अंतिम यात्रा

अपने जीवन के अंतिम वर्षों में महाराजा हरि सिंह नितांत अकेले थे। अपने भीतर खोए रहनेवाले अंतर्मुखी हरि सिंह। उनकी पत्नी उनको छोड़ गई थी या फिर महाराजा ने उसको छोड़ दिया था। उनका बेटा उनको गुजरे जमाने की चीज मानकर नए जमाने में खो गया था। अब उनके घोड़े ही उनके परिवार का अंग बन गए थे। वे उन्हें बच्चों की तरह प्यार करते थे। जब उनका कोई घोड़ा रेसकोर्स में जीत जाता, तो इससे उन्हें भी क्षण भर के लिए अपने जीतने की अनुभूति हो जाती थी। हरि भवन की छठी मंजिल पर बैठे वे घंटों सोचते रहते। रात देर तक जागते रहते। कई बार आधी रात को उठ बैठते। नौकरों को भी जगा देते। ऐसी एक नहीं, सैकड़ों स्मृतियाँ हरि भवन में काम करनेवालों के जेहन में सुरक्षित हैं और अंततः एक दिन उनके साथ ही दफन हो जाएँगी। एक बार ''रात गहराती जा रही थी, लेकिन महाराजा को नींद नहीं आ रही थी। रात के दो बज गए थे। उन्होंने कैप्टन दीवान सिंह को बुलाया और काफी लाने के लिए कहा। फिर ऊँची आवाज में बोलने लगे, मानो स्वयं को ही कह रहे हों, मैं राजा से बेहतर, एक प्रधानमंत्री सिद्ध हो सकता था।''[1] एक दिन दीवान सिंह को बुलाकर बोले, ''मैं उस ढर्रे से मुक्त होकर ही सुखी हूँ।''[2] लेकिन यह वास्तव में हरि सिंह का हरि सिंह से ही संवाद था। बंबई में बैठकर वे शायद आत्मविश्लेषण भी कर रहे थे। बंबई में बस उनका एक ही शौक बचा था रेस कोर्स का या फिर सिगरेट थी, जिसको वे अभी तक छोड़ नहीं पाए थे।

''उनके जीवन के अंतिम वर्ष, बिगड़ते स्वास्थ्य और विवादग्रस्त मनोवेगों से अभिशप्त होते जा रहे थे। नौकर-चाकर तुनुकमिजाज होते जा रहे महाराजा के समय असमय के आदेशों पर भागते रहते थे। जिंदगी भर उन्हें नफासत पसंद थी, लेकिन हास्य-व्यंग्य को पकड़ पाने की वृत्ति कमजोर थी। महाराजा अब अपनी इन्हीं मनोवृत्तियों

के कारण निकटस्थ लोगों के लिए भय का कारण बन रहे थे। अब वे व्हीलचेयर का इस्तेमाल करने लगे थे। उनकी गरदन पर कई छेदोंवाला फोड़ा उग आया था। वे मधुमेह से ग्रस्त हो गए थे। टीके की सुई से उन्हें बचपन से ही डर लगता था। इसलिए इस उम्र में भी टीका लगाने का विरोध करते थे। दिन में एक बार वे लिफ्ट से नीचे आते। उन्हें सहारा देकर कार में बिठाया जाता। वे अश्वशाला में रेस के अपने प्रिय घोड़ों को देखने के लिए जाते थे। उनके भूरे और सुनहरी घोड़ों को, बंबई में घुड़दौड़ के सभी शौकीन पहचानते थे, लेकिन अब हरि सिंह के इस प्रकार आने-जाने में किसी की रत्ती भर भी रुचि नहीं बची थी। इतिहास में उनका स्थान निर्धारित करने के लिए बहुत बारीकी से चीर-फाड़ कर ली गई थी और अब उसमें ऐसा कुछ नहीं बचा था, जिसको जानने में किसी की रुचि बनी रहे। हरि भवन की छठी मंजिल पर हरि सिंह एक ऐसे नीरस व्यक्ति बन गए थे, जो क्षीण होती जा रही काया के साथ साथ स्वयं भी इतिहास में विलुप्ति की ओर बढ़ रहे थे।''[3]

1961 के अप्रैल मास में उनके सुपुत्र कर्ण सिंह अपनी पत्नी के साथ विदेश प्रवास पर निकलनेवाले थे। लंदन जाने से पहले वे बंबई अपने पिता से मिलने पहुँचे। महाराजा हरि सिंह की उमर 66 साल हो चुकी थी। यह कोई बहुत ज्यादा उम्र तो नहीं कहीं जा सकती, लेकिन जीवन भर झंझावातों से अकेले ही जूझते रहने के कारण वे बूढ़े हो चले थे। बीमार भी रहने लगे थे। मधुमेह उन्हें भीतर से खोखला कर रहा था। चलना-फिरना भी मुश्किल हो गया था, लेकिन टीके से इतना डरते थे कि इंसुलिन की सुई नहीं लगवाते थे। भीतर के समस्त दर्द और वेदना को भीतर ही भीतर सहते हुए वे ऊपर से प्रसन्न दिखाई देने का प्रयास कर रहे थे। जिसने सारी उम्र अपना दर्द किसी से नहीं बाँटा, वे भला अब जीवन के इस अंतिम मोड़ पर अपना दुःख किसी से क्यों बाँटते? लेकिन महाराजा हरि सिंह की दशा अब किसी व्याख्या की मोहताज नहीं थी। ऊपर से वे सामान्य बने रहने का हर संभव प्रयास कर रहे थे। उन्होंने विदेश यात्रा पर जा रहे अपने बेटे को उन चीजों की सूची लिखाई, जो बाहर से उनके लिए लानी थीं। उन्होंने ''मैनचेस्टर टैरियर का एक जोड़ा लाने के विस्तृत निर्देश दिए। उन्होंने हाल ही में इन कुत्तों के बारे में पढ़ा था कि स्कॉटलैंड में बेहतरीन टैरियर मिलते हैं। उन्हें 8 × 30 बी की दूरबीन भी चाहिए थी।''[4] लेकिन उनके भीतर के दर्द को और कोई समझता, चाहे न समझता, सुदूर नेपाल से आई कर्ण सिंह की पत्नी की संवेदनशील आँखें इसे समझ गईं थीं। उसने कहा भी, ''बापूजी, यदि आपकी तबीयत ठीक नहीं हैं तो हम अपनी विदेश यात्रा रद्द कर देते हैं। महाराजा ने उदास मन से कहा, नहीं बेटे तुम लोग जाओ।''[5] कर्ण सिंह पाँच दिन अपने पिताजी के पास ठहरे और फिर इस सूची को सँभालते हुए अपनी विदेश यात्रा पर निकल गए।

काफी मेहनत से उन्होंने अपने पिता के लिए टैरियर कुत्तों का वह जोड़ा तो खोज लिया, लेकिन उसे अपने सचिव "दीवान इकबाल नाथ के पास लंदन में ही छोड़ दिया, ताकि वे उन्हें उनके पिता को सौंप दें।"[6] क्योंकि खुद उनका कार्यक्रम रोम से नेपल्स जाने का था। वे अपनी पत्नी सहित 24 अप्रैल को रोम पहुँचे, लेकिन उनका मन शायद बेचैन ही था। उधर 24 अप्रैल को भोर में पाकिस्तान की जानी-मानी गायिका मलिका पुखराज को स्वप्न आया। मल्लिका पुखराज महाराजा हरि सिंह के दरबार में नृत्यांगना रह चुकी थीं। भारत विभाजन के समय वह पाकिस्तान चली गई थीं। उसी के शब्दों में, "महाराजा हरि सिंह अपने दरबार में बैठे हैं। उन्होंने मुझे बुलाया और कहा, जम्मू बहुत ही सुंदर है। है न? हाँ बहुत ही सुंदर है, मैंने कहा। क्या तुम जानती हो कि मैं अब जम्मू जा रहा हूँ? महाराजा ने कहा और उसके साथ ही मल्लिका पुखराज का सपना टूट गया।"[7]

कहते हैं भोर का सपना सच होता है। 24 अप्रैल को स्वप्न में हरि सिंह मलिका पुखराज को जम्मू जाने के बारे में बताते हैं और उसके दो दिन बाद ही अकेले अपनी महायात्रा की तैयारी में जुट जाते हैं। वे शायद जम्मू ही तो जा रहे थे, लेकिन साकार रूप में नहीं, निराकार रूप में। क्या इसे संयोग ही कहा जाएगा कि उनकी इस महायात्रा के समय उनके अपने परिवार का कोई भी उनके पास नहीं था। वे नितांत अकेले थे। उनके साथ 1949 से ही बंबई में छाया की तरह रहनेवाले कैप्टन दीवान सिंह भी किसी काम से बाहर गए हुए थे। 1961 की अप्रैल का 26वाँ दिन था। सुबह-सुबह महाराजा को खाँसी का दौरा पड़ा। खाँसी रुकने का नाम नहीं ले रही थी। इसी खाँसी से उन्हें दिल का दौरा पड़ गया। उनके हृदय ने आज तक न जाने कितने आघात सहे थे। शायद वह भी अब थक चुका था। तुरंत डॉक्टर को बुलाया गया। डॉक्टर ने टीका लगाया। सारी उम्र टीके से डरनेवाले हरि सिंह में अब इस टीके का विरोध करने की हिम्मत भी नहीं बची थी। अब शायद उन्होंने स्वयं भी नियति से समझौता कर लिया था। उन्होंने डॉक्टर की ओर देखकर कहा, डॉक्टर मैं जा रहा हूँ और एक-आध घंटे बाद वे सचमुच चले गए। लेफ्टीनेंट जनरल हिज हाईनैस श्रीमान राजराजेश्वर महाराजाधिराज श्री सर हरि सिंह इंद्र महेंद्र बहादुर सिपार-ए-सल्तनत महाराजा जम्मू-कश्मीर अब इस संसार में नहीं रहे थे। डॉक्टर निस्तब्ध खड़ा था। लंबे समय से महाराजा का साथ निभानेवाले कर्मचारी, जो अब एक प्रकार से उनके परिवार के ही अंग बन गए थे, आँखों में आँसू भरे निष्प्राण हो चुके हरि सिंह के शरीर को देख रहे थे। कुछ देर बाद दूर इटली की राजधानी रोम के एक होटल में टेलीफोन की घंटी बजी। इस होटल के एक कमरे में महाराजा हरि सिंह के सुपुत्र कर्ण सिंह अपनी पत्नी के साथ थे और रोम घूमने का कार्यक्रम बना रहे थे। इटली में भारतीय राजदूत एस.एन. हक्सर उनसे मिलने के लिए होटल आ रहे थे। जब

कर्ण सिंह उनसे हाथ मिला चुके तो हक्सर ने कहा, "आपके लिए एक बुरी खबर है। आपके पिता का देहांत हो गया है।"[8]

रोम में कर्ण सिंह को महाराजा हरि सिंह के देहांत का समाचार एक कश्मीरी एस.एन. हक्सर ने दिया, उधर जम्मू के डोगरों को देहांत का यह समाचार आकाशवाणी के जम्मू केंद्र ने दिया। "ज्यों-ज्यों लोगों को खबर मिलती गई, अपने आप वे दुकानों बंद करने लगे। इसके लिए किसी ने कहा नहीं था, लेकिन देखते-देखते सभी बाजार बंद हो गए। दूर-दराज के इलाकों में स्थित दुकानें भी बंद होने लगीं। अश्रुपूरित नेत्रों से लोग घरों से निकल-निकलकर बाजारों में आ रहे थे, लेकिन वे अपना दुःख किसके पास जाकर व्यक्त करें? राज परिवार का तो कोई भी व्यक्ति जम्मू में नहीं था। कर्ण सिंह पत्नी समेत रोम में थे और महारानी तारा देवी हिमाचल प्रदेश के काँगड़ा में थीं। लगता था कि सारा जम्मू शहर ही सड़कों पर निकल आया था, लेकिन लोग अपने शोक और दुःख का इजहार किसके सामने जाकर करें? तब लोग अपने आप ही स्वप्रेरणा से पंडित प्रेमनाथ डोगरा के घर की ओर चल पड़े। पंडितजी प्रजा परिषद् आंदोलन के जन नायक थे। लोग पंडितजी से आग्रह कर रहे थे कि महाराजा का पार्थिव शरीर जम्मू लाने की व्यवस्था की जाए, ताकि पूरे सम्मान के साथ उनका दाह संस्कार किया जा सके, लेकिन महाराजा तो स्वयं ही एक साल पहले अपनी वसीयत में इसकी मनाही कर गए थे। अब लोग चुपचाप राजमहल की ओर चल पड़े। लगता था जम्मू के सब मार्ग केवल राजमहल की ओर ही जा रहे हों। राजमहल के आगे चारों ओर लोगों का समुद्र लहरें मार रहा था, लेकिन राजमहल तो खाली पड़ा था। फिर भी अपने दिवंगत महाराजा के प्रति सम्मान प्रदर्शित करने के लिए वहाँ सारा जम्मू नतमस्तक था। कुछ देर राजमहल के आगे रुकने के बाद शोकाकुल लोग तवी नदी स्थित श्मशान घाट की ओर चल पड़े। घाट पर जन ज्वार उमड़ आया था। स्त्रियाँ विलाप कर रहीं थीं। लोगों के अपने महाराजा हरि सिंह अब इस संसार में नहीं थे। तवी के इस घाट पर तो इस समय उनका पार्थिव शरीर भी नहीं था, लेकिन फिर भी भीड़ का यह सागर तवी के श्मशान घाट पर उनके लिए शोकाकुल खड़ा था। प्रजा परिषद् की ओर से राम नाथ एडवोकेट उठे और महाराजा को श्रद्धांजलि अर्पित की। लोग चुपचाप धीरे-धीरे अपने घरों की ओर लौटने लगे थे।"[9]

उधर बंबई के हरि भवन में हरि सिंह के दाह संस्कार को लेकर विचार हो रहा था। कौन करेगा? क्योंकि उनके परिवार का तो कोई व्यक्ति वहाँ नहीं था, लेकिन यदि होता भी, तब भी इससे कोई अंतर पड़नेवाला नहीं था, क्योंकि अपनी वसीयत में उन्होंने अपने दाह संस्कार में अपने परिवार के सदस्यों को दूर रहने की हिदायत कर दी थी। शायद इस बात का आभास उनको पहले ही हो गया होगा। इस महायात्रा पर जाने से

लगभग एक साल पहले ही उन्होंने 4 मार्च, 1960 को अपना वसीयतनामा लिख दिया था और उसमें अपने अंतिम संस्कार को लेकर स्पष्ट निर्देश दे दिए थे। ''मेरे परिवार के किसी भी सदस्य को मेरा अंतिम संस्कार एवं उससे जुड़ी प्रथाओं को करने की अनुमति नहीं दी जाएगी। मेरा अंतिम संस्कार आर्य समाज की रीति से, वसीयत के निष्पादकों द्वारा चयनित, किसी योग्य व्यक्ति द्वारा संपन्न किया जाएगा।''[10] वसीयतनामा में ही निर्देश था कि उनका अंतिम संस्कार बंबई में ही किया जाए, लेकिन जम्मू को वे अब भी नहीं भूले थे। जम्मू उनकी रग-रग में समाया हुआ था। '' मेरी अस्थियों को समुद्र में विसर्जित कर दिया जाए, लेकिन मेरी राख को चाँदी के कलश में रखकर एक विशेष विमान द्वारा मेरी जन्मभूमि जम्मू शहर पर बिखरा दिया जाए।''[11] जम्मू एवं कश्मीर से अनेक लोगों ने आग्रह किया कि महाराजा का शव वहाँ लाकर राज्य में ही उनका संस्कार किया जाए, लेकिन महाराजा की अंतिम इच्छा को नकारना संभव नहीं था। इसे भी क्या नियति का संकेत ही माना जाए कि महाराजा की अंतिम इच्छा कि उनका संस्कार परिवार के किसी सदस्य को न करने दिया जाए, नियति ने ही पूरी कर दी। उनका संस्कार करने के लिए उनके परिवार का कोई सदस्य वहाँ मौजूद ही नहीं था। कर्ण सिंह के ही अनुसार, ''अट्ठाइस की अलसुबह हम बंबई पहुँच गए। हमारे वहाँ पहुँचने के पहले ही संस्कार किया जा चुका था।''[12] उनतीस अप्रैल को कर्ण सिंह चार्टर्ड विमान डी.सी.3 से महाराजा हरि सिंह की राख के कलश को लेकर जम्मू पहुँचे। संयोग ही कहा जाएगा कि चार्टर्ड विमान डी.सी.3 से अप्रैल, 1949 को महाराजा हरि सिंह दिल्ली गए थे। उस समय उनको पता नहीं था कि यह विमान उन्हें केवल छोड़ने आया है, उन्हें वापस लेकर नहीं जाएगा। जम्मू-कश्मीर में वापस केवल कर्ण सिंह ही जाएँगे और वे चले भी गए थे। लेकिन आज अप्रैल, 1961 में पूरे बारह वर्ष बाद कर्ण सिंह, महाराजा को लेकर वापस जम्मू आ रहे थे। 1949 में जम्मू जाने के लिए छूटा डी.सी.3 महाराजा को अंततः 1961 में मिला, लेकिन अब उसमें कलश में सिमटी उनकी राख ही बैठी थी।

आगे कर्ण सिंह के ही शब्दों में, ''जमीन पर उतरने से पहले हमने तीन बार शहर का चक्कर लगाकर पिता की राख को नीचे की मिट्टी पर बिखरा दिया। मिट्टी, जिससे मनुष्य का जन्म होता है और अंततः वह उसी मिट्टी में मिल जाता है। पिताजी को श्रद्धांजलि देने के लिए पूरा शहर उमड़ आया था। उस व्यक्ति के लिए विलाप करते हुए विशाल भीड़ जमा थी, जो उनके महाराजा के रूप में बारह साल से भी पहले उन्हें छोड़कर चला गया था। उस विशाल भीड़ के बीच एक खुली जीप में मैं कलश लेकर चल रहा था। इस समय मैं अकेला था। परंपरा के अनुसार मेरी माँ ने विधवा के सफेद वस्त्र पहन लिये थे और शोक करती महिलाओं के बीच वे अमर महल में अर्द्धमूर्छित

अवस्था में पड़ी थीं। मेरे पिता के नाम पर बस कलश भर राख ही शेष थी, जिसे मैं अपने हाथों से हल्के से झुला रहा था। अंत में, मनुष्य का वजन कितना रह जाता है।''[13] महाराजा हरि सिंह की शेष बची राख को उनकी इच्छानुसार तवी नदी की लहरों में विसर्जित करना था। शनिवार को अस्थिकलश जम्मू के रघुनाथ मंदिर में लोगों के दर्शन हेतु रखा गया। प्रथम मई सोमवार को कर्ण सिंह ने अस्थिकलश तवी नदी में प्रवाहित कर दिया। लगता था सारा जम्मू शहर अपने राजा को अंतिम विदाई देने के लिए तवी तट पर आ गया हो। डोगरा वंश के अंतिम राजा के जीवन का पटाक्षेप हो गया।

लेकिन जम्मू में नए बने सचिवालय भवन पर राज्य का ध्वज सरकार ने इस अवसर पर भी झुकाना उचित नहीं समझा। लोगों में इस बात को लेकर काफी गुस्सा था। कुछ विद्यार्थी सचिवालय भवन पहुँच गए और राज्य ध्वज झुकाने की माँग करने लगे। माँग न मानी जाने पर उन्होंने बलपूर्वक सचिवालय में घुसने का प्रयास किया। पुलिस ने गोली चला दी, लेकिन सौभाग्यवश कोई घायल नहीं हुआ। बहुत मुश्किल से भीड़ पर काबू पाया जा सका।

महाराजा हरि सिंह ने वसीयत कर दी थी कि उनकी मृत्यु के बाद किसी प्रकार के अनुष्ठान न किए जाएँ।[14] अपने परिवार के सदस्यों को तो उन्होंने अपने दाह संस्कार तक में भाग लेने की अनुमति नहीं दी थी, लेकिन इसके बावजूद कर्ण सिंह ने ये अनुष्ठान करना अपना कर्तव्य समझा। ''हालाँकि मेरे पिता की वसीयत में लिखा था कि अन्य कोई धार्मिक अनुष्ठान न किया जाए, फिर भी मैंने इसे अपना फर्ज समझा कि मैं शास्त्रानुसार तेरहवीं का अनुष्ठान करूँ। इसके तहत अनेक प्रकार की पूजा की जाती है। जमीन पर सोना पड़ता है। दिन में एक बार शाकाहारी भोजन करना होता है और दाढ़ी नहीं बनानी होती।''[15] आश्चर्य है कि जिस कर्ण सिंह ने बंबई जाने से पहले माता-पिता की यज्ञोपवीत संस्कार की इच्छा को पूर्ण करने के लिए, उस समय केश मुंडन की परंपरा का निर्वाह, भारी दबाव के चलते भी नकार दिया था, वही कर्ण सिंह वसीयत में मना किए जाने के बावजूद महाराजा हरि सिंह की तेरहवीं करने को अपना कर्तव्य बता रहे थे। जब महाराजा हरि सिंह जिंदा थे तो कर्ण सिंह ने 'रीजेंट न बनने' के उनके आदेश को नहीं माना और जब हरि सिंह इस संसार से चले गए तो कर्ण सिंह ने, 'मेरे धार्मिक अनुष्ठान न किए जाएँ' के दिए गए उनके आदेश को नहीं माना। संसार की गति विचित्र है।

महाराजा हरि सिंह चले गए थे और बंबई का हरि भवन अब उदास और अकेला था। वहाँ से सभी के जाने का वक्त आ गया था। कैप्टन दीवान सिंह का भी, जो अंतिम क्षणों तक महाराजा के साथ साए की तरह रहे थे। उन नौकरों-चाकरों का भी, जिन्हें महाराजा अब अपना असली परिवार मानते थे। महाराजा ने अपनी वसीयत में सभी के

साथ नीर-क्षीर न्याय किया था। वैसे भी सिंहासनारूढ़ होते समय उन्होंने संकल्प लिया था। न्याय ही मेरा धर्म है। अपनी वसीयत में उन्होंने सभी नौकरों को, जितने साल उन्होंने नौकरी की थी, प्रत्येक साल के एवज में तीन महीने की अतिरिक्त तनख्वाह दी। उच्च पदस्थ सहायकों को कीमती मकान और बहुमूल्य उपहार दिए गए। अपने बेटे और पत्नी को उनकी वसीयत के अनुसार "पहले ही जो व्यवस्था की गई है, उससे उन्हें पर्याप्त मिल गया है। वैसे भी मैंने अपने जीवन काल में उन्हें जो कीमती उपहार दिए हैं, उनसे ही काफी आमदन हो सकती है।"[16] उनकी जम्मू के नागबणी में एक स्कूल खोले जाने की इच्छा थी। अपनी वसीयत में स्कूल खोलने के लिए उन्होंने, "बंबई के मैसर्ज काँगा एंड कंपनी के वरिष्ठ सदस्य श्री त्रिकमदास द्वारिकादास को, यदि किसी कारण से उनके लिए संभव न हो सके, तो कंपनी के अगले वरिष्ठ सदस्य एवं नई दिल्ली स्थित डी.ए.वी कॉलेज प्रबंध समिति के न्यासियों को नियुक्त किया।"[17]

हरि सिंह के प्रथम जीवनीकार सोमनाथ वाखलु ने बहुत बाद में लिखा, "कुल मिलाकर महाराजा हरि सिंह का जीवन एक त्रासदी कही जा सकती है। यह ठीक है कि किसी विरोधी ने सीजर की तरह उनकी सीधे-सीधे हत्या नहीं की, लेकिन उन्हें इतना घायल और अपमानित किया गया,उनको परेशान किया गया और उनके साथ इतना दुर्व्यवहार किया गया कि वे मधुमेह के शिकार हो गए। कालांतर में मधुमेह, तनावों के कारण बढ़ता गया और हृदयाघात के कारण उनकी मृत्यु हो गई।"[18] कई साल बाद जम्मू की ही पद्मा सचदेव ने अपने उपन्यास 'जम्मू जो कभी शहर था' में महाराजा की मृत्यु पर, उपन्यास की नायिका सुग्गी नाईन के माध्यम से लिखा, "देखो विधाता ने क्या किया। जुगराज और जुगरानी दोनों विदेश में थे। महारानी काँगड़ा में थीं और कप्तान दीवान सिंह को भी महाराजा ने कहीं भेजा हुआ था। बस, अपने दो-चार नौकर ही थे। डॉक्टर को महाराजा साहब ने कहा था—मैं जा रहा हूँ डॉक्टर। यह कहकर सुग्गी की आँखें भर आईं। बैसाखी के दिन थे। उदासी भरे। खबर आ गई, महारानी तारादेवी काँगड़ा से आ रही हैं। मोटरें चल पड़ी हैं। जुगराज और जुगरानी भी आ गए थे, पर संस्कार तो हो ही चुका था। जुगराज उनकी भस्म लेकर आए। महाराजा की इच्छा के मुताबिक भस्म जम्मू की पहाड़ियों पर, पीर पंचाल पर और तवी में बिखरा दी गई। सुग्गी विलाप करने लगी, ओ जम्मू के राजा, अंत में आपको अपनी मिट्टी भी न मिली। जिन्होंने आपको देस निकाला दिया, उनको कीड़े पड़ेंगे।"[19] सुग्गी का यह प्रलाप प्रकारांतर से समस्त डोगरा समाज की महाराजा हरि सिंह को श्रद्धांजलि थी। "उस समय महाराजा हरि सिंह का निष्कासन डोगरा सम्मान का जानबूझकर किया गया अपमान माना जा रहा था। सुग्गी का प्रलाप, उन लोगों के खिलाफ, जो महाराजा हरि सिंह के निर्वासन के लिए जिम्मेदार थे, क्रोध की अभिव्यक्ति है।"[20]

महाराजा अपनी वसीयत में जम्मू में एक विद्यालय खोलने का निर्देश दे गए थे। ऐसा स्कूल, जिसमें गरीबों के बच्चे बिना शुल्क के पढ़ ही न सकें, बल्कि जीवनयापन के लिए कृषि-कार्य से संबंधित ज्ञान भी प्राप्त कर सकें। उसी के अनुसार जम्मू से दस किलोमीटर दूर नागबनी में 'महाराजा हरि सिंह एग्रीकल्चर कालिजिएट' स्कूल प्रारंभ किया गया। 1967 में न्यासियों ने यह स्कूल नई दिल्ली की डी.ए.वी. प्रबंध समिति के हवाले कर दिया। स्कूल का अपना भव्य भवन है। उसका अपना छात्रावास भी है। स्कूल का शिक्षा स्तर भी उत्तम ही कहा जा सकता है, लेकिन स्कूल निःशुल्क शिक्षा नहीं देता। अलबत्ता फीस मुआफी का प्रावधान तो जैसा अन्य स्कूलों में होता है, वैसा यहाँ भी है। कुछ अनाथ बच्चों को भी निःशुल्क पढ़ाया जाता है, लेकिन महाराजा की इच्छा के अनुसार कम-से-कम कृषि की शिक्षा यहाँ नहीं दी जाती। कृषि विद्यालय लिखते समय शायद महाराजा की इच्छा रही होगी कि विद्यार्थी उन्नत खेती के तौर तरीके सीखकर खेती में सुधार लाएँ। महाराजा हरि सिंह के वारिसों ने स्कूल में कभी रुचि नहीं ली, लेकिन इसे जम्मू की भाषा में यह भी कह दिया जाता है कि उन्होंने कभी दखलंदाजी नहीं की। जब तक कैप्टन दीवान सिंह जिंदा थे, तब तक वे स्थानीय समिति के अध्यक्ष भी थे और महाराजा हरि सिंह की निशानी मानकर स्कूल की सार-सँभाल भी करते थे, लेकिन कैप्टन साहब के स्वर्गवास से महाराजा हरि सिंह और महाराजा हरि सिंह एग्रीकल्चर कालिजिएट स्कूल के बीच की वह अंतिम कड़ी भी समाप्त हो गई।

महाराजा हरि सिंह इस संसार से चले गए थे। जम्मू-कश्मीर को देश के संघीय संविधान का अंग बना देने के बाद वे बंबई में निष्कासित जीवन बिताने के लिए बाध्य किए गए। अब वे उस बंधन से भी मुक्त थे। उनकी राख जम्मू-कश्मीर की मिट्टी में मिल गई थी, लेकिन हरि सिंह को भारत माता का एक और ऋण अभी भी चुकाना था। उनके देहमुक्त हो जाने के डेढ़ साल बाद चीन ने भारत पर हमला कर दिया था। देश गंभीर संकट में से गुजर रहा था। हथियार खरीदने के लिए पैसा चाहिए था। डोगरा राजवंश का नौ मन सोने का राज सिंहासन रियासत में रखा था। इस स्वर्ण सिंहासन पर अंतिम बार महाराजा हरि सिंह ही बैठे थे। अब देश को स्वर्ण भंडार की आवश्यकता थी। राज्य के मुख्यमंत्री बख्शी गुलाम मोहम्मद डोगरा राजवंश का यह स्वर्ण सिंहासन दिल्ली जाकर भारत के वित्तमंत्री मोरारजी देसाई को दे आए। पितृपक्ष में जन्मे हरि सिंह मानो इस दान से मातृभूमि के ऋण से भी मुक्त हो गए।

26 अप्रैल, 1961 को महाराजा हरि सिंह ने अंतिम साँस ली। उसके बाद जम्मू-कश्मीर ने अनेक उतार-चढ़ाव देखे। जम्मू-कश्मीर को छीनने के लिए पाकिस्तान ने तीन-तीन लड़ाइयाँ लड़ लीं। नेहरू भी इस नश्वर संसार से विदा हो गए और उनके बाद शेख मोहम्मद अब्दुल्ला भी। इतिहास पर विस्मृति की न जानें कितनी परतें जमती गईं।

उनकी मृत्यु के बाद जन्म लेनेवाली पीढ़ी ने भी पचास बसंत देख लिये, लेकिन जम्मू-कश्मीर की जनता के दिमाग से नहीं विस्मृत हो पाईं महाराजा हरि सिंह की यादें। वे कश्मीर की घाटियों में, जम्मू के मैदानों में, लद्दाख के पठारों में और दर्दों के दर्द में कहीं-न-कहीं छाए रहे। इतिहास की संगोष्ठियों में, राजनीति की बहसों में छाया की तरह घूमते रहे। वे जम्मू-कश्मीर के लिए अप्रासंगिक नहीं हो पाए। जम्मू के डोगरों को एक दर्द सालता ही रहा। उनके अपने राजा को, उनके अपने घर में चिर निद्रा में सो जाने के लिए भी एक कोना नसीब नहीं हो पाया। म्यांमार की जेल में कैद, भारत के प्रथम स्वतंत्रता संग्राम में भाग लेनेवाले बहादुर शाह जफर ने कभी लिखा था—

कितना है बदनसीब 'जफर' दफन के लिए,
दो गज जमीन भी न मिली कू-ए-यार में॥

महाराजा हरि सिंह के लिए बंबई ही रंगून बन गया था। वे अपने घर से दूर हो गए थे। वक्त के सत्ताधीशों ने उन्हें उनके कू-ए-यार से निष्कासित कर दिया था। बहादुर शाह जफर शायरी से अपने आपको अभिव्यक्त करते थे, लेकिन हरि सिंह अपने भागते हुए अश्वों को दूर तक देखते हुए अपनी पीड़ा को अंदर-ही-अंदर समा लेते थे। जफर को विदेशी शासकों ने जलावतन किया था, हरि सिंह अपनी ही सरकार का दिया हुआ दर्द भोगने को अभिशप्त थे, लेकिन जम्मू के उनके अपने लोग इतने साल बाद भी उनको भुला नहीं पा रहे थे। वे हरि सिंह से किए गए व्यवहार से स्वयं को शर्मिंदा महसूस कर रहे थे। अंततः उन्होंने अपने महाराजा के इस संसार से चले जाने के पूरे पाँच दशक बाद प्रथम अप्रैल, 2012 को उनकी भव्य मूर्ति तवी नदी के सेतु पर स्थापित करके स्वयं को उऋण किया। यह महाराजा की घर वापसी थी।

संदर्भ—

1. Christopher Thomas, Faultline Kashmir, p. 67
2. Christopher Thomas, Faultline Kashmir, p. 66
3. Christopher Thomas, Faultline Kashmir, p. 69-70
4. कर्ण सिंह, आत्मकथा, पृ. 257
5. Somnath Wakhlu, Hari Singh : The Maharaja, The Man, The Times, p. 253
6. कर्ण सिंह, आत्मकथा 257
7. Malka Pukhraj, Song sung true, p. 221
8. कर्ण सिंह, आत्मकथा, पृ. 258
9. Bhagwan Singh, Political conspiracies of Kashmir, p. 10

10. Christopher Thomas, Faultline Kashmir, p. 64-65
11. कर्ण सिंह, आत्मकथा, पृ. 259
12. कर्ण सिंह, आत्मकथा, पृ. 258
13. कर्ण सिंह, आत्मकथा, पृ. 259
14. वैसे उनके परिवार ने या फिर वसीयत के न्यासियों ने अभी तक इस वसीयत को सार्वजनिक नहीं किया है।
15. कर्ण सिंह, आत्मकथा, पृ. 259
16. Christopher Thomas, Faultline Kashmir, p. 70
17. Somnath Wakhlu, Hari Singh : The Maharaja, The Man, The Times, p. 254
18. Somnath Wakhlu, Hari Singh : The Maharaja, The Man, The Times, p. 243
19. पद्मा सचदेव, जम्मू जो कभी शहर था, पृ. 186
20. ओम गोस्वामी,पद्मा सचदेव,पृ. 71

□

11

व्यक्तित्व और मूल्यांकन

महाराजा हरि सिंह को इस संसार से विदा हुए आधी शताब्दी से भी ज्यादा हो गया है। जम्मू-कश्मीर से तो वे 1949 में ही विदा हो गए थे या कर दिए गए थे, लेकिन जम्मू-कश्मीर के लिए वे कभी अप्रासांगिक नहीं हुए। न 1947 में, जब भारत के प्रधानमंत्री को शेख अब्दुल्ला के सिवाय कुछ दिखाई नहीं देता था और न अब, जब प्रदेश में लोकतंत्र को अपनी जड़ें जमाए सात दशक बीत गए हैं। महाराजा हरि सिंह के विराट् व्यक्तित्व की छाया अभी भी राज्य में अनुभव की जा सकती है। 1964 की बात है। श्रीनगर में मू-ए-मुकद्दस, जिसके बारे में जन विश्वास है कि वह हजरत मोहम्मद का बाल है, गुम हो गया था। हाड़ को कँपा देनेवाली सर्दी में भी लाखों लोग सड़कों पर निकल आए थे। शेख अब्दुल्ला तक जलती में घी डालने का काम कर रहे थे, लेकिन डॉ. कर्ण सिंह वहाँ पहुँचे तो लोगों ने नारे लगाए, "हमारे महाराजा आ गए और माहौल शांत होने लगा।"[1] ये नारे इसलिए लग रहे थे, क्योंकि कर्ण सिंह महाराजा हरि सिंह के अंश थे और कश्मीर के लोग उनमें उनके पिता की प्रतिछाया देख रहे थे। एक और प्रसंग। 2011 की बात है। जम्मू-कश्मीर विधानसभा में भारतीय जनता पार्टी के विधायक और नेशनल कॉन्फ्रेंस के किसी विधायक में महाराजा हरि सिंह के राज्य शासन और उनके व्यक्तित्व को लेकर बहस हो गई। स्वाभाविक है कि नेशनल कॉन्फ्रेंस का विधायक महाराजा हरि सिंह की निंदा करने का यह अवसर क्यों छोड़ता? विधानसभा में बैठे पीपुल्स डेमोक्रेटिक पार्टी के वरिष्ठ नेता और पूर्व में उपमुख्यमंत्री रह चुके मुजफ्फर हुसैन बेग से नहीं रहा गया और वे अपनी सीट पर उठ खड़े हुए। उन्होंने बहस को रोकते हुए कहा, "महाराजा हरि सिंह की क्या बात करते हो? वे तो महाराजा पटियाला के दरबार में से इस बात पर ही उठकर आ गए थे, क्योंकि कश्मीर की एक लड़की वहाँ नृत्य करने के लिए बुला रखी थी। महाराजा हरि सिंह ने कहा कि कश्मीर की यह नृत्य

करनेवाली लड़की मेरी बेटी के समान है। कहा जाता है इसके बाद हरि सिंह ने महाराजा पटियाला को कभी कश्मीर आने के लिए नहीं कहा।''[2] जम्मू-कश्मीर में न नेशनल कॉन्फ्रेंस और न ही पी.डी.पी. रियासत के इस अंतिम नरेश की समर्थक मानी जाती हैं। नेशनल कॉन्फ्रेंस तो उसकी विरोधी ही कही जाएगी। लेकिन महाराजा के स्वर्गवास के पचास साल बाद भी उनके व्यक्तित्व का धवल पक्ष कश्मीरियों के जेहन से मिटा नहीं है। श्रीनगर के मिशनरी स्कूल में (महाराजा प्रताप सिंह के समय में) हेडमास्टर रहे सीसिल अर्ल टिंडेल बाइस्को ने हरि सिंह के बारे में टिप्पणी करते हुए लिखा है, ''जम्मू-कश्मीर की गद्दी के वारिस, शक्तिशाली स्वर्गीय सर राजा अमर सिंह के सुपुत्र जनरल राजकुमार सर हरि सिंह के सी.एस.आई. हैं। युवक राजकुमार अच्छा खिलाड़ी है। स्वभाव से न्यायशील और गहरी सूझबूझ का मालिक है।''[3] यह अलग बात है कि उन दिनों भारतीय रियासतों के, गहरी सूझबूझ के मालिक शासक ही अंग्रेजों की आँख की किरकिरी माने जाते थे।

1. अंतर्मुखी स्वभाव

महाराजा हरि सिंह के व्यक्तित्व निर्माण में उनके अपने जीवन के प्रारंभिक वर्षों के वातावरण का प्रभाव स्पष्ट देखा जा सकता है। राजमहल की अंदरूनी साजिशों से उन्हें हर वक्त चौकन्ने रहना पड़ता था। उनके पिता अमर सिंह और ताया महाराजा प्रताप सिंह की आपस में नहीं बनती थी। अमर सिंह अपने भाई प्रताप सिंह को अपदस्थ करने के षड्यंत्रों में मशगूल रहते थे। उधर महाराजा प्रताप सिंह के घर कोई संतान नहीं थी। पूरे राजवंश में उत्तराधिकारी एक ही बचा था, हरि सिंह, लेकिन दुर्भाग्य से उनका पिता महाराजा के खिलाफ षड्यंत्रों में लगा था। इस प्रकार की स्थिति में राजमहलों का वातावरण कैसा होगा, इसका सहज ही अनुमान लगाया जा सकता है। हरि सिंह अभी चौदह साल के ही थे कि पिता का देहांत हो गया। हरि सिंह की ताई महारानी चडक तो उनके प्राणों की प्यासी थी, यहाँ तक कि उसने हरि सिंह की पहली पत्नी, जिसे वे अथाह प्यार करते थे, की प्रसव के दौरान ही जहर देकर हत्या करवा दी। इस वातावरण में हरि सिंह के व्यक्तित्व का विकास हुआ। उनकी प्रकृति अंतर्मुखी हो गई। कर्ण सिंह अपने पिता के बारे में लिखते हैं, ''महाराजा कठोर प्रकृति और गंभीर मिजाज के व्यक्ति थे। हमेशा तने-तने से रहते। बहुत चुनिंदा लोगों में वे उठते-बैठते। उनके मित्रों का दायरा बहुत सीमित था। मेरी माँ को बातें करना बहुत अच्छा लगता था, लेकिन पिता थे कि एकदम धीर-गंभीर। उनका रुतबा ऐसा था कि उनके सामने सामान्य-सहज बातचीत हो ही नहीं सकती थी।[4] एकदम कठोर और मौन व्यक्तित्व, लेकिन मेरे लालन-पालन के तौर-तरीकों में वे हमेशा गहरी रुचि लेते थे और उन पर पैनी नजर रखते थे''[5] अपनी

भावनाओं का प्रदर्शन करना उन्हें अच्छा नहीं लगता था। कर्ण सिंह का ही साक्ष्य, ''पिता के पास जाने का समय आते ही मुझे घबराहट होने लगती, हालाँकि वे मुझे बहुत प्यार करते थे, पर उसका प्रदर्शन नहीं करते थे। वे अपने सुनहरे सिगरेट केस में हमेशा मेरा फोटो रखते थे, लेकिन उनका व्यक्तित्व इतना रुआबदार था कि उनके सामने पड़ते ही मेरी सिट्टी-पिट्टी गुम हो जाती। मैं कुछ भी नहीं बोल पाता था।''[6] लेकिन इसका कारण कर्ण सिंह को बहुत बाद में समझ आया। उन्हीं के अनुसार, ''दरअसल मेरे पिता बाहर से जो दिखते थे, अंदर से वैसे न थे। कठोरता और गंभीरता का बाहरी आवरण उन परिस्थितियों की देन था, जिनसे उन्हें गुजरना पड़ा था। इस बात का एहसास मुझे बरसों बाद धीरे-धीरे हो पाया। पिता अपने माता-पिता की इकलौती संतान थे और उनका लालन-पालन राज परिवार और राज दरबार के षड्यंत्रकारी तथा रहस्यपूर्ण वातावरण में हुआ था। ऐसा लगता था कि पूरी तरह युवा होने और परिपक्वता प्राप्त करने से पहले निश्चय ही उन्हें कष्टप्रद अनुभवों से गुजरना पड़ा होगा। इसके तुरंत बाद ही अपनी पहली इंग्लैंड यात्रा के दौरान उन्हें दुर्भाग्यपूर्ण और जबरदस्त ब्लैकमेल के षड्यंत्र का सामना करना पड़ा। इसके परिणामस्वरूप उन बातों के लिए उनकी घोर निंदा की गई, जिनके लिए वे कतई जिम्मेदार नहीं थे।''[7] राजमहलों के जिस षड्यंत्रमयी वातावरण में उनका लालन-पालन हुआ था, उसने उन्हें अंतर्मुखी और मितभाषी बना दिया था।

2. संवेदनशील व दयालु प्रकृति

महाराजा संवेदनशील प्रकृति के पुरुष थे। उनके इस गुण का उल्लेख अनेक व्यक्तियों ने किया है। अपने समय में गोल्फ के खिलाड़ी रहे श्रीनगर निवासी मास्टर गुलाम मोहम्मद ने उनके जीवन की ऐसी कुछ घटनाओं का उल्लेख किया है।[8]

(क) मास्टर गुलाम मोहम्मद और महाराजा हरि सिंह श्रीनगर के गोल्फ मैदान में गोल्फ खेल रहे थे। गोल्फ मैदान के साथ नगर की मुख्य सड़क भी थी। वहाँ एक ताँगेवाला ताँगे पर भारी सामान लादकर ले जा रहा था। ज्यादा बोझ होने के कारण घोड़ा हाँफ रहा था और लड़खड़ा रहा था। अचानक महाराजा की नजर घोड़े पर पड़ी तो उन्होंने खेल छोड़कर ताँगवाले को बुलाया और पूछा कि घोड़ा लड़खड़ा क्यों रहा है? फिर महाराजा ने घोड़ेवाले से बीमार घोड़ा बेचने के लिए कहा और उसे छह सौ रुपए में खरीद लिया। घोड़े को इलाज के लिए पशु चिकित्सालय में पहुँचाया।

(ख) एक बार महाराजा हरि सिंह गुलमर्ग से श्रीनगर अपनी कार में आ रहे थे, साथ गुलाम मोहम्मद भी थे। रास्ते में मागम गाँव के पास एक बूढ़ा खड़ा था, जो श्रीनगर जानेवाली हर गाड़ी को रुकने के लिए हाथ दे रहा था। उसे श्रीनगर पहुँचना था। उसने महाराजा की कार को भी हाथ दे दिया। महाराजा ने कार रोक ली और पूछा, क्या बात

है। बूढ़े ने श्रीनगर जाने की बात कही। महाराजा ने उससे पूछा कि तुम्हारे पास किराया है? तो बूढ़े ने बताया कि एक रुपया है। महाराजा ने उसे अपनी कार में बिठा लिया। बूढ़े को श्रीनगर में अमीरा कदल जाना था। महाराजा उसे वहाँ छोड़ने गए। वहाँ जाकर उसे पता चला कि जिसकी कार में बैठकर वह आया है, वे महाराजा हरि सिंह हैं। महाराजा ने उसे सौ रुपए और दिए।

महाराजा हरि सिंह के जीवन से संबंधित, उनके मानवीय पक्ष को उजागर करनेवाली ऐसी न जाने कितनी कहानियाँ पूरे जम्मू-कश्मीर के लोगों में लोक गाथाओं की तरह प्रचलित हो चुकी हैं। इनमें से जो कहीं-न-कहीं लिपिबद्ध हुई हैं, वे केवल ऊँगलियों पर गिनी जा सकती हैं। ''एक दिन महाराजा हरि सिंह शिकार खेलकर वापस ऊधमपुर लौट रहे थे। गाड़ी में उनके साथ ए.डी.सी. कँवल सिंह और कैप्टन पिरथी सिंह थे। रास्ते में एक बावड़ी पर गाँव की कुछ लड़कियाँ पानी भर रही थीं। उन्हें देखकर पिरथी सिंह ने आह भरी—हाय मैं सदके जावाँ। इतना सुनते ही महाराजा हरि सिंह जोर से चिल्लाए, क्या बोल रहे हो, तुम्हारा दिमाग ठीक है क्या, तुम्हारे घर में कोई जवान बहन नहीं है क्या, यदि कोई उस पर ऐसा कटाक्ष करे या उसके साथ दुर्व्यवहार करे तो तुम्हें कैसा लगेगा? यह कहकर उन्होंने गाड़ी रुकवाई और उसे गाड़ी से उतार दिया। पिरथी सिंह को ऊधमपुर आठ नौ मील तक पैदल चलकर आना पड़ा।''[9] इसी प्रकार की एक और घटना का वर्णन कैप्टन कँवल सिंह ने किया है। ''जम्मू में महाराजा हरि सिंह की माता का देहांत हो गया। शाम देर से देहांत का दुःखद समाचार श्रीनगर पहुँचा। महाराजा तुरंत जम्मू के लिए रवाना हुए। रात्रि के आठ बजे थे। उन दिनों रात्रि को बी.सी. रोड पर, खासकर काजीगुंड से लेकर बटोट तक के मार्ग पर रात्रि को वाहनों का चलना प्रतिबंधित था। इस समय पैदल यात्रियों और अपने पशु लेकर चलनेवाले गुज्जर बकरबालों को ही मार्ग के उपयोग का अधिकार था। महाराजा के साथ कर्नल कँवल सिंह और लेफ्टीनेंट कर्नल फकीर सिंह ही थे। जैसे ही गाड़ी रामबन क्षेत्र में पीराह के पास पहुँची तो सारी सड़क गुज्जरों की बकरियों व भेड़ों से भरी हुई थी। ड्राइवर को गाड़ी चलाने में दिक्कत हो रही थी। वह हॉर्न-पर-हॉर्न दे रहा था और फकीर सिंह बाहर गरदन निकालकर गुज्जरों पर चिल्ला रहा था। तब एक बक्करवाल भी चिल्लाया, तुम रात्रि के इस समय हमारे पशुओं को तंग करनेवाले कौन हो, क्या तुम्हें पता नहीं कि महाराजा हरि सिंह का आदेश है कि रात्रि को इस मार्ग पर कोई गाड़ी न चलाए? महाराजा हरि सिंह ने तुरंत गाड़ी रुकवाई। उस बकरवाल को बुलाया और उसके साथ हाथ मिलाया। फिर उसे बताया कि किस कारण से उन्हें रात को गाड़ी से जम्मू जाना पड़ रहा है। उनको जैसे ही पता चला कि ये महाराजा हरि सिंह हैं, उन्होंने तुरंत पशु हटाए और महाराजा की जय-जयकार करने लगे।''[10]

कैप्टन दीवान सिंह ने भी ऐसी ही एक घटना का जिक्र किया है। "एक बार महाराजा हरि सिंह के साथ कार में उनका दोस्त एक सरदार बैठा था। रास्ते में गुजर रही गुज्जर कन्याओं पर उसने छींटाकशी की। महाराजा ने उसे कार से उतार दिया और कार आगे बढ़ाकर ले गए। वह मोटा दोस्त हाँफता-दौड़ता काफी दूर तक पैदल चलकर कार के पास पहुँचा। महाराजा ने उसे अंदर बिठा लिया। तब उस दोस्त ने पूछा कि आखिर मेरा अपराध क्या है? महाराजा ने कहा कि तुमने मेरी बेटियों पर तंज कसा है। गुज्जरों की ये लड़कियाँ मेरी बेटियाँ हैं। तुमने मेरी बेटी को छेड़ा है।"[11]

3. साहसी व ईमानदार

धर्म चंद प्रशांत ने महाराजा हरि सिंह के जीवन से संबंधित एक और घटना का वर्णन किया है। "विक्रमी संवत 1978 में जम्मू में भयंकर प्लेग फैल गया था। शहर में रोज अनेक मौतें होने लगीं। नगर खाली होने लगा, यहाँ तक कि राजपरिवार भी जम्मू छोड़कर सतवारी में आ गया। हरि सिंह उस समय सेना के कमांडर इन चीफ थे। उन्होंने सेना को शहर की जिम्मेदारी सँभालने का आदेश दिया। रात्रि को किसी को भी प्लेगग्रस्त नगर में जाने की अनुमति नहीं थी। सेना की चौकसी रहती थी। एक दिन राजा हरि सिंह साधारण आदमी के भेष में नगर में गए तो ड्यूटी पर तैनात सैनिक ने उन्हें पकड़ लिया। राजा ने सिपाही को रिश्वत देकर छूटने का प्रयास किया, लेकिन रिश्वत के प्रस्ताव पर वह सैनिक और भी भड़क गया कि तुम डोगरा सेना को रिश्वत देने का प्रयास कर रहे हो। सैनिक राजा को अपने कंपनी ऑफिसर के पास ले गया। कंपनी ऑफिसर ने राजा को पहचान लिया और सैल्यूट मारा। सैनिक यह देखकर घबरा गया, लेकिन हरि सिंह ने सिपाही का नाम-पता करके उसे पदोन्नतकर हवलदार बना दिया।"[12]

4. खिलाड़ी और शिकारी

महाराजा हरि सिंह के दो शौक निराले थे। स्वयं पोलो के खिलाड़ी थे और अपने घोड़ों को रेसकोर्स में दौड़ाते थे। जीतते घोड़े थे, जश्न हरि सिंह मनाते थे। उनका दूसरा शौक था निशानेबाजी। निशानेबाजी का अर्थ उन दिनों शिकार ही समझा जाता था। शिकार वे दल-बल के साथ करते थे। जब कोई जानवर उनके निशाने से छूट जाता तो वे देर तक तिलमिलाते थे। पाक कला में भी वे कुछ सीमा तक माहिर कहे जाते थे। रसोईघर में खुद खड़े होकर पकाते थे और किसने अच्छा पकाया है, उसका मुकाबला करवाते थे। यह अलग बात है कि इस मुकाबले में महाराजा ही जीतते थे। उनके पकाए को कौन नापसंद करता? महाराजा हरि सिंह के स्वभाव, प्रकृति, शौक, आदतों और चरित्र पर कर्ण सिंह ने अपनी आत्मकथा में अनेक स्थानों पर प्रसंगवश टिप्पणियाँ की

हैं। उनके अनुसार, ''मेरे पिता घुड़सवारी में माहिर थे। भारी भरकम होने के बावजूद पोलो खेलने के बहुत शौकीन थे। अपने ज्यादा वजन के कारण वे पोलो के बेहतरीन खिलाड़ी तो नहीं बन सके, लेकिन प्रतियोगिता के छटे हैंडीकैप तक पहुँचकर अपना सम्मानजनक स्थान उन्होंने बना लिया था।''[13] जाहिर है जिसे घोड़ों या घुड़सवारी का शौक होगा, वह रेसकोर्स का भी दीवाना बनेगा ही। जैसा कि ऊपर लिखा ही है रेसकोर्स महाराजा हरि सिंह की कमजोरी थी। कर्ण सिंह के ही अनुसार, ''अपनी युवावस्था के प्रारंभिक वर्षों में मेरे पिता पोलो के समर्पित खिलाड़ी रहे थे, लेकिन बाद में घुड़दौड़ उनका मुख्य शौक हो गया।''[14] ''रेस में पिताजी कम-से-कम दो घोड़े तो उतारते ही थे और कई बार तो चार घोड़े भी दौड़ा देते थे। रेस में भाग लेनेवाला और रेस देखने आनेवाला हर व्यक्ति पिताजी के लाल और सुनहरे रंग के घोड़ों से परिचित था। बरसों तक वे अच्छे-खासे घुड़साल के मालिक रहे और इस दौरान उन्होंने कई महत्त्वपूर्ण रेस जीतीं। खाल देखकर वे घोड़ों की पहचान करने में बहुत माहिर थे।''[15] महाराजा के शिकार और निशानेबाजी के शौक के बारे में भी कर्ण सिंह ने लिखा है। ''मेरे पिता राइफल और शाटगन चलाने में बहुत माहिर थे। उनकी निशानेबाजी इतनी अचूक थी कि बत्तखों और कश्मीरी चकोर के शिकार में उन्होंने अंतरराष्ट्रीय कीर्तिमान बनाए। उड़ते पक्षियों का लक्ष्यबेध करने के साथ-साथ मेरे पिता दौड़ते, कुलाँचें भरते जंगली जानवरों का शिकार भी अत्यंत कुशलता से करते थे।''[16]

5. संगीत और कला प्रेमी

संगीत का भी हरि सिंह को शौक था, लेकिन वह सुनने तक सीमित था। वह एक अच्छे श्रोता और कद्रदान थे। ''हालाँकि वे स्वयं नहीं गाते थे, लेकिन अच्छी गायकी की कद्र करना जानते थे। (वे) आए दिन संगीत की महफिलें आयोजित करते। इन महफिलों में हिंदुस्तान के कुछ बेहतरीन कलाकार शामिल होते। मसलन केसरबाई केलकर, सिद्धेश्वरी बाई, बेगम अख्तर तथा मेनका शिरोडकर आदि।''[17] मलिका पुखराज के बचपन से ही उसकी इस प्रतिभा को पहचानकर उन्होंने राजकीय कोष से उसको संगीत विद्या देने की व्यवस्था की। यही मलिका पुखराज बाद में संगीत के क्षेत्र में विख्यात हुई। महाराजा हरि सिंह स्वयं साहित्यानुरागी थे और रियासत में साहित्यिक गतिविधियों को प्रश्रय भी देते थे। ''उनके सिंहासनारूढ़ होने पर बंबई से एक पार्टी जम्मू-कश्मीर में नाटक करने के लिए बुलाई गई थी, जिसने जम्मू और श्रीनगर में पारसी शैली में नाटकों का मंचन किया था। जम्मू के एम्च्योर ड्रामाटिक क्लब के हरि सिंह संरक्षक थे।''[18]

6. सरल और सादा जीवन

रियासतों में शासकों का स्वभाव, व्यवहार और चरित्र कैसा होता था, इसे जानने के लिए आचार्य चतुरसेन का उपन्यास 'गोली और दीवान' जर्मनी दास की दो पुस्तकें 'महाराजा और महारानी' पढ़ना अनिवार्य है। इनको पढ़ने के बाद ही जम्मू-कश्मीर जैसी विशाल रियासत के महाराजा हरि सिंह के व्यक्तित्व को समझा जा सकता है। रियासतों में शासकों के हरमों में पता नहीं कितनी लड़कियाँ उनकी हवस का शिकार होती रहती थीं। पड़ोस की पटियाला रियासत के महाराजा के किस्से तो लोक गाथाओं में ही चर्चित होने लगे थे। जिधर से राजा गुजरता था, उस रास्ते से लोग अपनी लड़कियों को हटा लेते थे। पहाड़ में ऐसे लोकगीत अभी भी गाए जाते हैं, लेकिन महाराजा हरि सिंह के चरित्र पर अभी तक भी कोई काला धब्बा नहीं है। दीवान जर्मनी दास की किताबों में राजाओं-महाराजाओं के जो शौक वर्णित हैं, वे उनसे कोसों दूर थे। "न ही वे महँगी पार्टियाँ दिया करते थे, न उन्हें औरतें नचाने का शौक था, न जुआ खेलने का।"[19] विदेश में जिस 'ए' को लेकर इतनी कथाएँ चर्चित हैं, वह घटना उपलब्ध साक्ष्यों के प्रकाश में षड्यंत्र ज्यादा लगती है, हरि सिंह के चरित्र की परिचायक कम। यदि हरि सिंह इस प्रकार चरित्रहीन होते तो उनके सत्ता सँभालने पर न जाने इस प्रकार की कितनी सच्ची-झूठी कहानियाँ चर्चित हो जातीं, लेकिन इसके विपरीत डुग्गर क्षेत्र में महाराजा हरि सिंह अकेले ऐसे महाराजा हैं, जिनको अभी भी लोकगीतों में सकारात्मक तरीके से स्मरण किया जाता है। न तो उन्हें अपने दरबार में वेश्याएँ नचाने का शौक था और न ही अनेक रखैलें पालकर अपने ऐश्वर्य के गीत गाने का। अपनी दूसरी पत्नी की मृत्यु पर तो वे पुनः शादी करवाने से इनकार करते रहे। राजसी तड़क-भड़क में भी उनकी रुचि नहीं थी।

महाराजा की प्रवृत्ति पर मलिका पुखराज की एक टिप्पणी, "इतने बड़े राज्य के स्वामी होने के बावजूद उन्होंने कभी भी स्वयं को एक आम आदमी से बड़ा नहीं समझा। उनका व्यवहार सभी से बहुत अच्छा था। उन्होंने शायद ही कभी किसी को डाँटा हो। जब उन्हें किसी पर गुस्सा भी आता था तो वे पी जाते थे, लेकिन संबंधित व्यक्ति को अपनी गलती का एहसास हो जाए और वह उसे सुधार ले, इस हेतु वे अपनी अप्रसन्नता किसी दूसरे के माध्यम से संबंधित व्यक्ति तक पहुँचा अवश्य देते थे। उन्होंने अपनी व्यक्तिगत हित साधना के लिए प्रजा में कभी राजनीति नहीं की। यदि वे चाहते तो बहुसंख्यक मुसलमानों का तुष्टीकरण कर सकते थे। उस समय के हालात में राजनीति के लिहाज से यह बुद्धिमत्ता का कदम ही होता, लेकिन उन्होंने ऐसा नहीं किया। उनके व्यवहार में कहीं भी पाखंड नहीं था। कुछ भी छिपाने की उन्हें आदत नहीं थी। उनका व्यवहार सभी से न्यायपूर्ण था। मैंने उनके लिए दस साल तक काम किया। एक बार भी

उन्हेंने किसी से अनुचित व्यवहार किया हो, ऐसा मैंने नहीं देखा। न ही मैंने उन्हें कभी किसी को गाली देते सुना।''[20]

महाराजा अपनी सत्ता का प्रदर्शन नहीं करते थे और न ही उसका प्रयोग आतंक फैलाने के लिए करते थे। इस क्षेत्र में वे अपने नियम केवल स्वयं पर ही नहीं, बल्कि अपने परिवार के सदस्यों पर भी लागू करते थे। रियासत की एकमात्र बाल पत्रिका-रतन ने, कर्ण सिंह पर अपना विशेषांक प्रकाशित करने का निर्णय किया। पत्रिका के संपादक मुल्क राज सर्राफ ने महाराजा हरि सिंह से अनुरोध किया किया कि विशेषांक के लिए कर्ण सिंह अपने हाथों से शुभकामना संदेश भेजें। कर्ण सिंह की आयु सात-आठ साल रही होगी। महाराजा हरि सिंह की ओर से उत्तर आया कि इस छोटी उम्र में ही अपनी महत्ता देखकर कर्ण सिंह के मन में अपनी विशेष स्थिति को लेकर घमंड पैदा हो सकता है। इसलिए इस प्रकार का संदेश भेजना ठीक नहीं होगा।[21]

7. साहसी व्यक्ति, राष्ट्रभक्त और ब्रिटिश विरोधी

महाराजा हरि सिंह साहसी व्यक्ति थे। परिस्थितियों का मुकाबला करते थे। उनसे डरकर भागते नहीं थे। वे जानते थे कि अंग्रेज शासक उनके शासन को अपने राजनैतिक हितों के लिए प्रयोग करना चाहते हैं। यह उनका दृढ संकल्प ही था कि उन्होंने ब्रिटिश रेजीडेंट को पूरा समय कभी भी रियासत में रहने नहीं दिया। सर्दियों में रेजीडेंट को रियासत से बाहर पंजाब के स्यालकोट नगर में रहना पड़ता था। इतना ही नहीं, गोरे लोग रियासत में संपत्ति खरीदकर स्थायी रूप से बसना न शुरू कर दें, इसको रोकने के लिए उन्होंने रियासत का स्थायी निवासी अधिनियम पारित कर दिया। ''वे कट्टर ब्रिटिश विरोधी बन गए थे। ब्रिटिश सरकार को बेधने या फिर उसकी सत्ता को चुनौती देने का कोई मौका वे हाथ से जाने नहीं देते थे।''[22]

निम्न दो घटनाओं से महाराजा के व्यक्तित्व को समझने में मदद मिल सकती है। इन दोनों घटनाओं का उल्लेख क्रिस्टोफर थामस ने किया है।

(क) ''हरि सिंह ने रियासत की सत्ता सँभालने के तुरंत बाद आदेश दिया कि राज्य की सेना के ऐसे सभी अधिकारियों, जिन्होंने सेवानिवृत्ति की आयु पार कर ली है, को नौकरी से मुक्त कर दिया जाए। इस आदेश से नौकरी से हटाए जानेवालों में एक अंग्रेज सेनाधिकारी कर्नल वार्ड भी थे, जो अस्सी साल पार करने के बाद भी नौकरी में डटे हुए थे। ब्रिटिश सरकार ने महाराजा पर इस अंग्रेज को नौकरी में बनाए रखने के लिए अनेक प्रकार से दबाव डाला। महाराजा हरि सिंह ने ब्रिटिश अधिकारियों को लताड़ लगाते हुए लिखा कि मुझे समझ नहीं आता कि कर्नल वार्ड को किस असाधारण आधार पर विशेष दरजा दिया जाए। अस्सी साल के हो जाने पर ही उन्हें रिटायर किया

जा रहा है, अब तो उनको किसी भी प्रकार का एतराज नहीं होना चाहिए। ऐसे बहुत से सेनाधिकारी हैं, जिन्होंने रियासत की कर्नल वार्ड से भी कहीं बहुमूल्य सेवा की है। यह सभी जानते हैं कि इस मामले में कर्नल वार्ड ब्रिटिश सरकार से मुझ पर और मेरी सरकार पर दबाव डलवा रहे हैं। इस हालत में यदि इस मामले में थोड़ी सी भी ढिलाई दिखाई गई तो लोग समझेंगे कि नियमों को ताक पर रखकर दबाव से काम करवाया जा सकता है। यह संदेश सही नहीं होगा। इसके साथ ही वार्ड को सेवामुक्त कर दिया गया और वायसराय कर्नल वार्ड के लिए साल भर से लड़ी जा रही लड़ाई हार गए।

(ख) सन् 1930 की बात है। भारत में ब्रिटिश सरकार के वायसराय लार्ड इरविन ने महाराजा हरि सिंह को एक पत्र लिखकर बंगाली नाम के समाचार-पत्र के संपादक आर.एस. शर्मा,जो उन दिनों आर्थिक तंगी में से गुजर रहा था, की सहायता करने के लिए कहा। यह अखबार ब्रिटिश सरकार का पक्षधर था और उनके पक्ष में आलेख छापा करता था। महाराजा हरि सिंह इसी बात को लेकर गुस्से में थे कि वायसराय की किसी के लिए पैसे माँगने की हिम्मत कैसे हुई? महाराजा ने तुरंत वायसराय को फटकार लगाते हुए उत्तर दिया कि मुझे खेद है कि मैं शर्मा की सहायता करने में असमर्थ हूँ। सिद्धांतत: मैं किसी भी स्थिति और कारण से समाचार-पत्रों को अनुदान देने के खिलाफ हूँ। किसी समाचार-पत्र के साथ इस प्रकार के असामान्य आर्थिक संबंध नहीं रखने चाहिए, क्योंकि इसके बाद इच्छा जाग्रत् होती है कि समाचार-पत्र हमारे गलत कामों को छिपाने का काम करें। इसलिए मैं केवल इतना ही कर सकता हूँ कि इस समाचार-पत्र का नाम भी उस सूची में डलवा दूँ, जिन्हें राज्य सरकार के विज्ञापन मिलते हैं। मुझे आशा है कि आम मेरे इन विचारों से सहमत ही होंगे।''[23]

बंबई के फ्रेडी स्टिलमैन और उसकी पत्नी बैरी महाराजा के जाननेवालों में से थे। यह दंपत्ति बंबई के बायकुला क्लब के सदस्य थे और महाराजा को वहाँ अपने अतिथि के रूप में आने के लिए निमंत्रित करता रहता था। इस क्लब में आम भारतीयों का प्रवेश वर्जित था। ''महाराजा हर बार कोई न कोई कारण बताकर विनम्रता से इनकार कर देते थे। एक बार फ्रेडी ज्यादा ही जोर डालने लगे। तब महाराजा ने उतने ही जोर से कहा, यदि तुम्हारा क्लब आम भारतीयों के लिए वर्जित है तो वह मेरे भी किसी काम का नहीं है।''[24]

चाहे वे एक रियासत के शासक थे, लेकिन उनका चिंतन अखिल भारतीय था। विचार करते समय उनके मन में समग्र भारत की कल्पना रहती थी। वे जम्मू-कश्मीर को उन दिनों भी भारत का एक हिस्सा ही मानते थे, जब अंग्रेजों के भारत से चले जाने की अभी चर्चा भी शुरू नहीं हुई थी। महाराजा, रियासतों और ब्रिटिश-शासित भारतीय भू-भाग की स्थिति को एक देश में अलग-अलग राजनैतिक व्यवस्थाओं के तौर पर ही देखते थे। भारत की अखंडता और आंतरिक एकता की अवधारणा उन्हें पूरी तरह स्पष्ट

थी। वे जानते थे कि जम्मू-कश्मीर रियासत भारत की समग्रता में एक राजनैतिक इकाई है, जिसकी शासन व्यवस्था ब्रिटिश इंडिया से अलग है। वे भारतीय राष्ट्रीयता के पक्षधर थे। उन दिनों जब अधिकांश रियासती शासक अंग्रेजों के आगे शीश झुकाकर, ब्रिटिश रेजीडेंट को प्रसन्न रखने में ही अपनी योग्यता समझते थे, तब महाराजा हरि सिंह ने अपने ब्रिटिश विरोधी और देश की स्वतंत्रता व सम्मान के पक्षधर होने की मिसाल कायम की थी। गोलमेज सम्मेलन में उनका भाषण भी इसी ओर इंगित करता है।

जम्मू-कश्मीर पर पाकिस्तान के संभावित आक्रमण की सूचना महाराजा को थी। उनको पकड़ने की फिराक में पाकिस्तान के कुछ एजेंट भी घात लगाकर बैठे हैं, यह सूचना भी उनके पास थी। पुंछ में कुछ स्थानीय समस्याओं को लेकर वहाँ कुछ सरकार विरोधी वातावरण है, यह भी उन्हें पता ही था, लेकिन इन विकट और विपरीत परिस्थितियों में भी वे रियासत के उत्तेजित क्षेत्रों का जायजा लेने के लिए अपने प्रधानमंत्री को लेकर निकल पड़े थे। उस समय के डेनमार्क के राजदूत लारस बलिंकनवर्ग के अनुसार, ''महाराजा ने अपने प्रधानमंत्री मेहरचंद महाजन के साथ 18 अक्तूबर से लेकर 23 अक्तूबर तक जम्मू के पश्चिमी हिस्सों का दौरा किया था। पाकिस्तान उन दिनों पुंछ और जम्मू में जिस स्थानीय विद्रोह की चर्चा करता है, वह इतना व्यापक नहीं था कि महाराजा के प्रवास कार्यक्रम को रोक पाता।''[25] महाराजा हरि सिंह रियासत को पाकिस्तान में शामिल नहीं करना चाहते थे। हिंदुस्तान के वायसराय इस काम के लिए उन पर दबाव डालने के लिए चार दिन श्रीनगर में डेरा डालकर बैठे रहे, लेकिन वायसराय की नीयत भाँपकर महाराजा ने उससे मिलने से भी इनकार कर दिया। अंग्रेज वायसराय के सामने यह साहस शायद हरि सिंह ही दिखा सकते थे। पाकिस्तान के गवर्नर जनरल जिन्ना से मिलने से भी उन्होंने इनकार कर दिया था।

8. व्यक्तिगत व सार्वजनिक संपत्ति का अंतर

हरि सिंह की व्यक्तिगत संपत्ति के स्रोतों और राजकीय संपत्ति में स्पष्ट अंतर था। महाराजा राजकीय कोष का उपयोग व्यक्तिगत कार्यों के लिए नहीं करते थे। राजगद्दी सँभालने से पहले हरि सिंह के पास भद्रवाह जागीर थी, जिसकी आय उनकी व्यक्तिगत आय होती थी, लेकिन जब वे गद्दीनशीन हुए तो उन्होंने जागीर की आय राजकोष में दे देने की घोषणा कर दी। वे प्रतिमास राजकीय कोष से दो लाख रुपए वेतन के तौर लेते थे, लेकिन इस वेतन बढ़ाने के पीछे कारण, ''यह था कि पिता से मिली अपनी व्यक्तिगत संपत्ति को उन्होंने राज्य सरकार के सुपुर्द कर दिया था।''[26] राज्य के कीमती तोषखाने पर उन्होंने कभी व्यक्तिगत संपत्ति के नाम पर दावा नहीं जताया, जबकि वे ऐसा कर सकते थे। (उनकी मृत्यु के बाद उनके बेटे ने उसे परिवार की व्यक्तिगत संपत्ति बताकर

न्यायालय में मुकदमा किया और हार गए) उन पर आरोप लगाया जाता है कि वे 1947 में श्रीनगर से जम्मू जाते समय अपने साथ लाखों के हीरे-जवाहरात ले गए, लेकिन कैप्टन दीवान सिंह के अनुसार, ''वे अपने साथ अपनी अपने दर्जन भर आभूषण लेकर ही आए थे।''[27] इसके विपरीत महाराजा इस बात का कितना ध्यान रखते कि सरकारी साधनों का प्रयोग व्यक्ति उपयोग के लिए न किया जाए, इसका एक ही उदाहरण काफी होगा। कैप्टन दीवान सिंह के ही अनुसार, ''एक बार मैंने कुत्ते को ले जाने के लिए सरकारी कार का प्रयोग कर लिया। इसके लिए उन्होंने मुझे डाँट लगाई कि इस काम के लिए उनकी व्यक्तिगत कार का ही उपयोग किया जाना चाहिए था।''[28]

9. पंथ निरपेक्ष नीति

महाराजा हरि सिंह प्रशासन में पूरी तरह पंथ निरपेक्ष थे। उन्होंने अपने व्यक्तिगत विश्वासों, आस्थाओं और पूजा पद्धति को कभी प्रशासन पर भारी नहीं पड़ने दिया। वे सही अर्थों में पंथ निरपेक्ष थे। शासक के नाते उन्होंने सत्ता सँभालते समय ही न्याय को अपना धर्म घोषित कर दिया था। उनके लिए यह केवल घोषणा मात्र नहीं थी, बल्कि उनका गहरा विश्वास इसमें परिलक्षित होता था। शेख अब्दुल्ला का महाराजा पर सबसे बड़ा दोषारोपण यही है कि विभाजन के दिनों में जम्मू में मुसलमानों को भगाने में उनका हाथ था। वे अपनी आत्मकथा 'आतिश-ए-चिनार' में भारत विभाजन के समय महाराजा पर सांप्रदायिकता का आरोप लगाते हुए लिखते हैं, इधर हम कश्मीर में कबायलियों को पीछे धकेलने में व्यस्त थे, उधर जम्मू में महाराजा हरि सिंह सांप्रदायिकता की आग को भड़काने के लिए खूब हाथ-पैर मार रहे थे। जम्मू पहुँचकर महाराजा और महारानी तारा देवी ने खिसियानी बिल्ली की तरह खंभा नोचना शुरू किया। अपने दिल की भड़ास निकालने के लिए उन्होंने जम्मू के उग्रवादी हिंदुओं और राष्ट्रीय स्वयंसेवक संघ के सधे हुए सदस्यों में घातक हथियार वितरित किए और उन्हें मुसलमानों का सफाया करने की उत्तेजना दिलाते रहे। ऐसी ही एक टोली की निगरानी प्रोफेसर बलराज मधोक कर रहे थे। उन्होंने ऊधमपुर और रियासी में मुसलमानों के खूने-नाहक से खूब हाथ रँगे।[29]

शेख अब्दुल्ला जानबूझकर भूल रहे हैं कि यदि महाराजा सचमुच अपनी प्रजा के बारे में हिंदू और मुसलमान के नजरिए से सोच रहे होते तो रियासत का जनसांख्यिकी अनुपात बदलने के लिए उन्हें 1947 का इंतजार करने की जरूरत न होती। यह काम वे 1925 से ही शुरू कर सकते थे। रियासत के बाहर के लोगों के आने के लिए वे दरवाजे खोल देते तो आसानी से जनसंख्या का अनुपात बदला जा सकता था, लेकिन महाराजा ने इसके विपरीत 1927 में रियासती प्रजा का कानून बनाकर बाहरवालों के लिए रियासत में आने के दरवाजे बंद किए। इसी कानून के कारण घाटी में मुसलमान बहुसंख्यक के

रूप में रह सके। महाराजा हरि सिंह तो आर्य समाजी थे। यदि वे चाहते तो आर्य समाज के शुद्धि आंदोलन को अपने राज्य में भी बढ़ावा दे सकते थे और जनसंख्या का अनुपात बदलने का प्रयास कर सकते थे, लेकिन उन्होंने ऐसा नहीं किया। उनके शासनकाल में हिंदू से इसलाम मजहब में चले जाने की घटनाएँ तो हुईं, लेकिन कश्मीर में एक केस भी 'घर वापसी' का नहीं हुआ। कहने का अभिप्राय यह है कि महाराजा रियासत के लोगों का विभाजन हिंदू-मुसलमान के आधार पर नहीं करते थे। यदि उनका शासन अच्छा था तो दोनों वर्गों के लिए समान रूप से अच्छा था और यदि बुरा था तो दोनों वर्गों के लिए समान रूप से बुरा था। हिंदू-मुसलमान को अलग-अलग नजरिए से देखने की राजनीति शेख ने स्वयं 1931 में शुरू की थी, जिसका खामियाजा बाद में सभी को भुगतना पड़ा। जहाँ तक जम्मू में विभाजन के बाद हुए दंगों का प्रश्न है, इसकी आग में तो सारा पंजाब ही झुलस रहा था। जम्मू संभाग की सीमा तो पंजाब के स्यालकोट, रावलपिंडी, गुजराँवाला इत्यादि से लगती है। इसलिए पंजाब की आग की चपेट में जम्मू का भी, उन दिनों की हालत को देखते हुए आश्चर्यजनक नहीं किया जा सकता। यदि जम्मू के दंगों के लिए यदि महाराजा हरि सिंह को दोषी माना जा सकता है,तब तो पंजाब और दिल्ली में हुए दंगों के लिए पंडित नेहरू और कांग्रेस को भी दोषी मानना होगा। महाराजा को इस बात का श्रेय जाता है कि उन्होंने 1946-47 में, जब पाकिस्तान बनाए जाने की बात लगभग पक्की हो गई थी, तब भी रियासत के मुसलमानों से भेदभाव नहीं किया। रियासत की सेना के मुसलमान सैनिक पाकिस्तान समर्थक तत्त्वों से साँठगाँठ कर रहे हैं, ऐसी अफवाहें रियासत में फैलनी शुरू हो गई थीं। महाराजा चाहते तो उन्हें अपदस्थ कर सकते थे, लेकिन उन्होंने ऐसा नहीं किया। इसका बाद में उन्हें नुकसान भी उठाना पड़ा, परंतु संकट की उस घड़ी में भी उन्होंने पंथ निरपेक्षता का राजधर्म, जिसकी प्रतिज्ञा उन्होंने राजतिलक के समय की थी, नहीं छोड़ा।

दरअसल उनकी पंथनिरपेक्ष नीति के चलते बहुत से हिंदू उनके खिलाफ हो गए थे। मलिका पुखराज लिखती हैं, "ईद का उत्सव आनेवाला था। महाराजा हरि सिंह अपनी प्रजा को बताना चाहते थे कि वे इसलाम का भी सम्मान करते हैं और उनके उत्सवों को भी अपना समझते हैं। ईद के एक दिन पहले यह घोषणा की गई प्रार्थना के समय महाराजा भी मसजिद में जाएँगे। सम्मान प्रदर्शित करने के लिए वे प्रार्थना के समय खड़े रहे। नमाज के बाद, नमाज पढ़वानेवाले इमाम को महाराजा ने पाँच सौ रुपए और पशमीने का अंगवस्त्र भेंट किया।"[30] रियासत के किसी शासक ने ऐसा पहली बार किया था। इससे हिंदुओं में प्रतिक्रिया हुई। "जब भी पाँच-दस लोग एकत्रित हो जाते तो बातचीत आमतौर पर इसी प्रकार की होती कि वास्तव में तो महाराजा ने इसलाम मजहब स्वीकार कर लिया है, लेकिन वे सिंहासन छिन जाने के भय से इसे सार्वजनिक

रूप से स्वीकार नहीं करेंगे। वह किस प्रकार का राजा है? हमने कभी उसको मंदिर जाते नहीं देखा, लेकिन मसजिद में जाकर वह उनकी प्रार्थना सभा में दो घंटे गुलामों की तरह खड़ा रहा। उनको मुसलमानों ने घेरा हुआ है और वे उन्हीं को रोजगार देते हैं। उनका कोई मजहब या आस्था है? मंदिर की घंटियाँ कान में न पड़ें, इसलिए वे मंडी मुबारक को छोड़कर राम नगर भाग गए हैं।''[31] मलिका पुखराज, जो महाराजा हरि सिंह के शासनकाल में उनके सांस्कृतिक मंत्रालय में अनेक साल तक रही, उन्होंने अपने संस्मरणों में उनके व्यक्तित्व के अनेक छिपे हुए पहलुओं को उजागर किया है। पुखराज के अनुसार हरि सिंह कट्टर पंथनिरपेक्ष थे। वे अपनी प्रजा में हिंदू-मुसलमान के आधार पर कभी भेदभाव नहीं करते थे। इसके विपरीत मुसलमानों के साथ उनके उदारतापूर्ण व्यवहार के कारण बहुत से लोग उनको हिंदू विरोधी तक मानते थे। ''महाराजा हरि सिंह उदारवादी थे। वे न तो इसलाम में मतांतरित होना चाहते थे और न ही अपने मजहब की निंदा करते थे। वे तो चाहते थे कि मुसलमानों के साथ भी मानवीय व्यवहार किया जाए और उन्हें भी रोजगार मिले। वे कहते थे कि यह देखना उनका कर्तव्य है कि सभी को न्याय मिले।''[32] वे जानते थे कि हिंदू उनके इस व्यवहार को पसंद नहीं करते, लेकिन उन्होंने इसकी चिंता नहीं की और जो उन्हें ठीक लगा, वही किया। ''वे दिल के साफ थे। उन्होंने हिंदू-मुसलमान किसी के साथ भी दुर्व्यवहार नहीं किया। वे दोनों के प्रति समान भाव रखते थे।''[33] मौलवी अब्दुल रहीम 1931 में महाराजा के खिलाफ चलाए गए आंदोलन के प्रमुख नेताओं में से थे, लेकिन 1934 में महाराजा ने उन्हें न्यायाधीश नियुक्त किया। स्पष्ट ही महाराजा सांप्रदायिकता से तो कोसों दूर थे, वे बदले की भावना से भी काम नहीं करते थे। महाराजा हरि सिंह की शख्सियत कितनी प्रभावी थी, इसका अंदाजा इसी से लगाया जा सकता है कि शेख अब्दुल्ला, जिन्होंने जीवन भर महाराजा का विरोध किया और राजशाही की जेल में भी रहे, अपने शांत और संतुलित क्षणों में, महाराजा का सकारात्मक भाव से ही स्मरण करते हैं। यह स्मरण उन्होंने जम्मू की किसी जनसभा में नहीं किया। ऐसा किया होता तो उसका अभिप्राय जम्मू से वोट बटोरने की रणनीति से ही जोड़ा जा सकता था। यह स्मरण उन्होंने अपने मंत्रिमंडल के वरिष्ठ और अनुभवी सदस्य डी. डी.ठाकुर के साथ किया। ठाकुर उसका स्मरण करते हुए लिखते हैं, ''शेख अब्दुल्ला ने अपनी बातचीत में कहा कि महाराजा चिंतन में प्रगतिशील, वृत्ति से दयालु और कर्म में उदारमना थे।''[34]

10. भाषा को लेकर राष्ट्रीय दृष्टि

महाराजा हरि सिंह काल के परिवर्तन को अच्छी तरह जानते ही नहीं थे, बल्कि उसके साक्षी भी थे। वे इतना तो समझ ही गए थे कि भविष्य के भारत में हिंदी अत्यंत

महत्त्वपूर्ण स्थान सँभालेगी और राष्ट्रीय एकता स्थापित करने में भी उसकी प्रमुख भूमिका रहेगी। इसलिए उन्होंने अपनी रियासत में हिंदी भाषा के विकास के लिए प्रमुख भूमिका निभाई। 1936 में रियासत में हिंदी प्रचारिणी सभा का गठन किया गया। यह संस्था प्रदेश में हिंदी के प्रचार-प्रसार के लिए तो काम कर ही रही थी, लेकिन इसके साथ-साथ सभा ने पाठशालाओं में शिक्षा का माध्यम हिंदी करने की भी माँग की। इसके कारण प्रदेश के नौजवानों को रियासत से बाहर भी नौकरी की संभावना बढ़ सकती थी। अभी तक रियासत का शिक्षा विभाग अरबी लिपि में ही पुस्तकों का प्रकाशन करता था। महाराजा हरि सिंह स्वयं हिंदी की सार्वदेशिक महत्ता को समझते थे। इसलिए उन्होंने विभिन्न पुस्तकें उर्दू के साथ-साथ देवनागरी लिपि में भी प्रकाशित करवाने की व्यवस्था की। महाराजा हरि सिंह की सरकार ने शासकीय आदेश जारी किया, ''शिक्षा का माध्यम सहज उर्दू होना चाहिए, लेकिन लिखने और पढ़ने के लिए देवनागरी लिपि-फारसी लिपि, दोनों का प्रयोग किया जाने चाहिए। पुस्तकों का मसौदा प्रत्येक विषय में सहज-सरल होना चाहिए, लेकिन यह मसौदा दोनों लिपियों अर्थात् देवनागरी और उर्दू में होना चाहिए। विद्यार्थियों को पूरी स्वतंत्रता थी कि वे देवनागरी या उर्दू लिपि में लिखें या पढ़ें। अध्यापकों के लिए भी हिंदी अथवा उर्दू दोनों लिपियों को एक साल के भीतर भीतर सीखना होगा और अपने इस ज्ञान को अधिकारियों के आगे प्रकट भी करना होगा। भविष्य में कोई भी अध्यापक शिक्षा विभाग में तभी नौकरी कर सकेगा, यदि उसे देवनागरी और उर्दू, दोनों लिपियाँ आती होंगी।[35] हरि सिंह के लिए भाषा अभिव्यक्ति का माध्यम होती है, उसका किसी मजहब से कुछ लेना-देना नहीं होता। महाराजा हरि सिंह डोगरा राजवंश के पहले शासक थे, जिन्होंने कश्मीरी भाषा सीखी, ताकि अपनी प्रजा से सीधा संवाद कर सकें और कश्मीरियों के मन की बात समझ सकें। वे कश्मीरियों से उन्हीं की भाषा में बात करने का प्रयास करते थे।

लेकिन दुर्भाग्य से शेख मोहम्मद अब्दुल्ला के नेतृत्व में नेशनल कॉन्फ्रेंस के सदस्यों ने हिंदी भाषा का पुरजोर विरोध किया। उनकी दृष्टि में यह एक प्रकार से इसलाम पर प्रहार ही था और उनका आरोप था कि यह रियासत के हिंदूकरण की दिशा में एक कदम है। मामला यहाँ तक बढ़ा कि नेशनल कॉन्फ्रेंस के सदस्यों ने इस मुद्दे पर प्रजा सभा से त्यागपत्र तक दे दिया, लेकिन इस प्रश्न को लेकर नेशनल कॉन्फ्रेंस के भीतर भी विवाद खड़ा हो गया। जम्मू प्रांत के अनेक सदस्यों ने नेशनल कॉन्फ्रेंस के इस सांप्रदायिक रवैए के कारण पार्टी से ही ''यह कहकर इस्तीफा दे दिया कि ऐसी पार्टी; जो पंथ निरपेक्ष होने का दम भरती है, लेकिन हिंदी को हिंदुओं की भाषा कहकर नकारती है; से हमारा कोई संबंध नहीं है।[38] जम्मू के बंसी लाल सूरी का नाम तो उस समय नेशनल कॉन्फ्रेंस की ओर से मंत्री पद के लिए भी चल रहा था, लेकिन हिंदी के प्रश्न पर उन्होंने

इसकी भी चिंता नहीं की और नेशनल कॉन्फ्रेंस छोड़ दी। इतना ही नहीं, जब ब्रिटिश सरकार सफलतापूर्वक कोशिश कर रही थी कि रियासतों में भी प्रशासन का ढाँचा ही नहीं, बल्कि उसका नामकरण भी पश्चिमी अवधारणाओं के आधार पर ही हो तो उसका विरोध महाराजा हरि सिंह अपने ढंग से कर रहे थे। उन्होंने रियासत में पश्चिमी पंचांग को आधार न बनाकर भारतीय पंचांग विक्रमी संवत् को लागू किया था। इतना ही नहीं उन्होंने प्रशासनिक पदों का नामकरण भी परंपरागत भारतीय पद्धति से किया था।'' महाराजा हरि सिंह ने 5 अक्तूबर, 1934 को राजकीय आदेश-99 लागू किया, जिसके अनुसार ''भविष्य में निम्नलिखित पदों को इस प्रकार लिखा जाएगा।

Executive Council—अमात्य मंडल

Prime Minister—प्रधान अमात्य

Minister—अमात्य

इन शब्दों का प्रयोग उक्त पदों के दावेदारों के आगे अथवा पीछे लगेगा।''[37] इससे सहज ही अंदाजा लगाया जा सकता है कि महाराजा हरि सिंह भारत के भविष्य में कितनी दूर तक देख सकते थे। भारतीयता उनके चिंतन और प्रशासन का आधार था।

11. मौन साधक

जम्मू-कश्मीर के मामले में सभी प्रमुख पात्रों को अपनी-अपनी असफलताओं या षड्यंत्रों को छिपाने के लिए किसी-न-किसी बली के बकरे की तलाश थी। महाराजा हरि सिंह से आसान शिकार और भला कौन हो सकता था? इस पूरे नाटक के प्रमुख पात्रों ने अपनी-अपनी कथा बयाँ कर दी और इस बयान में अपने को पाक-साफ बताते हुए जम्मू-कश्मीर समस्या का उत्तरदायित्व हरि सिंह के दरवाजे पर जाकर पटक दिया। शेख मोहम्मद अब्दुल्ला सुपुर्द-ए-खाक होने से पहले आतिश-ए-चिनार बयाँ कर गए और अपनी इस मृत्यु-पूर्व घोषणा में हरि सिंह को अपराधी सिद्ध करने का प्रयास करते रहे। शेख का बयान इतना भ्रामक है कि उन्हीं के दोस्त कमाल अहमद सिद्दीकी को, 'कश्मीर एक मंजरनामा' लिखना पड़ा। लार्ड माउंटबेटन ने खुद चाहे कुछ नहीं लिखा, लेकिन उनको निर्दोष सिद्ध करने के लिए उनका भारी-भरकम स्टाफ मौजूद था। माउंटबेटन और उसकी जीवनी लेखकों ने तो कभी इस बात को छिपाया भी नहीं कि उनकी रुचि रियासत को पाकिस्तान में मिलाने की थी। माउंटबेटन के आतंकवादी विस्फोट में मारे जाने से वर्षों पूर्व कितनी किताबें उनके अपराधमुक्त होने की घोषणा कर रही थीं, लेकिन ताज्जुब है कि रियासत की वर्तमान हालत के लिए माउंटबेटन भी दोष महाराजा के मत्थे ही मढ़ रहे थे। नेहरू के जीवनीकारों ने सदा ही रियासत के मामले में की गई उनकी तमाम गलतियों को महाराजा हरि सिंह के खाते में डालने के सफल प्रयास किए।

नेहरू स्वयं भी सारा दोषारोपण हरि सिंह पर करने में कभी चूकते नहीं थे; यहाँ तक कि हरि सिंह के सुपुत्र कर्ण सिंह ने भी उस संकटकाल में अपने पिता का साथ न देकर नेहरू-शेख के साथ चले जाने के प्रकरण में अपनी सफाई देने के लिए अपनी आत्मकथा में महाराजा को समय से पिछड़ा सिद्ध करने में कोई-कोर कसर नहीं रखी।

महाराजा हरि सिंह अपने स्वभाव में विद्रोही प्रकृति के थे। 1947 में परिस्थितियों के अनुकूल वे भी अनेक समझौते कर सकते थे, जिससे उनके व्यक्तिगत हितों की रक्षा हो सकती थी, लेकिन राष्ट्रीय हितों को नुकसान पहुँचता, परंतु उन्होंने व्यक्तिगत हित की तुलना में राष्ट्रीय हित को ही अधिमान दिया। वे धुन के पक्के थे। पराजय उन्हें स्वीकार नहीं थी, लेकिन विजयी होने के लिए वे संघर्ष करते थे, समझौते नहीं। इस मामले में वे स्वाभिमानी थे। आत्मसम्मान के प्रश्न पर वे व्यक्तिगत बड़ी से बड़ी हानि स्वीकार कर सकते थे, लेकिन झुक नहीं सकते थे। उन दिनों वे भी राजनीति के दाँवपेंच चल सकते थे, लेकिन उन्होंने बंबई में निर्वासन स्वीकार कर लिया, समझौता नहीं किया।

महाराजा हरि सिंह ने बंबई में निष्कासित हो जाने के बावजूद ''अपने पूर्वकाल के बारे में कभी भी सार्वजनिक रूप से न बोलने का निश्चय किया। अपने पूर्वकाल के बारे में व्यक्तिगत बातचीत में भी उन्होंने शायद ही कभी जिक्र किया हो। उन्होंने कभी औपचारिक रूप से प्रेस वार्त्ता भी नहीं की, न ही सार्वजनिक रूप से उस काल के बारे में पत्र व्यवहार किया और न ही कोई डायरी लिखी।''[38] इसे महाराजा हरि सिंह की महानता ही मानना होगा कि उन्होंने संयुक्त राष्ट्र संघ में जम्मू-कश्मीर पर चल रही बहस से लेकर जीवन के अंतिम दिनों तक व्यक्तिगत मान, अपमान की चिंता न करते हुए, राष्ट्रीय हित के लिए मौन रहना ही श्रेयस्कार समझा। वे इन सभी घातों-प्रतिघातों को चुपचाप सहते व झेलते रहे। मुंबई में मौन रहकर अपमान के इस विष को पीते रहे, लेकिन उन्होंने अंतिम श्वास तक अपना मुँह नहीं खोला। शेख मुहम्मद अब्दुल्ला की तरह किसी मोहम्मद युसफ टेंग को पास बिठाकर अपनी जीवनी भी नहीं लिखवाई। बंबई में टेंगों की कमी तो नहीं थी। लेकिन यदि हरि सिंह किसी टेंग को पास बिठा लेते तो यकीनन दूसरे लोग इतिहास के कठघरे में खड़े होते। उनको कठघरे में खड़ा करने की बजाय हरि सिंह ने खुद कठघरे में खड़ा होना स्वीकार कर लिया। उनका मुँह खुलने से हो सकता दूसरे अनेक मुँह बंद हो जाते और कईयों के चेहरे से नकाब उतर जाते, लेकिन हरि सिंह ने यह सारा जहर स्वयं ही पिया और चुपचाप इस संसार को अलविदा कह दिया।

संदर्भ—

1. कर्ण सिंह, आत्मकथा, पृ. 289
2. Excelsior, Jammu, March 10, 2011
3. C.E.Tyndale Biscae, Kashmir and it's inhabitants, 76
4. कर्ण सिंह, आत्मकथा, पृ. 34
5. कर्ण सिंह, आत्मकथा, पृ. 36
6. कर्ण सिंह, आत्मकथा, पृ. 36
7. कर्ण सिंह, आत्मकथा, पृ. 36
8. Somnath Wakhlu, Hari Singh : The Maharaja, The Man, The Times, 162-163
9. Somnath Wakhlu, Hari Singh : The Maharaja, The Man, The Times, 159-60
10. Somnath Wakhlu, Hari Singh : The Maharaja, The Man, The Times, 159-60
11. Christopher Thomas, Faultline Kashmir, p. 67
12. Somnath Wakhlu, Hari Singh : The Maharaja, The Man, The Times, p. 174-175
13. कर्ण सिंह, आत्मकथा, पृ. 40
14. कर्ण सिंह, आत्मकथा, पृ. 41
15. कर्ण सिंह, आत्मकथा, पृ. 62
16. कर्ण सिंह, आत्मकथा, पृ. 45
17. कर्ण सिंह,आत्मकथा,पृ. 43
18. अशोक जेरथ, जम्मू-कश्मीर में हिंदी साहित्य का इतिहास, पृ. 61
19. Christopher Thomas, Faultline Kashmir, p. 112
20. Malka Pukhraj, Song sung true, 103-104
21. Mulk Raj Saraf, Fifty years as a journalist, p. 70
22. Christopher Thomas, Faultline Kashmir, 70
23. Christopher Thomas, Faultline Kashmir, p. 85-86
24. Christopher Thomas, Faultline Kashmir, p. 100
25. Narendra Singh Sarila, The Shadow of the great game : the untold story of India's Partition, p. 348
26. Christopher Thomas, Faultline Kashmir, 87

27. Christopher Thomas, Faultline Kashmir, p. 196
28. Christopher Thomas, Faultline Kashmir, p. 196
29. Sheikh Mohammad Abdullah, The blazing chinar, 433-434
30. Malka Pukhraj, Song sung true, 93
31. Malka Pukhraj, Song sung true, 94
32. Malka Pukhraj, Song sung true, p. 97-98
33. Malka Pukhraj, Song sung true, p. 103
34. D.D. Thakur, My Life and years in Kashmir Politics, p. 200
35. अशोक जेरथ, जम्मू-कश्मीर में हिंदी साहित्य का इतिहास, पृ. 24
36. अशोक जेरथ, जम्मू-कश्मीर में हिंदी साहित्य का इतिहास, पृ. 55
37. अशोक जेरथ, जम्मू-कश्मीर के हिंदी साहित्य का इतिहास, पृ. 28
38. Christopher Thomas, Faultline Kashmir, 66

□

12
उपसंहार

देश की नई प्रशासनिक व्यवस्था में जम्मू-कश्मीर रियासत की भागीदारी अंग्रेजों के चले जाने के लगभग दो महीने बाद 26 अक्तूबर, 1947 को हुई। वह भी तब, जब रियासत पर कबायलियों के रूप में पाकिस्तानी सेना ने आक्रमण कर दिया और उसके काफी हिस्से पर कब्जा कर लिया। महाराजा ने तब अधिमिलन पत्र पर हस्ताक्षर किए। बाद में इतिहास में यही प्रचारित किया गया कि महाराजा हरि सिंह भारत में शामिल होने के इच्छुक ही नहीं थे और जम्मू-कश्मीर को आजाद देश बनाना चाहते थे। इसे भारतीय इतिहास की त्रासदी ही कहा जाएगा कि महाराजा ने भी कभी जनता के सामने अपना पक्ष रखने की कोशिश नहीं की। कर्ण सिंह के अपने शब्दों में ही, ''उन्होंने गरिमापूर्ण मौन धारण कर लिया। उनका एक वक्तव्य सरकार को असहज कर देता''[1] सरकार तो शायद असहज न होती, लेकिन हरि सिंह को लेकर दोषारोपण कर रहे लोगों के चेहरे से शायद नकाब उतर जाती। शेख अब्दुल्ला ने भी बाद में अपनी आत्मकथा आतिश-ए-चिनार के माध्यम से महाराजा पर और ज्यादा दोषारोपण किया।

इसमें अब कोई शक नहीं कि ब्रिटेन की सरकार हर हालत में जम्मू-कश्मीर रियासत पाकिस्तान को देना चाहती थी। महाराजा कहीं रियासत में भारत की नई संघीय संवैधानिक व्यवस्था स्वीकार न कर लें, इसको रोकने के लिए ब्रिटेन ने पंद्रह अगस्त तक भारत और पाक की सीमा ही घोषित नहीं की और अस्थायी तौर पर गुरदासपुर जिला पाकिस्तान की सीमा में घोषित कर दिया। इस तकनीक के बहाने महाराजा पर पाकिस्तान में शामिल होने के लिए परोक्ष दबाव ही डाला जा रहा था, पर वे इस दबाव में नहीं आए, लेकिन सीमा आयोग की रपट को लार्ड माउंटबेटन बहुत देर तक तो दबा नहीं सकते थे। जब सीमा आयोग की रपट आई तो शकरगढ़ तहसील

को छोड़कर सारा गुरदासपुर जिला भारत में था। इस प्रकार जम्मू-कश्मीर रियासत सड़क मार्ग से पूर्वी पंजाब से जुड़ गई। हरि सिंह एक ओर से निश्चिंत हो गए।

इस पृष्ठभूमि में इस प्रश्न पर विचार करना आसान होगा कि महाराजा ने रियासत की संवैधानिक व्यवस्था को देश की नई संघीय संवैधानिक व्यवस्था में समाहित करने में इतनी देर क्यों की? इस मरहले पर नेहरू और शेख अब्दुल्ला की भूमिका सामने आती है। ब्रिटिशकाल में रियासतों में कांग्रेस ने अपनी शाखाएँ नहीं खोली थीं। इसका एक कारण यह था कि इन रियासतों में शासक भारतीय थे और कांग्रेस का संघर्ष विदेशी अंग्रेज शासकों के खिलाफ था न कि भारतीय शासकों के खिलाफ। इसके विपरीत मुसलिम लीग की शाखा, मुसलिम बहुल रियासतों यथा हैदराबाद, भोपाल और जूनागढ़ को छोड़कर शेष जहाँ तक संभव था, प्रायः प्रत्येक रियासत में थी, क्योंकि मुसलिम लीग की लड़ाई विदेशी अंग्रेज शासकों के साथ नहीं थी, बल्कि उसकी लड़ाई का उद्देश्य भारत में समाप्त हो चुके विदेशी मुगल साम्राज्य को पुनः स्थापित करना था। इसलिए रियासतों के हिंदू राजा उनके निशाने पर थे। रियासतों में राजाओं के शासन के खिलाफ लोगों ने प्रजा मंडल के नाम से संगठन बनाए हुए थे, जिनका संघर्ष का अपना इतिहास है। अलीगढ़ मुसलिम विश्वविद्यालय से पढ़कर आए शेख अब्दुल्ला ने श्रीनगर में प्रजा मंडल के नाम से नहीं, बल्कि मुसलिम कॉन्फ्रेंस के नाम से आंदोलन शुरू किया, जो मुसलिम लीग की तर्ज पर रियासत के हिंदू राजा के खिलाफ संघर्ष था। यह लड़ाई राजाशाही के खिलाफ न होकर डोगरों के खिलाफ थी। शेख अब्दुल्ला का नारा राजाशाही का नाश नहीं था, बल्कि डोगरो कश्मीर छोड़ो था। मतलब साफ था कि डोगरों का राज कश्मीर से समाप्त होना चाहिए, राज्य के अन्य संभागों में रहता है तो शेख को कोई एतराज नहीं था। वैसे तो अब्दुल्ला चाहते तो मुसलिम लीग ही बना सकते थे, लेकिन मुसलिम नेतृत्व को लेकर अब्दुल्ला और जिन्ना में जिस कदर टकराव पैदा हो गया था, उसमें यह संभव ही नहीं था। जिन्ना अपने आपको पूरे दक्षिण एशिया के मुसलमानों का नेता मानने लगे थे। उनकी नजर में शेख अब्दुल्ला की हैसियत स्थानीय नेता से ज्यादा नहीं थी। ब्रिटिश सरकार भी जिन्ना के पक्ष में ही थी। उधर अब्दुल्ला नेतृत्व में दोयम दरजा स्वीकार करने को तैयार नहीं थे, लेकिन शेख अब्दुल्ला को डोगरों के खिलाफ अपनी इस लड़ाई में किसी-न-किसी की सहायता तो चाहिए ही थी। जिन्ना के कट्टर विरोधी जवाहर लाल नेहरू से ज्यादा उपयोगी भला इस मामले में और कौन हो सकता था? लेकिन उसके लिए जरूरी था कि अब्दुल्ला पंथ निरपेक्ष और समाजवादी प्रगतिवादी शक्ल में नजर आते।

शेख अब्दुल्ला और साम्यवादियों ने एक-दूसरे का प्रयोग अपने अपने हित के लिए करना शुरू किया। शेख अब्दुल्ला को तो इसका तुरंत लाभ हुआ। नेहरू की दृष्टि

में अब्दुल्ला समाजवादी बन गए, जबकि श्रीनगर की मसजिद में वे हिंदुओं के खिलाफ पहले की तरह ही जहर उगलते रहे। इस प्रकार जम्मू-कश्मीर में नेहरू, महाराजा हरि सिंह के खिलाफ शेख अब्दुल्ला के जोड़ीदार बने। भारत विभाजन के समय, जम्मू-कश्मीर की सत्ता हथियाने में शेख अब्दुल्ला को अपने इस जोड़ीदार से बहुत फायदा हुआ।

भारत विभाजन से कुछ महीने पहले ही कश्मीर की सीमा पर खड़े होकर नेहरू ने कश्मीर के राज्यपाल को कहा था—तुम्हारा राजा कुछ दिन बाद मेरे पैरों पड़कर गड़गिड़ाएगा। शायद महाराजा हरि सिंह का कसूर केवल इतना था कि 1931 में ही उन्होंने लंदन में हुई गोलमेज कॉन्फ्रेंस में ब्रिटेन की सरकार को कह दिया था कि हम सब भारतीय हैं और भारतीय होने के नाते अपनी जन्मभूमि भारत, जिसने हमें जन्म दिया है और पाला-पोसा है, उसके सम्मान के लिए शेष भारतीयों के साथ हैं।[2] उस वक्त वे अपनी रियासत के राजा होने के साथ साथ एक आम गौरवशाली हिंदुस्तानी के दिल की आवाज की अभिव्यक्ति भी कर रहे थे। हरि सिंह ने तो उसी वक्त अप्रत्यक्ष रूप से बता दिया था कि भारत की सीमाएँ जम्मू-कश्मीर तक फैली हुई हैं, लेकिन पंडित नेहरू 1947 में भी इसे स्वीकार करने को तैयार नहीं थे। वे अड़े हुए थे कि जम्मू-कश्मीर को भारत का हिस्सा तभी माना जाएगा, जब महाराजा हरि सिंह सत्ता शेख अब्दुल्ला को सौंप देंगे। ऐसा और किसी भी रियासत में नहीं हुआ था। शेख इतनी बड़ी रियासत में, केवल कश्मीर घाटी में सक्रिय थे। वहाँ भी कश्मीरी भाषा बोलनेवाले लोगों में से केवल सुन्नी मुसलमानों का प्रतिनिधित्व करते थे। बिना किसी चुनाव या लोकतांत्रिक पद्धति से शेख को सत्ता सौंप देने का अर्थ, रियासत में एक नई तानाशाही स्थापित करना हीं था। नेहरू तो अधिमिलन की बात हरि सिंह की सरकार से करने के लिए ही तैयार नहीं थे। अधिमिलन पर निर्णय लेने के लिए वे केवल शेख को सक्षम मानते थे, जबकि वैधानिक व लोकतांत्रिक दोनों दृष्टियों से यह गलत था। महाराजा इस शर्त को मानने के लिए किसी भी तरह तैयार नहीं थे। नेहरू का दुराग्रह इस सीमा तक बढ़ा कि उन्होंने अब्दुल्ला की खातिर कश्मीर को भी दाँव पर लगा दिया। उस वक्त रियासती मंत्रालय के सचिव वी.पी.मेनन के अनुसार, "हमारे पास उस समय कश्मीर की ओर ध्यान देने का समय ही नहीं था।" दिल्ली के पास महाराजा से बात करने का समय ही नहीं था और नेहरू, शेख के सिवा किसी से बात करने को तैयार नहीं थे। शायद इसी अनिर्णय के कारण अफवाहें फैलना शुरू हुईं कि महाराजा तो जम्मू-कश्मीर को आजाद देश बनाना चाहते हैं।

कहना न होगा कि सरकारी इतिहासकारों ने इन अफवाहों को हाथोहाथ लिया और इसे ही इतिहास घोषित करने में अपना तमाम कौशल लगा दिया। इतना ही नहीं;

जब पाकिस्तान ने रियासत पर हमला कर दिया और उसका काफी भू-भाग कब्जे में कर लिया, तब भी पंडित नेहरू रियासत का अधिमिलन भारत में स्वीकारने के लिए तैयार नहीं हुए। उनकी शर्त राष्ट्रीय संकट की इस घड़ी में भी वही थी कि पहले सत्ता शेख अब्दुल्ला को सौंप दो, तभी जम्मू-कश्मीर का भारत से अधिमिलन स्वीकारा जाएगा और सेना भेजी जाएगी। यही कारण था कि महाराजा को अधिमिलन पत्र के साथ अलग से यह भी लिखकर देना पड़ा कि अब्दुल्ला को रियासत का आपातकालीन प्रशासक बनाया जा रहा है। एक बार हाथ में सत्ता आ जाने के बाद उसने क्या-क्या नाच नचाए, यह इतिहास सभी जानते हैं। अब्दुल्ला ने नेहरू के साथ मिलकर महाराजा हरि सिंह को रियासत से ही निष्कासित करवा दिया और बंबई में गुमनामी के अँधेरे में ही उनकी मृत्यु हुई।

महाराजा हरि सिंह एक साथ तीन-तीन मोर्चों पर अकेले लड़ रहे थे। पहला मोर्चा भारत के गवर्नर जनरल और ब्रिटिश सरकार का था, जो उन पर हर तरह से दबाव ही नहीं, बल्कि धमका भी रहा था कि रियासत को पाकिस्तान में शामिल करो। दूसरा मोर्चा मुसलिम कॉन्फ्रेस और पाकिस्तान सरकार का था, जो रियासत को पाकिस्तान में शामिल करवाने के लिए महाराजा को बराबर धमका रही थी और जिन्ना 26 अक्तूबर, 1947 को ईद श्रीनगर में मनाने की तैयारियों में जुटे हुए थे। तीसरा मोर्चा जवाहर लाल नेहरू और उनके साथियों का था, जो रियासत के भारत में अधिमिलन को तब तक रोके हुए थे, जब तक महाराजा शेख के पक्ष में गद्‍दी छोड़ नहीं देते। नेहरू ने तो यहाँ तक कहा कि यदि पाकिस्तान श्रीनगर पर भी कब्जा कर लेता है तो भी बाद में हम उसको छुड़ा लेंगे, लेकिन जब तक महाराजा शेख की ताजपोशी नहीं कर देते, तब तक रियासत का भारत से अधिमिलन नहीं हो सकता। इसे त्रासदी ही कहा जाएगा, जब महाराजा अकेले इन तीन तीन मोर्चों पर लड़ रहे थे तो उनका अपना परिवार भी उनके साथ नहीं था।

महाराजा हरि सिंह ने माउंटबेटन के प्रयासों को असफल करते हुए रियासत को भारत में मिलाने के लिए जो संघर्ष किया, उसे इतिहास में से मिटाने का प्रयास हो रहा है। जून, 1947 में लार्ड माउंटबेटन का श्रीनगर जाकर हरि सिंह से बात करने को इतिहास में जिस गलत तरीके से लिखा गया है और अभी भी पेश किया जा रहा है, उसे पढ़कर दुःख होता है। माउंटबेटन के ब्रिटिश जीवनीकार लिखें, यह समझ में आता है, लेकिन भारतीय इतिहासकार भी उसी की जुगाली कर रहे हैं। माउंटबेटन हरि सिंह के पुराने परिचित थे। वे विभाजन पूर्व हरि सिंह को समझाने के लिए श्रीनगर गए। शासकीय इतिहास के अनुसार उन्होंने हरि सिंह को कहा कि 15 अगस्त से पहले-पहले आप किसी भी राज्य, भारत या पाकिस्तान में शामिल हो जाओ। यदि 15

अगस्त तक किसी भी देश में शामिल न हुए तो तुम्हारे लिए समस्याएँ पैदा हो जाएँगी। ऊपर से देखने पर यह सलाह बहुत ही निर्दोष लगती है। इस पृष्ठभूमि में कोई भी कह सकता है कि रियासत में जो घटनाक्रम हुआ, उसका कारण महाराजा का 15 अगस्त तक निर्णय न ले पाना ही था, लेकिन यह उतना सच है, जितना दिखाई देता है। छिपा हुआ सच कहीं ज्यादा कष्टकारी है।

माउंटबेटन भारत सरकार से यह आश्वासन लेकर गए थे कि यदि महाराजा हरि सिंह पाकिस्तान में शामिल होते हैं तो उनको कोई एतराज नहीं होगा। परोक्ष रूप से माउंटबेटन हरि सिंह को गारंटी दे रहे थे कि पाकिस्तान में शामिल होने के लिए भारत सरकार से डरने की जरूरत नहीं है। माउंटबेटन स्पष्ट ही रियासत को पाकिस्तान में शामिल करवाने के लिए महाराजा की घेराबंदी कर रहे थे। जब हरि सिंह ने उस घेराबंदी को तोड़ दिया तो माउंटबेटन ने गुस्से में हरि सिंह के बारे में आपत्तिजनक भाषा का प्रयोग किया। वैसे तो माउंटबेटन का यह क्रोध ही हरि सिंह की भारत-भक्ति का सबसे बड़ा प्रमाण पत्र है। यदि नेहरू इस जिद पर न अड़े रहते कि अधिमिलन से पूर्व सत्ता शेख अब्दुल्ला को सौंपी जाए, तो रियासत के भारत में अधिमिलन की संभावना 15 अगस्त, 1947 से पहले ही हो सकती थी और रियासत का इतिहास दूसरी तरह लिखा जाता। महाराजा हरि सिंह ने तो पूरे का पूरा राज्य भारत को दिया था, लेकिन नेहरू ने उतना ही रखा, जितना शेख अब्दुल्ला को अपना राजनैतिक वर्चस्व बनाए रखने के लिए चाहिए था, बाकी सारा युद्ध विराम की घोषणा के हवाले कर दिया।

महाराजा हरि सिंह-शासन के अंतिम दिनों में दो लोग ही निर्णायक रहे। पहले शेख मोहम्मद अब्दुल्ला और दूसरे उनके अपने सुपुत्र डॉ. कर्ण सिंह। शेख मोहम्मद अब्दुल्ला ने पंडित नेहरू को, जो मूल रूप से कश्मीरी थे, अपने साथ मिलाकर महाराजा हरि सिंह को अपमानित करने में कोई कसर नहीं छोड़ी। अब्दुल्ला ने अपनी पार्टी नेशनल कॉन्फ्रेंस के माध्यम से कश्मीर घाटी में से हरि सिंह के शासन को समाप्त करने का आंदोलन छेड़ रखा था। इतना तो कोई भी समझ सकता था कि अंग्रेजों के चले जाने के बाद पूरे देश में एक समान संवैधानिक शासन व्यवस्था लागू करने की जोर पकड़ माँग के चलते देर-सवेर राजशाही शासन प्रणाली को जाना ही होगा। जम्मू-कश्मीर देश की नई एकीकृत संघीय संवैधानिक व्यवस्था में शामिल हो गया था। देश भर की बाकी रियासतों में से भी राजशाही समाप्त हो रही थी और बड़ी रियासतों के शासकों को नई संवैधानिक व्यवस्था के अंतर्गत उनकी रियासतों का राज-प्रमुख नियुक्त कर दिया गया था। इन रियासतों को नई संवैधानिक व्यवस्था में बी श्रेणी के राज्य कहा गया था। महाराजा हरि सिंह भी इसी व्यवस्था के तहत जम्मू-कश्मीर राज्य के राजप्रमुख बने थे, लेकिन शेख मोहम्मद अब्दुल्ला का उद्देश्य तो महाराजा हरि सिंह को अपमानित

करना था। उन महाराजा हरि सिंह को, जिन्होंने नेहरू के आग्रह पर बिना कोई चुनाव करवाए शेख को रियासत का प्रधानमंत्री बना दिया था,वह भी उन मेहरचंद महाजन को हटाकर, जिनकी योग्यता की धाक सारे देश में थी।

ध्यान रखना होगा कि महाराज हरि सिंह का शेख मोहम्मद अब्दुल्ला से कोई व्यक्तिगत विरोध नहीं था। यदि व्यक्तिगत विरोध होता तो शायद उसका परिणाम कुछ और निकलता। जिन दिनों हरि सिंह राज्य के शासक थे, उन दिनों किसी ने सुझाव दिया कि शेख अब्दुल्ला आपका इस प्रकार विरोध कर रहा है, उसका खात्मा क्यों नहीं करवा देते? राजशाही में, उन दिनों रियासतों में यह आम बात होती थी। हरि सिंह ने उत्तर दिया था, यह मुद्दों की लड़ाई है और इसे इसी धरातल पर लड़ना चाहिए।[3] शेख अब्दुल्ला भारत गणतंत्र के भीतर एक नया जम्मू-कश्मीर गणतंत्र बनाने के प्रयासों में जुटे हुए थे। उनका चिंतन पंथनिरपेक्ष न होकर, कश्मीर घाटी को मुसलमानों का राज्य बनाने पर आधारित था। वे चाहते थे कि राज्य की सुरक्षा की जिम्मेदारी भारत उठाए और घाटी व्यावहारिक रूप में इसलामी राज्य बने। इसके विपरीत महाराजा हरि सिंह वर्तमान परिस्थियों में भारत में समान शासन व्यवस्था के पक्षधर थे और इस अभियान में जम्मू-कश्मीर को भी शामिल कर चुके थे। इस प्रकार 1947 में महाराजा हरि सिंह एक पक्ष था, जिसे सरदार पटेल का समर्थन प्राप्त था और शेख अब्दुल्ला व नेहरू का दूसरा पक्ष था। जैसा कि उपर लिखा जा चुका है, जब निर्णय की घड़ी आई तो कर्ण सिंह, अपने पिता का साथ छोड़कर नेहरू-शेख खेमे में शामिल हो गए, क्योंकि कर्ण सिंह के अनुसार अब महाराजा हरि सिंह भूतकाल थे और नेहरू भविष्यकाल। कर्ण सिंह को अब अपने राजनैतिक जीवन के भविष्यकाल को सुरक्षित करना था। यह महाराजा हरि सिंह पर पहला घातक प्रहार था, जो उनके जीवनकाल में उन्हीं के सुपुत्र द्वारा किया गया था।

लेकिन क्या नेहरू केवल व्यक्तिगत कारणों से ही हरि सिंह का विनाश की सीमा तक विरोध करते रहे और शेख अब्दुल्ला को आगे बढ़ाते रहे? इसके उत्तर के लिए विभाजन के उपरांत, नेहरू के मनोविज्ञान को समझ लेना जरूरी है। दरअसल 1947 में जम्मू-कश्मीर रियासत के शासक महाराजा हरि सिंह ने पाकिस्तान में शामिल होने के लिए जिन्ना व लार्ड माउंटबेटन के तमाम प्रत्यक्ष एवं परोक्ष दबावों को ठुकराते हुए, देश की नई संघीय संवैधानिक व्यवस्था में शामिल होने का निर्णय किया था, लेकिन पंडित नेहरू यह श्रेय हरि सिंह को देने के लिए किसी भी तरह तैयार नहीं थे। उन्होंने इसका सारा श्रेय, रियासत के पाँच विभिन्न संभागों में से एक, कश्मीर की नेशनल कॉन्फ्रेंस पार्टी के अध्यक्ष शेख मोहम्मद अब्दुल्ला को दिया। महाराजा हरि सिंह के प्रति उनका विरोध इतना ज्यादा था कि उनसे किए गए अपने पत्र व्यवहार में उन्होंने

बाकायदा लिखा भी कि जम्मू-कश्मीर के इस पूरे मामले में आपका कोई अस्तित्व नहीं है। प्रश्न यह है कि आखिर वे इस संवैधानिक अधिमिलन का श्रेय शेख अब्दुल्ला को क्यों देना चाहते थे? उसके पीछे इतिहास है।

जिन्ना ने इस आधार पर पाकिस्तान का प्रश्न उठाया था कि हिंदुस्तान में मुसलमान और हिंदू एक साथ नहीं रह सकते, इसलिए मुसलमानों के लिए भारत का एक हिस्सा अलग कर देना चाहिए। नेहरू राजनीति के क्षेत्र में तो जिन्ना और उसके ब्रिटिश सहयोगियों को हरा नहीं सके, उन्होंने उनकी विभाजन की माँग को अंततः स्वीकार कर लिया, लेकिन इस विभाजन से पैदा हुए अपने भीतरी अपराध बोध से निजात पाने के लिए, उन्हें जम्मू-कश्मीर एक अच्छा अवसर दिखाई देने लगा। यदि जम्मू-कश्मीर देश की संवैधानिक व्यवस्था में शामिल होने का निर्णय कर लेता है तो नेहरू दुनिया भर को यह बता सकेंगे कि जिन्ना झूठ बोलता था, मुसलमान तो अपनी इच्छा से भारत में रहना चाहते हैं, पाकिस्तान में शामिल नहीं होना चाहते। नेहरू का यह थीसिस तभी पूरा हो सकता था यदि भारत में अधिमिलन की इच्छा जम्मू-कश्मीर का कोई मुसलिम नेता करे और उसी की माँग पर रियासत के भारत में अधिमिलन को स्वीकार किया जाए। नेहरू को विश्वास था कि रियासत के पाँच संभागों (जम्मू, लद्दाख, कश्मीर, गिलगित, बल्तीस्तान) में से एक, कश्मीर के नेता शेख अब्दुल्ला ऐसा कर सकते हैं। नेहरू स्वयं भी कश्मीरी थे, इसलिए उनकी शेख के साथ स्वाभाविक मित्रता भी थी। नेहरू का यह भी विश्वास था कि शेख कश्मीर के मुसलमानों के एक मात्र नेता हैं और उन्हीं के कारण कश्मीर के मुसलमान भारत में अधिमिलन के लिए तैयार हो सकते हैं। शेख के बारे में नेहरू की पहली अवधारणा ठीक हो सकती थी, लेकिन दूसरी गलत थी।

बहुत से क्षेत्रों के मुसलमान पाकिस्तान बनाने या उसमें जाने के इच्छुक नहीं थे। अंग्रेजों के भारत से चले जाने के पूर्व 1946 में ब्रिटिश इंडिया के विभिन्न प्रांतों में चुनाव हुए थे। ये चुनाव मुख्य तौर पर भारतीय राष्ट्रीय कांग्रेस और मुसलिम लीग के बीच सीधा मुकाबला था। मुसलिम लीग पाकिस्तान बनाने के नाम पर चुनाव लड़ रही थी और कांग्रेस भारत को अखंड रखने के नाम पर चुनाव लड़ रही थी। पश्चिमोत्तर सीमांत प्रांत, जहाँ 99 प्रतिशत मुसलमान थे, में मुसलिम लीग पराजित हुई थी। वहाँ की विधानसभा की पचास सीटों में से तीस कांग्रेस ने जीतीं और मुसलिम लीग केवल सत्रह सीटें जीत सकी। पंजाब में जहाँ 60 प्रतिशत मुसलमान थे, वहाँ भी मुसलिम लीग 175 में से केवल 73 सीटें जीत सकी। कांग्रेस, यूनियननिस्ट पार्टी और अकाली दल ने 93 सीटें जीतीं। ये तीनों दल पाकिस्तान निर्माण का विरोध कर रहे थे। इसलिए जिस प्रकार पंजाब और सीमांत प्रांत में मुसलमानों का बहुमत होते हुए भी, वहाँ के मुसलमान पाकिस्तान निर्माण के लिए बहुत इच्छुक नहीं थे, उसी प्रकार कश्मीरी मुसलमान

भी पाकिस्तान में जाने के लिए लालायित नहीं थे, लेकिन नेहरू इसे शेख के प्रभाव का परिणाम मान बैठे थे। नेहरू की इस मानसिकता की पृष्ठभूमि में आसानी से समझा जा सकता है कि यदि यह प्रचारित हो जाए कि जम्मू-कश्मीर को देश की नई संघीय संवैधानिक व्यवस्था का हिस्सा महाराजा हरि सिंह ने बनाया है तो इसमें आश्चर्य की क्या बात हो सकती थी?

कोई भी हिंदू राजा भला पाकिस्तान में कैसे शामिल हो सकता था, जब पाकिस्तान का निर्माण ही इस आधार पर किया गया हो कि मुसलमान हिंदुओं के साथ नहीं रह सकते। यदि जम्मू-कश्मीर के अधिमिलन का श्रेय महाराजा हरि सिंह को जाता तो नेहरू मानसिक रूप से भारत विभाजन के अपराध बोध से कैसे मुक्त हो सकते थे? यह तो तब होता यदि कश्मीर का कोई मुसलिम नेता आगे आकर कहे कि मुसलमान पाकिस्तान में नहीं जाएँगे, बल्कि हिंदुस्तान में रहेंगे। उस समय यह बात शेख अब्दुल्ला ही कह रहे थे। शेख अब्दुल्ला को आगे करके नेहरू एक प्रकार से जिन्ना को उत्तर दे रहे थे कि तुम्हारा द्विराष्ट्र का सिद्धांत गलत है। मुसलमान भारत में रहना चाहते हैं। इससे से वे जिन्ना को उत्तर भी दे रहे थे और साथ ही व्यक्तिगत रूप से भारत विभाजन में अपनी भूमिका के अपराध बोध से मुक्त भी हो रहे थे।

सोने पर सुहागा यह कि शेख अब्दुल्ला यह भी बता रहा था कि भारत के पक्ष में उसका निर्णय पंडित नेहरू के नेतृत्व और उनकी विचारधारा के कारण है। नेहरू को कांग्रेस की भीतरी खींचतान में शेख अब्दुल्ला के इस समर्थन की उस समय बहुत जरूरत थी, क्योंकि सरदार पटेल के नेतृत्व में कांग्रेस के भीतर की राष्ट्रवादी शक्तियाँ महसूस कर रही थीं कि नेहरू की नीतियाँ कालांतर में भारत को एक और संकट में डाल देंगी। इसलिए नेहरू ने भी देश भर में कहना शुरू कर दिया कि शेख के नेतृत्व में कश्मीर के लोग भारत के साथ इसलिए रहना चाहते हैं कि देश का नेतृत्व उनके हाथ में है, लेकिन कल यदि नेतृत्व राष्ट्रवादी शक्तियों के पास आ जाता है तो कश्मीर का क्या होगा? वे कई साल तक यह राग अलापते रहे। कोलकाता में उन्होंने प्रथम जनवरी, 1952 को एक जनसभा को संबोधित करते हुए कहा, "हमारी पंथनिरपेक्षता की इससे बड़ी सफलता क्या हो सकती है कि कश्मीर के लोग भी हमारी ओर खिंचे चले आए। यदि जनसंघ या अन्य कोई सांप्रदायिक पार्टी सत्ता की सूत्रधार होती तो कश्मीर का क्या हो गया होता, इसकी कल्पना की जा सकती है। कश्मीर के लोग कहते हैं कि वे सांप्रदायिकता से तंग आ चुके हैं। वे उस देश में क्यों रहेंगे, जहाँ जनसंघ या राष्ट्रीय स्वयंसेवक संघ उनको धकियाता है। वे हमारे साथ नहीं रहेंगे, बल्कि कहीं और चले जाएँगे।[4] पंडित जवाहर लाल नेहरू की दृष्टि में भारतीयता की अवधारणा ही सांप्रदायिक थी और उसके कारण महाराजा हरि सिंह भी घोर सांप्रदायिक थे। नेहरू इससे एक और

स्थापना भी कर रहे हैं कि कश्मीर घाटी के मुसलमान भारत में शामिल नहीं हुए, बल्कि नेहरू के भारत में शामिल हुए हैं। उधर शेख कह ही चुके थे कि कश्मीरी डरे हुए हैं कि नेहरू के बाद हमारा क्या होगा। प्रकारांतर से नेहरू अपने आपको भारत मान रहे थे और शेख अब्दुल्ला स्वयं को कश्मीर मान बैठे थे। जम्मू-कश्मीर की आगे की सारी राजनीति इसी दूषित मनोविज्ञान में से उपजी। इसलिए नेहरू ने एक साथ महाराजा हरि सिंह को धकियाना शुरू किया और शेख अब्दुल्ला को महिमा मंडित करना शुरू किया। नेहरू हरि सिंह को जम्मू-कश्मीर में अप्रासंगिक बता रहे थे और शेख अब्दुल्ला अपनी सोची-समझी रणनीति के तहत उन्हें जम्मू के मुसलमानों के नरसंहार का दोषी बता रहे थे।

शेख अब्दुल्ला नेहरू के मनोविज्ञान और उनके अपराध बोध को जल्दी ही समझ गए और उन्होंने जल्दी ही इसकी कीमत वसूलना शुरू कर दिया। जम्मू-कश्मीर की वर्तमान समस्याएँ उसी कीमत वसूलने की प्रक्रिया में से उपजी हैं। विभाजन के उपरांत जम्मू-कश्मीर में लोकतंत्र का प्रयोग, राज्य के तीनों संभागों (शेष दो संभागों गिलगित और बल्तीस्तान पर पाकिस्तान ने कब्जा कर लिया था और नेहरू ने उसे मुक्त करवाना इसलिए जरूरी नहीं समझा, क्योंकि वहाँ के लोग शेख की पार्टी से ताल्लुक नहीं रखते थे और न ही उसे अपना नेता मानते थे) के लोगों और महाराजा हरि सिंह को साथ लेकर संयुक्त रूप में संवाद के साथ करना चाहिए था। इसमें शेख अब्दुल्ला भी एक पात्र होते, लेकिन नेहरू ने बाकी सभी को दरकिनारकर कश्मीर घाटी के शेख अब्दुल्ला के सहारे ही जम्मू-कश्मीर में संवाद रचना की। इससे जम्मू संभाग, लद्दाख संभाग और कश्मीर घाटी के भी वे लोग, जो शेख अब्दुल्ला की नेशनल कॉन्फ्रेंस का हिस्सा नहीं थे, अपने आपको उपेक्षित महसूस करने लगे। इससे भी बढ़कर नेहरू कश्मीर संभाग में मुसलमानों को बहुसंख्यक देखकर एक बार फिर तुष्टीकरण के माध्यम से उन्हें प्रसन्न करने के रास्ते पर चल निकले थे। ध्यान रहे एक बार पहले भी बाबासाहब आंबेडकर ने कांग्रेस को इसी मुसलिम तुष्टीकरण के रास्ते से बचने की सलाह दी थी, क्योंकि इसके परिणाम अशुभ ही निकलते हैं। संवादहीनता से उपजा यह प्रयोग शेख अब्दुल्ला के भीतर केवल तानाशाही प्रवृत्तियाँ ही नहीं, बल्कि स्वतंत्र होने तक की इच्छाएँ जगाने लगा था, लेकिन प्रयोग के इस मोड़ तक आते-आते सरदार पटेल की मृत्यु हो चुकी थी, नहीं तो शायद वे ही इसमें कुछ दखलंदाजी करते और प्रयोग को सही दिशा में ले जाकर इसे डूबने से बचा लेते। अधिमिलन के उपरांत, राज्य की राजनीति में यदि महाराजा हरि सिंह को भी नई लोकतांत्रिक व्यवस्था में अपने लिए नई भूमिका चुन लेने का विकल्प या अवसर दिया होता तो यकीनन आज दरपेश आ रही समस्याओं से बचा जा सकता था।

संदर्भ—

1. Harbans Singh, Maharaja Hari Singh-The troubled years, speech of Dr. Karan Singh
2. देखें परिशिष्ट –1
3. Christopher Thomas, Faultline Kashmir, p. 67
4. Selected works of Jawaharlal Nehru, second series, volume-17, p. 78

□

तिथि-क्रम

23 सितंबर, 1895—महाराजा हरि सिंह का जन्म।

26 मार्च, 1909—राजा अमर सिंह का देहांत।

7 मई, 1913—श्री लाल कुँवरेवा साहिबा से शादी।

8 नबंवर, 1915—चंबा रानी साहिबा से दूसरी शादी।

20 जनवरी, 1916—राजा की उपाधि मिली।

30 अप्रैल, 1923—धंवंतरि कुँवेरी बाई से तीसरी शादी।

23 सितंबर, 1925—महाराजा प्रताप सिंह का स्वर्गवास।

23 सितंबर, 1925—हरि सिंह को शासक पद मिलना।

14 अक्तूबर, 1925—ब्रिटिश रैजीडैंट द्वारा हरि सिंह को शासक के तौर पर मान्यता की घोषणा।

25 फरवरी, 1926—जम्मू में औपचारिक राज्याभिषेक।

1928—महारानी तारा देवी से शादी।

12 नवंबर, 1930—महाराजा हरि सिंह का लंदन की गोलमेज कॉन्फ्रेंस में भाषण।

15 जनवरी, 1931—महाराजा हरि सिंह का गोलमेज कॉन्फ्रेंस में दूसरा भाषण।

9 मार्च, 1931—कर्ण सिंह का जन्म।

3 मई, 1931— महाराजा हरि सिंह की गोलमेज कॉन्फ्रेंस से जम्मू वापिसी।

13 जुलाई, 1931—श्रीनगर में जेल के बाहर प्रदर्शनकारियों पर पुलिस का गोली चालन।

1 अगस्त, 1931—मौलाना अब्दुल कलाम आजाद का श्रीनगर आगमन।

21 सितंबर, 1931—शेख अब्दुल्ला गिरफ्तार।

23 सितंबर, 1931—श्रीनगर में कर्फ्यू।

4 नवंबर, 1931—जम्मू-कश्मीर में महाराजा हरि सिंह की माँग पर ब्रिटिश सेना का प्रवेश।

12 नवंबर, 1931—मुसलमानों की माँगों के लिए प्रजा शिकायत जाँच आयोग का गठन।

12 नवंबर, 1931—कश्मीर सांविधानिक सुधार कमीशन का गठन।

22 मार्च, 1932—प्रजा शिकायत जाँच आयोग की रपट प्रस्तुत।

22 अप्रैल, 1932—कश्मीर सांविधानिक सुधार कमीशन ने अपनी रपट दी।

31 मई, 1932—सांविधानिक सुधार कमीशन की रपट स्वीकार।

अप्रैल 1932—कश्मीर के हिंदुओं का रोटी आंदोलन।

अक्तूबर 1932—मुसलिम कॉन्फ्रेंस का गठन।

3 सितंबर, 1934—पहली प्रजा सभा के लिए मतदान।

17 अक्तूबर, 1934—प्रजा सभा का गठन।

29 मार्च, 1935—ब्रिटिश सरकार को गिलगित पट्टे पर देना।

11 जून, 1939—नैशनल कॉन्फ्रेंस का गठन।

28 जून, 1945—रामचंद्र काक जम्मू-कश्मीर के प्रधानमंत्री नियुक्त।

21 मई, 1946—शेख मोहम्मद अब्दुल्ला बंदी बनाए गए।

20 जून, 1946—कोहाला में पंडित नेहरु को रियासत में प्रवेश से रोकना।

जुलाई 1946—जवाहर लाल नेहरु श्रीनगर गए। बाद में जेल में शेख अब्दुल्ला से मिले।

जनवरी 1947—जम्मू-कश्मीर प्रजा सभा के चुनाव।

19 जून, 1947—लार्ड माऊंटबेटन श्रीनगर में।

4 जुलाई, 1947— इंग्लैंड की संसद् द्वारा भारत स्वतंत्रता अधिनियम पारित।

25 जुलाई, 1947—लार्ड माऊंटबेटन द्वारा नरेंद्र मंडल को संबोधन।

31 जुलाई, 1947—ब्रिगेडियर घनसारा सिंह ने गिलगित के राज्यपाल का पद सँभाला।

1 अगस्त, 1947—महात्मा गांधी कश्मीर में।

2 अगस्त, 1947—महात्मा गांधी की गुलाब भवन में महाराजा हरि सिंह से भेंट।

11 अगस्त, 1947—रामचंद्र काक को प्रधानमंत्री पद से हटाया गया।

11 अगस्त, 1947— जनक सिंह जम्मू-कश्मीर के नए प्रधानमंत्री बनाए गए।

12 अगस्त, 1947—महाराजा हरि सिंह ने भारत व पाकिस्तान को यथास्थिति संधि का प्रस्ताव भेजा।

15 अगस्त, 1947—भारत डोमीनियन बना।

29 सितंबर, 1947—शेख अब्दुल्ला जेल से रिहा।

29 सितंबर, 1947—जम्मू-कश्मीर की रियासती सेना के चीफ ऑफ स्टाफ जनरल स्काट पदमुक्त।

1 अक्तूबर, 1947—जम्मू प्रदेश सरकार ने भारत सरकार से हथियारों की सहायता हेतु प्रार्थना की।

15 अक्तूबर, 1947—मेहरचंद महाजन रियासत के प्रधानमंत्री नियुक्त।

18 अक्तूबर, 1947—माधव राव सदाशिव गोलवलकर की श्रीनगर में हरि सिंह से भेंट।

22 अक्तूबर, 1947—जम्मू-कश्मीर पर कबायली हमला।

26 अक्तूबर, 1947—जम्मू-कश्मीर रियासत का भारत की सांविधानिक व्यवस्था से अधिमिलन।

27 अक्तूबर, 1947—भारतीय सेना श्रीनगर हवाई अड्डे पर उतरी।

30 अक्तूबर, 1947—शेख अब्दुल्ला रियासत के आपात प्रशासक नियुक्त।

1 दिसंबर, 1947—महाराजा हरि सिंह द्वारा जम्मू रेडियो स्टेशन का उद्घाटन।

1 जनवरी, 1948—जम्मू-कश्मीर पर पाकिस्तानी आक्रमण की सुरक्षा परिषद में भारत की शिकायत।

5 मार्च, 1948—शेख मोहम्मद अब्दुल्ला जम्मू-कश्मीर के प्रधानमंत्री नियुक्त।

21 जून, 1948—प्रथम गवर्नर जनरल लार्ड माऊंटबेटन लंदन रुखसत।

1 जनवरी, 1949—युद्ध विराम की घोषणा।

27 मई, 1949—संघीय संविधान सभा में जम्मू-कश्मीर के सदस्यों के मनोनयन संबंधी नियम संशोधित।

6 जून, 1949—जम्मू-कश्मीर रियासत के चार प्रतिनिधि संघीय संविधान सभा में मनोनीत।

16 जून, 1949—जम्मू-कश्मीर के चार सदस्यों ने संघीय संविधान सभा के सदस्य के नाते शपथ ली।

20 जून, 1949—महाराजा हरि सिंह का निष्कासन और कर्ण सिंह रीजैंट नियुक्त।

17 अक्तूबर, 1949—संघीय संविधान सभा की प्रारूप समिति द्वारा अनुच्छेद 306 A (370) पारित।

26 नबंवर, 1949—भारतीय संविधान का प्रारूप पारित।

26 जनवरी, 1950—भारत गणतंत्र बना और नया संविधान लागू हुआ।

5 मार्च, 1950—कर्ण सिंह की शादी, मुंबई में।

1 मई, 1951—राज्य में संविधान सभा गठित किए जाने की अधिसूचना जारी।

31 अक्तूबर, 1951—संविधान सभा के चुनावों के बाद सभा का पहला अधिवेशन।

5 नबंवर, 1951—संविधान सभा के उद्घाटन सत्र में शेख अब्दुल्ला का भाषण।

10 अप्रैल, 1952—शेख मोहम्मद अब्दुल्ला का रणवीर सिंह पुरा में भाषण।

12 जून, 1952—राज्य के लिए निर्वाचित राज प्रमुख (सदरे रियासत) के पद का प्रस्ताव संविधान सभा द्वारा पारित।

29 जून, 1952—हरि सिंह ने गृहमंत्री डॉ. कैलाशनाथ काटजू को पत्र लिखा।

5 जुलाई, 1952—नेहरु ने हरि सिंह को पत्र लिखा।

24 जुलाई, 1952—नेहरु और शेख अब्दुल्ला में जम्मू-कश्मीर के संविधान को लेकर (दिल्ली) समझौता

30 जुलाई, 1952—डॉ. कैलाश नाथ काटजू ने हरि सिंह को पत्र लिखा।

8 अगस्त, 1952—हरि सिंह ने कैलाशनाथ काटजू को पत्र लिखा।

16 अगस्त, 1952—हरि सिंह ने राष्ट्रपति को ज्ञापन दिया।

20 अगस्त, 1952—जम्मू-कश्मीर से डोगरा वंश का शासन खत्म।

15 नवंबर, 1952—राष्ट्रपति द्वारा अनुच्छेद 370 संशोधित।

15 नवंबर, 1952—कर्ण सिंह सदर-ए-रियासत चुने गए।

17 नवंबर, 1952—कर्ण सिंह द्वारा सदर-ए-रियासत की शपथ ग्रहण।

8 अगस्त, 1953—शेख अब्दुल्ला राज्य के प्रधानमंत्री पद से बर्खास्त और गिरफ्तार।

26 अप्रैल, 1961—महाराजा हरि सिंह का देहावसान।

1 अप्रैल, 2012—तवी के पुल पर महाराजा हरि सिंह की मूर्ति स्थापित।

□

Appendix–I

In response to the opening address of His Majesty the King-Emperor, George V. the Speech of Maharaja Hari Singh at Second Round Table Conference in London on November 12, 1930, in which he demanded the position of honour and equality in the Commonwealth of Nations.

I must express our deep gratitude to His Most Gracious Majesty for the cordial welcome tendered to us and I pray that Providence may grant to us the (courage) and the will to realise the hope expressed in the words uttered this morning by our beloved King-Emperor, George V.

This is the first occasion of which the Princes of States meet in person at a Conference table along with the representative of British India and His Majesty Government, to resolve the political future of India. Allied by Treaty with the British Crown and within our territories of independent rulers, we have come with a full sense of responsibility to our States and to all India. As allies of Britain, we stand solidly by the British connection. As Indians and loyal to the land, whence we derive our birth and infant nurture, we stand as solidly as the rest of our countrymen for our land's enjoyment of a position of honour and equality in the British Commonwealth of Nations. Our desire to cooperate to the best of our ability with all sections of the Conference is a genuine desire; so too is genuine our determination to base our cooperation upon the realities of the present situation.

Neither England nor India can afford to see this Conference end in failure. We must approach our task resolved to succeed and to overcome all difficulties. We all will have to exercise much patience, tact and forbearance: we must be inspired by mutual understanding and goodwill. We need some formulaes of give and take. If we succeed, it is English no less than India which gains. If we fail, it is India no less than England which loses. We are not assembled here to dictate or accept terms; we are met together to adjust mutual interests for the common benefits.

The task confronting this conference is a gigantic one. In the case of no people would such an aim as ours be easy of accomplishment. In case of India, the complexity of the factors is unique. But, we believe that difficulties exist only to be surmounted; and by the grace of God, with goodwill and sympathy on both sides, surmounted they shall be.

With the words of the Kind-Emperor's speech still ringing in our ears, we Princes affirm that this Conference shall not fail through any fault of ours.

□

Appendix–II

The Speech of Maharaja Hari Singh at Second Round Table Conference in London on January 15, 1931.

When I last had the honour of speaking, this Conference was about to commence its gigantic and momentous task. Today, we are reviewing the work done during the last nine weeks and are more or less in the final stages of our deliberations. It gives me very genuine pleasure to see that, inspite of the complexity of the problem, a remarkable measure of agreement has been achieved, which, I earnestly hope and trust, will succeed in restoring peace and contentment in India, at an early date, and promote the unity and progress of our Motherland, which is so near to our hearts and of which we are justly so proud.

Two years ago, speaking at a meeting of the Chamber of Princes, I said, with regard to certain activities in British India, that, in my view, Federation was a higher ideal than isolation. I need not, therefore, say how deeply gratified I feel at the progress which has been made with the scheme of an All-India Federation, as worked out in the Report of the Federal Structure Sub-Committee. I should not have considered it necessary to refer to my earlier view, but ever since the idea of a Federation was taken up in this Conference, some surprise has been expressed in various quarters in India and, in England, at the willingness of the Princes, to join an All-India Federation. It is said that the Princes have forced the pace and that, in any case, they should have opposed a Federation with British India. Others, rather uncharitably, attribute unworthy motives to the readiness with which we have grasped the idea of an All-India Federation. I do not propose to deal with such insinuations or apprehensions today, for they seem to me petty and unworthy of notice. I have never disguised from my friends my warm support of the idea of an All-India Federation. To me, the scheme has many-fold advantages, of which I will enumerate just a few.

A Federation of over 300 million people must be an immense force towards the maintenance of World Peace. It must be necessarily conductive to the glory and strength of the British Empire and, this alone, in view of our relationship with the Crown, cannot but be a matter of special gratification to us.

To British India, Federation ensures unity of our country and prevents the hopeless splitting up of our Motherland into two distinct political entities working in water-tight compartments. To the people and governments of our States, Federation must make a very particular appeal, as it ensures to us that voice in matters of common concern which we have been working for, for a long time, and in the absence of which the fiscal and economic interests and development of our States and of our people would have been seriously jeopardised.

In regard to these matters of common concern, Federation ensures to us the advantage of a continuity of policy, which is lacking under the present system, and which we should also desire to secure for other matters relating to the provinces and States not covered by the Federation Scheme. To my mind, there is today no alternative to Federation as a policy for India and in according my warmest support to the Scheme of Federation before us, I am inspired by the hope that we are laying the foundations of a future for our country, more truly in accord with its genius and traditions, with great potentialities for future development, than is possible under any other scheme that we can think of today.

In saying so, I am not unaware of the fact that the Scheme before us has a great many ragged edges. Several details, and some very important ones too, have not yet been worked out. It would be premature to anticipate them and to gauge how they would affect our rights and interests. If I were inclined to adopt a cold and calculating attitude, there is ample scope for me to do so. I could quite easily say that I must have before me a draft of the Convention which my State would have to enter into with the All-India Federation, so that I might look closely at the safeguards ensuring the sovereignty and internal autonomy of my territories. I could say that I wish to know what representation we are going to get in each Chamber of the Federal Legislature, and particularly whether we get adequate weightage. I might also ask to be satisfied regarding the powers and functions of the two Houses, or the manner in which the demarcation between the Federal and Central functions and subjects is to be maintained.

Lastly, it would not be an unreasonable attitude to adopt that until the questions, which are at present forming the basis to our negotiations with His Excellency the Viceroy and His Majesty's Government, are put on a mutually satisfactory basis, namely, those relating to Paramountcy and personal dynastic issues, it would be difficult to express agreement to enter an All-India Federation. But, with all these details and considerations present to my mind, I say, with deep sense of responsibility, that I am prepared cordially to bless this Scheme of the Sankey Committee and that, so far as my own State is concerned, I will, in the interest of the Greater India, be ready to join such a Federation.

I do not approach this question in a spirit of petty bargaining. I trust that the method of negotiation and discussion round the table, which has achieved such satisfactory results, will not fail to bring to a happy conclusion such further issues as are still outstanding and call for an early settlement.

Regarding the appeal for the grant of Fundamental Rights of Citizenship, may I say that such Rights are already in operation in my State, as also in many other States, we have the same laws as are in force in British India and High Court, which administers these laws, is entirely independent of the executive and its decisions are final and unappeasable. With these words, I have great pleasure in giving my whole-hearted support to the Report of the Federal Structure Sub-Committee.

□

Appendix–III

Maharaja Harisingh's historical proclamation to his subjects on 9th July, 1931:

"To my Beloved People

"From time immemorial, all communities within the State have been living on terms of closest harmony and friendship with each other and I used to take the greatest pride in the fact that we were free from all communal strife. I am, therefore, pained to see that quite recently, owing to external influences, a changed and regrettable attitude is observable in certain sections in the cities of Jammu and Srinagar. This is greatly to be deplored. Two unfortunate incidents which occurred recently in Jammu city and which could not by any stretch of imagination be associated with any action or policy of my Government and for which the responsibility rested solely on the persons involved have been seized and widely misrepresented inside and outside the State, so as to convey to those who are not in a position to know the true facts that the policy of my Government is such that Islam is in danger. It is not my intention to deal with the details of these incidents in this message as they are being dealt with separately. So far, I have preferred that my Government be judged by its action alone. But numerous representations from my loyal subjects of all sects and creeds have reached me within the last few days to the effect that such agitation, even though at present it finds no response generally, is calculated to promote communal strife and might even lead to breaches of the public peace in some cases. It has accordingly been deemed necessary to make this formal announcement of the policy and intention of myself and my Government in regard to such propaganda and communal relations within the state generally.

"At the beginning of my rule, I announced to you, my people, that my religion is justice, that announcement has guided all my public acts and policies and I shall always adhere to it. I have not made and will not permit any discrimination against any class of my people on the grounds of religion. The humblest of my subjects has free and direct access to me and any grievances my people may have can be submitted by them personally to me, subject to two fundamental conditions viz.:

(i) That political activities are confined within the law of the land, and

(ii) That no outside intervention is sought in any shape or form.

I have no desire whatever to suppress the legitimate requests and voice of my people, whether expressed in writing or in speech. It is my intention to give effect to these views, but I am unable to do so as long as communal tension exists, for fear of aggravating it. Consequently, the first essential is that the leaders of the various communities should take immediate action to put a stop to all political activities tending to prevent the establishment of friendly relations between them. As soon as it is reported to me that any community has faithfully responded to my desire, I shall be prepared to receive and consider most sympathetically any representation that community may desire to submit to me. Every person within the State is, and shall always be, free to practise his own religion, subject to the paramount necessity of maintaining public peace and public order. I particularly wish to refer in this connection to a malicious rumour now being spread that cow killing is shortly going to be permitted. This malicious rumour has no foundation whatsoever and it has given me great pleasure to receive from Muslim subjects spontaneous condemnation of such an insinuation likely to injure the religious susceptibilities of any other community. There is no question whatever of making any change in the matter.

"In regard to the recruitment for the State Services, prior consideration is, and shall always be, given to the public interest and the obligation of maintaining the efficiency of the administration at the highest possible level can never be overlooked. There is also no desire to follow a blind rule of percentages for the various communities irrespective of considerations of qualification and merit.

Subject to these considerations, the policy-governing recruitment will be such that no one class or community should gain undue preponderance in any branch of the public service and that adequate representation is secured to duly qualified classes and communities of my people. Instructions to this effect have been recently issued and I shall watch closely their practical execution by my officers.

"I have dealt above in a brief manner with what I conceived to be points of major importance with regard to which some misunderstanding prevails in certain quarters. I trust such misunderstanding will be dispelled by this authoritative enunciation of my beliefs and intentions, with regard to these points. It is my aim to carry on the administration in consonance with these views in your best interests. Whenever I have found that any of you have been led into wrong action, I have always tried to make you see the error of your ways and to win you over to the right path by reasoning and conciliation. I am not a believer in false ideas of prestige, for I hold that just action is a sign of strength and not weakness. But should, God forbid, all appeal to reason fail, I must discharge in effective manner the supreme responsibility which rests on me for the administration of law and order. I cannot allow my government to be coerced by threats into unjust action and it is my duty to protect the law-abiding sections of my people from encroachments on their lawful rights. The immediate burden of maintaining law and order necessarily falls on the magistracy and the Police whose duty it will be to see that the law is upheld at all costs, and where law is defied, its authority will be restored. It is the duty of the Police to act impartially and with calm judgement in such emergencies and I wish to assure them that they will be supported by myself and my Government in the due discharge of their duty and will not be sacrificed to unjust clamour or intrigue.

In conclusion, I trust that the old policy of "live and let live" which characterised your relations with each other in the past will be restored. It is easy to excite public feeling by misrepresentations, but it is difficult to restore harmony and friendship. Do not attribute false motives to those placed in authority over you or to one another. As regards people outside the State, whether Hindus or Mohammedans, I ask them not to interfere in any way in matters concerning my State and my people, as I do not interfere in matters concerning British

India and British Indians. The whole basis of political action is impaired if one political unit interferes in the domestic concerns of another. I do not wish to claim immunity from legitimate criticism of the acts and policies of my Government, which, I have no hesitation in saying, have always been designed to promote the normal and material progress of my people. It is my duty and my one aim in life to maintain the progressive character of my administration. But this end is defeated by unjustifiable outside intervention which has, within the last few weeks, done nothing but immense harm to the true interests of you all. I pray to God that you will receive the light of truth and wisdom and that you will live peacefully and happily with one another as before.

Sd/- HARISINGH
G.C.I.E., K.C.V.O., LL.D.,
Maharaja of Jammu and Kashmir

□

Appendix–IV

Maharaja Hari Singh's Proclamation of October 5, 1931

The tragic incidents of the last few months have caused me intense pain and sorrow. It has been the tradition of my House to base our acts and policies on the affection and goodwill of our people and it is my firm belief that his is the best method of governance.

Political offences were absolutely unknown in this country. Hindu-Muslim relations were of the most cordial character and I used to take pride in these two features. Recently, however, a regrettable change in the attitude of some of my subjects is clearly noticeable. Considering the trend, which events were taking across the border, there as a danger of the conflagration spreading to my territory and unfortunately this has come to pass.

I consider it essential that the present atmosphere of bitterness, suspicion and mistrust should be cleared. It is with this end in view that on the present occasion of my birthday, I make this declaration of policy with regard to certain matters at present exercising the public mind.

In my message of 9th July, I said that I have not made, and will not permit, any discrimination against any class of my people on the ground of religion. Notwithstanding that statement, it has been said on the public platform and in the press that such discrimination is, as a matter of fact, being made against my Muslim subjects. It is alleged that Muslims do not enjoy religious liberty; Azan is prohibited, Khutba is not allowed, etc. I repeat most emphatically that there is not truth whatever in such mischievous allegations. There is no law or Government order which prohibits Azan or Khutba or any other religious rite. Azan and Khutba are being daily called and recited all over the State.

If, in any instance, a disability has been imposed in regard to any of these matters, it has been due to inadvertence. The Chief Justice has made a pronouncement in a recent case, which will remove any misunderstanding, which may have been created. I desire to impress upon all government servants that it is their duty to see that the religious susceptibilities of no section of my subjects are hurt in any way.

It has also been said in the press that there are certain laws in the State which particularly affect Muslims prejudicially. Reference is made to the prohibition of cow-killing. The abolition of this law is not asked for by my Muslim subjects, who, in their telegram to me dated 1st July, 1931 stated, "No demand for cow-killing or any matter likely injuring religious susceptibilities of any community. We repudiate such foul attacks". Again in the Memorial presented to me at Srinagar on August 15, 1931, it was said as follows: "The allegations made (by Hindu papers, etc.) to the effect that Muslims intend to ask for permission to slaughter cows were clearly made with the object of creating suspicion in Your Highness mind against your always faithful (Muslim) subjects." No grievance, therefore, exists on this subject and there is no justification for agitation or suspense about it.

In my message of July 9, 1931, I had issued a warning that should, God forbid, all appeals to reason fail, I must discharge in an effective manner the supreme responsibility which rests upon me for the maintenance of law and order. I regret to say that this warning went unheeded and attempts were repeatedly made during the last three months to defy law and resort to violence and other unconstitutional methods. Faced with such a situation, my Government was obliged to call in the aid of the Military and adopt emergency measures for the restoration of peace and order.

By the grace of God, we have succeeded in maintaining the public peace. In the inevitable clashes with the military and the police, several lives have been lost, which I deeply deplore, and much valuable government property has been damaged. There has also been in the enforced hartals a great dislocation of business and trade, the full effect of which will become apparent in the winter months, when, even in normal times, there is not much to do in Kashmir. It is great pity that the poorer classes, who gain nothing by such agitations, should be made to suffer the most in loss of work and unemployment resulting therefrom.

I believe I am voicing the general feeling when I say that we are deeply grateful to the troops for their devotion to duty and the self-restraint they have shown in maintaining the public peace and the authority of law during the last three months. Their task was necessarily unpleasant and thankless; they were subjected to great personal discomfort, grave provocation and danger to their own lives. But they stood the ordeal and trials admirably.

The magistracy and the Police have also worked extraordinarily hard. Some of the members of the Police force sustained most serious injuries in the discharge of their duties and one of them has been cruelly done to death. To the families of those who have lost their lives, I extend my deep sympathy. To those officials and non-officials, who have worked loyally and zealously in the preservation of law and order, I wish to convey my heart-felt thanks.

I now wish to strike a different note. It will be within the experience of many persons assembled here that parents have at times used force in bringing refractory children to order. But a parent has on the heart to continue to punish a child after it has ceased to be disobedient. What applies to parents, in their dealing with children applies to Rulers of Indian States in dealing with their people. I am satisfied that this purpose, which my government had in view in using force, has now been served. The law has been vindicated and the impression that it could be defied with impunity no longer exists. I feel, therefore, that the time has come for a step in the direction of the restoration of absolutely normal conditions. Relying on the loyalty and devotion of my Muslim subjects to my Throne and Person and reposing the utmost confidence in their good sense and respect for law and authority, I hereby order as follows:

1. Notification No. 19-L of 1988, recently enacted by withdrawn, as no person necessity exists for it.
2. That other emergency measures are abrogated at the earliest possible moment.
3. That troop be withdrawn immediately from the Srinagar civil area, to which they have been posted to cope with the situation, and from other areas, as soon as possible.

4. That all persons interned or under trial for offences against the State or convicted under Notification No. 19-L be released.
5. That all pending prosecutions for offences against the State as distinguished from offences against persons and private property, be withdrawn and police injuries into the similar case be dropped.

I am directing my Prime Minister to take immediate action. I am confident that the indication given above of my desire to bring about a peaceful atmosphere will evoke a genuine and loyal response.

It is unnecessary for me to repeat that if any section of my subjects desires to submit any reasonable requests, they will receive my sympathetic consideration.

I have done my duty. It is now for you, my people, to do yours. God bless you all and guide you.

(Sd/-)

(HARI SINGH)

SRINAGAR G.C.I.E, K.C.V.O., A.D.C.

5th October, 1931

Maharaja of Jammu and Kashmir

□

Appendix–V

Inaugural Address of the Maharaja to the Praja Sabha, 1934.

We recently expressed our wish and pleasure that means be designed, whereby our people may be more closely associated in our Councils; and in pursuance of commands thus declared, those persons appointed by us to give practical shape to our wishes have submitted their recommendations which have been accepted by us.

The assemblage present here this day is the outcome of the labours to give outward form to our behests. It is the first of its kind in recent times, but, of old, the duties which you will have to perform were duties which were always shouldered, and loyally discharged by the "Praja" ever since the monarchy came into being in this ancient land of India. To acquaint themselves with the needs of their people, the kings of old have caused to be performed, and maintained by bodies from village Panchayats upto assemblies of this nature, or own records bear witness to this.

For our part, we declare that Divine Providence laid upon us the scared duty to care equally for all those committed to our guardianship, and we can recognise no difference between one person and another or between one class and another. They are all our beloved children, whatever their persuasion or creed, and we desire to protect, foster, guide and advance them by every means in our power.

Out of the great love and affection we bear our beloved subjects, we have called you to do your party in working for the well being of the state. We have appointed your task and indicated the lines of the service you can render to yourself and to your ruler whose ordained duty it is to safeguard and promote your best interests. We desire you to enter upon the discharge of your responsibilities in such a way that your behaviour may be an example to others and your achievements at once a model for them to emulate and a monument to your earnestness and your loyalty to the State that you serve.

No one here today can fail to realise that both in theory and practice, the existence of a stable society and a peaceful community involves, and presupposes, a head, whose sway must be ungrudgingly accepted, and whose behests must be loyally carried out, if the harmony and orderly progress of the community is to be achieved. In recent times, certain nations have departed from this, and the world has witnessed the sorry spectacle of chaos and anarchy. The fate of these nations should provide us with an object lesson. Those who have chosen precipitately to break from their ancient moorings have not yet found the haven of peace; they are still floundering in stormy waters. Peace and harmony are the essential conditions of progress and prosperity and all can see that the world of the present day, after experiencing the storm and stress of unsettlement, is once again discovering the axiom that peaceful progress, even if slow, is in the long run the best indeed, the only way.

Beware of impassioned utterances so much in vogue today. They invariably formulate unbalanced and unpractical ideals that are as much divorced from decisive factors and stern realities as they are foreign to the genius of our race. Cultivate sobriety of thought and expression, shunning all the disruptive and devote all your energies to creative and constructive work which along can help to ameliorate the lot, and conducive to the happiness of those whose spokesmen you have undertaking to be.

With these words of counsel and admonition by which we hope to plant the feet of our beloved subjects on the path of solid progress and achievement, we hereby declare this Praja Sabha (State Assembly) duly and well inaugurated and opened. May the Dispenser of all Bounties in His infinite mercy and wisdom bless your labours, and may those labours, conducted in perfect harmony, rebound to the credit of our subjects whose first chosen representatives you are and to the glory of our unique heritage and of the body politic.

□

Appendix–VI

Maharaja Hari Singh's Letter to Dr. Rajendra Prasad, 16/17th August, 1952.

Poona, 16/17th August, 1952

Dr. Rajendra Prasad,
President of India,
New Delhi

Sir,

I am making a direct approach to you in the matter of the affairs of the State of Jammu and Kashmir and its Ruler as the situation has become acute owing to the rapid developments that are taking place and the further steps which are being taken in the next few days as these will vitally affect me personally apart from the repercussions they will have on the subjects of the State.

It is necessary to set out very briefly the events that have happened so far as the State of Jammu and Kashmir is concerned since my accession to the Gaddi.

I became the Ruler of the State in 1925. I then found that the British had strengthened their hold on the State by taking advantage of certain circumstances because, it being a border State of great strategic and political importance, they wanted it to be completely in their grip. The British created in the myth of paramountcy without any historical or political sanctions and exploited the State as a set-off against the fast approaching political awakening and urge for freedom in what was then known as British India.

Realising what was coming, I took it upon myself to shake off the British yoke by insisting that the relations of the State with the British should be governed by the Treaty and all other strings which had been attached to such relationship with a view to gain domination over the State should be removed.

I succeeded in my efforts to a large extent but incurred the wrath of the British, who thenceforth became openly hostile to me. Simultaneously with this, I started taking measures to ameliorate the condition of my people and to organise my Government on progressively democratic lines.

I enacted laws to relieve rural indebtedness and to improve generally the lot of the agriculturist and the economic and social condition of my people. Some of these enactments were resented by my Hindu subjects who thought that their interests were being sacrificed in the cause of Muslim uplift. I established industries and made provisions for education and medical relief far in advance of any other State. Special provision was made for the educational advancement of Muslims who were then considered backward.

I was even more enthusiastic as regards the better organisation of my Government. In this, I had the assistance of men of unquestionable integrity and ability from British India as my Prime Ministers and other Ministers and Heads of Departments. It will not be out of place to name a few of them, such as Raja Harikishen Kaul, Mirza Sir Zaffar Ali, Mr. V.N. Mehta, Mr. Vijahat Husein, Sir Burjor Dalai, Sir Abdus Samad Khan, Sir K.N. Haksar, Sir N. Gopalaswami Ayyangar, Sir B.N. Rau.

As a result, the administration of the State in the matter of efficiency and organisation was better than even in some of the Provinces of British India. One further fact to which I wish to draw your attention in this connection is that I invariably acted on the advice of such Ministers and did not interfere or overrule their directions. It, therefore, follows that if any fault is now to be found with the administration of the State and/or the policies then pursued, the blame cannot be laid at my door alone.

It is significant that for six years (1938-1943) Shri N. Gopalaswami Ayyangar was the Prime Minister of the State and he will bear me out that I never interfered with his policies and decisions adopted and taken from time to time. Consequently, with my desire to give to the people of the State complete self-government, I discussed in 1945 with my Prime Minister, Sir B.N. Rau, in the presence of Sir Tej Bahadur Sapru and Sir Kailash N. Haksar, the inauguration in the State of Full Responsible Government with Provincial Autonomy and a Central Government comprised of Representatives of the Provinces and a Board of Judicial Advisers with myself as the Constitutional Head. I was prepared to do this even with the knowledge that it would not be relished by the British. Sir B.N. Rau wanted this to be put into execution within the next fortnight.

I was of the opinion that it should be done in about six months so as to enable us to complete the scheme. The news leaked out, there were intrigues, position became very difficult and Sir B.N. Rau left shortly thereafter.

The finances of the State were governed on modern principles. My expenditure was strictly limited and kept separate and distinct from the State finances and proper and well-defined limits were laid down as between my personal and private matters and matters of the State. Thus, I had a well-organised and efficient executive, a democratically elected Legislature, an independent judiciary, definite policies for expansion of education, medical relief and all other essential features of a progressive state. The eminent administrators and judges who worked for the State from time to time will bear testimony to this. All that I did aggravated the hostility of the British towards me as they were not sincerely inclined towards ameliorating the conditions of the people or for the freedom of the country.

In those days, the Rulers of the Indian States were judged by the condition and feelings of their subjects and I can say, without fear of contradiction, that the people of my State were content and had no cause for grievances against me or the administration of the State.

It is not unknown that trouble started in the State in 1931 and what has on occasions been described by so-called 'national leaders' of the State as 'the Freedom Movement' was engineered by elements outside the State under the instigation of the British. The movement in the beginning was a religious movement with slogans like 'Down with Hindu Raj' and 'Islam in danger'. The leaders of the movement were men who now figure as Ministers and Administrators in Azad

Kashmir under Pakistan, such as Chaudhary Ghulam Abbas and Maulvi Yusuf Shah and some others, to gain sympathy and cooperation from those fighting for freedom from the British yoke in British India, the Muslims who were running this movement gave it the name of 'National Conference'. The name was adopted also to fall into line with the movement carried on in other States in the name of the 'State's People's Conference' and to take advantage of the declining prestige of the British. The movement thus gained the sympathy of the Indian National Congress. It became known in British India as the National Movement in the Jammu and Kashmir State.

These facts clearly showed that my people had no grievance against me, that the movement was started by disgruntled people with the British behind them and that those in charge of the movement gained the confidence and sympathy of the Indian National Congress by adopting the name of the 'National Conference'.

I have been accused by the Prime Minister of not listening to the advice of the Congress leaders during the fateful period 1946-47.

I deny that charge. In 1946, when the leaders of the Indian National Congress formed the Viceroy's Cabinet for the Interim Government, I had an occasion to meet Mahatma Gandhi and Shri J.B. Kripalani, the then President of the Indian National Congress, when they both visited the State. Mahatma Gandhi suggested that I should have the backing of the people in whatever I did, Shri J.B. Kripalani suggested the immediate release of Sheikh Abdullah because the nominees of the National Conference who were in the Government had resigned. I pointed to them that I had already set up a Constitutional government which included two nominees of the National Conference and that it was not then possible to entrust the Government entirely in the hands of one group, viz. the National Conference. I said to them that I was willing to make such further changes as might be suggested towards making it a completely popular Government in consonance with the safety of the State and to keep the balance between the divergent views of different parts of the State. The matter rested there for the time being.

Then came the development of 1947 and the question of accession. The position of my State was very different, situated as it was in contiguity to India and Pakistan as also to Afghanistan,

Tibet and Russia. The situation, therefore, required to be dealt with more tact and foresight than in the case of other states.

Mahatma Gandhi and the Prime Minister were anxious that I should not make a declaration of Independence and the Prime Minister was anxious to secure the release from prison of Sheikh Abdullah. Having regard to what my Government had done when the Prime Minister visited the State in 1946, Lord Mountbatten chose to visit the State in June 1947 and we had several talks.

Lord Mountbatten then urged me and my Prime Minister, Kak, not to make any declaration of Independence but to find out in one way or another, the will of the people of Kashmir as soon as possible and to announce our intention by 14th August to send representatives accordingly to one Constituent Assembly or the other.

Lord Mountbatten further told us that the newly created State's Department was prepared to give an assurance that if Kashmir went to Pakistan, it would not be regarded as an unfriendly act by the Government of India. Lord Mountbatten stressed the dangerous situation in which Kashmir would find itself if it lacked the support of one of the two Dominions by the date of the transfer of power.

The impression which I gathered from my talks with Lord Mountbatten who explained the situation with plans and maps was that, in his opinion, it was advisable for me to accede to Pakistan. I thought that in the circumstances it was advisable to have Standstill Agreements with India and Pakistan and get breathing time to decide which accession would be in the interests of the State.

Pakistan very quickly and willingly agreed to a Standstill arrangement, perhaps with mental reservations, as appears from their subsequent conduct. On the other hand, the Government of India did not make up their mind and, if I may be permitted to say so, dealt with the situation in a half-hearted and desultory manner; thus giving an opportunity to Pakistan to do mischief, as they did. This gave rise to misunderstandings on both sides resulting in dissatisfaction and delay in coming to an understanding. The results have been detrimental to both the State and India. Pakistan became impatient and, having failed to force accession, started with blockading the supplies to the State and ended by invading the State. Lord Mountbatten, realising the uncertain and dangerously unstable position of the State, asked Lord Ismay to approach me and get me to decide on accession without further delay to whichever Dominion I and my people desired. This was at the end of August 1947.

My difficulties were as follows:

The People of the State were divided in several groups, each group having its own ideas about accession—

The Border Feudatory Territories, such as Hunza, Nagar and Chitral and the District of Gilgit, where British influence was supreme were definitely for accession to Pakistan and were pressing me to accede to Pakistan without delay and threatening me with dire consequences if I did not act according to their suggestion.

The Muslim population of the State was also divided into groups with divergent views. Muslims from parts of Jammu, such as Mirpur, Poonch, Muzaffarabad were for accession to Pakistan because of Pakistan propaganda inside the State.

Muslims of Kashmir and some Muslims of Jammu who were led by Sheikh Abdullah and the leaders of the National Conference did not want the question of accession to be decided at that stage but wanted me to part with power in their favour so that they could decide the question independently of me. They made no secret of their views and obstructed me in deciding the question of accession instead of helping me to accede to India.

Hindus of Jammu and all the people of Ladakh were for affiliation with or Accession of India. A portion of the population of Kashmir was also for accession to Pakistan.

Thus, there was a sharp division of opinion. The partition aggravated the situation and unhinged and unbalanced the minds of the people with the result that the people of the State were not in a position to give any considered opinion if I chose to consult them.

In September 1947, it was suggested to me that it would be a wise move on my part to appoint Shri Mehr Chand Mahajan as my Prime Minister as he would be able to handle the affairs of the State in the then critical period firmly and in a statesman-like manner. Before Shri Mehr Chand Mahajan took up his appointment, he discussed with Sardar Patel about immediate requirements of the State and Sardar Patel promised him full support and cooperation on behalf of the Government of India.

Sardar Patel also wrote to me stating this and adding that the Government of India fully realised how difficult the situation in the

State was and assured me that the Government of India would do their best to help the State in the critical period. I then wrote to Sardar Patel that a little further elucidation of the points of view regarding the essential requirements of the movement would result in a satisfactory solution. Sardar Patel replied on October 2, 1947 that he had a further talk with Shri Mahajan and understood that Shri Mahajan was joining my service very shortly. As by that time, I had proclaimed a general amnesty, Sardar Patel expressed his pleasure at the step I had taken and stated that this would rally round me the men who might otherwise have been a thorn in my side. He also stated that he was expediting as much as possible the linking up of the State with the Indian Dominion. Shri Mahajan then received Sardar Patel's letter of 21st October, 1947 in which he said that he had further discussion with Sheikh Abdullah, that Sheikh Abdullah seemed to him genuinely anxious to cooperate and sincerely desirous of assisting the State in dealing with the external dangers and the internal troubles with which the State was threatened.

He further said that at the same time, Sheikh Abdullah, as was natural, felt that unless something was done and done immediately, to strengthen his hands, both in popular eyes and in dealing with the dangers, it would be impossible for him to do anything substantial. He said he felt that the position which Sheikh Abdullah took up was understandable and reasonable, that in the mounting demands for the introduction of a Responsible Government in the State, such as was witnessed in Travancore and Mysore, it was impossible for me to isolate myself, that the upsurge was bound to affect me sooner or later, that the Government of India on their part had pledged to give me the maximum support and would do so, but without some measure of popular backing, particularly from amongst the community which represented such an overwhelming majority in Kashmir, it would be difficult to make such support go to the farthest limit that was necessary if the disruptive forces, which were being raised and organised, were to be crushed. He advised me in the circumstances to make a substantial gesture to win Sheikh Abdullah's support. He said he had no desire to suggest that I should do so in a manner which would be completely revolutionary in character, that such a step might undermine the loyal and willing support which the State had commanded from strong elements of the body politic.

Shri Mahajan also received the Prime Minister's letter dated October 20, 1947, in which he referred to the friendliest feelings the Government of India had towards Kashmir and its people and their desire to help to the best of their ability in providing Kashmir with the commodities it needed. He said the Government of India would like to do so for humanitarian reasons as well because of their deep interest in the future of the people of Jammu and Kashmir State. That the self-interest of India also demanded that and that Government of India were strongly of the opinion that no coercion should be exercised on Kashmir and its people and that they should be allowed to function in their own way and to make such decision as they thought fit and proper and that in the furtherance of this policy, the Government of India would direct their efforts.

The Prime Minister, in his letter dated October 21, 1947 to Shri Mahajan, said that the future of Kashmir was of the most urgent importance to the Government of India and for him, it was both a personal and a public matter that it would be a tragedy so far as he was concerned, if Kashmir went to Pakistan. The Prime Minister referred to the urgent need of Pakistan to get Kashmir's accession to Pakistan and that they were threatening every now and then to that end and that everything else that they did was an accessory to the same, that the top ranking leaders of Pakistan were continually approaching the Kashmir National Conference leaders, that they assured to them of their best behaviour and promised them something approaching Independence if only they would agree to Kashmir acceding to Pakistan. They were even prepared to give the right of secession. The Prime Minister then suggested the urgency of taking some step like the formation of a Provincial Government and that Sheikh Abdullah, who was obviously the most popular person in Kashmir, might be asked to form such a Government. The Prime Minister further added that in view of all the circumstances, he felt that it would probably be undesirable to make any declaration of adhesion to the Indian Union at that stage that this should come later when a popular Interim Government was functioning.

After the amnesty proclaimed by me, Sheikh Abdullah wrote to me on September 26, 1947, in which, after referring to his incarceration for about a year-and-a-half, he said as follows:

In spite of what has happened in the past, I assure Your Highness that myself and my Party have never harboured any sentiment of disloyalty towards Your Highness's person, throne or dynasty. The development of this beautiful country and the betterment of its people is our common aim and interest and I assure Your Highness the fullest and loyal support of myself and my organisation.

He added: In order to achieve the common aim set forth above, mutual trust and confidence must be the main step. Without this, it would not be possible to face successfully the great difficulties that upset our State, on all sides at present.

He concluded: Before I close this letter, I beg to assure Your Highness once again of my steadfast loyalty and pray that God may grant me opportunity enough to make this country attain under Your Highness' aegis, such an era of peace, prosperity and good Government that it may be second to none and be an ideal for others to copy.

I wrote to Lord Mountbatten on October 26, 1947 informing him of the situation in the State. I received his letter dated October 27, 1947 stating as follows: In the special circumstances mentioned by Your Highness, my Government has decided to accept the accession of Kashmir State to the Dominion of India.

It is my Government's wish that as soon as law and order have been restored in Kashmir and her soil cleared of the invaders, the question of the State's Accession should be settled by a reference to the people. My Government and I note with satisfaction that Your Highness has decided to invite Sheikh Abdullah to form an interim Government to work as your Prime Minister.

The Prime Minister also wrote to me on October 26, 1947 stating as follows: Shri V.P. Menon returned from Jammu this morning and informed me of his talks there. He gave me the Instrument of Accession and the Standstill Agreement which you had signed and I saw also your letter to the Governor General of India. Allow me to congratulate you on the wise decision that you have taken. I earnestly hope that they will lead not only to the effective protection of Kashmir State in the present but also to the freedom and well-being of Kashmir and India as a whole. I then acceded to India.

The Prime Minister in his letter dated November 13, 1947 pointed out to me that the only person who could deliver the goods in Kashmir was Sheikh Abdullah, that he was obviously the leading and popular personality in Kashmir, that the way he had risen to grapple with the crisis had shown the nature of the man, that the Prime Minister had a high opinion of his integrity and his general balance of mind and that he was likely to be right in regard to major decisions.

Shri Gopalaswami, who was then a Minister without Portfolio, wrote to me on December 9, 1947 indicating for my consideration his views on the changes which in the critical situation of the State were immediately called for in the then existing constitutional and administrative set-up in the State.

A draft of the Proclamation, which I was intended to issue, was sent to me by the Government of India.

It was seen by Sheikh Abdullah. He also saw the correspondence which had passed between Sardar Patel and myself. Shri Gopalaswami wrote to me on March 1, 1948 as follows:

March 1, 1948
My dear Maharaja Sahib,

Messrs. V.P. Menon and Mahajan are going to Jammu this afternoon to discuss and finalise with you the draft of the Proclamation which Your Highness has to issue for appointing Abdullah as Prime Minister and others on his advice. The draft has been very carefully considered by myself, Panditji and Sardarji, and we are of the opinion that the whole of it should be accepted by you. Anything less would not satisfy the requirements of the present situation.

As a friend of yours, I consider it most important that Your Highness must make a very big gesture in order to rally the maximum percentage of the population of the State behind you with the help of Abdullah. Things are moving very fast and we have yet to fight a great battle at Lake Success. I have already stated during the discussion at Lake Success that Your Highness had only been waiting for Sheikh Abdullah to return from America to convert the Emergency Administration into an Interim Council of Ministers with Abdullah as Prime Minister. I am leaving Delhi for Lake Success the day after tomorrow, and it would be a great strength to the cause I have to plead there on behalf of Kashmir if this Proclamation is issued before I leave. I have not the slightest doubt that the issue of this Proclamation at this juncture is, in the circumstances that confront us at present, in the best interests of yourself and your people.

It is further very important that everything that has happened in the past should be forgotten and forgiven and that Your Highness should take Sheikh Abdullah into your fullest confidence. In fact, I was almost going to suggest that you should give up your usual reserve, come out in the open and put yourself at the head of your people, both Muslims and non-Muslims, for the purpose of consolidating and strengthening the large volume of support for preserving the integrity of the State and maintaining its accession to India, which, thanks to Sheikh Abdullah and the Indian Army, you have already behind you.

With kind regards,
Yours sincerely,

Gopalaswami

□

Appendix–VII

Sheikh Abdullah in his letter dated March 24, 1948 stated as follows:

The situation in Jammu and Kashmir State is, as you are well aware, a difficult one and requires the utmost careful handling. The emergency continues and has to be dealt with as such till normal conditions are restored. The burden of a Prime Minister in these circumstances will be a heavy one. He cannot function effectively without the fullest cooperation of his colleagues and the people as well as, of course, Your Highness.

I have consulted some of my colleagues, who were available, and have come to the conclusion that it is my duty in these circumstances to undertake this burden. I trust that in the heavy work ahead, I shall have Your Highness' full help and cooperation. I appreciate the spirit in which you have made the offer of the Prime Minister to me and on my part, I assure Your Highness that I shall fully reciprocate it.

Then came the Proclamation dated 5th March, 1948, which was drafted by Shri Gopalaswami and approved by the Government of India and Sheikh Abdullah. It has been referred to in Article 370 of the Constitution of India and the State of Jammu and Kashmir has so far been governed under the constitutional set-up for that Proclamation.

It is necessary to set out briefly what happened in the State and between the Government of India and Sheikh Abdullah in relation to the State after the Proclamation of March 5, 1948 and my leaving the State at the end of April 1949. Sheikh Abdullah and the men of his party took all power to themselves, ignored my existence and, where they felt necessary, they got the consent of the Government of India to do what they liked in the State disregarding me and my wishes. This gradually led to a deterioration and, to the outside world, the State and Sheikh Abdullah became convertible terms. The people of Kashmir were utterly ignored and everything that Sheikh Abdullah desired to do was done in the name of the State with the express or tacit consent of the Government of India. At this juncture, on a suggestion from Sardar Patel, I and my wife began a tour of the State. This did not suit the books of Sheikh Abdullah. He approached the Government of India with the result that I was asked to stay out of the State for a few months. I accepted the advice of Sardar Patel and agreed to stay out. The Yuvraj was appointed Regent. It need hardly be pointed out that the Yuvraj became a figurehead and had to take orders from Sheikh Abdullah. In this connection, it may also be pointed out that although my Proclamation of March 5, 1948 was based on the Mysore Constitution, which stipulated the appointment of a Dewan and reserved subjects, yet gradually Sheikh Abdullah succeeded in getting the approval of the Government of India to making changes in the Constitution of the State, so as to make it very different from what was expressly intended to be. The mischief began with Sheikh Abdullah going direct to the Government of India on certain points over my head and the Government of India countenancing him and giving the desired directions and then informing me of what they had done at the instance of Sheikh Abdullah. The correspondence on the subject and the events following on each change bear testimony to what Sheikh Abdullah was trying to achieve in breach of the solemn promises and assurances given by him and also by the Government of India on his behalf. After my leaving the State, things went from bad to worse.

Sheikh Abdullah was not satisfied with what he had achieved and aspired to absolute control of the State. He became openly inimical and hostile to me. He even interfered with my private properties and personal belongings, issued order to humiliate me and even interfered with the administration of the Dharmarth Trust, a Trust created by my forefathers of which I am the Trustee and which is being administered from day to day by the President of the Dharmarth Council appointed by me. The charities and institutions maintained from the revenues of Trust are starved. Even the routine expenses of the Trust, such as for Puja in temples and Devasthans cannot be met because it pleases Sheikh Abdullah to prevent the income of the Trust coming to my hands or to the hands of President of the Dharmarth Council. The Jammu branch of the Imperial Bank of India refused to pay even to me the amounts of the fixed deposits of the Trust and also the State and to my Proclamation of March 5, 1948, wherein the setting up of such an Assembly was foreshadowed and stated that it appeared to the State's Ministry that the time had come to reduce the uncertainty in Kashmir by going ahead with this proposal. He sent a draft Proclamation to set up the Constituent Assembly for my comments.

I took exception to the proposed manner and method of setting up the Constituent Assembly. I summarised my objection to it as follows:

That the Proclamation with the object and spirit of which I wholeheartedly agree be issued by me as a Ruler who is the properly constituted authority in law to promulgate it and not by my Regent.

The powers and functions of the body intended to be constituted should be expresed, well-defined and accurately worded and should exclude from the purview of their enquiry and consideration matters nct expressly entrusted to them. They should report to the authority that constitutes it, i.e. the Ruler who shall seek the advice of the Parliament of India in the matter.

I refer to the correspondence that took place, the interview which Mr. Menon had with me in Bombay in February 1951 under the instructions of the Prime Minister and the subsequent negotiations which ended with my giving consent to the Yuvraj for setting up the Constituent Assembly. I also refer to the assurance given to me by the Minister of States (Shri N. Gopalaswami Ayyangar) in the course of the negotiations as to the position of myself and my dynasty and other important matters. I am constrained to refer to the relevant portions of his letter which, I quote below.

5th April, 1951: Developments have, however, since taken place both in the State and at Lake Success, which make it imperative that the issue of this proclamation is not delayed any longer. The Government of India is committed to the convening of a Constituent Assembly, the preparations for which are in active progress in the State. That Assembly will be held, whether the formal Proclamation issues or not. In the view of the Government of India it must be convened, if both their commitments to the people of Kashmir and their stand at Lake Success are to be implemented in spirit and in the letter. From the beginning, they have held that this Constituent Assembly should be called under the provisions of the Constitution of India and that this should be done from both a tactical and constitutional point of view, on the authority of Proclamation issued by the Head of the State. The draft of the Proclamation has been agreed between the Government of India and the Government of Jammu and Kashmir. No purpose will, therefore, be served by any act of Your Highness which holds up the signing and issue of this Proclamation by Shri Yuvraj.

On neither of the two matters about which I can understand your entertaining apprehensions, namely the continuance of the accession of the Jammu and Kashmir State or of part thereof to India and the connection of the Headship of the State with your dynasty, no final decision could be taken by the Constituent Assembly to be convened. They are essentially matters which could be decided only as a matter of agreement between the Government of India and Parliament on the one side and the Government of Jammu and Kashmir and the State Constituent Assembly or Legislature on the other. The Government of India will, no doubt, at the proper time take the decision on these matters, which, I need hardly assure you, will be essentially just from the standpoint both of your dynasty and the people of the State.

You have obviously to put your trust in the people of the State and the Government of India in respect of this matter. I hope, therefore, you will immediately lift the ban which you have placed on Shri Yuvraj affixing his signature to the agreed Proclamation and which naturally has placed him in great embarrassment. Apprehending what was coming and in order not to embarrass the Government of India and the Yuvraj, I have been prepared to abdicate provided that a satisfactory arrangement was to come with me by the States Ministry and provided also that the Yuvraj's position as the Head of the State was assured. The negotiations in this behalf which were carried on with Shri Gopalaswami as the State's Minister were left in an indecisive state because of Shri Gopalaswami having been succeeded as the State's Minister by Dr. K.N. Katju. Having regard to the trend of events, I wrote to Dr. Katju on June 29, 1952.1 waited for Dr. Katju's reply as foreshadowed in the Prime Minister's letter. I then received Dr. Katju's reply dated July 30, 1952.

I replied to Dr. Katju by my letter dated August 8, 1952.

I enclose copies of these letters as they have an important bearing on the situation.

These letters speak for themselves Dr. Katju's reply is not a reply at all. The legal position, it appears to me, has not been considered and it further appears that it is being taken for granted by the Prime Minister and Dr. Katju that the relevant Articles, particularly Article 370, of the Constitution of India can be altered and/or amended to suit the present attitude of Sheikh Abdullah.

It would not be out of place to point out that Article 370 refers specifically to my Proclamation of March 5, 1948. That is the law rns the State of Jammu and Kashmir until a new is framed, approved and adopted not only by the ssembly of the State but also approved by me and then you and yet, I learn that the Prime Minister has asked the Yuvraj who is acting only as my Regent and represents me) to agree to be the elected Head of the State forthwith, that is to say, even before the Constitution of the State is framed much less approved and adopted thus throwing over not only me but also the dynasty. I do not know what reply Dr. Katju proposes to make to me but it appears that the Prime Minister is dealing with the matter (vide his letter dated July 5, 1952). I have, therefore to specifically deal with the charges made in the Prime Minister's letter.

The Prime Minister in para 4 of his letter refers to the Constitution of India as having been based on and derived from the people of India and says with regard to the Jammu and Kashmir State that the Government of India felt that the people would prefer accession to India but the matter was delicate and not beyond dispute and, therefore, the Government of India did not press for the Accession of Jammu and Kashmir State but suggested that the matter should be considered at a later stage when the people's wishes could be ascertained in some form or the other and the suggestion was that some kind of a Constituent Assembly might be set up in the State to decide the question of accession as well as other questions.

I grant all this but how can the Government of India take all these steps over my head on whose authority they entered the State and are continuing there and who was the Chief Author of the Proclamation on which is based the future construction of political set-up in the country?

In para 5, the Prime Minister says that on the invasion of the State by tribal raiders and others in late October 1947, the crisis arose and, at that time, I left Srinagar at the dead of night for Jammu and many of my officers followed me and the State was left without leadership or means of defence insofar as official authority was concerned. This is, in fact, untrue, as pointed out above. I left Srinagar for Jammu on the advice of the Government of India conveyed to me through Mr. Menon. The Prime Minister says further that in the basic picture of the crisis of Kashmir, I do not come in at all. That statement amounts to suppresioveri and suggestion falsi.

I have acted all throughout from September 1947 under the advice of the Government of India, Lord Mountbatten, the Prime Minister, Sardar Vallabhbhai Patel and Shri Gopalaswami and, as pointed out herein above, Sheikh Abdullah himself made promises and gave assurances, which he is now backing out of. Even in the book called New Kashmir published by the Kashmir Information Bureau, New Delhi, in 1950 and which is the political Bible of Sheikh Abdullah, Sheikh Abdullah has based his case for a Responsible Government in the State under the aegis of the Maharaja and even gone to the length of setting out what functions the Maharaja was to perform. The Prime Minister in his letter says that the people of Kashmir must decide their own future. I may well ask whether Sheikh Abdullah is a synonymous term with the people of Kashmir. The people of Kashmir have not been consulted.

According to Sheikh Abdullah, the people of Kashmir have changed their mind to such an extent that they are determined to get rid of the idea of a hereditary ruler of the State. The Constituent Assembly has been packed with Sheikh Abdullah's men and even that Assembly has not yet come to a decision, nor has it framed any constitution providing for the functions of the Head of the State either hereditary or elected and what one would like to know is where is the reason for this frightful hurry to elect the Head of the State, thus doing away with me and my dynasty before the Constitution is framed and before the fate of the State is determined in the fight that is raging before the UNO between India and Pakistan.

Are myself and my dynasty to be pawns in the game, which Sheikh Abdullah is playing with the Government of India on the representation that he is actively helping India in the case before the UN Security Council?

The Prime Minister says that he has seen no evidence of any sympathy on my part for the people of Kashmir, who have gone through fire and suffering during the past four-and-a-half years. May I ask who is responsible for this state of affairs? Has the Government of India given any choice of action to me during the last four-and-a-half years? Have they at any time pulled up Sheikh Abdullah knowing as they did, on what promises and assurances Sheikh Abdullah became the Prime Minister? May I again point out that even before I left the State under the advice of Sardar Vallabhbhai Patel, I and my wife had started on a tour of the State as Sardar Patel had told me that I should see more of my people and they should see more of me. Sheikh Abdullah did not like this tour and approached the Government of India with the result that I was called at Delhi and asked to desist from returning to the State and finally to leave it.

The Prime Minister says at the end of this letter that the only assurance he can give to me is that the first place will be given always to the rights of the people and to the wishes of the people and that if I fall in with those rights and wishes, the Government will endeavour to help me to the best of their ability.

I am prepared to take up the challenge. Let the people of Jammu and Kashmir freely decide between me and Sheikh Abdullah without interference from the Government of India. Let me point out what has been happening. The world has been given to understand that the march of events, the changed political values have brought about rapid and inevitable changes and we must accept them, no matter what the obligation of the Government of India, Government of Jammu and Kashmir, the assurance of both the Governments to me and their duties under certain legal and constitutional arrangements may be. With all due deference to this opinion, I must say that I emphatically challenge the contention that whatever has happened is in accordance with the will of the people and that the sovereignty has effectively and really passed to the people as it should and that they are consciously exercising their will and ask for changes which are being brought about by an oligarchy backed by the Government of India. 1 cannot conscientiously recognise the changes in the Proclamation of March 5, 1948, which governs the relations of the State with India. But if the Government of India and you, Sir, feel that in the present stage of negotiations with Dr. Graham, it would be inconvenient for the Government of India to allow this matter to be raked up, then at least, the Government of India should not succumb entirely to the wishes of Sheikh Abdullah but hold the balance equally between him and me and at least preserve the status quo as regards the headship of the State until the field is clear for the necessary steps to be taken to determine the will of the people of Kashmir.

Copies of the following documents are attached for your ready reference:

Note given to Prime Minister of Kashmir by Prime Minister of India on October 26, 1947;

Letter dated October 26, 1947 from the Prime Minister of India to the Prime Minister of Kashmir;

Letter dated October 27, 1947 from the Prime Minister of India to the Prime Minister of Kashmir;

Letter dated October 27, 1947 from the Prime Minister of India to me;

Letter dated October 26, 1947 from me to Lord Mountbatten;

Letter dated October 27, 1947 from Lord Mountbatten to me;

Letter dated December 24, 1947 from Shri N. Gopalaswami to me.

Secure in the knowledge that I was out of the picture and could not reply, I was, by a series of false statements and speeches, intended to humiliate and malign me, painted black and unpatriotic. The Government of India who had assured me that I would be protected against such onslaughts remained an unconcerned spectator. Not only that, it is most distressing to know and feel that whenever Sheikh Abdullah and his party talked of me in disparaging and spiteful terms, the highest authority in the Government of India immediately endorsed it. If Sheikh Abdullah said I could not return to the State, the Prime Minister, with all the authority, prestige and might at his back, endorsed it. If Sheikh Abdullah said I had lost the confidence of the people, the Prime Minister referred to my alleged wrong-headed and mistaken policies, without saying exactly what they were and said the people had suffered on account of these. This, no doubt, had the effect of suppressing what is said to be the will of the people. Being placed as I was, I was absolutely unable to answer any of these accusations. I feel grievously wronged in that the Government of India, whom I looked up to as the ultimate authority, I could go to for redress, instead of stopping such malicious and false propaganda, not only went on countenancing it but endorsing it disregarding their solemn assurances.

Having eliminated me in a manner which had neither the sanction of law nor political morality, it was the duty of the Government of India to protect me. But that was not done and the matter did not end there. My properties and privileges, etc. were attempted to be interfered with. I protested and asked for redress but never got it.

As I have said above, I was eliminated by a process which was neither fair nor honourable. It was not and it has never been due to the will of the people. It was due entirely to the machinations of Sheikh Abdullah and his party. They got themselves appointed on the definite assurance and later, with the connivance of the Government of India, systematically ignored all their legal and moral obligations and ultimately without rhyme or reason but to suit the books of Sheikh Abdullah successfully got me out of the State. Taking advantage of my absence and helplessness, started a campaign of vilification and harassment and thus created conditions, wherein they could tell an unknowing world that they were doing what the people desired. I have taken the responsibility of making these statements and I earnestly request you, Sir, to ascertain the views of your Government about them and then come to an independent opinion as to whether I have not been seriously wronged and to redress the wrong, I may be permitted to summarize the position:

The Government of the State of Jammu and Kashmir was more advanced and enlightened than that of any other Indian State in the pre-partition days;

I employed men of undoubted ability and standing to be my Ministers from time to time;

In August 1947, Lord Mountbatten gave me the impression that I should accede to Pakistan, Government of India was undecided about the matter, wanted every step by me endorsed by Sheikh Abdullah, the people of Jammu and Kashmir were divided in their opinion and I decided to enter into Standstill Agreements with both India and Pakistan in order to have time for things to settle down;

Pakistan did not act up to the Standstill Agreements, blocked supplies to the State and aided and abetted the raiders;

I released Sheikh Abdullah as advised by Sardar Patel and relied on the assurance given by Sheikh Abdullah backed up by assurances given by the Government of India; I took Sheikh Abdullah in my Government; I issued the Proclamation of March 5, 1948; Sheikh Abdullah with the connivance of the Government of India started tinkering with the Constitution of 5th March, 1948; Sheikh Abdullah persuaded the Government of India to drive me out of the State; I left the State and appointed the Yuvraj, my Regent; My rights of personal property and the affairs of Dharmarth Trust were interfered with by Sheikh Abdullah; Sheikh Abdullah by maligning me created an impression that the people of Kashmir were against me; The Constituent Assembly was set up; The will of the people of Jammu and Kashmir is now judged by the whims and caprices of Sheikh Abdullah; Sheikh Abdullah, having made up his mind to get rid of the Ruler and his dynasty, persuaded the Government of India to see eye to eye with him and to lay down that this could be done even before the new Constitution was framed much less approved by you on behalf of India;

I get no redress and am told that I am in the wrong, the will of the people is all that counts and I must abide by such will;

The Press carries reports from day to day creating feelings against me. False reports are not contradicted. The Prime Minister got angry as evidenced by his letter dated July 5, 1952 because I stated facts The State's Minister avoids giving a proper reply to me and yet the Press says I have been asked and have not replied;

The Yuvraj is being coerced by the Prime Minister and Sheikh Abdullah to accede to their suggestions.

Finally, I have to say that I had my range of controversy with Sheikh Abdullah and the Prime Minister and I am bitter about the fact that the Government of India has been unable to afford me protection and safeguard my rights in spite of the fact that throughout these four-and-a-half years, I have given full cooperation and the fact that my pre-1947 conduct did not compare unfavourably with that of the other Rulers who at present enjoy Government of India's protection and favour. During the last three years of my enforced absence from the State, I have given them no cause for grievance, and at the most, I have been charged with delay in permitting the Yuvraj to take action, which having regard to the consideration involved and my bitter experience was natural and understandable. Even in this matter, ultimately I did fall in line with the Government of India. If the result of all this in the final stage has again to be a betrayal by the Government of India of their assurances and promises etc. and is to result not only in my 3nal removal from the State but also of the sacrifice of the Yuvraj, whom I had entrusted to the Government of India's protection, I can only say that it would be an ill-return for the faith which I and the Yuvraj placed in the Government and the help and cooperation to the extent of self-effacement that we rendered to it. Only history and posterity will be able to do justice to our respective points of view.

In these circumstances, I appeal to you to consider the matter impartially in all its aspects with your sagacity and wisdom and guide me as to what would be in the best interests of the State.

I remain,
Yours faithfully,

—Hari Singh

(This correspondence between the Maharaja Hari Singh and Pt. Nehru hastened the process that led to the termination of monarchy on August 20, 1952.)

संदर्भ ग्रंथ सूची

1. Ajit Bhattacharya, Sheikh Mohammad Abdullah-Tragic hero of Kashmir, Delhi, Roli Books, 1978.
2. Alastair Lamb, Kashmir-A disputed legacy, Hertfordshire UK, Roxford books, 1991.
3. Allen Campbell Johnson, Mission with Mountbetan, Newyork, Atheneum, 1985.
4. Amar Singh chauhan, The gilgit agency, Delhi, Atlantic publishers, 1998.
5. Andrew Bingham Kennedy, The International ambitions of Mao and Nehru, New Delhi, Cambridge University press, 2012.
6. Arvind Lavakare, The truth about article 370, Mumbai, Rambhau mahalgi prabodhini, 2005.
7. Bawa Satinder Singh ,The Jammu Fox: biography of Maharaja Gulab Singh, Carbondale, Southern Illinois University press, 1974.
8. Bhagwan Singh, Political conspiracies of Kashmir, Rohtak, Light and life, 1973.
9. Christopher Thomas, Faultline kashmir, Middlesex UK, Brunel academic publishers, 2000.
10. C.E.Tyndale Biscae, Kashmir and it's inhabitants, Delhi, Shubhi publications, 1998.
11. C.Dasgupta, War and diplomacy in kashmir 1947-48, Delhi, SAGE Publications, 2015
12. D.D.Thakur, My Life and years in kashmir politics, Delhi, Konark, 2005.
13. David Devdas, In search of a future, Delhi, Penguin, 2007.
14. Ernest.F.Neve, Beyond the Pir Panjal, London, Church Missionary

society, 1915.
15. Francis Younghusband, Kashmir as it was, Delhi, Rupa and co, 2000.
16. G.N. Gauhar, Elections in Jammu & Kashmir, Delhi, Manas Publications, 2002.
17. G.S.Raghavan, Warning of Kashmir, Allahabad, Pioneer Press, 1931.
18. Harbans Singh, Maharaja Hari Singh-The troubled years, Delhi, Brahaspati Publication, 2011.
19. Hira lal Atal, Nehru's Emissary to Kashmir, Delhi, Army Educational Stores. 1972.
20. H O Agarwal, Kashmir Problem Its Legal Aspects, Delhi, Kitab Mahal, 2010.
21. H.V.Hodson, The Great Divide, London, Hutchitson, 1969.
22. H.S.Gururaj Rao, Legal aspects of the kashmir problem, Mumbai, Asia Publishing House, 1967.
23. Hori Lal Saxena, The tragedy of kashmir, Delhi, Nationalist Publishers, 1975.
24. Josef Korbel, Danger in kashmir, Princeton, Princeton University Press, 1966.
25. Jogendra Chandra Bose, The Maharaja of Cashmere-A vindication and an appeal, Calcutta, Lahiri and Mittra, 1893.
26. Jawaid Alam (ed), Jammu and Kashmir 1949-64, Delhi, Penguin, 2006.
27. Jammu & Kashmir 1947-50, Jammu, Ranbir Govt. Press, 1951.
28. Jawahar Lal Nehru, Selected works of Jawaharlal Nehru, second series, volume 17.
29. Jawahar Lal Nehru, An autobiography, Delhi, Jlnm fund, 1984.
30. Kuldip Singh Bajwa, Jammu and Kashmir War, 1947-1948: Political and Military Perspective.
31. K.M. Panikkar, Gulab Singh, 1792-1858: Founder of Kashmir, London, Martin Hopkinson Ltd. 1930.
32. K.Brahma Singh, British Diplomacy in Kashmir, Delhi, Reliance, 1998.
34. Khurshid Mahmud Kasuri, Neither a hawk nor a dove, Gurgaon, Penguin, 2015.
35. Karl E Meyer & Shareen Blair Brysac, Tournament of shadows,

Washington DC, counterpoint, 1999.
36. Larry Collins & Dominique, Mountbatten and Independent India, Delhi, Tarang paperbacks, 1985.
37. Madhav Godbole, The God who failed, New Delhi, Rupa, 2014.
38. Mehar Chand Mahajan, Looking back, Mumbai, Asia publishing house, 1963.
39. M.L. Kapoor, Maharaja Hari Singh, 1895-1961, Delhi, Har-Anand Publications, 1995.
40. Mir Qasim, My life and times, Mumbai, Allied publishers, 1992.
41. Malka Pukhraj, Song sung true, Delhi, Zuban, 2006.
42. Mulk Raj Saraf, Fifty years as a journalist, Jammu, Raj Mahal, 1967.
43. Manoj Joshi, Kashmir 1947-1965 A Story retold, Delhi, India Research Press, 2008.
44. M. Chalapati Rau, Jawaharlal Nehru, Delhi, publication division M I&B govt of india,1990.
45. M.J. Akbar, Kashmir-Behind the vale, Delhi, Roli books, 2011.
46. Mridu Rai, Hindu rulers muslim subjects , Ranikhet, permanent black, 2016.
47. Narendra Singh Sarila,The Shadow of the great game: the untold story of India's Partition, New Delhi, Harper Collins, 2009.
48. Nehru-Abdullah pact: An unholy agreement and a fraud , Jammu, all Jammu & Kashmir Praja Parishad, year not printed.
49. Parwez Dewan, A History of Kashmir, Delhi, Manas Publications, 2014.
50. Prithvi Nath Tikku, Story of kashmir, Jammu, English book house, 2014.
51. Patrick French, Younghusband, London, Harper perennial, 2004.
52. Pran Seth, Lahore to Delhi—rising from the ashes, Bangalore, Punya Publishing, 2009.
53. P.N.K. Bamzai, A history of kashmir, Srinagar, Gulshan books, 2008.
54. Prem shankar Jha, The origin of a dispute- kashmir 1947, Delhi, 2003.
55. Pamela Mountbatten, India Remembered, London, Pavilion, 2008.
56. P.N. Chopra & Prabha Chopra(ed), Inside story of Sardar Patel, Delhi, vision books, 2001.

57. Rehmatullah Rad (ed), Memory lane to Jammu, Lahore, Sang-e-meel publication, 2004.
58. Raj Kumar, Maharaja Gulab Singh and his race, Jammu, Oberoi Book Service, 2015.
59. Report of the state autonomy committee, srinagar, GAD J&k govt., 2000.
60. Richard Hough, Mountbatten: Hero of our time, London, Book club associates, 1980.
51. Shahid Hamid Major, Disastrous Twilight:, A Personal Record of the Partition of india.
52. Shailender Singh Jamwal, Jammu & Kashmir-Autocracy to democracy, Jammu, Saksham Books International, 2011.
53. Shailendra Singh Jamwal ,Srinagar Riot Enquiry Report Committee-1931, Jammu, Saksham Books International, 2013.
54. Shivnath, Reminiscences of a jammuite, Jammu, Kashmir Times Publications, 2007.
55. Somnath Wakhlu, Hari Singh: The Maharaja, the Man, the Times, Delhi, National Publishing House, 2004.
56. Surjit Singh Sooden, Jammu under the reign of Maharaja Hari Singh, Delhi,Vinod Publishers & Distributors, 1999.
57. S.R. Sharma & S.R. Bakshi, Encyclopaedia of Kashmir (1-10), Delhi, Anmol Publications, 1996.
58. Sumantra Bose, Kashmir-roots of conflict paths to peace, Mass, Harvard University, 2002.
59. Sheikh Mohammad Abdullah, The blazing chinar, Srinagar, Gulshan books, 2013.
60. Somnath Dhar, Tales of a journalist-bureaucrat spy, Noida, Harper Collins , 2013.
61. Sisir Gupta, Kashmir A study in india-Pakistan relations, Mumbai, Asia publishing house, 1966.
62. Taseer, C. Bilqees, The Kashmir of Sheikh Abdullah, 2005
63. Tej K Tikoo, Kashmir: Its Aborigines and Their Exodus, Lancer Publishers LLC.
64. Tim Hannigan, Murder in the Hindu Kush, Delhi, Three Rivers, 2011.
65. Usha sharma (ed), Political development in Jammu, kashmir and Ladakh, Delhi, Radha Publications, 2001.

66. V. Rammurthy, Mahatma Gandhi-The last 200 days, Chennai, Kasturi and Sons, 2009.
67. V.P.Menon, The story of the Integration of the indian States, Mumbai, Orient longman, 1969.
68. Victoria Schofield, Kashmir in conflict, London, I. B.Tauris, 2010.
69. Will Durant, The case for India, Mumbai, Strand Book Stall, 2015.
70. Y.D. Gundevia, The testament of Sheikh Abdullah, Delhi, Abhinav Publications.
71. अशोक जेरथ, जम्मू कश्मीर में हिंदी साहित्य का इतिहास, जम्मू, जे. एंड के. अकादमी, 2002।
72. ओम गोस्वामी, पदमा सचदेव, जम्मू, जे. एंड के. अकादमी, 2010।
73. कमाल अहमद सिद्दीकी, कश्मीर–एक मंजरनामा, दिल्ली, इंडिया पब्लिशर्स डिस्ट्रिब्यूटर्स, 1999।
74. कर्ण सिंह, आत्मकथा, दिल्ली, राजकमल प्रकाशन, 2011।
75. कुलदीप चंद अग्निहोत्री,जम्मू कश्मीर की अनकही कहानी, दिल्ली, प्रभात प्रकाशन, 2012।
76. कृष्णा मेहता, आपबीती, दिल्ली, सस्ता साहित्य मंडल प्रकाशन, 2005।
77. कमलेश्वर, कश्मीर रात के बाद, दिल्ली, किताबघर, 2014।
88. जैनेंद्र कुमार, कश्मीर की वह यात्रा, दिल्ली, पूर्वोत्तर प्रकाशन, 1968।
99. दीवान जर्मनी दास, महाराजा, दिल्ली, हिंद पॉकेट बुक्स, 2014।
80. नरेंद्र सिंह सरीला, विभाजन की असली कहानी, दिल्ली, राजकमल प्रकाशन, [illegible]
81. नरेंद्र सहगल, व्यथित जम्मू कश्मीर, दिल्ली, सूर्य भारती प्रकाशन, 2010।
82. नीरु शर्मा (संपादक), हमारा साहित्य 2008–09, जम्मू, जे. एंड के. अकादमी आर्ट कल्चर एंड लैंग्वेजस, 2009।
83. पदमा सचदेव, चित चेते, जम्मू, जम्मू विश्वविद्यालय, 2007।
84. पदमा सचदेव, जम्मू जो कभी शहर था, दिल्ली, भारतीय ज्ञानपीठ, 2012।
85. मा.गो.वैद्य, कश्मीर समस्या और समाधान, लखनऊ, लोकहित प्रकाशन, 2006।
86. राज किशोर (संपादक), कश्मीर का भविष्य, दिल्ली, राजकमल प्रकाशन, 2000।
87. शिवनाथ,गए दिनों की धूप–छाँव, दिल्ली, साहित्य अकादमी, 2013।
88. शिव राम दीप (संपादक), डोगरी लोकगीत भाग–18,जम्मू, जे. एंड के. अकेडमी ऑफ आर्ट, कल्चर एंड लैंग्वेजस, 1995।
89. शाह मोहम्मद, जंगनामा, पटियाला, भाषा विभाग, प्रकाशन तिथि नहीं दी गई।
90. एस.के. सिन्हा, मिशन कश्मीर, दिल्ली, प्रभात प्रकाशन, 2010।

91. सर्वपल्ली गोपाल, जवाहरलाल नेहरू एक जीवनी, दिल्ली, साहित्य अकादमी, 2012।
92. सरदार पटेल, कश्मीर और हैदराबाद (संपादक पी.एन. चोपड़ा, प्रभा चोपड़ा), दिल्ली, प्रभात प्रकाशन, 2010।
93. संजय शर्मा, कश्मीर समस्या के लिए महाराजा हरि सिंह की भूमिका का अध्ययन, चौधरी चरण सिंह विश्वविद्यालय मेरठ का (अप्रकाशित पी-एच.डी शोध प्रबंध) 2008।
94. हो. वे. शेषाद्रि, और देश बँट गया, दिल्ली, सुरुचि प्रकाशन, 2014।

□□□